A NOITE DE SÃO BARTOLOMEU

J.W. Rochester
WERA KRIJANOWSKAIA

14ª edição
Do 15º ao 17º milheiro
2.000 exemplares
Maio/2019

© 2000 - 2019 by Boa Nova Editora

Capa e Projeto gráfico
Rafael Sanches

Diagramação
Rafael Sanches
Juliana Mollinari

Tradução
Eduardo Pereira Cabral Gomes
Celso Luiz de Alcantara

Revisão
Edith Nobrega Canto Ibsen
Lúcia Helena Lahoz Morelli

Notas históricas e de revisão
Edith Nobrega Canto Ibsen

Coordenação Editorial
Ronaldo A. Sperdutti

Impressão
Vox Gráfica

Todos os direitos estão reservados.
Nenhuma parte desta obra pode ser reproduzida
ou transmitida por qualquer
forma e/ou quaisquer meios (eletrônico
ou mecânico, incluindo fotocópia e
gravação) ou arquivada em qualquer
sistema ou banco de dados sem permissão
escrita da Editora.

O produto da venda desta obra é
destinado à manutenção das atividades
assistenciais da Sociedade Espírita
Boa Nova, de Catanduva, SP.

J.W. Rochester
WERA KRIJANOWSKAIA

A NOITE DE SÃO BARTOLOMEU

Instituto Beneficente Boa Nova
Entidade coligada à Sociedade Espírita Boa Nova
Av. Porto Ferreira, 1.031 | Parque Iracema
Catanduva/SP | CEP 15809-020
www.boanova.net | boanova@boanova.net
Fone: (17) 3531-4444

Dados Internacionais de Catalogação na Publicação (CIP)
(Câmara Brasileira do Livro, SP, Brasil)

Rochester, John Wilmot, Conde de (Espírito).
   A noite de São Bartolomeu / John Wilmot, Conde
de Rochester ; [psicografia da médium mecânica
Wera Krijanowskaia ; tradução Eduardo Pereira
Cabral Gomes, Celso Luiz de Alcantara]. --
13. ed. -- Catanduva, SP : Boa Nova Editora, 2016.

   Título original: Varfolomeeskaya Notch ou Diana
de Saurmont.
   ISBN 978-85-8353-046-6

   1. Espiritismo 2. Ficção espírita 3. Obras
psicografadas I. Krijanowsky, Wera. II. Título.

16-03030   CDD-133.93

Índices para catálogo sistemático:

1. Ficção mediúnica : Espiritismo   133.93

SUMÁRIO

...Um Pouco de História • 7

Parte 1

I   O Carneiro de Ouro • 34
II   A Baronesa d'Armi • 46
III   Diana • 52
IV   A Chegada de Mailor • 59
V   Mais um Casamento • 85
VI   A Criança Abandonada • 99

Parte 2

I   Velhos Conhecidos • 108
II   O Retorno do Convento • 119
III   Um Crime Sem Remorso • 134
IV   Noivado Precipitado • 151
V   Livre Enfim • 179
VI   Sr. Montefelice • 192
VII   René, o Perfumista • 211
VIII   O Atentado • 223
IX   Carta Comprometedora • 234
X   A Morte do Almirante • 239
XI   A Despedida • 255

Parte 3

I   O Rapto • 274
II   O Casamento • 291
III   A Sedução de René • 301
IV   Diana na Corte • 320
V   A Feitiçaria • 335
VI   A Fuga • 356
VII   Prisioneiro Ansioso • 376
VIII   A Vingança de Briand • 402

WERA KRIJANOWSKAIA DITADO POR *J.W. Rochester*

...UM POUCO DE HISTÓRIA
CATARINA DE MÉDICIS – 1519 A 1589

A História acusa Catarina de toda espécie de complôs. A gente a vê velha, com seu rosto duro, apoiada na cadeira real de Carlos IX lhe dando conselhos de traição e de ódio, mas há uma outra parte dela: alguns a acham uma mulher corajosa, cujo principal defeito foi ter sido mal-educada; transportada à França, ela se devotou à saúde do Estado e defendeu por todos os meios a seu alcance o trono a seus filhos. Tentemos compreendê-la.

Ela nasceu em 13 de abril de 1519 em Florença, no Palácio da Via Larga, construído por Cosme, o Velho. Seu pai era Lourenço de Médicis, Duque d'Urbino; sua mãe, Madalena de La Tour d'Auvergne. Desde o início há algo apontando seu destino. Seus pais logo morrem. Após uma pequena viagem a Roma, onde dois de seus tios – Leão X e Clemente VII – são papas quase sucessivamente, ela volta a Florença onde está havendo uma insurreição popular. Ela encontra asilo no convento das religiosas beneditinas das Murates; dali ela pode ouvir o clamor do povo que saqueia as igrejas e quebra estátuas. Em 1529, enquanto uma armada de espanhóis e de mercenários alemães a soldo do papa sitia a cidade, ela é tratada como uma garantia. Arrancada de seu convento, apesar do choro das religiosas que desejam protegê-la, Catarina é aprisionada em um convento bem menor; um exaltado propõe arrastá-la sobre as muralhas para assim expô-la aos choques inimigos. A cidade cede. Em 1539, Catarina é levada a Roma, confiada a Maria Salviati, viúva de João de Médicis, o antigo chefe dos Bandos Negros, e à Duquesa de Camerino, damas respeitáveis para a época. É uma menina de 11 ou 12 anos e Bronzino no-la descreve: cabelos pretos, a fronte arqueada, os olhos redondos à flor da pele, herança dos Médicis; sobrancelhas fortemente arqueadas, o nariz um pouco grosso... O conjunto está longe de ser bonito, mas ela tem graça e distinção. De caráter é amável, insinuante e sabe se fazer apreciar: no Murates, as freiras a amam ternamente; em Roma, ela agrada ao pessoal do papa, e os embaixadores estrangeiros a acham muito gentil.

A Itália que ela vai logo deixar a marca bem. *O Príncipe*, de Maquiavel, foi dedicado a seu pai; o livro trata de política e de governo – ensina aos príncipes italianos os meios de conservarem e firmarem seu poder no interesse da Itália. Foi escrito em 1513. É possível que ela o tenha lido mais de uma vez. Em Florença, sua inteligência precoce deve se abrir bem às intrigas e compreender bem as coisas; em Roma, ela está bem no centro da diplomacia a mais tortuosa e a mais sutil, como sempre. Ela tem por professor seu tio, o papa Clemente VII. Então ela aprende a dissimular, a concentrar-se em si mesma. Mas a civilização romana papal e a arte da Renascença lhe inspiram uma preocupação de vida refinada e um sentido de Beleza que ela nunca perderá. É assim que ela mantém um ar de dignidade, uma correção de conduta que será conservada durante toda sua carreira de esposa e mesmo de viúva. Muitos anos mais tarde, quando a injuriam com escritos nos muros do Louvre, Catarina pode dizer: "Graças a Deus é a coisa do mundo da qual eu sou a mais limpa e o agradeço a Deus".

Na questão de seu casamento, se ela fosse livre ter-se-ia casado com seu primo Hipólito de Médicis, filho natural de Juliano de Médicis. Mas o papa tinha outras intenções para ela – seria melhor um casamento político. Houve muitos pretendentes (apenas como curiosidade, o Rei da Escócia, futuro pai de Maria Stuart, também estava nessa lista) e finalmente a escolha recaiu sobre o delfim da França, o futuro Henrique II, que na ocasião usava o título de Henrique d'Orleans, segundo filho de Francisco I.

Em 23 de outubro de 1533, Catarina chegou a Marselha – ela tinha 14 anos. O Rei da França e seu noivo a esperavam. Apresentações solenes e, alguns dias mais tarde, foi celebrado o casamento. Os muitos relatos da época descrevem a cerimônia, o cortejo de cardeais, pajens, damas de honra, a magnificência das roupas... Logicamente, a mocinha era o centro de todos os olhares; ela vestia uma roupa de brocado e um corpinho de veludo violeta guarnecido de arminho. Seus cabelos estavam tão carregados de pedrarias que disse dela um contemporâneo: "Ela vale um reino!". Pode haver exagero, mas as pedras de seu enxoval eram belíssimas.

Quando as festas terminaram, o dote foi contado no Tesouro Geral da França e houve quem fizesse trejeito de quem não gostou.

Da Itália brilhante e refinada para a França, país de soldadesca dura, a diferença era grande. Esses tempos nos deixaram grandes belezas, mas isso era exceção; a maioria da população era impenetrada. A vida dos senhores, assim como a vida dos burgueses, era rude; também rudes eram seus modos de falar e suas maneiras. As penalidades eram terríveis: o ladrão era enforcado, o herético era queimado e o moedeiro falso era mergulhado em líquido fervente. O espetáculo do suplício era muito procurado pela Corte e pela boa sociedade. Não havia respeito pela personalidade humana. Um tal Tavannes escreveu suas "Memórias" dizendo que, se murmurando "padres-nossos" se enforcava, matava-se a tiros, esquartejava-se, queimava-se a cidade – "ponha-se fogo por todo o redor, um quarto de légua...".

Mas existia um lugar onde havia boas maneiras e boa linguagem – era a Corte. Lá se agrupavam os funcionários do Estado e os "convidados da casa": oficiais, gentis-homens, damas de honra, abades de todas as convicções, sem contar a massa de parasitas, literatos, inventores, pedinchões etc., etc. – todo um mundo de gente vivendo da generosidade do Rei. Cada soberano constituía "seus convidados" segundo seu gosto ao luxo ou à sociabilidade. Uma alegria franca e de bom quilate; alegria de gente cumulada de bens levando uma existência perfeita, sem

receios do amanhã e cuja festança nada tinha de monótona, pois a corte peregrinava de castelo em castelo, acampava às vezes sob tendas, sempre enfeitada, e até mesmo luxuosa. Sem dúvida havia pessoas que se ocupavam de coisas sérias, mas a maioria não. As conversações começavam desde as últimas horas da manhã até tarde da noite. À tarde um príncipe cantava canções napolitanas as quais as damas adoravam... A galanteria era a ocupação constante. Alguém desse tempo comentou: "o mau é que na França as mulheres se metem em tudo; o Rei lhes devia fechar a boca; é daí que saem os mexericos, as calúnias". E Tavannes, citado acima: "Nesta Corte, portanto, as mulheres fazem tudo, mesmo os generais e os capitães".

A chegada de Catarina, menina de 14 anos, passou quase despercebida. Mesmo quando da morte do filho mais velho da casa real, ela se tornando "A Senhora Delfina", seu papel foi dos mais apagados. Duas mulheres, as amantes do velho Rei e do futuro Rei, influenciavam muito os mandatários: a Duquesa d'Étampes e Diana de Poitiers.

Essa Diana teve dos contemporâneos uma admiração sem limites; fizeram dela o tipo de beleza perfeita. Seus retratos nos dão uma outra impressão. É uma mulher vigorosa, de carnação rica, de traços mediocremente regulares, com um ar de beleza saudável. Viúva do Sr. de Saint-Vallier, casada em 1515, levava todos os dias flores ao túmulo do falecido Luis de Brézé. Mas tanto se empenhou em conquistar Henrique, que o conseguiu, apesar de ser 18 anos mais velha que ele. Em 1536, o laço entre eles estava bem estabelecido.

Para Catarina, a luta era impossível. Ela pedia apenas ao esposo um pouco de amizade e se esforçava em criar simpatias entre as pessoas que cercavam o Rei. Ela conseguiu com Margarida d'Angoulême (irmã de Francisco I), Duquesa d'Étampes, e muitos outros personagens de posição. Mas com relação a Diana ela teve de recalcar seus sentimentos. Se Catarina teve uma ferida secreta, nunca demonstrou, entretanto manteve com essa dama relações muito corteses; Diana tinha por ela "uma proteção um pouco altaneira"...

Úteis precauções! Catarina andava entre os partidos, desarmava inimizades e assegurava os devotamentos. Ligou-se ao Rei, cercou-o de lisonjas, montou a cavalo para lhe dar prazer e seguiu intrepidamente as caças até o final rude e sem piedade ao animal.

Com esses pequenos engenhos ela ganhou as boas graças dele e, de futuro, teve ocasião de apreciar o quanto isso lhe foi útil.

Durante dez anos não teve filhos. Questão seríssima! O esposo a podia repudiar. Ela foi a Francisco I, emocionada, chorando, pedindo-lhe proteção. Ele, um homem que tão bem soube governar a França, respondeu-lhe: "Minha filha, se Deus quis você como minha nora, eu não quero que isso seja doutra forma; talvez Deus queira se render aos seus e aos nossos desejos...".

As crianças foram numerosas – sete chegaram a adultos. Logicamente, sua posição foi fortificada. Os anos se passaram e ela se tornou Rainha. Uma manhã do desastre da Revolução de São Quentim, ela foi encarregada da regência provisória do reino e revelou recursos políticos e uma energia que não se supunha ela tivesse. Mesmo com isso, ela continuou permitindo o mando da Poitiers.

Seu primeiro filho, Francisco, mais tarde se casa com a futura Rainha da Escócia; seu Carlos foi o Rei cujos feitos, alguns, aparecem nesta história; Henrique foi Rei da Polônia e depois, como Henrique III, foi Rei da França por 15 anos. Elizabeth se casou com o Rei da Espanha. Seu "bandinho", como eram chamados, cresceu sob suas atenções maternais. Ela acha que suas crianças pertencem à França.

Ela tem afeto pelo marido e às vezes, em suas cartas, deixa perceber uma mágoa. Talvez sinta que sua posição é falsa e humilhante. Ela escreve à Duquesa de Guise: "se a senhora vir o Rei, apresente-lhe minhas muito humildes recomendações; gostaria de ser Margarida para poder vê-lo... Penso que a senhora tenha ainda muito tempo para estar com seu marido; praza Deus eu pudesse estar com o meu!".

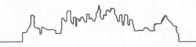

Mas, coisa estranha! Diante desse marido, meninão musculoso, egoísta e limitado, incapaz de uma decisão, destinado a ser dominado, ela tem uma inexplicável timidez, procura ficar em seu favor, sem querer disputá-lo a quem quer que seja. Um prodígio de recalque e de dissimulação numa mulher autoritária de natureza, ávida de mando! E isso dura 23 anos!

Em 30 de junho de 1559, um acidente trágico interrompe bruscamente as festas que a Corte e a cidade davam em honra do casamento de Elisabeth de Valois. Henrique II, num passe de armas, foi ferido por uma lança do Conde de Montgomery, um dos capitães de sua guarda. A ferida se envenenou e em 10 de julho o Rei morreu. Catarina cuidou dele convenientemente, vestiu luto, ficou um dia inteiro pasmada diante do leito de morte e respondeu com voz extremamente fraca quando o embaixador veneziano veio lhe apresentar condolências.

Depois ela cumpriu um ato de autoridade que devia lhe ter tirado um peso do coração: caçou Diana de Poitiers da Corte. A favorita tinha 50 anos.

Outros atos vão chegar à natureza há longo tempo reprimida de agir livremente? Não! Seu filho mais velho tem 15 anos, é maior, ama e respeita sua mãe. Casado, esse Francisco II por 14 meses se torna Rei. É quando então ele tem uma infecção de ouvido e, apesar de Ambrósio Paré querer operá-lo, Catarina não permite e o rapazinho morre. Sua esposa, Maria Stuart, vai para Escócia.

O povo diz ser essa morte uma fadiga de caça ou um resfriado pego diante da queima de um huguenote.

O novo Rei tem apenas dez anos – é o nosso Carlos IX. Chegou a hora de Catarina, pois o primeiro príncipe de sangue real que tem idade para ser Rei, Antônio de Bourbon, está incapaz de sustentar seus direitos; os Guise estão desacreditados para tal cargo e ela se torna regente, senhora do Estado.

Então ela estava com 41 anos. Estava engordando, mas permanecia ativa, boa cavalgadora. Tinha desenvolvido conhecimentos, falava duas ou três línguas, possuía algumas noções de ciência, e, sobretudo, tinha estudado os homens. Mas Catarina ainda estava sob as doutrinas políticas de Clemente VII e dos que o rodeavam. Ela possuía, como no passado, o dom de bajular, de se insinuar, espionando amigos e adversários, fazendo complô contra os fortes – aqueles que se teme atacar de frente... todos vistos como meios legítimos quando se tratava do Estado. Era a maior mentirosa da França. Brantôme, o memorialista, escreveu sobre isso: "Quando ela chama alguém de meu amigo, ou ela acha que ele é bobo, ou ela está com raiva...".

E a gente percebe que essa Rainha, que, em circunstâncias ordinárias, com conselheiros de médio talento, teria podido verdadeiramente salvaguardar os interesses do reino, achou-se em presença duma crise terrível, em que suas habilidades se revelaram impotentes, em que suas práticas se tornaram crimes.

É o quanto sobre ela interessa à nossa história.

Isso foi calcado em *Perfis de Rainhas*, de Edmond Rossier, professor de História na Universidade de Lausanne.

Alguns Personagens Importantes da França

FRANCISCO I (1494-1547)

Foi o pai de Henrique II, portanto, sogro de Catarina de Médicis. Reinou de 1515 a 1547. Era chamado "O Pai das Letras", pois trouxe ao país muitos artistas e artesãos, com isso, elevando muito o nível intelectual e artístico da França. Leonardo da Vinci morreu em seus braços.

MARGARIDA D'ANGOULÊME (1492-1549)

Irmã e muito amiga de Francisco I. Escreveu o livro *Heptameron*. Foi morar em Bern, no Castelo de Nerac, por ter se casado, em segundas núpcias, com o Rei de Navarra, em 1527, Henrique d'Albret. Teve educação brilhante, era muito inteligente e bondosa, e propensa a aceitar as ideias reformistas protestantes.

JOANA D'ALBRET (1528-1572)

Filha de Margarida d'Angoulême, portanto sobrinha do Rei Francisco I. Casou-se com Antonio de Bourbon, Duque de Vendôme. Analisando sua linhagem, imagina-se o escândalo suscitado com seu assassinato ao ser realizado com luvas envenenadas.

CATARINA DE MÉDICIS (1519-1589)

WERA KRIJANOWSKAIA DITADO POR *J.W. Rochester*

HENRIQUE II (1519-1559)

Filho de Francisco I. Em 1547, com a morte de seu irmão (primeiro filho de Francisco I), sobe ao trono da França (até 1559). Casou-se em 1533 com Catarina de Médicis, com a qual teve dez filhos. Sua morte foi prevista por Nostradamus.

FRANCISCO II (1544-1560)

Primeiro filho de Catarina de Médicis.
Casou-se com Maria Stuart da Escócia, mas não deixou descendência. Reinou de 1559 a 1560.

CARLOS IX (1550-1574)

Subiu ao trono com dez anos, então sob a regência de sua mãe, Catarina de Médicis. Casou-se com Elisabeth da Áustria, filha do Imperador Maximiliano II, em 1570, e teve uma filha, de nome Maria Elisabeth, que logo morreu (1572-1578). A História cita um filho bastardo com sua amante. Reinou de 1560 a 1574.

HENRIQUE III (1551-1589)

O filho predileto de Catarina. Aparece nesta obra sob o título de Duque d'Anjou até se tornar Rei (1574) com a morte de seu irmão, Carlos IX. Reinou até 1589. Casou-se em 1575 com Louise de Lorraine. Não teve herdeiros.

FRANCISCO HÉRCULES (1554-1585)

Último filho de Catarina, tinha ciúmes da preferência de sua mãe por Henrique III. Teve os títulos de Duque d'Alençon e, posteriormente, Duque d'Anjou.

HENRIQUE IV (1553-1610)

Filho de Joana d'Albret, portanto sobrinho-neto de Francisco I. Era Rei de Navarra (1572), quando se casou com Margarida de Valois, cujo casamento é citado nesta obra. Em 1589, com a morte de Henrique III, tornou-se o Rei da França. Após ter anulado seu casamento com Margot, casa-se com Maria de Médicis e adquire toda uma descendência real.

A NOITE DE
SÃO BARTOLOMEU

MARGARIDA DE VALOIS (1553-1615)

Também chamada "Margot", casou-se com Henrique de Navarra (Henrique IV) em 1572 (casamento descrito nesta obra). Escreveu o livro *Memórias*.

ELISABETH (1545-1568)

Filha de Catarina. Em 1559, casou-se com Felipe II da Espanha; foi em sua festa de casamento que seu pai, Henrique II, feriu-se num passe de armas, por uma lança do Conde de Montgomery, um dos capitães de sua guarda, vindo a falecer.

CLÁUDIA (1547-1575)

Filha de Catarina. Casou-se com Carlos II, Duque de Lorena.

O início das lutas
RELIGIOSAS

Henrique de Navarra é também chamado de Bearnais, o bearnês.

Sua avó, Margarida d'Angoulême, era uma mulher superior, jovial. Escreveu um livro que teve muito sucesso na época, Hepta-meron, contos no estilo de Boccacio, deleitando milhões de leitores até os dias atuais. Gentil, ardorosa, culta, ela exerceu uma benéfica influência em seu irmão, Francisco I. Mas se casou com o Rei de Navarra e trocou o esplendor da Corte e a companhia de seu dinâmico irmão pela longínqua cidade de Bearn, distante do grande mundo e próxima dos Pirineus, cercada de lobos e bandidos. Ali nasceu seu neto.

Seu castelo de Nérac tornou-se, naquele tempo, o refúgio daqueles que a Sorbonne ameaçava.

A Sorbonne, fundada por Roberto de Sorbon em 1257, tornou-se o local das deliberações gerais da Faculdade de Teologia, que começou a ser conhecida desde então com o nome de Sorbonne. Atingiu um grande poder. Frequentemente era consultada para arbitrar contendas e cada vez mais se intrometia em disputas onde não era chamada. Considerou-se sua biblioteca como a Oitava Maravilha e seus métodos de ensino e oráculos como inigualáveis. Seus veredictos não eram legais, mas qual juiz se atreveria a repudiá-los? Até 1520, por exemplo, o caso "Lutero" constituía uma questiúncula eclesiástica. Coube à Sorbonne denunciá-lo como herético, falso profeta e anti-Cristo. Admitindo que o estudo dos clássicos despertava a heresia, a

Sorbonne baniu de seu rígido ambiente o ensino do grego. O indivíduo que procurasse aprender o hebreu e ler a Bíblia no original expunha-se a morrer queimado!

Sob ponto de vista ortodoxo, só os padres regulares podiam analisar os escritos antigos e as novas contribuições da civilização.

No período de Francisco I, a Sorbonne conseguiu sobreviver. Só que ele, o Rei, resolveu fundar o Colégio de França, onde se ensinavam livremente o grego, o hebreu e as Ciências Filosóficas, Médicas e Matemáticas. Esse Rei tinha tendências protestantes.

Mas, voltemos a Margarida, sua irmã mais velha. Ela não se confessava publicamente protestante e, como agradava ao Rei a maneira elevada como ela encarava a vida, era deixada a fazer o que bem quisesse. E ela abrigava a todos os que não tinham garantias na França; mesmo Calvino mereceu seu amparo.

Em seus últimos escritos, Margarida pretendeu reconciliar a Filosofia Clássica com os ensinamentos do Cristianismo. Mas... o Rei recuava passo a passo em direção à Igreja. Primeiro convidava para sua Corte pregadores de tendência luterana e depois, sem motivo, os afastava.

Um deles, dos mais capazes expoentes de Lutero na França, pagou com o maior sacrifício os expedientes políticos do Rei.

Luis de Berquin era o principal favorito de Francisco I. No início, a Sorbonne o prendeu, acusando-o de herético, mas teve de soltá-lo devido à intervenção da Corte. Quando o próprio Rei se tornou prisioneiro de guerra em Madri, pelo insucesso da Batalha de Pavia, Berquin foi encarcerado pela segunda vez. Só o regresso de Francisco o salvou de ser queimado vivo. Já na casa dos 50 anos, inofensivo e temente a Deus, os amigos tentaram convencer Berquin a aproveitar a oportunidade e fugir, mas não conseguiram. O pregador desafiou os síndicos da Sorbonne para um debate público e declarou que todos, não só os clérigos, deveriam ler a Bíblia.

Essa atitude selou seu destino.

O Rei, no declínio de sua estrela, ameaçado pela Espanha, que detinha seus filhos como reféns, cercado de vassalos ligados aos seus inimigos, não ousava impedir as perseguições papais.

Abandonou seu protegido e Berquin foi queimado em 17 de abril de 1529.

Desde essa ocasião o Rei deixou de oferecer resistência. Jamais fora um homem de fortes convicções e capitulou sob as ameaças propaladas pela Sorbonne.

Cartazes atacando ostensivamente os dogmas da Igreja começaram a aparecer nas portas das igrejas, nas paredes das casas de Paris, Rouen, Meaux. A estátua milagrosa de Nossa Senhora tinha sido reduzida a pedaços que jaziam nas sarjetas. O povo se agitou com o agouro e a Sorbonne propagou que os infiéis "desconhecidos" frequentavam as Cortes e que defendiam as novas ideias.

Francisco, preocupado, correu a Paris para acalmar a população excitada e encontrou os atrevidos cartazes pregados não só nas paredes das igrejas, mas também no Louvre, bairro real.

As maquinações se forjaram lentamente culminando com a morte, na fogueira, de 24 pessoas.

Em 19 de janeiro de 1535, comemoraram-se as execuções, e o Rei foi obrigado a, publicamente, declarar-se católico.

A Sorbonne tinha vencido, e a Igreja passou a abusar.

No seu primeiro ano de reinado (1547), Henrique II reuniu uma corte especial para combater os luteranos que passaram a ser rudemente tratados. Muitos fugiram.

Sob a regência de Francisco I, em todas as cidades tinha havido adesão individual àquelas novas ideias. Agora os indivíduos se uniam.

Para que seus decretos assumissem força legal, promoviam reuniões regulares de delegados. Em 1558, existiam aproximadamente, na França, 400 mil protestantes.

Cronologia das Guerras Civis ou de Religião
(ora dando vitória aos protestantes, ora aos católicos)

I	(1562-1563)	Paz de Amboise (quando foi assassinado Francisco de Guise).
II	(1567-1568)	Paz de Longjumeau.
III	(1568-1570)	Paz de São Germano.
IV	(1572-1573)	Paz de La Rochelle.
V	(1574-1576)	Paz de Beaulieu.
VI	(1576-1577)	Terminada pelos Éditos de Poitiers e Bergerac.
VII	(1588)	Tratado de Fleix.
VIII	(1586-1589)	Assassinato de Henrique III.

Dados recolhidos de *Os Huguenotes*, de Otto Zoff, e Histoire de France, Ed. Larousse.

PARTE 1

O CARNEIRO DE OURO

Num dia nublado do mês de setembro de 1558, dois cavaleiros seguiam por um longo caminho. Vinham do sul da França e se dirigiam a Paris. Um deles, pelo visto um criado, conduzia o cavalo sobrecarregado. De estatura baixa e encorpado, rosto bronzeado, nariz adunco, olhos negros, lábios grossos e cabelos encaracolados; lembrava um cigano. A maliciosa expressão zombeteira a brilhar no seu olhar rápido não negava nem um pouco as qualidades dessa raça.

A alguns passos adiante do criado seguia seu senhor. Um rapaz alto e forte, de uns 20 anos de idade; seu rosto de traços perfeitos era emoldurado pelos espessos cabelos escuros e encaracolados e pela barba curta da mesma cor. Os grandes olhos cinzentos irradiavam uma energia sombria. O nariz reto e as vivas narinas inquietas revelavam um temperamento agitado. A característica mais marcante de toda sua figura era sua boca e seus lábios finos que traziam uma expressão de orgulho gélido e de uma crueldade de ferro.

Ele vestia uma túnica e consigo carregava um punhal e uma espada, os quais ficavam nitidamente à vista. A poeira densa que cobria sua capa e as roupas do criado indicava como havia sido longo o caminho.

Há mais de uma hora serpenteavam pelo bosque espesso. Os ramos das árvores seculares formavam uma abóbada tão fechada sobre as cabeças dos caminhantes que mal deixavam entrar opaca luz. A noite se aproximava e a escuridão do bosque aumentava a cada minuto. De repente o cavaleiro que seguia à frente parou o cavalo e, voltando-se para trás, gritou, em tom de impaciência:

– Hei, Henrique! Acho que, para zombarem de você, indicaram um caminho errado. Prosseguiremos de dia. Agora devemos tratar de encontrar o hotel antes que escureça. Lá poderemos nos refazer e movimentar nossos membros adormecidos. *Derramo o sangue de Cristo*[1] e morro de fome, mas o fim desta floresta nunca chega...

O criado, ao olhar para o espesso bosque e o caminho escuro, esporeou o cavalo e num instante se colocou ao lado do seu senhor.

– Mais um pouco de paciência, Sr. Briand! Eu já superei um caminho difícil mais de uma vez. Veja lá! É a cruz de pedra da qual falou o dono da taberna onde nós almoçamos. No máximo dentro de uma hora e meia estaremos no hotel "Carneiro de Ouro". Falaram-me que a cozinha de lá é ótima. Só espero que os outros viajantes não tenham acabado com tudo... – completou Henrique, dando risada.

Briand disse em tom cansado:

– Então vamos lá! Torçamos para que o "Carneiro de Ouro" não traia nossas esperanças. Em todo caso temos que nos apressar para não ficarmos no meio da escuridão diabólica. Mantenha-se próximo a mim.

Convencido de que as longas pistolas podiam ser facilmente sacadas do coldre, em caso de necessidade, ele esporeou o cavalo e se pôs em marcha rápida. Como havia dito Henrique, não passou uma hora e meia e eles chegaram a uma clareira no centro da qual se erguia uma casa cercada por um sólido tabique[2]. Ali era bem claro e Briand pôde ver uma tabuleta na qual estava desenhado um carneiro gordo e amarelo como um canário. Ele aparecia deitado numa grama que mais se assemelhava a uma salada. Dentro da casa estava escuro. Somente de uma janela lateral saía um largo raio de luz.

Ante a ruidosa chegada de Henrique, receberam-nos prontamente o taberneiro e o rapaz que trabalhava na estrebaria, apressando-se ambos em acomodar os hóspedes.

Briand desceu do cavalo e depois de ter ordenado a Henrique

---

[1] Expressão usada na época – nota de revisão.

[2] Espécie de parede pouco espessa, geralmente de tábuas, que serve para dividir os quartos nas casas – nota de revisão.

que se aproximasse dele entrou com o dono num quarto vizinho à cozinha. Aí havia algumas mesas rodeadas de banquinhos de madeira. Pela porta aberta se via a lareira, cujo fogo ardia vivamente. A uma das mesas se sentou um sujeito de uns 30 anos de idade, vestido como um gentil-homem. No momento encontrava-se ocupado em construir a janta que estava à sua frente. Sem deixar de tirar o rosto de cima do prato, esse homem de cara pouco simpática fitou Briand, que jogou no banco a capa e o chapéu, ordenando ao taberneiro que preparasse rapidamente um bom prato de comida para ele e para seu criado.

Enquanto o jantar não era servido, Briand andava pelo quarto para desenferrujar as pernas e os braços adormecidos; às vezes seu olhar invejoso e impaciente se voltava para a caça frita, o patê e os grandes ovos com presunto que estavam diante dos primeiros viajantes. Realmente o rapaz estava famélico. O cheiro do cozido excitava mais o seu apetite. Por isso qual não foi seu agradável espanto quando o desconhecido gritou animadamente:

– Vejo sua impaciência e o compreendo inteiramente. Quando-se caminhou muito e o estômago está vazio, não é nada bom ver uma outra pessoa comendo. Por isso, senhor, eu o convido a dividir comigo minha janta, desde que você não se importe em sentar à minha mesa.

– Nós lhe somos muitíssimos reconhecidos. Com gratidão profunda aceito seu convite! – respondeu Briand, aproximando-se do desconhecido. – Eu sou o Conde de Saurmont!

– E eu, Carlos Henrique, Barão de Mailor. Sente-se, Conde. Se isto que há aqui na mesa não é suficiente para satisfazer seu apetite, sua janta nos proporcionará o reforço indispensável.

Logo os dois passaram a conversar como velhos amigos. Resolveram, inclusive, continuar o caminho juntos, visto que ambos se dirigiam a Paris.

Após o jantar, o Barão propôs jogar dados, já que era muito cedo, e estava decidido que só prosseguiriam viagem no dia seguinte. Briand concordou com prazer.

Rapidamente, os novos conhecidos se desafiavam durante as

partidas iniciais. Ambos eram maus jogadores. Suas faces ávidas e cobiçosas, as expressões ardentes provaram que eles procuravam mais a vitória do que passar o tempo.

No começo vencia Saurmont. Depois a sorte mudou de lado e passou a ser favorável ao Barão. As moedas de ouro e os dobrões[3] espanhóis do pesado cabaz[4] de Briand pouco a pouco passaram às mãos do Barão, cujo rosto mostrava satisfação pela cobiça saciada.

A paixão ardente pelo jogo e a forte vontade de devolver sua derrota fizeram o Conde se excitar e jogar até a última moeda, depois do que colocou a mão trêmula na testa.

Enquanto isso, Henrique calmamente jantava a se fartar na cozinha. Ao ver que seu senhor começara a jogar, aproximou-se dele e, a uma distância respeitável, passou a observar o desenrolar do jogo.

Com a respiração pesada, Saurmont encostou-se à parede. Cego pela paixão fatal, terminou por perder sua última moeda. Agora não tinha com que ir a Paris. Trêmulo de ódio, olhou para o Barão. Este contou fleumaticamente o dinheiro, reunindo-o àquele que ganhara. Juntou tudo e colocou no pesado cabaz que antes estava sobre a mesa.

– Sr. Conde, furtaram-no! Com meus próprios olhos vi como este senhor trapaceou! – disse nesse momento Henrique, aproximando-se da mesa e dirigindo ao Barão um olhar provocador de desafio.

Este ficou rubro e se levantou da mesa. Pegando o criado pelo pescoço, gritou com a voz rouca pela ira:

– Mentiroso! Cachorro vagabundo! O que se atreve a dizer?!

Enquanto isso, Briand se endireitava e, encarando o adversário, gritou:

– Você é quem é mentiroso! Cego, insensato, como é que não compreendi logo o motivo de sorte tão grande? Devolva o ouro que você me roubou, miserável! – bramiu, perdendo totalmente o autocontrole e puxando a espada.

O Barão largou Henrique e desembainhou sua espada. Os dois oponentes com espuma na boca se lançaram um contra o outro.

---

[3] Moeda espanhola – nota de revisão.

[4] Cesto de junco ou de vime; vem do francês e do provençal com essa forma – nota de revisão.

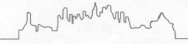

Ao soar o barulho dos bancos sendo atirados e das espadas se cruzando, apareceram na porta da cozinha, pálidos e assustados, o taberneiro e seu empregado. No entanto, eles estavam bem acostumados aos duelos, costume violento da época. Pelos motivos mais vulgares os homens lutavam entre si. Assim, em silêncio, esperavam o resultado da batalha furiosa.

O Barão duelava com a destreza e o sangue-frio de um espadachim profissional; por outro lado, a raiva duplicava a força e a agilidade de Briand. Aparando a espada traiçoeira do adversário, o Conde aplicou-lhe um golpe tão violento no pescoço que a espada o atravessou de lado a lado.

Mailor caiu de joelhos. Um rio de sangue jorrava de sua boca. Depois rolou no chão, contorcendo-se, e soltou um gemido. Em um minuto estendeu o braço, esticou-se e não mais se moveu.

– É o fim! O miserável morreu! – disse Henrique inclinando-se sobre o cadáver.

Saurmont virou-se respirando ofegante. Quando enxugou a lâmina ensanguentada de sua espada, seu olhar cruel mirou o taberneiro e seu criado que a tudo assistiam assustados.

– Por que ficam aí parados de boca aberta? – disse em tom grave. – É melhor tratarem de esconder o corpo deste miserável desprezível que me roubou no jogo. Eu o castiguei merecidamente. Peguem uma lanterna e uma pá e o enterrem no bosque. Tomem para estimulá-los... – acrescentou, lançando algumas moedas aos dois. – Quando tudo estiver preparado, avisem-me.

Tão logo eles sumiram no matagal, Henrique murmurou, dando uma risada baixa:

– Parece-me, M. Briand, que você é o herdeiro legítimo deste maldito, castigado devido à sua jactância. Por isso, esconderei em sua mala o saco que pelo visto está bem recheado de moedas.

Sem esperar a resposta, ele escondeu esse pertence. A seguir, logo após cair de joelhos ao lado do cadáver, Henrique, com uma destreza assombrosa, revistou-o e tirou o agrafe[5] e o anel. Mas

---

[5] Alfinete ou broche com o qual se prendia, nesse tempo, um enfeite ao chapéu ou gorro – nota de revisão.

quando ele ofereceu esses objetos ao Conde, este fez um gesto brusco de negativa.

– Não, fique com isso para você.

O Conde apanhou somente o rolo de pergaminhos que estavam escondidos no peito do defunto.

Enquanto Briand o folheava atentamente, Henrique, com ajuda de uma chave chata, abriu a mala de Mailor que ainda se encontrava no canto e tirou de lá um saco de moedas de ouro, um traje completo e alguns pequenos objetos. Tudo isso ele escondeu no seu saco, recolocando a chave no lugar.

– Este foi realmente o Barão de Mailor. Todos os pergaminhos confirmam esse nome e esse título – disse Saurmont guardando os papéis.

– Nesse caso esconda esses documentos, M. Briand. O finado Barão não sentirá mais a falta deles, e, para os vivos, esses papéis podem ser úteis... – disse Henrique, com a intimidade familiar com que sempre se dirigia ao seu patrão, o qual não se ofendia absolutamente com isso.

Quando o taberneiro apareceu, informando que já estava tudo preparado, não havia no quarto um vestígio sequer do assalto recém-praticado. O corpo do Barão foi enrolado numa capa e Henrique, obedecendo às ordens do Conde, ajudou a carregá-lo. Briand pegou a tocha e iluminou o caminho do cortejo fúnebre que se dirigiu a uma pequena clareira na floresta, onde, sob a copa de grandes árvores, fora aberta a sepultura. Os três homens colocaram rapidamente o corpo e o sepultaram. Somente um pequeno cortejo falava do Barão Mailor.

– Mas ele não desapareceu pura e simplesmente do hotel! A alma das pessoas que sofreram uma morte trágica não tem sossego no túmulo e vaga pelo lugar onde pereceu – disse o taberneiro tomado por terror trêmulo e supersticioso. – Esse senhor morreu sem confissão e foi enterrado aqui como um cachorro. Como é possível que não queira se vingar de mim? – acrescentou ele, enquanto o estribeiro rapidamente se persignava.

– Faça uma oração pela tranquilidade de sua alma. Eu também

acrescentarei uma ave-maria, e o defunto será muito mal-agradecido se depois disso começar a manchar com sua presença o seu hotel... – respondeu Saurmont com um sorriso zombeteiro.

Os outros não compreenderam a ironia do Conde, mas o conselho lhes pareceu bom. Eles se prostraram de joelhos e, com as vozes levemente tremidas, oraram com veneração pela alma do morto.

Na volta ao hotel, Briand deu ao taberneiro, pelo seu trabalho e pelo susto desagradável que passara, algumas moedas de ouro, dizendo logo em seguida:

– Se vocês querem ouvir o meu conselho, esqueçam que esse viajante passou algum dia por sua soleira. Deus sabe que conhecidos ou parentes esse homem tinha, e que aborrecimentos lhes poderia causar o que acorreu. Será bem prudente silenciar e esquecer tudo. Tomem para si a mala, o cavalo e as armas do defunto e que tudo isso fique assim.

Depois desse discurso sensato, o Conde subiu ao quarto que lhe fora preparado. Henrique se deitou junto à porta e logo os dois mergulharam em sono profundo.

* * *

Aproveitamos o sono deles para levar ao conhecimento dos leitores o passado do herói da nossa história.

Eustáquio Briand, Conde de Saurmont, era o remanescente de uma família antiga e conhecida, possuidora de grandes propriedades em Le Mans e Anjou. As guerras e os gostos demasiadamente pródigos deles lesaram essa enorme fortuna, tanto que o pai de Briand, Conde Luís de Saurmont, completou o saque. Belo e brilhante cavaleiro, generoso como um príncipe, afamado pelos seus duelos e suas aventuras amorosas, Luís Eustáquio teve um importante papel no palácio de Francisco I[6]. Quase ao final do reinado desse soberano, durante uma viagem pela Espanha, Luís se tornou amigo de um senhor espanhol, Conde Guevara. Casou-se com sua filha, Eufêmia, e retornou

_____
[6] Rei da França, Francisco I nasceu em 1494 e faleceu em 1547; reinou de 1515 a 1547 – nota de revisão.

a Paris mais rico do que antes, já que a esposa lhe trouxera de dote uma sólida fortuna.

A nova Condessa de Saurmont era bondosa, mas frágil e doentia. A jovem mulher adorava seu marido, mas a vida do Conde e suas aventuras dispendiosas causavam-lhe profundo desgosto. O nascimento de Briand terminou por arruinar sua saúde.

Depois de alguns anos de existência tão agitada, o Conde terminou arruinado de novo. Abandonou o palácio e se retirou para umas de suas propriedades. Entretanto, a vida da aldeia era insuportável para um gentil-homem temperamental e ele encontrou meios de contrair novas dívidas e fazer novas loucuras. Quando o Conde foi morto num duelo por seu vizinho, cuja mulher fora seduzida por ele, deixou à esposa e ao filho apenas aquele castelo e algumas propriedades. Esse dito castelo estava a tal ponto arruinado que para mais nada serviu. Quanto às mansões, todos os objetos de valor que outrora guardavam já haviam sido vendidos. Doente de corpo e alma, Eufêmia deixou a França e partiu com Briand para a casa do irmão. Briand tinha apenas dez anos. Passados alguns meses sua mãe faleceu. O tio o adotou e passou a criá-lo ao lado dos seus filhos: oito moças e um menino, dois anos mais moço que Briand.

O Conde Guevara e sua esposa sempre demonstraram amor e interesse sinceros para com o órfão. Em tudo colocavam-no em pé de igualdade com seus filhos. Com o passar do tempo, Briand revelou ter um caráter completamente diferente do pai.

Tudo aquilo que Luís tinha de generoso e pródigo, Briand tinha de incrédulo, frio e introspectivo. Do pai, ele herdara somente um traço – sua paixão pelo jogo. Sob seu domínio, ele esquecia a ponderação e o bom senso, deixando-se arrastar pela situação até o momento em que uma forte emoção se apossava dele. O moço cresceu calado e taciturno, procurando a solidão da leitura. Briand era a tal ponto reservado que ninguém percebeu a enorme inveja que lhe causava seu primo e a fortuna dele. Ninguém suspeitava quanto rancor e crueldade ele acumulava na alma, e que persistência e natureza apaixonada estavam escondidas sob o rosto tranquilo e distraído daquele jovem calado, sempre trajado de preto.

Briand, apesar da inveja contida, relacionava-se bem com seu primo Pedro e sua prima Mercedes. Para grande surpresa das pessoas do castelo, o jovem Conde fez sólida amizade com um jovenzinho que há muito vivia com os filhos do Conde. Ele era criado e companheiro de brincadeiras. Era Henrique, pequeno cigano que fora recolhido pela Condessa. Boa e sensível por natureza, a condessa fora tocada pelo triste e incerto destino da jovem cigana que encontrara perto do castelo, morrendo de fome. Ou se perdera de sua gente, ou fora abandonada por eles. Nunca se soube. Triste e calada, a cigana sofreu algumas semanas. Somente ante a morte a moça rompeu o silêncio e suplicou à Condessa que não abandonasse seu filho, que na ocasião contava quatro anos. A Condessa prometeu criá-lo e manteve a palavra. Batizou Henrique e educou-o no castelo, apesar de o menino se revelar um cigano indomável. A educação lhe deu somente polimento externo – por dentro ele continuava a ser integralmente o cigano astuto e malicioso.

O menino se prendeu fortemente a Briand atendendo-o antes que a ninguém. Quando Saurmont completou 20 anos, Henrique passou a ocupar junto ao jovem a posição de cavalariço e homem de confiança.

Dois anos antes do início de nossa história, falecera a Condessa de Guevara. Profundamente abatido, o Conde se recolhera a seu castelo e passara a se dedicar inteiramente à educação dos filhos. Ao perceber que sua filha sentia por Briand uma atração tão forte que esperava apenas uma ocasião favorável para se transformar em verdadeiro amor, ele pensou em casá-la com o sobrinho. Unicamente não lhe passou pela cabeça que Saurmont poderia não gostar de tal plano.

Entrementes, isso ficou assim mesmo. A delicada e frágil Mercedes não era nem de longe do agrado de Briand, que, sob a aparência taciturna, escondia uma natureza completamente entregue às paixões humanas. É claro que se a prima fosse a única herdeira de Don Rodrigo, não recusaria em casar-se com ela. Mas o dote de

Mercedes, ainda que bem grande, pareceu-lhe demasiadamente pequeno para a venda de si mesmo. Aliás, esse dinheiro um dia iria parar em suas mãos. Era necessário apenas não desobedecer ao tio e esperar que o dinheiro lhe chegasse às mãos.

Com a energia e o espírito decisivo que lhe eram peculiares, comunicou a Don Rodrigo que desejava ir à França visitar suas propriedades e tentar regularizar sua situação. Além disso, propôs-se a se apresentar ao Rei da França. Depois, quando voltasse, se o tio permitisse, ele ocuparia o lugar na família que o adotara, e que ele considerava como sua. Briand pensava realmente que um rapaz de boa origem como ele, contando com as antigas amizades de seu pai, poderia sempre ter sucesso na vida. Don Rodrigo não fez qualquer objeção. Achou perfeitamente natural o desejo de visitar suas propriedades que ainda não haviam sido liquidadas. Quanto a visitar o Rei em pessoa, até considerava querer demais. Assim, ele assentiu no desejo do sobrinho e lhe concedeu considerável soma em dinheiro. Despediram-se amigavelmente. Henrique desejou acompanhar o jovem Conde que terminou levando-o consigo por achar que o rapaz forte, astuto e divertido lhe seria simplesmente um criado útil.

A visita às propriedades pouco prazer dava a Briand. Ele estava certo de que para restabelecer o antigo prestígio do nome "de Saurmont" era necessário muito dinheiro. Mas Briand se caracterizava pela insistência. Sabia que era um bom cavaleiro e dominava as armas magnificamente – por isso acreditava no futuro. Sob essas conjecturas o deixamos a caminho de Paris. Mas de tal forma era sua paixão pelo jogo que terminou com a quantia de dobrões que lhe haviam sido dados pelo Conde Guevara.

* * *

Sem sentir o mínimo remorso pela morte de Mailor, Briand de Saurmont deixou o Hotel "Carneiro de Ouro" e continuou a viagem a Paris. No dia seguinte, durante uma das paradas, furtaram-lhe o saco com o ouro. O roubo fora feito de maneira tão sutil que Briand chegou a se perguntar se não teria sido Henrique. Mas o cigano ficou tão irritado e desgostoso, e se esforçou a tal ponto por descobrir o ladrão, que o Conde logo afastou suas suspeitas. No hotel, lotado de hóspedes, qualquer um poderia ser suspeito.

Esse acontecimento estragou o humor do jovem Conde. Seus recursos se reduziram significativamente e, preocupado, pensou que triste figura iria apresentar como um Saurmont, filho do brilhante Luís Eustáquio. Ele não queria pedir novos subsídios a Don Rodrigo, pois o velho senhor era muito cuidadoso com suas despesas. Mesmo que resolvesse lhe pedir algo, deveria esperar um bom tempo pela resposta, que, diga-se de passagem, não atingiria a quantia indispensável para que pudesse ocupar, no palácio, a posição que desejava.

Imerso nesses pensamentos desagradáveis, o Conde seguia adiante, em silêncio, quando de repente se aproximou Henrique e perguntou, com a intimidade familiar, porque estava com aquele ar pensativo e se a perda do saco de ouro o havia deixado tão abalado assim.

– Não é só isso. Minha situação agora é triste e humilhante para um homem de minha origem – respondeu Briand.

Acostumado que estava desde a infância a conversar com Henrique, e vendo nele uma espécie de amigo, em breves palavras lhe expôs o que o deprimia e como seria difícil se apresentar aos velhos amigos do pai sendo um pobretão.

Depois de ouvir com atenção, Henrique refletiu e disse repentinamente:

– M. Briand! Eu gostaria de lhe dar uma ideia que talvez o livre das dificuldades.

– Diga, Henrique! Eu nunca tive tanta necessidade como agora de um bom conselho... – respondeu sorrindo Briand.

– Eu quero lhe propor apresentar-se em Paris, não sob o próprio nome, mas sob o nome de barão Mailor. Ninguém o conhece e será mais fácil orientar-se, se viver com a identidade de um palaciano desconhecido da província. Você sempre poderá se tornar Conde de

Saurmont, quando considere necessário. Encontre uma explicação plausível para o fato de usar um nome alheio e não será difícil.

– É uma boa ideia. Pensarei nela! – respondeu Briand.

Essa sugestão agradou de tal forma ao Conde que, ao chegar a Paris, se hospedou num hotel simples, sob o nome de Barão de Mailor.

O Conde de Saurmont possuía na capital o seu próprio hotel[7]. No dia posterior à chegada, Briand se dirigiu até lá. O aspecto externo do vasto edifício semidestruído, com seu pátio vazio e as janelas que ainda restavam fechadas, causou-lhe tal impressão que se apressou em ir embora. Depois passou a colher informações sobre os antigos amigos do pai.

Nessa tarefa teve vários desapontamentos. Um dos senhores morrera; outros ocupavam altos cargos na província, e outros ainda que encontrara o receberam muito mal, transpirando o orgulho e o luxo que os cercavam. Para se apresentar ao Rei, Briand não tinha pressa. Como Barão de Mailor não queria aparecer, já que o conhecimento com jovens de diversas procedências o fizera compreender muito bem qual a diferença que havia entre eles. A ideia de aparecer pobre, ele, Conde de Saurmont, entre aquela juventude rica e pródiga, era insuportável para seu orgulho.

Por isso se tornou o Barão de Mailor, contentando-se por enquanto com a discreta posição ocupada. Briand era muito jovem para não se deixar arrebatar pelos novos e diversos prazeres da capital. Além disso, ele se sentia bem em sua cidade natal, a qual lhe causava indisfarçável adoração.

---

[7] Os franceses chamam de hotel uma grande hospedaria, um hotel, um edifício ocupado por repartição pública, um paço, uma casa real – nota de revisão.

A BARONESA D'ARMI 2

Falemos agora de Jacqueline, moça jovem de 25 anos, recém-viúva, que ansiava por se casar com um jovem do palácio e se tornar uma dama, assim como sua parenta, a Baronesa d'Armi.

Esta também nascera taberneira e, em relação à beleza, não podia rivalizar com a graciosa Jacqueline.

Briand, por suas maneiras e aparência, agradou duplamente, tendo o título de "Barão" elevado ainda mais o seu prestígio. Em virtude disso a taberneira dispensou a seu hóspede a mais carinhosa atenção e lhe serviu os pratos mais saborosos. Tanto assim que o rapaz não ficou insensível a tais abordagens. A viúva chegava a considerar que estava na véspera do dia em que se tornaria Baronesa.

A situação estava nesse ponto quando chegou a Baronesa d'Armi. Ela fora à província ver as propriedades do marido, como triunfalmente declarava Jacqueline. O título de Baronesa não lhe inspirava excessivo orgulho, tanto é que foi visitar a prima no hotel. Esta se apressou em lhe apresentar o Barão de Mailor. Dentro de sua cegueira irracional, já o via como seu futuro marido.

A Senhora Lourença d'Armi à primeira vista não causou boa impressão a Briand. Ele sentiu quase aversão pela pequena mulher de 30 anos.

Ela tinha cabelos negros e espessos. Seus grandes olhos verdes expressavam astúcia, e neles surgia frequentemente uma expressão de crueldade e frieza, ao mesmo tempo em que nos lábios se congelava um sorriso adocicado.

A NOITE DE
SÃO BARTOLOMEU

A Baronesa estava toda enfeitada. Trajava um vestido de veludo verde e em parte dourado. De sua cabeça pendia uma touca de plumas. Vários ornatos de grande valor adornavam suas mãos e seu pescoço. No entanto, no aspecto geral, tudo isso dava a impressão de mau gosto e transmitia uma imagem de pequeno-burguesa pretensiosa. Na verdade Lourença era de origem simples e passado impetuoso. Seu pai mantinha em Paris uma taberna bem simpática, porém o rendimento principal não provinha disso, mas sim de uma casa de jogos que os frequentadores chamavam de "Rai".

Como nas felizes residências de nossos antepassados, ali se podia encontrar todo o indispensável para o entretenimento do coração e do estômago. Nas salas de jogos, podia-se satisfazer o gosto pelas sensações fortes e gastar o quanto fosse possível.

Por isso, "Rai" sempre estava cheia de gente rica e aventureira, portadores de títulos de nobreza, pessoas que esbanjavam ouro e jogavam dinheiro sem fazer conta de quanto.

O taberneiro educara sua filha única num convento.

Quando Lourença completara 17 anos, trouxera-a para casa, e, em dois anos, ela era um dos melhores chamarizes da sala "Rai".

Moça charmosa, de maneiras provocantes, conquistara o coração de um capitão, que se apaixonara de tal maneira que se casara com ela.

Depois de alguns anos de união, perturbados por uma série de desentendimentos, o Capitão morrera duelando com um colega; o motivo do duelo ficara desconhecido e Lourença se tornara viúva, com uma pequena mas sólida posição financeira.

Ela de novo fora visitar o pai, e, como antes, se apresentara no salão de jogos.

Os admiradores já não eram tantos, uma vez que estava mais feia e engordara. Em compensação, adquirira um cinismo provocador. Com uma astúcia diabólica, sabia excitar a paixão pelo jogo e arrastar os descuidados até a completa ruína.

Havia mais de sete anos que Lourença se encontrava viúva quando o acaso trouxera a seu hotel um certo Barão João d'Armi. Jogador, gastador, homem sem qualquer princípio, perpetuamente necessitado de dinheiro, em decorrência de seus gastos desordenados, esse Barão permitiu que Lourença o dominasse completamente, tornando-se seu amante. Ela o conquistou no mesmo grau em que a ele faltava o caráter. Ora tolerava as fraquezas do Barão João – as quais estudara minuciosamente –, ora o importunava e atormentava. A todo momento ele lhe pedia dinheiro, dinheiro esse que era sustentado no crédito, terminando no final das contas por fazê-lo escravo na insolvência.

Quando enviuvou, o Barão concordou prontamente em pagar suas dívidas, casando-se com Lourença. Pouco antes disso, o pai dela faleceu. Deixou à filha em testamento a Casa de Jogos "Rai" e uma boa quantia de *écus*[1] de ouro. A nova Baronesa d'Armi cortou pela raiz tudo o que lembrasse sua origem humilde. Vendeu a taberna e a Casa de Jogos sem permitir que a esperança do Barão em usar esse dinheiro se concretizasse. Lourença era avarenta e compreendia bem o valor do dinheiro. Ela sabia que a posse de ouro torna conciliáveis as pessoas sedentas por esse metal encantador. Então amarrava fortemente seu porta-níqueis e não regalava d'Armi com moedas, sem motivo.

Jacqueline sentia uma espécie de admiração e respeito para com essa nobre prima, portadora de uma grandiloquência e de um orgulho grotesco que causavam forte impressão. Briand, vendo pela primeira vez a imagem majestosa da Baronesa jactante e cheia de trejeitos, sentiu um irresistível desejo de rir.

Entretanto, numa conversa posterior, esse primeiro julgamento se desfez, já que Lourença não era desprovida de inteligência. Ela soube despertar o interesse do rapaz ao fazer alusão à possibilidade de que, com a ajuda do marido, ele poderia travar conhecimento com pessoas úteis e agradáveis. Por fim, para grande insatisfação de Jacqueline, convidou o falso Mailor para visitá-la.

Ele aceitou o convite e uns dias depois foi à casa da Baronesa. A senhora d'Armi morava numa casa bem grande e confortável onde recebeu Briand com muita amabilidade. Apresentou-o a alguns cavalheiros e o levou a uma elegante sala de jogos, onde a entrada era permitida somente mediante recomendação.

---

[1] Antiga moeda francesa, cunhada em ouro, circulante no século XIII, até 1633; depois, até 1793, em prata. Em 1834, foi retirada de circulação. Na época correspondia a 5 francos – nota do tradutor.

Finalmente uma noite, recebeu Briand tão bem que, estando este embriagado, aconteceu algo fora do habitual. Sob a influência dos vapores do vinho, ele sentiu uma súbita e fortíssima atração pela velha Baronesa que mal acabara de conhecer. O sentimento não foi apenas passageiro.

Desde esse dia o rapaz se tornou uma visita constante em casa de Lourença, que, com sua malícia inerente e perseverante, foi pouco a pouco o dominando por completo, sob o pretexto de se intrometer nos negócios dele, tendo somente uma participação maternal. Para agravar o quadro, a infeliz paixão de Briand pelo jogo o deixava em má situação. A Baronesa o repreendia e lhe passava sermões. Um dia, propôs-lhe se estabelecer, juntamente com Henrique, em sua casa. O moço vacilava em aceitar a proposta, mas Lourença sabia vencer sua indecisão. Briand, num momento de irritação, provocado por mais uma cena de ciúmes de Jacqueline, decidiu mudar.

Em retribuição à hospitalidade, ele levou à Senhora d'Armi um belo bracelete que a mãe lhe deixara e que levava consigo para o caso de ficar sem dinheiro.

A partir desse momento a influência de Lourença sobre ele aumentou ainda mais. Com suspeitas engendradas pelo ciúme, ela seguia todos os seus passos e habilmente frustrava todos os encontros com pessoas afins a ele. Para isso, levava Briand aos mais variados prazeres grosseiros e lhe incentivava o gozo pelo jogo que o ia empobrecendo e o deixava completamente dependente dela.

O Barão d'Armi estava ausente. De tempos em tempos, enviava cartas que sempre deixavam Lourença em prantos copiosos e intermináveis queixas. Ela contou a Briand sua infelicidade no matrimônio, o quanto João d'Armi era esbanjador, de caráter insuportável, e como a traía e furtava a cada passo. Nesse exato momento o Barão se encontrava no exército do Duque de Guise[2]. Dali ele bombardeava a esposa com pedidos de dinheiro.

---

[2] Guise – família defensora do catolicismo. Nesta história há dois "Guise" famosos: o pai, Francisco, que é apenas citado, foi um grande general, um dos maiores de seu tempo. Viveu de 1519 a 1563, quando morreu assassinado, dizem que a mando do protestante Gaspar de Coligny; e seu filho Henrique, aqui chamado de Duque de Guise. Ambos tomaram parte em inúmeras batalhas religiosas – nota de revisão.

– Miserável! Esse esbanjador vai acabar comigo! De onde eu, infeliz mulher, vou tirar uma soma tão grande quanto a que ele me pede? – repetia Lourença, desesperada, a estalar os dedos. – Se não fosse minha fraqueza e meu caráter angélico eu devia me vingar e mandar embora esse miserável de bolsos furados, esse pobretão. Tomara que estique as canelas de fome. Eu mantenho tudo com meus próprios meios, uma vez que ele arruinou o castelo de ponta a ponta.

O Conde ouvia indiferente o desabafo. O ciúme, bem como o amor da Baronesa, começava a incomodá-lo. As discussões passaram a ser constantes; entretanto, apesar dessas desavenças e do desejo secreto do rapaz de se desfazer de sua amante, após fazerem as pazes os seus laços se tornavam mais fortes, já que Lourença tinha sobre ele uma estranha e incompreensível influência. Sob a força de seus olhos verdes e ao som de sua voz adocicada, a fibra enérgica do Conde afrouxava e sua resistência era vencida. No final das contas, triunfavam o desejo e a opinião de Lourença. A Baronesa o corrompia, sufocando nele os sentimentos cavalheirescos em tudo aquilo que tinha de elevado, ao mesmo tempo em que era indulgente para com seu orgulho e suas paixões vis.

Nessa época Briand conheceu casualmente uma jovem muito bonita e se apaixonou a tal ponto por ela que começou a desprezar Lourença por completo. Esta, sem manifestar seu grande ciúme, dissimulava, por vingança, não notando a infelicidade que acometia o jovem no jogo.

Certa feita, numa manhã, ela comunicou melancolicamente que precisava deixar Paris.

– Graças a esse esbanjador do João eu me encontro em sérias dificuldades, o que não permite, por meus meios, que eu continue a viver aqui... – disse ela levantando os olhos para o céu. – Por isso estou partindo para o Castelo d'Armi, onde a pequena Diana carece de cuidados maternais.

Briand estava preocupado. Na véspera havia jogado uma soma considerável e agora não possuía um tostão sequer. Ainda que escrevesse ao tio, a resposta tardaria muito. Naquele exato minuto ele não sabia como retribuir a hospitalidade de Lourença. Ela, em silêncio, observava o nervosismo do rapaz. De repente ela lhe tomou a mão e disse:

– Meu bom Carlos Mailor! Vejo como o aflige a ideia de se separar de mim. Eu também sofro. A vida sem sua companhia me parece vazia. Se não é difícil para você ausentar-se de Paris por uns meses, venha comigo ao Castelo d'Armi. A caça lá é excelente, a vida é calma, e quando João voltar, poderá ajudá-lo a conseguir um lugar junto ao Sr. Guise. É claro que meu marido possui muitos defeitos, mas é bom e prestativo.

Ele, depois de um minuto de reflexão, acabou concordando. Sua posição falsa em Paris o incomodava, e a hipótese de se revelar não passava por sua cabeça. Por outro lado, não tinha nenhuma pressa em voltar à casa do tio para se casar com aquela prima feia. Assim, decidiu partir. O único cuidado de Briand era levar Henrique junto. Por algumas moedas de ouro o jovem encarregou um amigo, que o cigano fizera, de enviar ao Barão de Mailor no Castelo d'Armi qualquer pacote recebido no nome do Conde de Saurmont.

No dia marcado, grandes e confortáveis carruagens, escoltando Briand e seu criado, deixaram Paris, com destino a Anjou.

DIANA

À distância de um dia de caminhada de Anjou se erguia o Castelo d'Armi. Era uma construção grande e sombria que fora reformada no século anterior. A reforma, que podia ser facilmente notada, fizera-a perder seu antigo aspecto feudal. As valas[1] e cornijas[2] haviam desaparecido, cedendo lugar a um amplo jardim rodeado por um muro alto, com portões gradeados sobre os quais se via um brasão. Não obstante, o solar era uma imponente habitação de fidalgos. Suas altas torres pontiagudas se destacavam agradavelmente do fundo escuro do bosque. Mas o imponente castelo tinha um ar triste de abandono. Tudo estava vazio e em silêncio. A grama irrompia por entre os blocos do calçamento de pedra do pátio e cobria as alamedas do parque. A estrebaria e a ante-sala estavam vazias. Sete ou oito pessoas vivendo nesse castelo se perderiam dentro dele.

No castelo viviam a pequena Diana, filha do Barão por parte do primeiro casamento, a boa Justina e um menino de 12 ou 13 anos, um velho roupeiro e três criados. Essas pessoas eram, sem dúvida, insuficientes para manter o castelo, mas os econômicos proprietários consideravam ser o número satisfatório para servir à criança. Em decorrência dessa negligência o castelo acabara ficando em ruínas – o que pouco os inquietava.

---

[1] Vala – espécie de fosso longo e mais ou menos largo, para recolher águas que escorram do terreno contíguo, ou para conduzi-las a algum ponto. Dic. *Aurélio* – nota de revisão.

[2] Cornija – ornato que se assenta sobre o friso de uma obra; ou molduras sobrepostas que formam saliências na parte superior da parede, porta, etc. Dic. *Aurélio* – nota de revisão.

No tempo em que os avós de Diana viviam, a situação era bem diferente. O castelo era repleto de vida e dentro de suas paredes se reunia a alegre sociedade de proprietários das redondezas. O Barão era rico e hospitaleiro, agradando-lhe muito o convívio com esse círculo de amizades. Para grande desgosto do velho, o céu lhe recusara um filho, legando como única herdeira a filha Ana, moça delicada e doentia. Quando Ana completou 15 anos o pai contratou núpcias com o primo dela, João d'Armi, pois desejava unir os dois últimos rebentos da antiga família. O casamento deveria se realizar quando a noiva completasse 19 anos.

Um ano antes de se realizarem as núpcias o Barão morreu, porém sua filha manteve a palavra e se casou com o primo.

O casamento foi dos mais infelizes. O Barão João d'Armi era homem sem qualquer princípio e mulherengo. Raramente aparecia em casa. Sua jovem esposa, desprezada por ele que tanto lhe devia, silenciosamente e aos poucos foi se consumindo. Os dois primeiros filhos de Ana morreram ainda na idade pueril. Somente o último, uma menina, sobreviveu. Esse nascimento porém acabou com a saúde da Baronesa. Com a morte já dentro da alma, a jovem mulher sentiu a aproximação de seu fim prematuro. Ela temia pelo futuro de Diana, que ficaria indefesa, à mercê do poder do pai indigno e maldoso. Sua única salvação era Justina, mulher do primeiro guarda de caça e ama-de-leite da pequena Diana.

Justina, criada leal, chorou amargurada o triste destino de sua patroa e a vida conjugal infeliz de Ana. Com lágrimas nos olhos, Justina jurou à Baronesa que sempre olharia pela órfã como se fosse a própria filha.

Envolvida pela dor e pela solidão, a Baronesa ao menos se sentia satisfeita com essa promessa, ainda que fosse a proteção de uma pobre criada que não tinha muito a dar. Ana também contava muito com a afeição que o filho de Justina, Antônio, seu afilhado querido, tinha por Diana. Para sua idade o rapazinho já era bem crescido, cuidadoso e responsável, além de ser cheio de energia. A pedido da própria Baronesa Ana, o sacerdote da aldeia passou a dar aulas a Antônio, e não se cansava de elogiar a aplicação, a atenção e a estupenda capacidade de seu discípulo.

Sentindo a aproximação da morte, a Baronesa ordenou que fosse chamada alguma personalidade oficial para legalizar seu testamento, tentando garantir o futuro de Diana, quanto à parte financeira. À Justina entregou uma soma considerável destinada à educação de Antônio e à compra das primeiras necessidades do menino, logo após o término do curso. Quando o rapazinho, com lágrimas nos olhos, agradeceu, ela obrigou-o a jurar que sempre seria um verdadeiro amigo e devotado criado de sua filha, e que haveria de protegê-la com todas as forças deste mundo.

Passados alguns meses, Ana d'Armi faleceu. Diana, que na época tinha um ano e meio, não podia compreender plenamente sua infelicidade. Ainda que gritasse e chorasse ao ver que sua mãe não se movia nem a beijava, algumas flores caídas do caixão a consolavam. Mantendo-se fiel ao seu juramento, Justina cercou a criança de amor e de cuidados. Diana se sentia feliz e logo a lembrança da mãe se apagou completamente de sua memória.

Oito meses após o falecimento de Ana d'Armi, o Barão João chegou inesperadamente ao castelo acompanhado de sua nova esposa. Os antigos criados os receberam com frieza. A pequena Diana manifestou tamanho medo e aversão por sua madrasta que nenhum carinho e nenhum presente conseguiam vencer seu sentimento. Já do pai a menina gostava muito. O Barão chegou inclusive a merecer alguma consideração de Justina, pelo carinho e pelo ardente amor demonstrados ao encontrar a filha. Ficando de joelhos diante da cama onde estava Diana, ele a cobriu de beijos, e, em seguida, agradeceu muito à ama-de-leite por seus cuidados.

– Ainda que desprezasse a falecida, ele realmente ama a criança com sinceridade... – comentou ela, assim que o Barão se retirou. – A única coisa que não posso entender é como, depois de viver com um anjo como a Sra. Ana, ele pôde se casar com essa grosseirona!

A influência da Sra. Lourença logo se fez sentir. O ambiente senhorial do Castelo d'Armi cedeu lugar a uma atmosfera pequeno-burguesa e mesquinha. Alguns empregados foram demitidos. Os cavalos e cachorros foram vendidos. Em alguns meses o castelo passou a ter um aspecto de abandono que se acentuava ano a ano.

Para grande alegria de todos, os proprietários partiram para não retornar tão cedo. Justina passou novamente a dirigir os afazeres domésticos. Diana cresceu ao lado dela e de seu companheiro de brincadeiras, Antônio. Sempre que havia oportunidade, ambos se mimavam e agradavam. Ela brincava livremente pelas grandes salas decoradas do castelo e corria no jardim com Antônio e o grande cachorro Lancelo, que lhe servia como um autêntico "cavalo de sela". À noite a menina dormia numa grande cama enfeitada com sinos, na qual sua mãe passara os últimos dias.

Ao tempo de nossa narrativa, Diana já era uma encantadora menina de quatro anos com espessos cabelos loiros e encaracolados que a cobriam como uma colcha.

Às vezes Justina permitia à sua pupila que fosse ao bosque, sob a proteção de Antônio, à cata de frutos ou de ninhos de passarinho. Tais passeios sempre eram uma grande festa para ambas as crianças.

Num maravilhoso dia primaveril, Diana recebeu autorização para ir ao bosque ver um ninho que Antônio havia encontrado. Antes de as crianças deixarem o castelo, Justina, como de hábito, vestira-as elegantemente. O vestido de Diana havia sido feito da saia de sua mãe. Ao filho ela mandara trajar sua roupa de passeio. Ao liberar as crianças, Justina deu seu costumeiro conselho:

— Se você encontrar alguém no bosque e essa pessoa lhe perguntar, Antônio, quem você está acompanhando, não se esqueça de responder que essa é a formosa senhorita Diana, Baronesa d'Armi, e que você é seu pajem.

O tempo era maravilhoso. Conversando com alegria, as crianças adentraram o bosque e chegaram a um lugar onde se encontrava um belo ninho. Antônio subiu na árvore enquanto Diana, segurando um grande maço de flores, olhava para o alto, acompanhando cada um de seus movimentos.

Nesse instante ouviu-se um ruído por entre os arbustos e logo uma voz indagando em tom alto:

– Quem está na árvore?... Quem é você, belo nenê?

Diana se virou e com curiosidade olhou para dois cavaleiros que estavam a alguns passos dela. Um deles, um homem já idoso, era com certeza o serviçal. O outro era um encantador menino de dez anos.

– Na árvore há um ninho e eu sou Diana.

A menina silenciou repentinamente e começou a pensar. Ela esquecera o título e o sobrenome. Resolvendo rapidamente, ela gritou:

– Antônio, você que está aí, diga quem eu sou! Você deve saber, Justina lhe disse.

– O nome da minha pequena senhorita é Diana, Baronesa d'Armi! – gritou Antônio Gilberto, sem abandonar seu lugar no alto da árvore.

Sem prestar atenção à observação do seu acompanhante, o menino desceu do cavalo e jogou as rédeas. Segurando o chapéu, ele galantemente se aproximou da menina. Esta se riu ao fitá-lo.

Criada em absoluto isolamento, Diana não podia compreender muita coisa do mundo, porém, graças às infindáveis histórias cavalheirescas que nas noites de inverno lhe contava Justina, em sua cabeça havia uma grande quantidade de ideias fantásticas.

– Você é certamente um cavaleiro errante? – perguntou ela inesperadamente, enquanto o menino a saudava.

– Um futuro cavaleiro, sim, só que não errante... – respondeu ele dando risada. – Eu vivo com meu avô no Castelo de L'Étaim. Meu nome é Visconde René de Beauchamp.

Enquanto travavam conhecimento, Antônio descia da árvore com o ninho. Em poucos minutos uma animada conversa se encetou entre as crianças. Depois Diana convidou René para ir brincar em sua casa, perguntando este, por sua vez, com quem ela vivia. Ao saber que a menina vivia sozinha com sua ama-de-leite, ele, resolvendo rapidamente, comunicou ao seu acompanhante que iria ao Castelo d'Armi brincar com Diana.

O velho criado quis protestar, mas René teimou e o pequeno grupo, escoltado pelo velho Silvestre, dirigiu-se ao castelo. As horas passaram voando. A irradiante Diana mostrou às visitas o castelo, seu quarto, os brinquedos, Lancelo e o jardim. René também se sentia muitíssimo alegre. Ao entrarem correndo do jardim, cansados e ofegantes, Justina lhes ofereceu um merecido almoço.

Depois do almoço a amizade se tornou mais forte e as crianças passaram a se tratar com mais intimidade. René, tomado pela alegria, disse:

– Diana, este lugar é muito bom; aqui nós somos os mais velhos. Uma vida assim me agrada mais do que aquela que eu levo com meu avô. Escute, quer se casar comigo?

– O que vai acontecer se eu casar com você? – perguntou a menina, não sem desconfiança, ao ouvir essa primeira proposta.

– Quando nos casarmos vamos ficar sempre juntos, poderemos brincar quanto quisermos e viver aqui. Antônio será o nosso pajem! – explicou René, sem se ofender pela desconfiança expressada.

– Oh, se é para isso, então eu concordo em ser sua esposa. O que de melhor poderíamos desejar senão nos alegrarmos tanto quanto hoje?

A observação de Silvestre de que uma ausência tão prolongada poderia intranquilizar o avô pôs fim à visita. Diana se desfez em pranto. O futuro casal se beijou de todo coração e se despediu prometendo um novo encontro para breve.

No dia seguinte o pequeno Visconde chegou novamente, desta vez acompanhado do avô. Vencido pela beleza invulgar de Diana, o velho Visconde beijou-a e sentou-a nos joelhos. Perguntou a Justina por que uma criatura tão pequena vivia sem pai nem mãe, entregue aos cuidados dos empregados. Com certa indecisão, já que julgava indelicada a intervenção de seu hóspede, Justina contou tudo o que se referia à sua pupila. O Visconde estava vivendo há meses enclausurado em seu castelo e estava totalmente alheio ao que acontecia no país. O estranho comportamento do Barão d'Armi em relação à filha deixou-o perplexo.

– Se um dia qualquer, boa senhora, estiver preocupada com o futuro da criança, procure-me! – disse ele ao se levantar. – Todos nós somos mortais. Se por acaso alguma infelicidade ocorrer ao Barão João, a menina encontrará em minha casa um verdadeiro refúgio.

A partir desse dia René de Beauchamp passou a visitar o Castelo d'Armi quase que diariamente. As crianças se tornaram inseparáveis e se aborreciam quando não se encontravam em companhia uma da outra.

A Chegada de Mailor

Depois de uma longa e fatigante viagem, Lourença e o falso Barão de Mailor chegaram finalmente ao castelo. Eles tiveram que esperar um bom tempo à entrada até que o sujo e despenteado jardineiro abrisse o portão. A passagem pelo pátio vazio e pela longa série de salas, que apesar de luxuosamente mobiliadas se encontravam abandonadas, fez Briand sentir uma tristeza inexprimível e certa repugnância. No entanto, ao ver um belo quadro essa má impressão logo se apagou. A porta lateral de uma das salas estava aberta. Por ela se saía num grande terraço, cercado de balaustradas. No fundo se viam as árvores verdes do jardim, entre as quais reluziam as águas tranquilas de um lago. A atenção do Conde, porém, estava voltada para um grupo pitoresco, e não para a paisagem bucólica. No meio do terraço um menino sentado sobre uma almofada, com um livro aberto sobre os joelhos, lia, num ressonante e monótono tom de voz, um certo conto fantástico. A seu lado, deitado no tapete, havia um grande cachorro de pêlos encaracolados. Uma pequena menina, trajando um vestido de dama azul-claro, abraçou o cão pelo pescoço e encostou na cabeça dele, recostando-se logo a seguir. Debaixo do gorrinho, também azul, caíam espessos cachos dourados que pendiam até a cintura. Toda a tranquilidade dessa cena foi perturbada por Lourença ao entrar no terraço dando um grito estridente:

– Diana, minha cara criança!

A menina levantou, espantada. Imediatamente, a Baronesa tomou-a pela mão e cobriu-a de beijos, repetindo:

– Querida Diana! Por acaso você se esqueceu de mim durante minha ausência?

Por um minuto a menina suportou as carícias dela, mas logo depois começou a rechaçá-la, gritando.

– Me solte!

Lourença não insistiu e colocou-a no chão, após o que, aproximando-se de René, perguntou:

– E você, quem é, meu pequeno amigo?

Enquanto o garoto pronunciava com vivacidade seu nome e seu título, Briand se aproximou de Diana e, inclinando-se para ela, tentou tomá-la pela mão. A menina, todavia, recuou com uma indisfarçável expressão de medo e repulsa.

– Hei, Diana! Como você pode ser tão indelicada? Dê agora mesmo a mão ao Barão de Mailor e se apresente a ele! – gritou Lourença. Sem esperar a resposta, ela se aproximou da menina, levou-a ao Conde e acrescentou rindo:

– Reconciliem-se.

Naquele instante Diana ficou petrificada. Contudo, quando Briand quis beijá-la, ela começou a berrar alto e a se esquivar com pés e mãos.

– A troco de que vocês perturbam Diana? – com raiva, gritou René, lançando-se na direção de sua amiga.

O cachorro se pôs a latir alto. A barulheira só terminou quando Justina apareceu para levar a menina.

Aparentemente os tempos que se seguiram ao episódio foram um pouco mais tranquilos. Lourença se ocupava dos afazeres domésticos ordenando que se fizesse mais uma série de intermináveis desmontagens, empacotamento e empilhamento em cofres e armários, além de exigir que fosse feito o inventário de todos os objetos que estivessem guardados nesses móveis.

Nas conversas com o desagradável Mailor, seu tema predileto era xingar o marido e calcular o ódio que este devia sentir por não receber resposta às suas cartas.

— O querido João endereça seus pedidos às paredes vazias do meu quarto... — repetia ela, achando graça.

No que se referia a Briand, pelo visto, ele estava satisfeito com a vida calma que levava. Não havia feito uma única visita aos vizinhos da propriedade. Apenas caçava e, de vez em quando, visitava o padre e o promotor mais próximos. Na realidade, sob essa aparência serena, o rapaz continha todo seu ódio e sua intranquilidade.

Não recebera nenhuma resposta da Espanha. Ele de bom grado mandaria Henrique a Paris ou ao tio, se essa viagem não exigisse demasiado para as presentes condições em que se encontravam suas reservas. Também não era só isso que o preocupava. Henrique havia ido secretamente às duas propriedades que Briand possuía em Anjou, uma das quais próxima ao Castelo d'Armi. Para infelicidade do Conde, em vez do esperado ouro, o cigano trouxera más notícias: as propriedades estavam dilapidadas até o último grau pelos agiotas nelas alojados.

Apesar de sua admirável dissimulação, o rapaz, vez que outra, mal conseguia se dominar.

Uma noite, quando o Conde se sentara com Lourença, esta lhe contou que, quando ele estivera caçando pela manhã, havia chegado um hóspede com uma carta do marido. Na carta o Barão lhe escrevera coisas ultrajantes e com insistência exigia dinheiro. Briand quase não a ouvia, absorto que estava em seus próprios problemas. De repente Lourença lhe tomou a mão e disse:

— Carlos, não confia em mim? Meu coração diz que você sofre. Posso até adivinhar o motivo de suas preocupações. Seus negócios estão falidos e para um jovem chegar a ser brilhante cavalheiro é preciso muito ouro. Sei disso e quero propor uma maneira de sair das dificuldades.

— Que maneira é essa? — respondeu, ligeiramente surpreendido, o Conde.

— Casar.

Briand fez um gesto de desprezo, ao mesmo tempo em que um sorriso de sarcasmo era esboçado em seus lábios. Ele já

tivera oportunidade, em Paris, de conhecer o terrível ciúme de Lourença, por isso considerou aquele conselho uma sugestão de mau gosto e pouco sutil. Entretanto, a Baronesa continuava, sem se incomodar:

– Sim, eu quero casá-lo, e casá-lo com a pequena Diana.

A ressonante gargalhada do Conde interrompeu-a.

– A carta do Barão João perturbou sua razão, Lourença. Casar-me com uma menina de quatro anos! Isso é cômico.

– Escute-me até o fim, antes de julgar o meu plano. Nele há muita coisa boa, sem considerar que uma esposa é excepcionalmente cômoda para um marido de 20 anos... – observou Lourença calmamente. – Diana tem posses. A mãe lhe deixou uma grande soma: cem mil *écus*. Esse montante está depositado em Anjou. Só que seu testamento possui um item tolo que reza que esse dinheiro não pode ser tocado até que a menina se case. Então essa soma será entregue a seu marido. Felizmente o testamento não indica quando Diana deve se casar; nada o impede de se casar com ela e receber os cem mil *écus*... – cinicamente concluiu Lourença.

Briand nada respondeu. A ideia de comprometer seu futuro não o agradava nem um pouco, mas o estranho poder que a Baronesa exercia sobre ele novamente se fazia sentir. Sob a firmeza daquele olhar verde o pensamento do rapaz se perturbava. Ele estava inclinado a recusar a proposta de criar para si uma situação que de certa forma o tornasse dependente. Passando a mão no queixo, respondeu.

– Vou pensar.

Um pouco depois, despediu-se da Baronesa e saiu para seu quarto. Seu aspecto sombrio e preocupado chamou a atenção de Henrique que observou por um bom tempo como o Conde andava nervosamente pelo quarto. Finalmente perguntou:

– O que há com você, *monsieur*? Aconteceu algo desagradável?

Briand estava acostumado a discutir seus problemas com Henrique, o qual considerava um amigo fiel e com quem crescera.

Por isso ele confidenciou sem qualquer vacilação o plano de se casar proposto por Lourença.

Ao serem lembrados os cem mil escudos os olhos do cigano brilharam de cobiça.

– Você concordou, *monsieur* Briand? – rapidamente perguntou ele, esquecendo que o Barão de Mailor se chamava Carlos.

– Não. Não posso me atrever a isso! Detesto todo e qualquer laço. Atar meu futuro a essa criancinha é absolutamente ridículo. Além do mais, eu não quero revelar meu verdadeiro nome.

– Bah! – pronunciou Henrique com desprezo. – Não vejo a mínima necessidade de fazer isso. Por que não haveria de se casar sob o nome de Barão de Mailor? Você possui todos os documentos. Quando quiser, sempre poderá se transformar no Conde de Saurmont. Cem mil escudos é um belo dote. Essa soma viria bem a calhar para salvar suas propriedades em Anjou, antes que os malditos agiotas terminem por limpá-las completamente. Com esse dinheiro ainda poderia evitar que os esplêndidos bosques de São Germano fossem liquidados.

– Isso é verdade. Mas, pense bem, Henrique: uma esposa de quatro anos e um sogro e uma sogra como o Barão e sua esposa...

Henrique estalou os dedos.

– Não é necessário conseguir tudo de uma vez. Da Sra. d'Armi e de seu marido poderemos nos livrar quando houver ocasião. A pequena Diana, sem dúvida, substituirá a bela Dona Mercedes, que, além de tudo, enciumada, dará 160 mil de dote.

– Não. Menos de 200 mil Don Rodrigo não dará por ela. Mas isso é muito pouco pela sua corcova e sua pretensão... – notou Briand, com uma risada, querendo evidentemente refutar os argumentos de Henrique.

A perspectiva de salvar duas propriedades espetaculares e deter a liquidação do bosque que cobria inteiramente a terra de São Germano terminou dominando o pensamento de Briand. Naquele lugar se erguia o castelo herdado, berço do Conde de Saurmont e onde se encontravam os túmulos de seus ancestrais.

Salvar o antigo berço da família da destruição total era para ele um dever. Por isso, na manhã seguinte, ele comunicou a Lourença que, depois de ter refletido bem em tudo, concordava em se casar com Diana.

A Baronesa, naturalmente, ficou muito feliz.

– Eu sinto que o próprio Deus me inspirou esse plano para sua felicidade, Carlos, e para a felicidade da minha cara Diana! – gritou ela. – Hoje mesmo escreverei a João e pedirei o seu consentimento. Estou certa de que ele também ficará feliz. Só que eu penso, caro Barão, que, tendo em vista a terrível falência dos negócios do pobre João, você deverá dar-lhe uma parte do dote. Tal providência ajudará sua empreitada e, além do mais, você não pode deixar que o pai de sua esposa fique na miséria.

Briand franziu as sobrancelhas; a negociata tomara um novo aspecto. Depois de entregar a parte do pai, sem dúvida, a próxima a ser recompensada seria a madrasta. Naquele momento seu primeiro impulso era desistir da ideia, mas o desejo de se livrar da corja de agiotas o dominara a tal ponto que, a contragosto, ele disse que estava preparado para pagar pelo consentimento do Barão.

Nessa mesma noite, Lourença escreveu ao seu marido uma carta de várias páginas. A Baronesa descreveu minuciosamente a ruína em que se encontravam e a utilidade que teria o casamento proposto, já que liberaria um capital morto. Diana, é claro, ficaria muito feliz em se casar com um homem bondoso e desinteressado, que renunciaria a uma boa parte do dote para ajudar seu futuro sogro a sair das dificuldades.

Enquanto esperava a resposta de João d'Armi, Briand resolveu, ainda que fosse um pouco, conquistar a simpatia de sua futura esposa, cuja opinião sobre tão importante negócio não fora pedida. A menina continuava hostilizando-o, esquivando-se, e raramente conversava com ele. A ideia de que na igreja, na frente do padre, poderia se repetir uma cena tão ridícula quanto aquela do primeiro encontro não agradava muito ao Barão. Assim, decidiu começar com uma conversa tranquila.

Briand comunicou sua intenção a Lourença e lhe pediu que o ajudasse.

– Não há nada mais fácil... – respondeu ela rindo. – Preciso ventilar o baú no qual se encontram as coisas da falecida Ana d'Armi. Segundo João, lá estão guardados tecidos caros, broches e peles valiosas. As traças podem estragar essas coisas e meu dever é guardar a herança para a filha. Convidarei Diana para ver o baú nos meus aposentos. Se ela se interessar, o que é bem provável, você poderá chegar e cortejá-la... Isso, inclusive, irá lhe dar uma noção de quanto custarão dentro de 20 anos o toalete e os gastos da senhora Mailor... – concluiu ela rindo.

Ao quarto de Lourença foram trazidos os grandes baús com a herança de Diana.

A pilhagem ia ter início. Na opinião da Baronesa, tudo aquilo que pudesse estragar e amassar em decorrência do longo tempo dentro dos baús deveria ser posto de lado para que ela mesma os arejasse com mais frequência. Na verdade ela queria os objetos para uso próprio. Afinal, o que uma menina faria com tantas coisas assim? Diana, demonstrando muito interesse pelas roupas, permaneceu no quarto da Baronesa. Tocava os panos e os bordados, provava os cachecóis e a cada vestido retirado perguntava:

– Esse aí é para quem?

– Para você, minha querida... – Lourença respondia com ternura. A cada resposta os olhos da criança irradiavam alegria.

A interessante ocupação ainda continuou por muito tempo. Em determinado momento, Briand chegou ao quarto de Lourença. Ele se esforçaria em conversar com Diana, sem esquecer, contudo, de trazer consigo doces e brinquedos. Tal esforço não foi em vão. No princípio os presentes eram recebidos com um silêncio de desprezo, mas depois com um meio sorriso. Ao final o Conde conseguiu até pô-la no colo. É verdade que a testa da menina estava franzida e o olhar era de desconfiança. Entretanto, esses maus sintomas logo se dissiparam quando Briand contou uma história de fadas e outra de bandidos as quais prenderam a atenção da criança.

– Apesar de ser chato, você até que é um bom contador de histórias... – disse Diana com toda franqueza. Como o Conde não se mostrava antipático, esse entretenimento sincero aumentava dia a dia.

O pequeno René, como antes, visitava Diana e, sem o mínimo ciúme, dividia com ela os doces que seu rival trazia. O garoto não tinha tempo de ter ciúme, tão preocupado estava. Ele contou à sua amiga que havia ocorrido um escândalo em sua família. A noiva do sobrinho do velho Visconde cancelara o noivado depois que a família dela achara um noivo mais rico para a moça. O rapaz ficara em terrível desespero. Ele amaldiçoara a traidora e desafiara para um duelo o seu rival. Visto que o Visconde não permitira ao sobrinho travar o duelo, esse começara a rasgar a própria roupa e ameaçara se afogar. Esse problema na família causara forte impressão em René. Ele não parava de repetir à Diana, palpitante de interesse, todas as palavras do primo, e, ainda representava o desespero e os gestos agitados dele.

Diana se entretinha assim com René, quando chegou a resposta do Barão João d'Armi. Como previra Lourença, o "maravilhoso" pai consentiu em dar a mão da filha a um desconhecido. Ele agradeceu à esposa pela ideia original; mandou um abraço ao seu futuro genro e lhe suplicou que adicionasse mil escudos da soma a si próprio. No final da carta acrescentou:

"Minha cara Lourença, eu bem a conheço e posso confiar completamente na sua escolha. Mailor deve ser excelente pessoa. Desse modo, apresse o casamento, e assim que receber o dinheiro envie-o para mim por mensageiro. Ordene ao enviado que não poupe cavalos. Só se ele empregar dois ou três, chegará rápido. Eu não tenho dinheiro algum e ainda estou devendo muito".

Nessa mesma remessa foram anexados documentos oficiais destinados ao promotor em Anjou e ao sacerdote.

Contentíssima, Lourença se dirigiu naquele mesmo instante a Anjou para executar todas as formalidades indispensáveis. Da cidade ela trouxe uma fazenda branca, bordada de prata, e uma grande caixa de bombons que, sem dúvida, deveriam deslumbrar Diana, já que nela havia várias figuras de animais, igrejas, um urso, além de dois anjos de bala e um pão doce. Tudo estava preparado, só faltava Briand formalizar o pedido.

Lourença abriu na frente do espelho a fazenda bordada, depois de já ter colocado na mesa ao lado a enorme caixa de bombons. Em seguida, chamou Diana. Ao ver o tecido, a menina se lançou ao espelho e, contemplando com curiosidade, fez sua habitual pergunta:

– Para quem é isso?

– Para você, minha cara... – respondeu Lourença beijando-a. – É para o vestido do seu casamento. Uma mulher é sempre uma mulher.

– Meu casamento? Com quem? – perguntou a menina enquanto continuava a admirar o tecido.

– Com nosso amigo, o bom e amável Barão de Mailor.

A menina fez uma cara feia e franziu a testa. Não dando tempo para que o mal-estar aumentasse, Briand pegou a caixa de bombons e, oferecendo-a aberta, disse com um sorriso:

– Se você se casar comigo, Diana, eu sempre lhe darei bombons deliciosos como estes e contarei histórias interessantes. Será que isso é mau?

Diana olhou a caixa de guloseimas e sua face se aclarou. Nada respondeu, mas assim que pegou a caixa, que mal conseguia segurar, saiu correndo do quarto.

O Conde e a Baronesa soltaram uma ressonante gargalhada.

– O silêncio é sinal de concordância. Agora ninguém o impede, Carlos, de ordenar a preparação do seu traje de casamento... – disse Lourença, enquanto enxugava do seu rosto carnudo as lágrimas da risada.

Curvando-se sobre a tentadora e pesada caixa, Diana chegou ao seu quarto, sentou-se no chão e espalhou à sua volta o tão valioso tesouro adquirido. A menina estava completamente absorvida nessa tarefa quando entrou René. Também ele ficou cativado pelos bombons. Sentado ao lado de sua amiga, ele examinou tudo, ajudando-a a repartir os quitutes entre eles, o servo e o cachorro, e a colocar o restante na caixa. Quando acabou de comer os pãezinhos, perguntou:

– Você ainda não me disse quem teve a ideia de lhe dar essa caixa.

– Ela me foi dada pelo Barão de Mailor, por eu ter me tornado sua noiva. Além desse presente, minha madrasta também me fará um vestido de noiva, com uma fazenda bordada em prata... – respondeu Diana chupando uma pêra confeitada.

Para grande assombro dela, René deu um salto e, vermelho de ódio, tomou-lhe a pêra, atirando a fruta ao canto.

– Você quer ser mulher de Mailor? Ousa se vender somente por uma infeliz caixa de bombons? – Ele bateu a caixa nas pernas com tanta força que os bombons se espalharam para todos os lados. – Acaso você se esqueceu, sua traidora, de que prometeu se casar comigo?

E então René rasgou sua gola, lançou-se à mesa e começou a arrancar seus próprios cabelos, numa cena exatamente igual àquela que fizera seu primo Gastão, no momento de desespero.

A princípio a assustada Diana olhava para seu amigo sem entender o motivo da raiva; depois se lembrou da história que René havia contado. Da mesma forma que aquela noiva hipócrita, ela não cumprira sua palavra. Um remorso amargo tomou conta de seu coração. Ela tinha medo de servir de motivo para a ruína do noivo enganado.

– René, não se enforque! – gritou ela chorando e correndo para ele. – Acalme-se! Eu serei sua esposa, dou-lhe minha palavra de honra. Devolverei a caixa ao Barão!

Essas palavras acalmaram um pouco René, que parou de gritar e esbravejar. Depois, tomou Diana pela mão, pegou a caixa de bombons e levou-a ao quarto de Mailor.

Briand mal acabara de voltar ao seu quarto. Estava sentado à janela, absorto em pensamentos, quando de repente se ouviu uma forte batida à porta e René gritando:

– Abra, senhor Mailor! Nós precisamos conversar sobre um assunto importante.

O rapaz, surpreso, levantou e abriu a porta. O assombro dele aumentou ainda mais quando viu René com o rosto vermelho de raiva e a gola rasgada. O menino segurava Diana, que chorava, por uma mão, enquanto na outra carregava a famosa caixa de bombons.

– Nós viemos devolver os seus bombons! – disse, orgulhoso, o pequeno Visconde. – Diana levianamente aceitou seu presente de noivado, esquecendo totalmente de que me havia prometido sua mão. Ela não pode se casar com você. Se não renunciar à sua pretensão, serei obrigado a levá-la à minha casa. Meu avô está a par de tudo e concorda com nosso casamento. Ele saberá defender minha noiva.

René obrigou Diana a colocar o presente na porta e a levou, saindo ainda mais furioso pela insensata risada de Briand, encerrando a cena tragicômica.

Voltando ao seu quarto, as crianças continuaram discutindo. Os gritos e berros foram crescendo e crescendo a tal ponto que o velho Silvestre foi abrigado a levar René para pôr fim à tumultuada cena.

Na manhã imediata, o avô de René foi visitar Lourença, para saber o que acontecera, já que ele pouco havia entendido da narrativa de seu neto que havia regressado doente e terrivelmente agitado.

Lourença lhe explicou que iria casar Diana. Ao ouvir o nome do noivo, o velho Visconde se surpreendeu e delicadamente observou que, se isso iria ocorrer só para garantir um futuro decente à menina, uma vez que o Barão d'Armi era conhecido de todos, seria mais fácil encontrar um companheiro que fosse de idade aproximada à dela. A Baronesa, respondendo com frieza, disse que tudo estava sendo feito de acordo com o consentimento da família. Assim, o Sr. de Beauchamp se desculpou e partiu, dizendo que não deixaria mais seu neto ir ao castelo.

Daquele dia à data do casamento, Briand esteve ocupado em confortar e divertir sua futura mulher que, de olhar triste e desencantado, raramente se alegrava. Graças a tal atenção do noivo, e sobretudo às histórias, lendas e guloseimas, Diana se animou, e no dia do casamento toda sua alegria infantil estava de volta.

No grande dia, Lourença trouxe Diana para perto de si, desde a manhãzinha. Entretendo-a, vestiu-a como uma boneca, ao mesmo tempo em que a empanturrou de doces. Terminado o trabalho, a menina se encontrava encantadora, sem considerar, é claro, o aspecto cômico do seu traje e a coroa de pedras preciosas que adornava seus exuberantes cachos de ouro.

Não havia convidados. Lourença não era amiga das mulheres da vizinhança, já que estas a evitavam; por isso ela se contentava em ter na cerimônia as pessoas indispensáveis: as testemunhas, o sacerdote e o promotor.

Quando a Baronesa entrou na sala, onde todos estavam reunidos, levando Diana pela mão, uma sensação horrível se apossou de Briand. Com o coração pesaroso ele tomou a menina pela mão e conduziu-a ao altar.

O rostinho sério de Diana durante a cerimônia aumentou ainda mais a sensação de perturbação e melancolia do Conde. Uma voz interior murmurava que ele estava agindo como um canalha, que era um duplo ladrão: ao roubar uma consciência inocente tomando-lhe o dinheiro, e a se negar até mesmo a lhe dar seu verdadeiro nome. Seu olhar estava cravado na menina que se colocara de joelhos a seu lado. Os olhos grandes e claros da criança dirigiam-se ao padre, ao mesmo tempo em que seus lábios sussurravam com precisão a única oração que ela conhecia: "Pai nosso que estais nos Céus...".

Quando Briand colocou o anel em Diana, várias lágrimas rolaram pelo rosto da menina. Os presentes começaram a recear que a noiva fugisse, porém acabou por se manter séria e calma até o final, permitindo que o marido a beijasse. Com um estranho ar de dignidade e distinção, recebeu os cumprimentos das testemunhas ali presentes.

Depois do almoço, Diana, que havia adormecido, foi levada ao quarto, enquanto Lourença se distraía com os convidados na sala de jogos. Briand, como sempre, seduzido pelo jogo, perdeu uma grande soma para o promotor. Quando o rapaz voltava pelo corredor, percebeu a porta do quarto de Diana aberta. Influenciado pela intranquilidade moral que o perturbara o dia inteiro, o Conde se deteve e entrou no quarto, que estava iluminado por uma

A NOITE DE
SÃO BARTOLOMEU

lâmpada de cabeceira e duas velas de cera. As velas estavam sobre a mesa em meio aos restos do banquete. Ao lado, ainda vestida, Justina dormia profundamente. Aproximando-se do leito, Briand se inclinou e fitou a adormecida e tranquila Diana.

– Com o tempo ela será muito bonita... – murmurou. Esboçando um sorriso meio malicioso, meio amargo, continuou: – ...e eu nessa época já serei um homem bem de idade, e quem sabe se então René de Beauchamp não será um forte opositor?

Nos dias seguintes Briand andou muito ocupado. Recebera o recado de Lourença lembrando que, antes de qualquer coisa, ele deveria pagar o "doce paizinho" de sua esposa. Contudo, graças à sua insistência cansativa, Lourença conseguiu arrancar-lhe mais do triplo do que ele inicialmente calculava dar a ela. Feito isso, o Conde, por intermédio de Henrique, tratou de liquidar as dívidas que pendiam sobre suas propriedades. Sob o pretexto de estar caçando, ele visitou às escondidas o Castelo de São Germano. Ficou tão contente que resolveu usar seu nome verdadeiro e se estabelecer na França. Para isso esperava apenas o final das conversações com um dos agiotas. Se este último fosse menos complacente, não estaria negociando diretamente com o Conde de Saurmont.

Enquanto seu esposo corria atrás dos negócios, a pequena Baronesa de Mailor se reconciliava com seu amigo René. Cedendo à própria Diana, Briand escrevera ao velho Conde, pedindo-lhe que, se a raiva de seu neto houvesse passado, deixasse-o vir ao Castelo d'Armi. René, que estava muito aborrecido sem Diana, comunicou, com dignidade, que se resignara ante o fato consumado.

Apesar da decisão tão sensata, o pretendente preterido mostrou uma indisfarçável aversão pelo seu feliz rival. Quando ficou a sós com Diana, perguntou-lhe:

– E então, Diana? Você não é muito feliz ao lado do seu marido velho?

– E por acaso Carlos é velho? – replicou, surpresa, a menina.

– Quando você for adulta ele será um verdadeiro Matusalém, se é que ele viverá tantos anos. Eu espero que ele morra antes de nós dois nos tornarmos adultos. Então nos casaremos, salvo o caso de você me trair novamente.

– Não, não. Desta vez seja mais justo. Se Carlos morrer de velhice eu serei sua esposa. Entretanto, não posso dizer que sou infeliz. Ele brinca comigo e à noite me conta histórias. Até construiu um balanço no meu quarto! Tudo isso é muito divertido. Só uma coisa não me agrada: ele me dá menos bombons agora que antes do nosso casamento.

– Miserável! – René resmungou com desprezo.

Passaram-se alguns meses. O outono começou. Como a chuva era constante e as conversações com alguns agiotas se alongavam, Briand, com frequência, ficava em casa e de mau humor.

Não recebera uma única notícia do tio, o que, aliás, pouco o inquietava. Lourença o importunava com seu amor e suas pretensões. Chegava a lhe dar asco, e, enquanto não concretizava seu desejo de se livrar dela, ele a aturava.

Seu estranho casamento também o oprimia. Não obstante, a excepcional beleza e a inteligência invulgar para uma menina daquela idade aliviavam a condição do rapaz. A criança se acostumara com ele, e Briand, por sua vez, sempre a levava para brincar em seu quarto, preferindo a tagarelice da sua pequenina esposa à companhia de Lourença.

Uma noite, no fim de maio, Briand estava no quarto com Diana sentada nos seus joelhos. Ela contava suas conversas com René quando Henrique entrou no aposento carregando um pacote nas mãos.

– O correio trouxe de Paris, Sr. Barão... – disse ele, entregando o pesado pacote ao seu patrão. – Nosso antigo amigo albergueiro o enviou, só que os maus caminhos atrasaram a entrega.

O rapaz abriu rapidamente o envelope, tirando de dentro uma folha de pergaminho e uma carta escrita por Rodrigo Guevara. Ele olhou o pergaminho só por cima. O papel era um cheque para o recebimento de uma grande soma de um banqueiro judeu em Paris. À medida que foi lendo a carta seu rosto foi se tornando extremamente pálido. Arrebatado por uma súbita fraqueza, ele caiu em cima da mesa.

– O que há com você, Carlos? Está morrendo? – perguntou Diana, assustada.

Briand se endireitou como se houvesse sido eletrizado pela voz da menina. Seus olhos brilhavam de ódio. Empurrou a criança com tanta força que ela caiu no chão. A seguir gritou alto:

– Leve-a, que está me dando nos nervos!

Machucada pela queda, e assustada com tal tratamento, Diana começou o berreiro. Henrique, sem fazer uma única observação, levantou a menina e conduziu-a para Justina. Quando ele voltou, o Conde, nervoso como um tigre numa jaula, andava pelo quarto. Seu rosto desfigurado refletia desespero e terror.

– Provavelmente as notícias que você recebeu são muito importantes... Por que está assim tão emocionado? – perguntou o cigano de forma amistosa e familiar, permitindo-se essa relação com seu antigo companheiro de jogos.

Briand parou e, apertando a mão de Henrique, gritou totalmente fora de si:

– Se são importantes as notícias? Meu tio escreve que Pedro morreu em consequência de uma queda de cavalo. Ele me está chamando e deseja me casar com Mercedes e me fazer seu herdeiro, compreende? Basta apenas estender a mão para me apoderar da fortuna de Guevara e dar adeus a algumas infelicidades... Ficar para sempre ligado a essa maldita criança... Maldição!

O Conde segurou as duas mãos atrás da cabeça.

Henrique também empalideceu.

– Que infelicidade! – ele murmurou.

Dentro de um minuto ele se endireitou e tomou as mãos do Conde.

– Não se desespere, Sr. Briand. Quando o assunto é herança qualquer sentimentalismo seria loucura. O senhor precisa se livrar da pequena esposa que, sem propósito, está ligada ao senhor. Livre-se dela, depois nós iremos embora, nos despedimos para sempre do Castelo d'Armi e de sua formosa Lourença. Além disso, não se esqueça de que o Conde de Saurmont nunca esteve casado. Provar sua identidade como o Barão é muito difícil, assim como aqui ninguém sabe seu nome verdadeiro. Seria sensato não dizer nada sobre isso a Don Rodrigo.

O Conde ouvia e com dificuldade recobrava o fôlego.

– Você está com a razão, Henrique. Qual seria o preço para isso? Eu devo ser livre. Mas de que modo me livrar desses laços fatais o mais rápido possível? Meu tio escreve que está debilitado física e moralmente, em virtude do último acidente... Ele impacientemente espera a minha chegada para me entregar a administração de suas propriedades!

– Deixe-me pensar até amanhã. A noite é boa conselheira e tal plano deve ser amadurecido! – disse Henrique.

Briand passou uma noite infernal. A possibilidade de possuir a imensa fortuna que tanto desejava provocava um verdadeiro furacão em sua alma. Em sua imaginação surgiam terras, o castelo de Guevara e o modo de vida principesco daqueles poderosos senhores. A ideia de se tornar proprietário daqueles tesouros lhe provocava orgulho, cobiça, ambição, abafando definitivamente os fracos protestos da consciência. Quando o sol surgiu, na alma Briand já era um criminoso. Tornara-se extremamente insensível em face de uma simples perspectiva de posse de ouro! Sem a mínima hesitação, ele entrara no caminho perigoso da maldade, colocando em movimento a trágica roda que, uma vez atingindo alguém, nunca liberta a pessoa, empurrando-a de um crime a outro, enquanto não a esmaga completamente.

De manhã, quando Henrique chegou, encontrou seu senhor calmo, frio e decidido; contudo, o Conde estava mudo e apenas lhe dirigiu um olhar interrogativo. O outro acenou com a cabeça e sussurrou:

– Eu encontrei a solução e até já tomei as providências. Com toda a probabilidade, hoje à noite você estará viúvo. Você conhece a pequena ponte abandonada numa ilhota no meio da represa; ela está muito velha e apodreceu toda. Ontem à noite eu separei um pouco as madeiras e tirei alguns pregos. Agora, bastará que alguém pise nela, para cair imediatamente.

Por essa ponte ninguém passa, exceto Diana e o pequeno Beauchamp, pois eles adoram passear na ilhota. Não será uma grande desgraça se eles se afogarem; sua liberdade vale isso. De qualquer maneira, não haverá gente para salvá-los, pois essa parte do jardim está sempre vazia.

Briand ficou pálido e um tremor nervoso percorreu seu corpo. O inevitável assassinato da pequena criatura, para a qual ele jurara amor e proteção, em um primeiro instante provocou-lhe um indescritível pavor; contudo, com a vontade reforçada, ele reprimiu essa fraqueza. Em sua imaginação surgiu o altivo castelo de Guevara, com suas torres recortadas, e essa visão foi suficiente para abafar a voz da consciência.

– Bem, Henrique, obrigado! – disse ele em tom baixo. – Você pode ter em sua conta a minha gratidão. Agora sele para mim o cavalo; quero me refrescar.

Agitado com o sossego perdido, o Conde saltou na sela e saiu na carreira. Passou por Angers, tomou a primeira refeição da manhã na casa do promotor com o qual tinha boas relações e se permitiu jogar cartas. Já era noite quando parou, finalmente, diante do recortado Castelo d'Armi.

O camareiro lhe abriu os portões. O rosto aflito do velho e sua voz agitada denunciavam algo de anormal. Ele exclamou:

– Ah... Sr. Barão, que desgraça nós evitamos na sua ausência!

O Conde estremeceu. Por um instante seu coração parou de bater e o sangue lhe subiu à cabeça.

– Evitaram? Se a desgraça foi evitada, então para que me assustar com seus estúpidos gritos? – ele gritou de modo severo.

O Conde passou rápido em frente ao assombrado criado, desejando esconder dele a expressão de seu rosto, mas, dando alguns passos, ele parou, percebendo que era preciso então perguntar o que havia acontecido.

Voltando a cabeça, ele, de uma forma surpreendentemente gentil, perguntou:

– O que aconteceu, meu bom Marcelo? Você de tal maneira me assustou que eu até esqueci de perguntar sobre isso.

– Desculpe-me se o assustei, senhor Barão... – desculpou-se o velho. – A menina Diana por pouco não se afogou na represa; para felicidade, o afilhado de Justina, Juliano, chegou hoje e acompanhava a criança. Ele tirou Diana da água. Mas nós ainda estamos abalados com esse acontecimento! Eu no mesmo instante destruí a maldita ponte para que tal acontecimento não possa se repetir.

– Agradeço, Marcelo, por essa sensata precaução. Hoje mesmo ordenarei a Justina que não deixe a criança sozinha sem qualquer cuidado. Eu estremeço diante da ideia do que poderia ter acontecido.

Habilmente escondendo um sentimento misto de decepção e alívio, Briand entrou no castelo e se dirigiu ao quarto de Diana. Entretanto, apossou-se dele forte desgosto e murmurou:

– O próprio destino está contra mim!

Diana, abalada, com os cabelos molhados, estava sentada na poltrona, diante do fogo vivo que ardia na lareira, enrolada em um xale de lã. Justina, sentada diante da lareira, aquecia o vinho e repreendia sua pequena senhora. Diana, abatida com a sensação de sua culpa, calada baixou a cabecinha.

Justina exclamou gesticulando com vigor, vendo Briand:

– Ah, Sr. Barão! Hoje o senhor por pouco não ficou viúvo! E tudo por causa da teimosia da Sra. Baronesa. Eu disse umas cem vezes que essa maldita ponte cairia... Eu avisava, proibia, mas nada... Bastava me virar e a Sra. Diana já corria para a ilhota!

Trocando algumas palavras com Justina e expressando sua alegria pelo acontecimento de final feliz dessa aventura, Briand aproximou a cadeira para junto da criança e a abraçou. Ele sentia como ela estava tremendo de febre; mas a menina estava zangada com ele pela desavença do dia anterior. Ela tirou seu braço e fechou os olhos. O Conde não prestou atenção nesse gesto impetuoso; brincava e se esforçava, com atitude carinhosa, a animar sua pequena esposa.

A chegada repentina da criada de Lourença os interrompeu.

– A Baronesa pede que o senhor vá imediatamente conversar

com ela, Sr. Mailor. Ela está indisposta e não dormiu a noite toda.

Despedindo-se de Diana, Briand seguiu a criada que o conduziu ao aposento da senhora d'Armi.

Ela estava deitada na cama, de olhos fechados e com compressas na cabeça. Segurou fracamente a mão do Conde. Parecia tão debilitada que o Conde teve de se inclinar em direção aos seus lábios que murmuravam com uma voz apagada.

– Estou morrendo, meu amigo!

– O que está acontecendo com você, querida Lourença? Ontem me pareceu que você estava completamente saudável... – disse Briand olhando com desconfiança para a doente.

– A doença pela qual estou morrendo inesperadamente se apossou de mim, mas isso era previsto. João tanto me traiu e me atormentou que minha saúde se abalou diante de tal sofrimento. Mas o assunto não é esse. Você sabe que sempre penso em mim mesma em último lugar. Estou inquieta pelo destino de minha pequena Diana; jurei educá-la como minha própria filha e me atormenta a ideia de que quando eu morra, ela perecerá. Jure-me amar fielmente a menina e nunca se separar dela. Certamente nada mudará dos meus profundos conhecimentos em assuntos de educação, mas, no extremo das medidas, você, Carlos, proteja-a de qualquer perigo. João é bom, mas ele adora gozar a vida na libertinagem. Ele está pronto a arruinar uma mulher, mesmo sendo ela sua própria filha.

Briand ouvia com crescente espanto. O que significariam aquela conversa e aquela fingida doença? No mesmo instante ele percebeu o olhar mordaz e malicioso de Lourença, que parecia espreitar suas ideias refletidas em seu rosto. O Conde se perturbou.

– Afugente tais pensamentos sombrios, querida! Eu creio que você se restabelecerá.

– Infelizmente! Para que eu me restabelecerei? – gemeu a Sra. d'Armi. – Não sou necessária na Terra. Até você, Carlos, não está me compreendendo e tem segredos de intriga por trás das minhas costas; "eu sou seu melhor amigo, em quem você poderia confiar tudo, o amigo que, não olhando para minhas tênues forças, está pronto a ajudá-lo em tudo...".

Um mórbido sentimento dominou Briand. Pela cabeça lhe passou um pensamento de que Lourença sabia de algo e ele notava o tom descontente.

– Com você, querida Lourença, eu não tenho segredo algum e lamento que seu estado doentio lhe incutiu essas estranhas ideias.

A Baronesa nada respondeu; fechou os olhos e ficou pensativa. O Conde, observando-a, notou uma vaga expressão maldosa e debochada em seus lábios. De repente ela abriu os olhos e, dirigindo a Briand um curioso olhar, inesperadamente perguntou:

– Você sabe que hoje, por pouco Diana não se afogou? Estranho acontecimento! A ponte ainda estava bastante resistente... Se ela não estava estragada, pode-se concluir que a estragaram de propósito. Mas a quem a criancinha estaria incomodando? O que você acha?

Embora possuindo capacidade de se controlar, o Conde empalideceu, suportando seu curioso e resistente olhar e perturbando-se.

– Beba vinho, Carlos. Eu vejo que a possibilidade inesperada de se tornar viúvo ainda o agita. Mas por que hoje você está tão calado? Você teve algum pesadelo? Teve um sonho alegre, excelente? Por exemplo: seu primo morreu na Espanha e você se tornou o herdeiro!

Briand se levantou bruscamente, sendo atingido pelo sarcasmo; por um instante, a raiva e o pavor lhe tiraram a capacidade de falar. Instintivamente, sua mão procurou o cabo do punhal. Uma vontade indescritível de acabar com seu desprezível segredo. Com um penetrante e sarcástico olhar, Lourença observava todas as emoções refletidas muito claramente no rosto pálido e desfigurado de seu amante; sem considerar o perigo a que estava exposta, evidentemente, ela não se mostrava nem um pouco assustada. Com voz abafada, ela disse, destacando cada palavra:

– Acalme-se, querido Conde de Saurmont; deixe em paz o

seu punhal! Esse é um perigoso brinquedo nas mãos dos homens irritadiços. Minha morte não o tornará viúvo, mas para livrar o Sr. Mailor não se pode todos os dias destruir pontes.

Com um suspiro rouco, Briand se desarmou. Ele se deixou cair na cadeira e fechou os olhos com as mãos. Parecia-lhe estar perdendo a respiração por causa da ideia de se encontrar sob o domínio daquela víbora, que o segurava com sua dura e traiçoeira mão e certamente sabia tirar proveito, com muita astúcia, da situação criada. Sua raiva e seu desespero eram tão grandes e o futuro parecia de tal forma destruído, que por um instante ele teve gana de cravar o punhal em si mesmo. Nesse momento uma mão macia o tocou:

– Carlos ingrato! Você não conhece "seu melhor amigo e leal conselheiro"... – disse Lourença com uma voz carinhosa e meiga. – É possível que você esteja pensando que estou louca, que não compreendo que deve enviuvar e que a tal herança de seu tio não pode ser tirada de suas mãos... Para mim é muito difícil aceitar sua desconfiança; por enquanto você está me enganando e eu estava pensando a noite toda de que forma melhor poderia pôr em ordem este importante assunto. Eu o amo tão profunda e desinteressadamente que o cedo à sua prima. Quero esse casamento para que possa aproveitar todas as alegrias da vida.

Na voz da Baronesa ressoava uma expressão intraduzível.

– Meu coração amoroso segue você, vou viver simplesmente perto de você, em algum pavilhão misterioso que você construiu para seu leal amigo Barão Mailor, transformado em Conde de Saurmont.

Lourença parou de falar, mas vendo que o Conde não lhe respondia, continuou:

– Bem, volte a si e ouça atentamente o plano criado por mim para sua libertação. O assunto é sério e o tempo urge.

O Conde endireitou-se e enxugou o suor que escorria pela testa; estava pálido como um cadáver, mas seu rosto já apresentava sua rotineira expressão gélida. Briand decidiu que em certos momentos era preciso se submeter e não desprezar o perigo. Mas, se ela se tornasse muito desagradável, ele, no momento exato, sem piedade, a liquidaria.

– Antes de tudo – começou calmamente Lourença –, é preciso forçar Justina a adoecer. Isso levará alguns dias. Hoje mesmo você informa que a carta recebida ontem o obrigou a partir rapidamente a Paris, em virtude de um assunto urgente; lá, você, de passagem, se avistará com os parentes. Você acrescenta que vai levar junto a esposa, para apresentá-la à sua família. Assim, como a doença de Justina vai se estender por algum tempo, você resolverá ir sozinho, sem a ama-de-leite, e me pedirá que me junte a vocês o quanto mais rápido possível. E assim você partirá, mas como está com pressa e perdeu muito tempo esperando Justina, escolherá um caminho pela floresta densa, que o poupará de grande volta. Henrique e Roberto, que tão estranhamente se parece com você, o escoltarão.

– Tudo está muito bem! Apenas não compreendo para que me servirá toda essa comédia... – disse o Conde, impaciente.

– Você agora verá. No caminho daqui até a primeira parada você deve largar a criança na floresta. Assim, como Roberto se oporá a isso, você e Henrique o matarão e desfigurarão seu rosto. Em seguida é necessário vesti-lo com suas roupas, pôr nele os seus anéis e no bolso a certidão de casamento e os seus documentos – documentos do Barão Mailor. De modo que tudo estará acabado. O bom Barão, morto pelos ladrões, desaparece para sempre; a morte de Roberto não piorará sua consciência, assim você o matará para que não atrapalhe seu plano; e Diana, se por acaso a acharem, não saberá de nada. Até o assassinato você deverá levá-la para o fundo da mata. E ela, sem dúvida, ficará logo doente de medo. Vamos convencer a todos de que facínoras o mataram e o jogaram no bosque.

Durante o tempo dessa conversa Lourença não tirou os olhos do jovem. Havia um estranho encanto no Conde que a seduzia. Briand se acalmou. Eles, de comum acordo, continuaram a discutir detalhes desse abominável crime.

Briand, calmo e contente, voltou para seu quarto, onde Henrique o esperava, furioso e preocupado com o fracasso do seu atentado. Mas quando o Conde desenvolveu diante dele o plano criado por Lourença, o cigano observou com um riso seco:

– É preciso reconhecer que a senhora d'Armi é uma mulher muito inteligente. Admitamos que em seu projeto existam algumas falhas, mas eu me esforçarei em completá-las. Alguns dias de atraso me serão muito úteis para esse objetivo.

Os dias seguintes foram para Briand uma constante troca de emoções: terror, remorso e impaciência febril.

Justina começou a sofrer forte dor de cabeça e se enfraqueceu por completo. A própria Baronesa abnegadamente cuidou dela, deixando-a apenas para cuidar da arrumação das coisas. Diana, sozinha, admirada com a perspectiva da viagem, ficou contente e despreocupada.

Quanto a Henrique, com o pretexto de fazer compras, foi para Angers; à noite do terceiro dia, ele voltou e informou Briand que arrumara o importante assunto.

– Como o meu corpo não existirá, então é indispensável que achem pelo menos o cadáver de Roberto... – disse ele zombando. – Em Angers, encontrei uma pessoa magra e morena como Roberto. Sob um razoável pretexto eu o levei à floresta e lá o matei. O corpo dele, escondi nos arbustos, perto da plataforma "Cruz Negra". Esse lugar, eu acho, é o melhor de todos para acabar com Roberto.

Na manhã seguinte, Briand anunciou que não poderia esperar mais e que deveria partir ao meio-dia. Por isso se apressaram nos últimos preparativos para a partida e, na hora combinada, à entrada principal, os dois cavalos já estavam atrelados à liteira. Diana, vestindo um traje caro, corria em volta do castelo, despedindo-se dos brinquedos, do jardim, do velho cachorro de caça do Barão e principalmente de Lancelo; a despedida desse fiel companheiro de brincadeiras e a briga com o Conde que se recusava a levar o cachorro trouxeram-lhe amargas lágrimas. Diana disse a Justina apenas até logo e como a boa mulher estava um pouco melhor, dentro de alguns dias deveria unir-se a eles.

O cuidado com a ama-de-leite pareceu esgotar completamente as forças de Lourença; contudo, com a cabeça enrolada em compressas, mas se mantendo de pé, ela saiu para acompanhar a partida dos viajantes. Desfazendo-se em lágrimas, Lourença se despediu dos dois, principalmente de Diana; parecia que ela não conseguia se despedir – beijava-a e abraçava-a; não prestando atenção na febril impaciência de Briand, ela o segurou ainda por uma meia hora nos degraus da escada, dando instruções detalhadas sobre os cuidados ao vestir e alimentar Diana. Afora isso, deu-lhe um bilhete, no qual estava mencionado em quais dos inúmeros cestos estavam coisas úteis ao momento e guloseimas.

Por fim, tudo foi dito e mostrado. Briand, a quem toda aquela encenação apenas servira para irritar, entrou na liteira, colocou Diana sentada nos joelhos e ordenou que partissem. A menina estava muito contente com o novo divertimento e não parava de tagarelar, ora sentada nos joelhos de Briand, ora mexendo nos cestos dos pastéis e convidando seu acompanhante a comer. Mas, pouco a pouco, o silêncio de Briand e seu estranho e chamejante olhar começaram a assustá-la. Ela parou de sorrir e tagarelar e se escondeu no fundo da liteira. O estado de espírito do Conde o deixava incapaz de conversar com a criança. Não desistia da decisão tomada, mas algo nele tremia. Desviava o olhar da menina alegre que ele implacavelmente levava para o sacrifício, em sua ambiciosa cobiça.

Persistente, orgulhoso e ardente ao extremo, Briand não media sua frieza discreta, mas estava preparado para o crime sempre que no assunto estivesse envolvida sua ambição de riqueza e grandeza, ou a satisfação de suas paixões; mas representar tal comédia, como desejava Lourença, ele achava que não poderia e mesmo não queria.

Passaram-se algumas horas. Os viajantes se encontravam agora no âmago da enorme floresta e a liteira deveria atingir dentro de meia hora a plataforma "Cruz Negra". Nesse ponto as estradas se tripartiam: uma ia para Angers, outra atravessava a floresta, saindo na estrada em direção a Paris, e a terceira conduzia diretamente para o Castelo de São Germano. Por essa última, Briand, onerado pelas dívidas e arruinado pelos agiotas, ia ocultamente se reapropriar de suas propriedades.

Chegou, então, o momento de agir. Energicamente, o Conde reprimiu os vagos protestos da consciência. Endireitando-se, disse:

– Por que você está tão calada, Diana? Vamos dar uma volta. A propósito, você colherá flores. Olhe que estranhas campânulas azuis estão crescendo à beira da estrada!

A menina olhou para ele com uma expressão estranha e curiosa e balançou negativamente a cabeça. A voz rouca do Conde e seu febril olhar a assustaram.

– Nesse caso eu a carregarei um pouco... – propôs Briand, ordenando parar. – Vocês vão adiante – disse ele a Roberto e Henrique –; eu quero dar uma volta. Se nós não nos encontrarmos até a "Cruz Negra", então vocês parem lá e esperem.

Trazendo Diana no colo, o Conde ia devagar sob a espessa folhagem, e, furtivamente, se afastava da estrada. Em vão ele propôs à menina correr e colher um buquê de flores. Como instintivamente estivesse sentindo o perigo ameaçador, Diana enlaçou-se ao pescoço de Briand em silêncio e se apertou contra ele. O Conde ouviu o palpitar acelerado do seu coraçãozinho e o contato da meiga e aveludada face lhe provocou um arrepio. Ele se deteve. Era preciso acabar. Os imprevistos daquela hora quase dominaram suas forças.

– Espere-me aqui, Diana, vou deixá-la um instante... – ele disse com voz abafada, tentando colocar a menina no chão. Mas ela desesperadamente se agarrava a ele gritando:

– Eu não quero! Sem você tenho medo, Carlos!

Em condição de não mais se controlar, o Conde arrancou com força as mãos enlaçadas de Diana, colocou-a à força no chão e se pôs a correr em direção à estrada. Os soluços da pequenina lhe davam a sensação de um golpe de lança, mas o orgulho e a cobiça o dominavam a tal ponto que abafaram todos os sentimentos humanitários. Apenas uma vez ele se virou e viu que a menina tentava correr atrás dele, mas de repente ela tropeçou numa raiz, caiu, e, com um gesto infantil de desespero, cobriu o rosto com as

mãos. A imagem da criança caída no chão – o pequeno e nervoso rostinho emoldurado pelos cachos despenteados louros – ficaria gravada de uma forma inesquecível na memória de Briand... Não olhando mais para trás, ele continuou a correr e logo chegou à liteira que o esperava no prado.

Roberto, tendo se virado no seu assento com visíveis intranquilidade e desconfiança, olhava para a estrada. Talvez tivesse ouvido os gritos de Diana... Henrique, de guarda, colocou a mão no cabo do punhal.

– Onde está a criança? O que fez com ela, Sr. Barão? – o fiel criado perguntou com inquietação, vendo Briand sentando na liteira.

– Eis o que o ensinará a não se intrometer nos assuntos que não lhe dizem respeito! – gritou Henrique, cravando o punhal nas costas de Roberto, que caiu no chão sem dar um grito.

– Depressa ao trabalho, Sr. Briand! Tire-lhe a roupa enquanto eu trarei o substituto – acrescentou Henrique, dirigindo-se para o matagal de onde apareceu com o cadáver, que jogou perto da liteira. O trabalho sombrio estava concluído. Desta vez o Conde ajudou Henrique com vigor. Em relação ao assassinato do pobre criado, Briand se comportou de forma completamente indiferente, recuperando a fria decisão. Rapidamente tirou a roupa para vesti-la em Roberto e com um tiro de pistola o desfigurou, para eliminar aquilo que o cadáver atrapalhava na semelhança com o Conde. No dedo do morto, colocou o anel de noivado e no bolso, os documentos do Barão de Mailor. Transformaram o segundo cadáver em Roberto. Depois viraram e devastaram a liteira. Disfarçados, os dois facínoras depressa deixaram aquele lugar de morte e consternação e se dirigiram para o lado oposto que deveriam seguir. Na primeira estalagem suficientemente distante para não levantar suspeitas, eles trocaram de roupa, trocaram os cavalos e imediatamente se dirigiram à cidade portuária, onde, conforme a situação, Briand deveria aguardar sua cúmplice.

Mais um Casamento5

Passaram-se três dias do acontecimento narrado e nenhuma notícia havia então chegado ao Castelo d'Armi, onde Lourença ativamente se preparava para a partida, visto que Justina se sentia muito melhor.

No quarto dia, de manhã, chegou um camponês assustado e informou que na noite anterior ele havia encontrado junto à "Cruz Negra" a liteira virada e dois cadáveres nos quais se reconheciam o Barão de Mailor e Roberto. Diante dessa notícia, Lourença perdeu os sentidos. Todas as pessoas do castelo foram tomadas por autêntico pasmo. Ninguém sabia o que fazer. Voltando a si, a Sra. d'Armi deu algumas ordens indispensáveis e demonstrou uma extraordinária atividade e uma grande energia. Mandou avisar as autoridades e se dirigiu pessoalmente ao local do crime. Com gritos e desmaios provocados pela visão do cadáver de Mailor e pelo desaparecimento de Diana, Lourença fez todo o possível para procurar sua enteada. A floresta toda foi vasculhada, em todas as direções foram enviados mensageiros, mas tudo em vão – nem a menina, nem seu cadáver foram encontrados, como se a floresta a tivesse engolido, ou bandidos a tivessem raptado.

Lourença parecia ter enlouquecido de desespero. Gritos e gemidos eram ouvidos por todo o castelo. Subitamente, ela informou que precisava ir se encontrar com o Barão João e lhe noticiar a respeito do acontecimento. Ela partiu deixando a pobre Justina com uma febre fortíssima. Justina sofria no próprio coração o desaparecimento de sua pupila.

Está claro que a Sra. d'Armi não pensava em ir até o marido e se dirigiu diretamente a Barcelona, onde já a esperava o amante, agora transformado em Conde de Saurmont.

– Bem, então? Como tudo saiu? – Briand perguntou, preocupado, quando ficaram a sós.

– Tudo correu às mil maravilhas, o que aliás sempre ocorre quando meus conselhos são ouvidos... – respondeu, sorrindo, Lourença. – A morte do respeitável Barão de Mailor foi constatada de forma legal e ele foi enterrado com as honras correspondentes no jazigo do Castelo d'Armi. Toda a província está comentando esse assassinato.

– E Diana? – perguntou o Conde com a voz indecisa.

– Ela desapareceu, não deixando sequer vestígio, e você, sinceramente, pode se considerar viúvo.

– Você pensa que ela morreu, Lourença?

– Isso não é provado, mas é muito provável. Encontrá-la-iam viva em algum lugar? Eu penso que, se isso acontecesse, ela se esconderia de medo na floresta e lá terminaria seus dias.

Pálido, respirando com dificuldade, Briand se encostou na parede; um terrível sentimento de pavor e remorso lhe contraiu o coração. A imagem da pequena criança com mórbida nitidez se desenhou diante dele.

– Não há nada mais estúpido do que o remorso; é preciso saber suportar aquilo que a coragem faz. Semelhante fraqueza é indigna de um homem! – disse Lourença interrompendo a reflexão do jovem.

Briand se endireitou e limpou o suor que corria em sua testa. Lourença prosseguiu:

– Não foi por ninharia que você se decidiu a agir daquela forma. A situação agora é irremediável, então me parece que, em vez de se entregar a uma tola compaixão, você deveria se apressar e visitar seu tio, que certamente está surpreso com sua longa ausência.

Essas palavras e a costumeira influência que exercia no Conde fizeram efeito. Ele se acalmou rapidamente e lhe voltou a habitual lucidez.

Chegando em Madri, Briand temporariamente acomodou Lourença, tendo prometido lhe informar sobre todo o andamento do assunto. Depois, dirigiu-se, em companhia de Henrique, a Pompelum, pois o castelo de Guevara se encontrava nos arredores.

O sol estava se pondo quando Briand subiu a trote a elevada colina; em seu cume fora erguido o antigo castelo. A visão interior de uma colossal parede e de altas e recortadas torres, altivamente desenhadas no azul do céu, intensificava as batidas do coração do Conde. Nessa moradia de príncipe ele agora entrava na qualidade de dono. Pela primeira vez desde aquele minuto em que abandonara Diana, ele respirou livremente, a plenos pulmões. A recordação do crime cometido que o estava dificultando pegar o caminho do castelo já havia sumido e se encontrava num distante passado.

Quando o Conde entrou pela grande porta, alguns criados correram em sua direção; ajudaram-no respeitosamente a descer do cavalo e informaram que havia visitas no castelo. Don Rodrigo e as visitas se encontravam na grande sala que dava saída ao terraço.

Avisado da chegada do sobrinho, o velho senhor saiu ao seu encontro. Beijando o recém-chegado, sussurrou-lhe ao ouvido:

– Quer dizer então que sua chegada pode ser considerada como uma resposta afirmativa?

– Sim, tio; se a prima conceder a honra de eu me tornar seu marido... – respondeu em tom mais baixo ainda.

O velho Conde sorriu e apertou-lhe fortemente a mão.

– Você será uma presença desejada. Eu o apresentarei às visitas como meu futuro genro.

Na sala, reunia-se uma multidão de senhoras e damas, todas em torno de Mercedes, que, de rosto pálido, se ruborizou de uma forma brilhante e expressiva quando o primo lhe beijou a mão.

Durante o jantar, Don Rodrigo anunciou o noivado. O casamento foi marcado para dentro de seis semanas. O momento seguinte foi muito animado e absorveu definitivamente a atenção toda de Briand. Orgulhoso e feliz, ele esqueceu por completo do passado. Inicialmente, o tio lhe deu a administração de grande parte de suas propriedades. O velho Conde se sentia cansado e doente. A morte de seu filho único lhe partira o coração e ele sentia cansaço pela vida. Depois, Don Rodrigo o conduziu a Madri e o apresentou ao Rei, como seu futuro genro. Ele pediu permissão para transmitir aos filhos de sua filha o nome e as propriedades. Assim como, na ausência de herdeiros diretos, eles deveriam passar para algum herdeiro de suas filhas.

Sua Majestade, com benevolência, concordou com esse pedido. Foi dada permissão para receber o nome de Saurmont Guevara após a morte do sogro. Briand foi condecorado com a "Ordem da Grande Espanha, Primeira Classe". Um grande contentamento tomou conta de sua orgulhosa alma, quando ele, pela primeira vez, compareceu diante do Rei.

O reflexo desse contentamento foi demonstrado em forma de carinho e amabilidade para com Mercedes, que já havia se desacostumado com isso.

Durante o tempo de permanência em Madri, Briand visitava Lourença. Ele havia acertado alojá-la em Pompelum, assim como frequentemente a visitava sem chamar atenção.

Finalmente chegou o dia do casamento. Desejando comemorar festivamente esse dia, Rodrigo convidou para a cerimônia toda a nobreza. Briand estava com um traje coberto de brilhantes; embora Mercedes estivesse ricamente vestida e com joias da família, não parecia muito apresentável e tinha uma expressão de doente, quando comparada com as esbeltas e bonitas pessoas postadas no altar da capela.

Desde o momento de sua chegada, Briand se encontrava ocupado com a quantidade de assuntos celebrando seu amor-próprio. Mas quando entrou na capela iluminada e repleta de pessoas elegantes, foi invadido por um sentimento doentio. Com nitidez mórbida, diante dele surgiu a pequena capela sombria e vazia do Castelo d'Armi.

Com enorme esforço, ele tentava afastar aquelas insuportáveis recordações, mas tudo era inútil. Com uma clareza assombrosa, todos os detalhes de seu primeiro casamento passavam por sua mente. Ele via o pequeno e encantador rostinho de Diana, seus longos cachos dourados e a expressão séria dos olhos claros. Ainda soava em seus ouvidos o "sim" pronunciado com uma sonora voz infantil. Essa impressão foi tão forte que ele estremeceu. Seu olhar deslizou, tímida e lentamente, para uma mulher feia, de perfil esquelético, parada a seu lado, de joelhos: sua noiva...

Uma espantosa palidez subitamente se espalhou pelo rosto do noivo, de tal forma que chamou a atenção e o sacerdote olhou espantado para o jovem. O Conde reuniu toda sua força de vontade para superar aquela perigosa fraqueza e conter o tremor das mãos quando colocasse a aliança.

Quando, enfim, a cerimônia acabou – um verdadeiro suplício para Briand –, o Conde suspirou com alívio.

Sua nova esposa estava bem longe de ser como aquela de quem ele se livrara. Mercedes era exigente, loucamente apaixonada por ele, ciumenta e desconfiada. Ela se considerava feia e sentia que, sob a amabilidade fingida do marido, se escondia uma completa indiferença para com ela. Cada ausência de Briand agitava a jovem mulher e a amabilidade dele em relação a outra mulher a irritava, sendo motivo para cenas desagradáveis. Contudo, como o jovem Conde não dava motivo para que se desconfiasse de sua fidelidade, Don Rodrigo tomou posição favorável ao genro e convenceu a filha, mostrando-lhe que tal comportamento imprudente apenas afastaria de si o coração do marido. Ele falava que Briand não poderia deixar de ser cortês e gentil com as damas e que ele seria ridículo se levasse a esposa à caçada ou se fosse com ela em viagens de negócios a Pompelum ou a alguma parte de sua propriedade.

Na verdade, para Briand, o mais difícil era sustentar a relação com Lourença. Ele não era suficientemente corajoso para desprezar a perigosa amante. Por isso, confiara esse assunto a Henrique. O cigano alugara uma casa solitária no subúrbio de Pompelum e transportara a Baronesa para lá. Aliás, ela, em tão delicadas circunstâncias, manifestara uma rara delicadeza. Fechada em seu refúgio, não saía para nenhuma parte e parecia que não se ofendia com as raras visitas de Briand, absolutamente. Ela apenas se aborrecia, e o único meio de distraí-la – delicadamente ela sugerira esse fato a Briand – seria que o Conde a presenteasse mais frequentemente com joias preciosas.

Quisesse ou não, Briand deveria ser atencioso, distrair Lourença e manter seu bom estado de espírito. Isso era terrivelmente difícil para ele. A ideia da presença da desonesta megera intrigante representava para ele constante perigo, oprimindo-o; por outro lado, a avareza do Conde revoltava Lourença.

Briand já se cansara de sua amante, um tanto velha e sem valia, e considerava não ser mais possível se fingir apaixonado pelas duas diferentes mulheres. Então, começou a procurar algum meio de sair daquela desagradável situação. Ele possuía uma extraordinária mente engenhosa, e, conhecendo em detalhes a natureza rude, indisciplinada e apaixonada da Sra. d'Armi, armou um plano inicialmente vago nos aspectos gerais. Um feliz acontecimento o ajudou a realizá-lo antes do que esperava.

Um assunto urgente obrigou Briand a partir inesperadamente para uma propriedade do tio, situada nos arredores de Córdoba; durante a viagem, o Conde se resfriou e no dia seguinte da chegada ao castelo se sentiu tão mal que ficou de cama e ordenou ao criado que chamasse um médico.

– Isso levará muito tempo, senhor! – respondeu o velho criado. Se for à cidade será então preciso para isso umas 20 horas e o médico mais perto, o velho Peret, está meio cego e surdo.

– Apesar disso é preciso chamar um médico. Não posso morrer aqui sem qualquer ajuda... – respondeu impaciente Briand.

– Aqui na aldeia temos um médico muito bom. Ele, em verdade, não possui uma grande fama, mas é excelente. Se o Sr. Conde permitir, eu o trarei; estou convicto de que ele o curará.

– Certamente deve ser algum charlatão! Mas quem ele curou?

– Primeiramente, nosso padre Manoel. Nem os médicos

da cidade, nem romaria em Compostela conseguiram curá-lo, mas Don Alberico colocou-o em pé. Depois ele salvou uma moribunda, esposa do nosso coletor.

– Bem, então vá agora mesmo e o traga rapidamente! – respondeu o Conde.

Briand se apressou em se curar. Vários assuntos difíceis o esperavam; a possibilidade de que Mercedes suspeitasse de algo em consequência do tardio regresso ao castelo provocou-lhe arrepios.

Passadas duas horas, o criado trouxe o doutor ao quarto do Conde, que adormecera num pesado sono febril. Don Alberico lançou em torno de si um olhar curioso. Pela primeira vez ele atravessava a soleira de um castelo e o luxo da mobília, aparentemente, provocou uma forte impressão no pobre médico de aldeia. Quando Briand acordou, Don Alberico, com profunda reverência e gesto de humildade, aproximou-se dele e confiou se poderia contar com a benevolência do Conde.

O Conde olhou para ele – para a rara beleza do médico. Don Alberico se distinguia por ser um puro tipo ocidental: estatura média, excelente complexão, rosto bronzeado e grandes e aveludados olhos pretos. Aquele jovem devia ser de origem moura ou judia. Não olhando para o traje e os sapatos gastos, o chapéu esburacado, estropiado, que ele agitava graciosamente, sua aparência evidentemente chamava atenção.

O médico se mostrou muito experiente e disse ao cliente que teria de voltar para casa e preparar o remédio que ele mesmo traria ao Conde, já que este tinha pressa em se recuperar.

Realmente, no dia seguinte Briand se sentia completamente curado, e, apenas cedendo ao pedido do doutor, ficaria na cama até sua chegada. Fixando o olhar no rosto vivo do médico e interrogando-o sobre seu passado e planos futuros, o Conde ponderava sobre a ideia que lhe aparecera de manhã, cuja realização lhe parecia cada vez mais fácil. Ele convidou Don Alberico a visitá-lo semanalmente, pois por enquanto ele ficaria no castelo para evitar o retorno da doença. Assim que ficou sozinho, Briand sorriu satisfeito consigo mesmo.

– Esse doutor é esperto, ambicioso e astuto. É como se ele tivesse sido criado para me libertar de minha sócia. Lourença não seria Lourença se perto de tal beleza não me forçasse mudar... – murmurou Briand. – Eu preciso apenas levá-lo comigo, o que a propósito não será difícil, assim como eu lhe darei mais do que a infeliz prática que aqui lhe é oferecida.

Dois dias antes da partida, o Conde o pagou regiamente e lhe disse:

– Don Alberico! Eu agora me convenci de que o senhor é um excelente médico e gostaria de conservá-lo junto de mim. Estou pensando em ir à França dentro de uns dois meses para visitar minhas terras e me apresentar à Corte. O senhor me acompanhará e, acredito, posso lhe prometer que sua carreira estará feita.

O médico, radiante, desmanchou-se em expressões de lealdade.

– Espere. Até a minha partida o senhor terá de viver solitariamente em Pompelum. Eu não posso levá-lo comigo ao castelo de Guevara, pois o médico que cuida de meus tios esforçar-se-ia em lhe prejudicar a vida. O louvável Don Peret defende ciosamente sua posição e de todas as formas procurará lhe prejudicar. Por isso eu o colocarei em casa de uma conhecida minha. Essa dama é uma excelente mulher; tive contato com ela até o meu casamento; negócios a estão segurando ainda em Pompelum.

Tudo saiu segundo o desejo do Conde. Don Alberico foi instalado em um quarto solitário da casa de Lourença. O médico, com uma admirável delicadeza, avaliou as coisas e manifestou uma extrema discrição, o que provocou em Briand a melhor das impressões sobre sua capacidade diplomática. Lourença devorou o espanhol com os olhos e mal ouvia Briand.

Na visita seguinte o Conde já achou a Sra. d'Armi seriamente doente e Don Alberico à cabeceira. Mal contendo um riso, ele voltou ao castelo de Guevara.

– Agora eu preciso apenas ser mais generoso e ciumento

que habitualmente... – murmurou ele –, e tudo correrá às mil maravilhas pela expressão do meu amável amigo.

Desde esse dia as visitas a Lourença eram muito divertidas. A Baronesa estava constantemente doente e Alberico cuidava dela. Apenas as surradas roupas do doutor foram trocadas por roupas de veludo com colarinhos de renda. Em seu dedo brilhava um magnífico rubi.

Aproveitando esse acontecimento, o Conde manifestou desconfiança e fez uma cena de ciúmes com sua amante. Lourença astutamente se esforçava em acalmá-lo, mas Briand continuava vigiando, chegando inesperadamente e de todas as maneiras se esforçava para incomodar aquele idílio.

Finalmente chegou o momento de Briand efetuar o golpe decisivo. Certa vez, à noite, ele veio com uma pesada mala que mandou levar ao quarto de Lourença.

– Ordene agora mesmo que me sirvam o jantar porque eu preciso ir para casa! – ele disse. – Vou deixar essa mala aqui até amanhã; nela há dez mil escudos que consegui esconder de meu tio para minhas necessidades pessoais. Amanhã eu volto para pegá-la. A propósito, ordene a Alberico vir aqui, preciso falar com ele.

– Você está doente? – a Baronesa perguntou com desconfiança.

– Não, mas meu tio está, e como o próprio Bartolomeu Peret teme que seja gota, então eu quero aproveitar a ocasião e apresentá-lo a Alberico. Estou confiante de que ele curará meu tio. Aí então ele poderá se instalar no castelo e acompanhar Don Rodrigo a Salerossa, onde deverá ficar três meses. Quero avisar o doutor que amanhã o convidarei para ir ao castelo.

Conforme ele falava, o rosto de Lourença assumia uma expressão de preocupação e ela apressadamente saiu do quarto. O jantar foi logo servido. Em virtude de um infeliz acontecimento, Don Alberico não se encontrava presente e Briand devia partir.

Dentro de três dias novamente o Conde voltou a Pompelum. O estado de Don Rodrigo lhe dava uma boa desculpa para as constantes vindas à cidade. Para grande satisfação, o velho que tomava conta dos portões da casa de Lourença lhe informou que naquela mesma noite em que ele estivera ali, a Baronesa fizera as malas e, no breu da noite, saíra com Don Alberico, avisando que estava deixando a cidade para sempre. Briand percorreu todos os quartos e convenceu-se, como aliás imaginava, de que sua mala e todos os objetos mais ou menos valiosos tinham sumido. No quarto de dormir, em cima da mesa, ele achou o seguinte recado:

"Querido amigo Carlos! Eu sempre vou guardar uma boa recordação sua e nos momentos difíceis de minha vida espero encontrá-lo. Eu tanto colaborei para sua felicidade que seria terrível abandoná-lo para sempre. No presente momento você é muito incômodo para mim. Eu me permito fazer um pequeno empréstimo totalmente honesto".

Muito satisfeito com o êxito de sua artimanha, Briand, rindo, rasgou a mensagem que tão bem caracterizava Lourença.

– Tudo correu como havia planejado... Para você, o infortúnio por ter se atrevido a fazer isso! – ele resmungou e se dirigiu a galope ao castelo.

Briand já pensava que se tinha livrado de todas as preocupações quando, numa manhã, apareceu Henrique e lhe informou que queria se despedir e se fixar em outro lugar; por seus serviços e por seu silêncio, ele exigia uma grande soma. Briand não poderia dispor de tal soma sem o conhecimento de Don Rodrigo e por isso tentou baixar a pretensão do cigano, mas Henrique insistiu de uma forma tão impertinente que Briand teve que ceder. Deu o dinheiro sob a condição de que sumisse definitivamente; quando, em uma linda manhã, o cigano desapareceu do castelo, o Conde convenceu Don Rodrigo de que o ingrato tinha roubado a quantia que ele mesmo dera.

Desta vez Briand estava confiante de que acabara por completo com os crimes ocorridos – e cada lembrança lhe era odiosa; pela primeira vez, ele respirou totalmente livre e entregou-se a todos os prazeres da alta e elevada posição que comprara tão caramente.

Passou-se mais de um ano sem que ocorresse qualquer acontecimento especial. A vida no castelo corria como antes, apesar de não ser tão ruidosa. Como Mercedes se preparava para ser mãe, sua fraca saúde exigia tranquilidade e cautela.

Certa vez à noite, quando Briand passeava sozinho perto do castelo, um ciganinho deu-lhe uma carta. Para surpresa do Conde, a carta era de Henrique. O cigano dizia que havia lhe ocorrido uma desgraça e pedia novo subsídio. O Conde compreendeu: aquela tranquilidade comprada o conduziria por fim ao definitivo desespero. Agarrando pelo colarinho o pequeno mensageiro, ele o encheu de chicotadas; depois lhe ordenou transmitir àquele que o tinha enviado que ele sempre poderia encontrar ali a força, nada mais. O garoto, gemendo, saiu correndo.

Um pouco mais calmo, o Conde lamentou que se tivesse deixado arrebatar tanto; porém, passados dois meses, como Henrique não dera mais sinal de vida, Briand se tranquilizou, concluindo que o cigano não quisera irritá-lo com um novo pedido.

Certa vez, de manhã, desejando conversar com Don Rodrigo, Briand se dirigiu até seu gabinete. Para sua grande surpresa, a porta do gabinete, que estava sempre aberta, desta vez se encontrava fechada; ele bateu algumas vezes e não recebeu resposta, embora lhe parecesse ouvir passos e vozes atrás da porta. Por fim ela se abriu e o próprio velho Conde deixou o sobrinho entrar e fechou cuidadosamente o ferrolho. O jovem já se preparava para perguntar, por brincadeira, que significava tal mistério, quando notou uma expressão no rosto do tio que lhe tirou completamente a capacidade de falar. O velho estava irreconhecível: tremia como se estivesse com febre, pálido, o rosto desfigurado salpicado de manchas escuras e os lábios tremiam impedindo-o de falar.

– Tio! Que aconteceu?! – Briand disse finalmente, recuando de terror, enquanto Don Rodrigo caía sem forças numa cadeira.

Diante da pergunta, o velho senhor deu um salto como se fosse tomado pela ação de uma corrente elétrica. Segurando a mão de Briand, ele o sacudiu com força e advertiu com voz irreconhecível:

– Bandido miserável! Traidor oculto de minha filha e da honra de meu nome! Falso Barão de Mailor!!

Não pôde mais falar.

Briand, derrotado, estava calado e imóvel; apenas uma ideia

lhe veio à cabeça: quem poderia ter falado ao tio sobre o terrível segredo!?

– Ah, miserável! Mil vezes assassino desonesto, que lançou na morte uma criatura inocente. Faminto de morte e a criaturinha ligada a você de forma sagrada! – gritou o Conde. – Mas eu me vingarei de você, bandido! Eu descubro a minha vergonha e o entrego às mãos da Justiça.

Espumando de raiva, cambaleando como bêbado, o Conde mal se arrastou até a escrivaninha, as forças o deixaram e ele caiu na poltrona; com um máximo esforço ele se soergueu e tentou alcançar a pesada sineta colocada ao lado do tinteiro.

Esse movimento fez com que Briand voltasse a si. Ele entendeu que, se a sineta começasse a tocar, atrairia criados e, para ele, não haveria mais solução. A honra, a posição e até a própria vida, tudo estaria perdido. Um medo terrível se apossou dele; logo, rápido, e movido mais pelo instinto que por reflexão, ele se jogou em direção de Don Rodrigo, agarrou-o pela garganta e derrubou-o da poltrona. O velho se livrou, tentando gritar; foi então que Briand agarrou uma almofada de veludo e apertou contra o rosto do Conde; a luta continuou silenciosa e desesperada por alguns segundos, mas logo Don Rodrigo retesou os dedos e ficou imóvel.

A almofada caiu das mãos trêmulas de Briand; com dificuldade, tomando alento e depois se sentindo cair, ele se apoiou na escrivaninha; sua cabeça girava e os olhos como que cresceram fitando o pálido e deformado rosto do cadáver. Nesse minuto uma mão caiu em seu ombro e uma voz zombadora disse:

– Excelente negócio você arrumou, Barão de Mailor!

O Conde se virou rápido e um grito surdo, furioso, desprendeu-se de seus lábios, quando viu Henrique. Ele estava de pé diante dele, com a mão segurando o cabo do punhal.

– Miserável! Ingrato! Delator! – gritou com voz roufenha.

Henrique o olhou com desprezo e insolência.

– Só quero saber: quem de nós é miserável? Em todos os crimes perfeitos cometidos por nós, só você ganhou! Este

– apontou para o cadáver – é uma prova evidente de quem é o ingrato. Da próxima vez, Sr. Briand, seja generoso com seus cúmplices e não os leve à vingança. Agora mesmo eu lhe dou três minutos para refletir se deseja pagar-me devidamente pelo silêncio sobre esse novo crime ou tentar entrar comigo numa luta. Não será tão fácil me obrigar a calar como a esse velho; se eu for o vencedor, eu o entregarei à Justiça. Aqui está a corda para amarrá-lo. – E ele levantou a mão, na qual estava enrolada uma corda longa e forte.

Enquanto o cigano falava dessa forma com o Conde, este restabelecera o autodomínio, apesar da raiva. Briand entendera que aquela não era a hora de discutir ou negociar, e, além disso, ele conhecia bem a força hercúlea de Henrique.

– Qual é o preço do seu silêncio? – perguntou.

Henrique disse uma grande quantia e citou algumas joias de grande valor, acrescentando com cinismo que as joias estavam na gaveta da escrivaninha e o dinheiro estava no cofre colocado na parede. Briand nada falou; entregou-lhe tudo que exigia. Henrique colocou tudo num saco que trazia, apertou um botão secreto na porta, coisa que o Conde nunca havia suspeitado existir, e sumiu...

Sozinho, o jovem retomou sua habitual presença de espírito e, com firmeza, colocou tudo em ordem, apagando todos os vestígios da luta. Na escrivaninha, ele espalhou contas e papéis, jogou a pena no chão para que todos pensassem estar o Conde trabalhando quando a morte subitamente o pegara. Em seguida saiu; os quartos vizinhos estavam vazios; o próprio Don Rodrigo dispensara os serviçais e apenas no quarto da frente estava o ajudante. Briand o avisou que o Conde estava muito ocupado e que tinha proibido que o incomodassem, caso tivesse necessidade, chamaria. Isso frequentemente acontecia, o que não traria suspeitas. À hora do jantar, o velho criado, preocupado com o longo silêncio do senhor, arriscou entrar em seu escritório; imediatamente altos brados anunciaram a todo o castelo sobre o infeliz acontecimento.

Fingindo-se assustado, Briand correu em direção ao morto.

Sob seu cuidado foram tentados todos os meios para que Don Rodrigo recuperasse os sentidos, mas certamente tudo foi em vão. Um acontecimento favoreceu o assassino – Bartolomeu Peret, o velho médico do castelo, tinha partido ainda na véspera para ficar alguns dias em casa de sua filha que estava doente. Então nenhum olhar experiente viu no cadáver sinais suspeitos de morte violenta. E quando o doutor voltou, Don Rodrigo estava, com toda suntuosidade compatível com sua posição, enterrado no jazigo da família.

Para a pobre Mercedes, o terrível susto causado pela morte inesperada do pai trouxe consequências desastrosas.

Desde esse dia ela andou doente, e dentro de seis semanas lhe nasceu o filho que lhe custou a vida. Sua morte trouxe grande alívio a Briand. Livrou-o do peso da esposa, deixando a ele o filho que lhe garantia todas as vantagens de seu casamento criminoso; enfim ficou único proprietário da colossal fortuna e firmemente se decidiu a aniquilar seus cúmplices, se eles aparecessem, em qualquer época.

A Criança Abandonada

Quando Briand desapareceu entre as árvores e Diana compreendeu que tinha ficado sozinha, ficou paralisada de terror. Não tinha sequer força para gritar. Apenas eram ouvidos tiros em algum lugar perto, o que fez com que ela saísse do torpor em que se encontrava.

Sob a influência desse novo susto, a criança novamente se pôs a correr. As fracas perninhas começaram a tremer; ela parou e se apertou contra um tronco de um enorme carvalho, com soluços chamando Justina, Antônio, pessoas do castelo, e até o cachorro Lancelo, fiel amigo. Mas, infelizmente, apenas o eco respondeu, e por fim, esgotadas as lágrimas, a pequena se silenciou.

Anoiteceu. As elevadas árvores produziam gigantescas sombras na clareira da relva e sob os ramos já estava completamente escuro. À medida que a escuridão aumentava, um novo terror se apoderou da pequena e infeliz criatura; recordava-se de todas as histórias de lobos, cobras, fantasmas e diversos monstros, com os quais Justina a distraía nas longas noites de inverno. Cada som da floresta, o estalido de um ramo seco sob as patas dos cervos, o barulho das folhas, o grito de alguma ave noturna obrigavam-na a se levantar de terror e se apertar contra o tronco de carvalho. Além disso, a criança estava faminta e gelada, pois o orvalho abundante umedecia suas roupas leves. Com o corpo todo tremendo, Diana fechou os olhos. Ela não tinha mais forças para gritar; até o terror pouco a pouco mudou para uma apatia mortal.

Quando a lua surgiu, uma luz suave penetrou através da folhagem, iluminando fracamente a clareira. Ali pertinho, na floresta densa, ouviu-se um forte estrondo. Dos arbustos saiu um enorme cachorro com pêlos espessos que se dirigiu diretamente à criança que estava caída no chão úmido. Diana não se movia.

O animal olhou Diana e começou a lhe lamber o rosto. Diante desse contato, a criança abriu os olhos, transpirando pavor; olhava para o cachorro, o qual tomava por lobo e pensava que iria comê-la; como o monstro aparentemente não se apressava em devorá-la – mas, ao contrário, balançava amigavelmente o rabo –, Diana de repente pensou que era seu querido amigo Lancelo, apenas muito maior. Enlaçou o pescoço do animal e apertou a cabecinha na sua espessa pelagem.

A amizade se selou rapidamente. Continuando a lamber a menina, o cachorro se sentou ao seu lado. Feliz, e não se sentindo mais sozinha, Diana apertava-o contra si e se aquecia com seu contato. Dentro de curto espaço de tempo o animal demonstrou impaciência e se levantou como se estivesse se preparando para ir embora, mas Diana estava apavorada de terror com o fato de novamente ficar sozinha e se agarrou com força nele; o cachorro se sentou, mas rápido voltou a se levantar, esforçando-se em trazer consigo a menina. Finalmente os novos amigos se compreenderam. A menina se levantou e se agarrou com as duas mãozinhas na coleira do seu condutor e foi ao lado dele, o quanto permitiam suas perninhas trêmulas e inertes. Assim andaram bastante; quando Diana parava para tomar fôlego, o cachorro pacientemente a esperava. Ela estava muito pesada e agitada; sua cabeça girava. Perdendo a consciência, Diana caiu no chão.

Seu enorme acompanhante parou no mesmo instante. Pareceu pensar e decididamente agarrou com os dentes a roupa de Diana e prosseguiu caminho carregando cuidadosamente sua carga.

A NOITE DE
SÃO BARTOLOMEU

WERA KRIJANOWSKAIA DITADO POR *G.W. Rochester*

A uma certa distância da estrada principal onde se bifurcava para a aldeia e o castelo de São Germano, encontrava-se um grande prado rodeado por tão espessos arbustos que da estrada era impossível ver o que lá acontecia. No meio daquele prado estava armada uma fogueira em torno da qual estavam sentadas algumas pessoas: uma jovem mulher pálida e prematuramente definhada vigiava a grossa sopa que estava cozinhando; dois garotos vorazes seguiam cada movimento dela; três homens, um dos quais corcunda e anão, e os outros dois eram jovens de porte atlético.

Após todos terem saciado a fome, a mulher despejou o restante em uma louça quebrada, esfarelando os restos de pão. Lançando um olhar em volta, perguntou:

– Onde está mesmo Merlem? Ele deve estar faminto e, a propósito, não veio jantar.

– Ele correu para a floresta; pode ser que nos traga alguma lebre – respondeu um dos jovens e assobiou alto.

Um latido distante foi a resposta; dentro de uns dez minutos saiu do bosque o cachorro trazendo nos dentes Diana, com um alegre ganido, e colocou sua carga nos joelhos da jovem senhora.

– Senhor! Jesus Cristo! A criança está morta! Sim... e ainda é uma pequena dama. Onde Merlem a encontrou?

Todos, com curiosidade, reuniram-se em torno dela.

– Não, a menina não morreu, apenas está desmaiada. Está viva, Maturina! Ela precisa ser friccionada e que se coloque em sua boca alguma coisa quente – disse um dos jovens, trazendo Diana para perto do fogo e esfregando-lhe as mãos.

Graças a tais medidas, a pequena logo abriu os olhos e avidamente bebeu uma caneca de leite de cabra e comeu um pedaço de pão, de modo que, tendo sido revigorada, sentiu-se com forças para responder às perguntas. Mas o terrível cansaço e o medo passado pareciam ter tirado por completo a memória da criança; dela apenas puderam saber que se chamava Diana, que se separara da ama-de-leite Justina, da madrasta, do cachorro Lancelo, que tinha ido fazer uma longa viagem e Carlos largara-a na floresta, tirando-a da liteira sob o pretexto de colher flores. Perguntada sobre Carlos, a menina, após uma madura reflexão, respondeu que ele era seu marido; um receio mortal de ficar novamente sozinha fez com que Diana começasse a chorar e a implorar que não a deixassem na floresta.

– Ah, Deus! Tão pequena e já uma mulher casada! Mas não tema, menina, nós não a jogaremos como fez seu malvado marido! – garantiu Maturina beijando a menininha.

Quando por fim Diana dormiu nos joelhos da jovem mulher, ela a conduziu para o furgão e colocou-a ao lado de seus filhos. Depois, todos da família de acrobatas viajantes começaram a discutir como atuar no imprevisto acontecimento.

– É preciso entregá-la a algum funcionário local para ser encontrada pelos seus. Nós mesmos não podemos percorrer todos os castelos...

– Entregá-la para que matem este anjo? Pois se a jogaram na floresta para que morresse de fome... – disse Maturina.

– Eu proponho deixá-la – manifestou o marido da jovem senhora.

– Ainda mais! Deixar esta nobre criança acostumada com o luxo, quando nós próprios mal podemos nos sustentar! – observou o anão, antigo palhaço da companhia, encolhendo os ombros.

– Espera, Henriquinho. Acha que a menina será para nós um peso? Ao contrário, ela nos ajudará; ela é bonita como um sonho... Nós lhe ensinaremos nossa arte; ela se apresentará junto com Mercedes e Jacó e vai encantar o público.

Essa opinião venceu. Diana ainda dormia quando o furgão se pôs a caminho na estrada. Após alguns dias de descanso, começaram a ensiná-la a andar na corda e vários outros números.

Nos primeiros momentos dessa nova vida, Diana se sentia imensamente infeliz; com gritos e súplicas, ela queria que a levassem de volta ao castelo de seu pai, Barão, mas, por um estranho acontecimento, todos os nomes, com exceção de Justina, Carlos e Lancelo, haviam saído de sua memória; as ameaças de levá-la de volta para a floresta foram suficientes para obrigá-la a se calar e fazê-la obediente.

Júlio, irmão do marido de Maturina, ensinava-a; fazia isso bondosamente e com paciência. Ele a via como ágil, graciosa e leve avezinha. Diana, mais rapidamente do que esperavam, aprendeu a andar sobre a bola, na corda estendida e a interpretar com os garotos as pantomimas, sendo que não recebeu nenhuma punição e seu professor, aliás, muito se orgulhava dela.

Passado um mês, Diana estreava com sucesso em uma festa de aldeia e trouxe tal sorte que todos da troupe ficaram admirados; desde esse dia ela contou com a simpatia geral dos participantes; a companhia andou por toda a França, parando em todos os lugares em que se pudesse ganhar dinheiro.

Entretanto, essa vida irregular com estranhos costumes agia de modo prejudicial na delicada natureza de Diana. A comida frugal e insuficiente minava suas forças. Exercícios cansativos esgotavam-na; ela sentia frio dançando em trajes leves nos palcos, nos dias gélidos e úmidos. Emagreceu terrivelmente e eram frequentes as ameaças de Maturina para obrigá-la a realizar seu programa. Mas a mulher observou que a criança estava definhando visivelmente de saudade; Maturina previa o momento em que a menina não apenas se tornaria inútil, mas traria tempos difíceis para a pobre família.

– É necessário procurar um médico em alguma cidade e depois lhe dar descanso... – todos admitiram unanimemente. A pequena companhia, concordando com a decisão, dirigiu-se a uma grande vila localizada ao lado da cidade, a dois ou três dias de viagem; contavam não apenas em encontrar lá o médico, mas em fazer uma abundante coleta, pois lá se comemorava um feriado religioso e tinham organizado uma feira; além disso, nos arredores estavam situadas as tropas do Duque de Guise, o que prometia um numeroso e generoso público.

Como já era fim de outono e o tempo estava muito frio para apresentações ao ar livre, a pequena companhia alugou uma barraca na área da feira e se preparou para dar um brilhante espetáculo.

Diana, com um vestido rosa e uma estrela dourada de algodão presa aos seus belos cabelos louros, estava pronta para a apresentação e Maturina se esforçava, sob todas as formas, para convencer a triste e apática criança.

– Apenas hoje se esforce ainda mais, querida, em realizar melhor seus números. Virão belos senhores que darão a você moedas de ouro e depois eu lhe comprarei um casaco de frio e você vai descansar o mês inteiro.

A apresentação estava se desenrolando. Júlio e seu irmão mostravam uma força prodigiosa, carregando pesos enormes, levantavam um ao outro, e comiam estopa quente. De repente, entrou na barraca nova multidão de espectadores. Eram oficiais, rindo e conversando alto. Eles abriram caminho aos empurrões na multidão e se sentaram na primeira fila.

Triste e cansada, apoiando-se na parede, Diana começou a pantomima com Marcelo e Jacó. Entretanto, a presença dos oficiais lhe chamou a atenção. Com curiosidade, começou a examiná-los e de repente seu olhar cresceu sobre um homem de estatura elevada que trazia no pescoço uma corrente de ouro, na qual estava pendurado algo como um amuleto, rodeado de um clarão. O rosto da criança foi invadido por uma cor viva e brilhante. Onde ela já havia visto aquela pessoa e aquela corrente com uma estrela pendurada? Diana apertou as mãos contra a testa. A intensidade de suas ideias foi tão forte que lhe causou quase uma dor física; uma luz inesperada lhe iluminou a mente: a pessoa e a corrente estavam pintadas num retrato pendurado no quarto de sua falecida mãe, quarto esse agora ocupado por Lourença.

– Pai! Pai! Sou eu! – ela gritou. Jogando-se precipitadamente à frente, por pouco a menina não caiu do palco.

Diante desse grito, o oficial se levantou rapidamente, como de um salto. Desnorteado, olhava para a criança que continuava a gritar e estendia as mãozinhas para ele. Depois, perdendo os sentidos, Diana caiu no chão.

Criou-se uma confusão geral. Ele, como era realmente o Barão d'Armi, imediatamente subiu ao palco. Ainda nada sabia sobre o desaparecimento da filha, mas a semelhança da pequena acrobata com sua falecida esposa e o apelo dela o perturbaram.

A apresentação foi interrompida.

Enquanto Maturina trazia Diana à consciência, seu marido e Júlio contavam ao Barão onde e como haviam encontrado a criança, ou, mais fielmente, como o cachorro deles a encontrara e o que acontecera daí em diante.

Voltando a si do desmaio, Diana confirmou o relato dos acrobatas, acrescentando alguns detalhes e de que maneira Mailor a abandonara. Esse relato enfureceu o Barão. Derramando lágrimas, ele cobriu de beijos a filha. Depois, um pouco mais calmo, ele informou que ficaria com a filha e recompensou generosamente os acrobatas pelos cuidados com Diana. Após uma despedida emocionada dos seus protetores e do cachorro Merlem (para o qual d'Armi comprou uma linda coleira a pedido de Diana), ela se mudou para a tenda que seu pai alugara junto com dois outros oficiais.

Compreendendo todo o incômodo desse tipo de vida, d'Armi decidiu levar Diana para seu castelo, com Justina. Com esse objetivo, ele tirou licença e se dirigiu para Angers. O Barão, a cavalo, colocou a criança diante de si e partiu. Mas se a viagem divertia a criança, ao mesmo tempo cansava-a extremamente. O estado doentio da menina se agravava e no terceiro dia desde a partida do acampamento, Diana ficou doente, com febre. Continuar a viagem era impossível, por isso d'Armi sentiu verdadeiro alívio quando soube por um taberneiro, em cuja taberna havia parado, que a alguma distância adiante se encontrava um grande monastério feminino. O Barão decidiu ir até lá.

A Abadessa ainda era uma jovem mulher, de rara beleza; acolheu a criança e o seu trágico passado com carinho e interesse. Comunicou que a menininha ficaria com ela. Após uma despedida comovente, d'Armi partiu.

A doença de Diana foi prolongada e perigosa, mas, graças unicamente aos cuidados maternais da Abadessa e das bondosas irmãs, Diana engordou e se sentiu muito bem em seu novo ambiente.

No monastério educavam-se mocinhas, dos 9 aos 17 anos,

das melhores famílias. Diana era a caçula. Ela se divertia correndo pelo imenso jardim, balançava-se e, sendo carregada num carrinho, era como se fosse uma boneca – todas brincavam com ela.

Passou-se um ano e subitamente o Barão d'Armi ali apareceu para saber notícias dela e carregá-la com ele. Trouxe a notícia da morte de Mailor.

O rosto da Abadessa tinha uma expressão de preocupação; estava extremamente ligada a Diana e conservava desconfiança de João d'Armi e, principalmente, de sua esposa pelos ingênuos relatos feitos por Diana. O coração da Abadessa estava angustiado diante da ideia de que a pobre criança novamente ficasse sob o domínio de Lourença, pelo visto mulher perversa.

– Sr. Barão! O senhor tem algo contra a ideia de deixar Diana conosco até a maioridade? – ela perguntou, após um breve silêncio. – Nós aqui educamos filhas das melhores famílias da França, por isso sua filha receberá educação adequada com sua origem e o senhor estará livre de quaisquer cuidados com ela e isso será para o senhor comodidade; o senhor mesmo diz que frequentemente se vê obrigado a se separar da esposa por causa dos negócios... Eu gostaria de me ocupar com a menina como se ela fosse minha própria filha.

– Com o mais profundo agradecimento aceito sua generosa oferta, Madre Odila! – respondeu d'Armi, contente.

Uma hora depois, tudo se havia acertado: Diana ficaria no Monastério até completar 16 anos; o Barão iria visitá-la uma vez por ano. Pela educação da menina a Madre não quis cobrar e por isso o Barão lhe ofereceu uma bolsa recheada de dinheiro para as necessidades da Igreja e para distribuição de esmolas.

Terminado esse assunto, o Barão d'Armi carinhosamente se despediu da filha e partiu apressado.

PARTE 2

VELHOS CONHECIDOS 1

Fim de março de 1569. Anoitece. Os pedestres que haviam se atrasado nas ruas de Paris se apressavam em chegar em casa quanto antes possível. Era perigoso para o cidadão comum, e ainda mais para uma mulher, aventurar-se por uma das escuras ruas parisienses, frequentadas por ladrões e por grupos de rapazes delinquentes, que se divertiam em cortar as capas dos transeuntes e assediar as moças. Por isso as pessoas corriam para casa e trancavam as portas com fortes fechaduras de ferro.

Assim que o vigia deu o sinal para que as lamparinas e os lampiões fossem apagados, toda a capital mergulhou na escuridão e no silêncio.

Somente os hotéis frequentados pelos senhores fidalgos fugiam à regra; neles, os divertimentos prosseguiam noite adentro, a luz irradiava de suas janelas e as tochas iluminavam a entrada.

Os pajens e os soldados tomavam a rua. Conversavam animadamente enquanto guardavam os cavalos e as liteiras de seus patrões.

Nesse dia em que damos prosseguimento à nossa história, na Rua Grenel, uma grande multidão se reunia numa bela e suntuosa mansão. A fachada da casa estava muito bem iluminada pelas tochas e pelos lampiões; à entrada, de minuto a minuto parava uma liteira de onde saíam damas e cavalheiros acompanhados de seus criados.

Em determinado momento, certo senhor aproximou-se, desceu do cavalo e, acompanhado de um dos criados, entrou no vestíbulo. Ao adentrar, jogou a capa e subiu rapidamente a escada que levava ao primeiro andar. Era um homem de estatura elevada, trajado todo de preto. Somente uma corrente de ouro de grande valor e um agrafe brilhante, preso à pena de seu chapéu, quebravam um pouco o aspecto um tanto sombrio de sua vestimenta lúgubre.

– Eternamente de luto, Sr. Saurmont! Quando o senhor deixará disso e trará ao seu hotel uma moça que o faça esquecer todas as suas perdas? – disse a empregada, alegre e simpática moça, enquanto o Conde beijava sua mão.

No mesmo tom gracejador, o moço respondeu que não tinha sorte e que sempre se atrasava em conquistar o coração e a mão de uma dama descomprometida, que, sem dúvida, poderia fazê-lo esquecer de tudo.

Depois de conversar um pouco mais com suas hóspedes, o Conde se dirigiu ao quarto vizinho e sentou à mesa de jogos. Não notou que desde sua entrada, na primeira sala, uma dama sentada na outra extremidade do quarto mantinha os olhos fixos nele. Era uma mulher de aproximadamente 50 anos, muito gorda, rosto pintado e sulcado de rugas. Vestia-se com requintado mau gosto, denunciador de sua pretensão em parecer jovem e bonita. Nesse instante, ela se imiscuiu no grupo de damas e cavalheiros que preferiam os jogos de *tamp*. Logo conseguiu ocupar o lugar de um dos parceiros de Briand, pois o cavalheiro todo de preto era ele. Ao reconhecer Lourença, empalideceu imediatamente; quanto a ela, a Sra. d'Armi, ao que parece, era a primeira vez que ele a via. Pela faísca rápida que escapava dos olhos da senhora, ele sabia que fora reconhecido. Aliás, não podia ser de outro modo, visto que Briand pouco havia mudado; tinha agora 32 anos, mas continuava a ser o mesmo de antes, moço alto e encorpado que 11 anos atrás seguira em direção ao hotel "O Carneiro de Ouro" em busca da felicidade.

Durante o jogo, Lourença não dirigiu ao Conde uma única palavra em especial. Somente quando o jogo terminou e todos se retiraram ao refeitório, ela se aproximou e disse em voz baixa:

– Onde você está morando? – O olhar que acompanhou essa pergunta foi tão significativo que Briand compreendeu que sua perigosa cúmplice novamente se punha em seu caminho. Sem vacilar, deu-lhe o endereço do Hotel de Saurmont onde agora vivia.

O encontro modificou radicalmente seu estado de espírito, estragando seu apetite a tal ponto que, alegando dor de cabeça, ele se desculpou perante todos e abandonou a animada reunião.

Com raiva e desespero, o Conde voltou para casa. O passado que considerava esquecido e sepultado para sempre voltava a assediá-lo. A mulher pérfida, seu gênio do mal, novamente surgia em sua vida, parecendo-lhe uma pedra enterrada no peito. Uma inexprimível melancolia e o pressentimento de uma infelicidade próxima invadiram seu coração. Torturado por fortes lembranças desagradáveis, verdadeiros pesadelos, resolveu ir se deitar.

Após a morte de Mercedes, Briand passara a se sentir plenamente feliz – era livre, sozinho, possuía enormes propriedades dos Guevara, e seus odiados cúmplices estavam longe. Apesar de todas as honras adquiridas na Espanha, o Conde se considerava francês. Sua primeira providência fora legalizar a posse de todas as terras pertencentes ao Conde de Saurmont; em seguida, fora à França onde visitara suas propriedades, tratando de colocá-las em ordem, e remobiliara seu castelo vazio. Já havia arrumado tudo, quando de repente o surpreendera inesperada infelicidade: seu filho de quatro anos faleceu. A criança sempre fora doente como a mãe, no entanto nada pressagiava fim tão prematuro. Isso privava Briand de parte da fortuna da família. Não obstante, ainda lhe estavam garantidos os bens pessoais de Mercedes e as terras que Don Rodrigo havia deixado em testamento para o genro, se por acaso sua filha não tivesse filhos. Graças a essa precaução e à compra de terras na França, Briand desfrutava de sólida condição financeira. Ele não tinha interesse pela Espanha e acabara se fixando definitivamente na França.

O acerto de todos os negócios lhe ocupara mais de um ano e depois disso resolvera não adiar mais seu plano de se mudar para a França. Briand visitara novamente todas as suas propriedades com a intenção de escolher uma que lhe servisse de moradia permanente. Afinal um irresistível impulso o fizera visitar São Germano, castelo que era o berço de seus antepassados e o local habitual em que o Conde de Saurmont costumava se recolher.

Passado um ano desse episódio, quando retornamos à nossa história, ele havia vindo a Paris para se apresentar ao Rei. Enquanto aguardava o encontro, vivia em completa despreocupação. No decorrer desses anos nenhum de seus cúmplices havia dado sinais de vida, fazendo com que o Conde até já passasse a considerá-los mortos. Mas o inesperado encontro com Lourença lhe apagou essa agradável esperança.

Briand se levantou extenuado pela noite de insônia, mostrando péssimo humor.

Para não chamar a atenção, sentou-se como de hábito para o desjejum, mas não conseguiu tocar na comida; estava mergulhado em pensamentos, segurando a cabeça com as mãos, quando o criado entrou anunciando que o Barão João d'Armi desejava vê-lo. Ele estremeceu...

"É o pai de Diana", pensou. "Miserável! Na certa descobriu o segredo por meio de minha cúmplice... Agora os dois vão querer me arrancar dinheiro!".

Mas Briand se enganara; ele conhecia mal a Sra. d'Armi. Ela não era capaz de indicar ao seu querido João o caminho para o pote de ouro, pois desejava usufruir dele sozinha. Se soubesse o segredo, João se livraria dela... Lourença, contudo, não desejava o sumiço do marido, já que manipulava o Barão como uma arma dócil.

Tomado do mal-estar que o inquietava, o Conde deu permissão para que a visita fosse recebida. Passados alguns minutos, entrou no aposento um senhor distinto e garboso – o Barão d'Armi. Estendeu a mão cordialmente ao Conde e transmitiu as lembranças da esposa; depois, visivelmente cansado e ofegante pela marcha rápida, deixou-se cair na poltrona.

Briand fitava o Barão cheio de curiosidade, ao mesmo tempo em que lhe respondia com frieza e reserva. João era um homem alto, apresentando traços já envelhecidos. Um sorriso alegre não abandonava seu rosto; seus pequenos e penetrantes olhos cinzas nunca se fixavam no interlocutor, fugindo de qualquer olhar que pudesse descobrir seus pensamentos íntimos.

O Conde achou dever convidar o hóspede a acompanhá-lo no desjejum, convite este prontamente aceito. Comendo com grande apetite, o Barão tagarelava de tal modo animado, que distraía seu anfitrião; o convidado falava tão alto e tão rápido que suas palavras soavam como um zumbido forte, sendo que Briand começou a considerar os modos dele um tanto divertidos; somente mais tarde ele compreendeu que tal falatório era uma artimanha e que sob a amável e bondosa aparência exterior do Barão escondiam-se a hipocrisia, a cobiça e a crueldade.

Após a refeição, os dois passaram ao gabinete do Conde. D'Armi se atirou à poltrona, e, meditando em algo, ora esfregava o queixo, ora revistava os bolsos nervosamente; Briand o fitava em silêncio aguardando a ocasião oportuna para fazer uma pergunta que trazia engasgada na garganta, desde a chegada dele. Queria saber se tinham tido alguma notícia sobre o destino de Diana, mas, antes que o Conde conseguisse abrir a boca, d'Armi se levantou rapidamente e tirou do bolso uma carta. Dando-a a Briand, falou em tom alto, sem tomar fôlego:

– Oh! Finalmente me lembrei de que minha esposa me pediu que lhe entregasse este bilhete.

Abrindo a carta, Briand leu o seguinte:

"Querido Conde, quando ontem você perdeu 500 escudos eu lhe emprestei com todo prazer essa soma. Pensei que poderia aguardar, mas dificuldades inesperadas me obrigam a lhe pedir que devolva essa bagatela a meu marido".

Saurmont esperava uma chantagem; admirado pelo comedimento do pedido, apressou-se em devolver a quantia ao Barão, que, com visível satisfação, colocou-a no bolso.

O episódio só desviou a atenção do Conde por um minuto; com sua habitual persistência retomou o propósito de perguntar ao Barão a respeito da sorte de sua pequena viúva.

– O senhor sempre vem a Paris, Barão? Seria agradável poder encontrar sempre o senhor e sua esposa, pessoas com as quais simpatizo muito. Tem uma grande família? – perguntou ele ao mesmo tempo em que seu coração começava a bater com mais força.

– Não, nós estamos por aqui só de vez em quando; normalmente ficamos no meu Castelo d'Armi – respondeu com calma. – No que se refere à minha família, ela é bem pequena. Sou casado pela segunda vez. De meu primeiro casamento tenho somente uma filha, uma criança da qual se pode dizer: é mais do que encantadora!

O coração de Briand palpitava com mais força ainda. Esforçando-se ao máximo, ele conseguiu deter o afluxo de sangue que traiçoeiramente ruborizava suas faces.

– Sua filha vive? – perguntou ele se virando.

– Bem viva! E eu lhe digo que ela é maravilhosa como um anjo. A vida de minha pequena Diana é repleta de tragédias; um dia desses contarei suas desditas. Mas, diga-me, caro Conde: por acaso não somos vizinhos? Minha propriedade faz divisa com as extensas terras de São Germano, cujo proprietário possui o mesmo sobrenome seu.

– Realmente possuo terras em Anjou e São Germano, lugar que é inclusive o berço de meus ancestrais – respondeu Briand com indiferença.

D'Armi, no entanto, encheu-se de contentamento:

– Oh, nesse caso esperamos ter a felicidade de vê-lo um dia qualquer em nossa casa. Então lhe mostrarei Diana. Agora ela ainda se encontra no mosteiro, mas assim que voltarmos ao castelo eu a levarei de lá.

Assim que o Barão partiu, Briand se trancou num aposento,

na tentativa de serenar o sentimento pesado que o atormentava. Não somente Lourença, com seu gênio pérfido, dominava-o, mas além disso Diana estava viva e poderia ser uma perigosa arma na mão de seus oponentes. Essa preocupação superou o pálido sentimento de consciência aliviada por não ter matado a criança. Com um suspiro rouco, o Conde fechou os olhos e largou o corpo na poltrona. Ele novamente se via no bosque com Diana nos braços, que timidamente se agarrava a ele; parecia-lhe que sentia o toque das mãozinhas e das faces macias da menina ao mesmo tempo em que ouvia a voz dela entrecortada pelas lágrimas: "Será terrível sem você, Carlos!". Vinha-lhe à mente a imagem da criança em mudo desespero, ajoelhada sobre as folhas. Que milagre a salvara?

Alguns dias depois, d'Armi tornou a visitar o Conde e convidou-o com tanta insistência para almoçar que Briand não pôde recusar. A partir dessa visita reiniciava o estranho poder que Lourença tinha sobre o rapaz. Ela era carinhosa e amável com Briand, mas sabia manter uma distância prudente, evitando ter que lhe pedir dinheiro emprestado. Aos poucos e imperceptivelmente readquiria o antigo poder sobre ele. Juntamente com o marido, ela acompanhava o Conde em seus divertimentos e estimulava as fraquezas dele. Algumas semanas foram suficientes para que o casal se tornasse indispensável a Briand; em companhia de d'Armi o rapaz passava as noites mais agradáveis.

Para aquela época, o Barão era considerado um homem de elevada cultura; distinguia-se pela inteligência aguçada, por ser um excelente interlocutor e por partilhar com o Conde da paixão pelas ciências ocultas. Desde o tempo de sua viuvez, Saurmont se aprofundara no estudo da astrologia, encontrando no Barão um ótimo companheiro de conversas sobre o assunto; além disso, a Sra. d'Armi soube despertar o interesse de seu "novo" amigo pela política, apresentando-o ao Duque de Guise. Em breve Briand se tornou membro influente do Partido Católico.

O receio despertado no Conde ao reencontrar Lourença e o marido se dissipou completamente. Somente as recordações de Diana lhe traziam certa espécie de angústia. Aproveitando um minuto apropriado ele perguntou, um tanto vacilante, à Baronesa, de que maneira a menina poderia ter escapado da morte no bosque. Essa pergunta desagradou bastante à Sra. d'Armi.

– Naturalmente é triste para você que a criança não tenha morrido... – ela respondeu com despeito. – Seu próprio gênio do mal, Briand, fez com que ela fosse poupada. Somente os mortos calam e não aparecem novamente. No que toca a Diana, João me contou que a menina conserva bem viva lembrança do episódio. Quem sabe? Pode ser, inclusive, que ela o reconheça...

– Isso não é possível... – murmurou ele.

– Não diga!... Na ocasião ela reconheceu João!...

E a Baronesa contou como Diana fora apanhada por acrobatas errantes e de que maneira ela conseguira reconhecer o pai, apesar de ele estar sentado abaixo do estrado de representação.

Por outro lado, João d'Armi lhe contou a história do casamento de Diana com um odiável Mailor que, fingindo ser nobre, induzira ao erro sua maravilhosa esposa; o Barão elogiava com tanta frequência a beleza da filha que o Conde começou a suspeitar de que era seu desejo casá-la com ele. Essa ideia fazia com que Briand se risse sem motivo. Sim, o Conde sentia um certo pesar ao ouvir o nome de Diana. Movido por um pressentimento vago, interrogou os astros sobre o futuro e sobre um possível encontro com Diana – todas as vezes o horóscopo respondeu que a encontraria inevitavelmente e que ela teria um papel fatídico em sua vida.

E assim se passaram alguns meses.

No começo do verão, o Barão e sua esposa comunicaram que era imprescindível que partissem para o Castelo d'Armi. Eles convenceram Briand a acompanhá-los até Anjou e a passar o tempo caçando em São Germano, bosque centenário, famoso pela profusão de animais. Ainda que estivesse contra a ideia de aparecer novamente no lugar de ação do falecido Mailor, o Conde, como sempre, acabou se deixando convencer por Lourença. No final de julho de 1569, os três juntos deixaram Paris.

Chegando em São Germano, Briand, após descansar da viagem, tratou de visitar suas terras e organizar uma caçada que fosse digna de um príncipe. Com esse objetivo o Conde ia constantemente a Angers.

Em decorrência de um processo o Barão e a esposa também passavam a maior parte do dia na cidadezinha.

No Castelo d'Armi, até o momento Briand não havia voltado. Um certo impulso irresistível fazia com que evitasse aquele lugar repleto de recordações criminosas.

Certa vez, no começo de setembro, o Conde sentiu desejo de fazer um passeio pelos arredores; o tempo estava estranho, por isso Briand esperava em breve estar no Castelo d'Armi. Sem que ninguém o visse, queria ver o local onde vivera e agira sob o nome de Barão Mailor. Distraído, absorto em recordações tristes, ele se afastou do castelo bem mais do que pretendia; quando o Conde percebeu o quanto tinha se afastado, já caíra a noite. Tentando voltar, esforçava-se em se orientar e encontrar o caminho mais próximo. Passando pela azinhaga[1], com surpresa desagradável notou que estava na trilha que levava à Clareira da Cruz Negra. Um inexprimível sentimento de angústia e medo tomou conta de seu coração. Sob o dossel espesso do bosque, a escuridão era quase total. Cansado, o cavalo mal conseguia se locomover a trote curto.

O Conde seguia em silêncio, evitando olhar para os lados; porém, ao se aproximar da clareira onde o caminho se bifurcava e no centro da qual havia uma cruz, seu olhar amedrontado insistia em se fixar no local onde em um certo dia Henrique matara Roberto e no qual fora trazido outro cadáver, morto pouco antes.

Nesse minuto o cavalo se sobressaltou, parando tão repentinamente que o Conde quase caiu da sela; o rapaz queria ir embora o mais depressa possível, mas em vão tentou, com o esporão e o açoite, que o animal saísse do lugar. O cavalo se recusava a prosseguir. Respirando com dificuldade, pêlo arrepiado, o corpo do bicho tremia todo, ao mesmo tempo em que parecia estar pregado à terra. Briand começou a suar frio. A aproximação de um perigo desconhecido o enchia de pavor

---

[1] Azinhaga – caminho estreito fora da povoação, no campo, entre muros, velados altos ou sebes. Dic. *Aurélio* – nota de revisão.

supersticioso; seu olhar perturbado vagueou pela clareira imersa na pálida penumbra. De repente, por sobre a copa das árvores surgiu o disco lunar. Sob sua luz prateada Briand viu, a alguns passos, dois abomináveis fantasmas ensanguentados. Ele não tinha dúvidas quanto à origem não-carnal daquelas criaturas que, como nuvens de prata, pairavam a meio metro do solo. Daquele par disforme começavam a se delinear claramente dois torsos e suas cabeças animadas, apresentando olhos móveis.

Com a rapidez de um relâmpago, os fantasmas se colocaram ao lado de Briand, agarrando o cavalo. O Conde não podia se enganar: era Roberto e o desconhecido assassinado por Henrique. Um ódio selvagem lhes deformava as feições e inundava de sangue seus rostos; o olhar terrivelmente fixo das criaturas se concentrava em Briand, que, emudecido e paralisado, parecia haver perdido até a capacidade de pensar. Ele, trêmulo, endireitou-se; o próprio pavor gigantesco que o paralisava dirigia seus atos. Aí ele recordou uma fórmula mágica que – conforme as palavras de um livro de feitiçaria – eram empregadas para afugentar almas perversas; com a mão tremendo, apertou a cruz de ouro que trazia pendurada no pescoço e gritou: "Vade retro, satana!" ("Recua, satanás!").

O Conde ouviu uma gargalhada estranha e estridente; logo os vultos recuaram e desapareceram no ar. O cavalo imediatamente se pôs a caminho como se houvessem retirado uma barreira de sua frente. Briand apenas o guiava maquinalmente; passada uma hora de galope em meio à escuridão, ele parou diante das grades do Castelo d'Armi.

Atendendo ao ressonante som do sino, o criado veio às pressas lhe abrir o portão. Mas as forças o abandonaram, as rédeas se lhe escaparam das mãos, e ele teria caído do cavalo se os criados que vieram recebê-lo não o segurassem. Voltando a si, o Conde não disse palavra sobre a visão e atribuiu o desmaio a seu cansaço enorme. Mas... o medo experimentado havia sido tão forte que ficou de cama por alguns dias; a ideia de as vítimas sobreviverem à morte do corpo, e, tomadas pelo ódio, sedentas de vingança, poderem perseguir seus assassinos, atormentava-o como um pesadelo. Esforçava-se ao máximo para se libertar desse terrível trauma; finalmente, para se livrar dessa fraqueza supersticiosa, Briand se convenceu de que fora vítima de uma ilusão. Retornou a Paris e, em vez de passar seis semanas como havia planejado, acabou permanecendo lá todo o inverno. Durante esse tempo se imiscuiu em todas as intrigas do Partido Católico.

Regressou a Anjou somente na primavera de 1570, atendendo aos convites incessantes que Lourença e o marido lhe faziam por carta.

O Retorno do Convento

Durante muitos anos, desde o tempo em que recomeçamos o nosso relato, Diana continuou a viver no mosteiro. Essa vida monótona e tranquila teve uma influência benéfica em sua saúde. Agora estava alta, esbelta e se distinguia pela deslumbrante alvura de sua tez. Os olhos azul-escuros eram emoldurados pelos cílios e sobrancelhas negras. Os loiros e dourados cabelos da tal coloração que Tissiano imortalizou davam-lhe uma original e extraordinária beleza. No aspecto moral era uma criança séria, embora de natureza orgulhosa e irascível. Sobre seu passado trágico ela conservava uma clara recordação e profundo ódio contra o Barão Mailor. Agora ela compreendia que ele saqueara seus bens e a deixara na miséria, com o título ilusório de Baronesa. Quando comparava sua vida solitária, sob a dependência material da Abadessa, com a riqueza e o amor que cercavam suas amigas, sua alma se enchia de amargor e tristeza.

Nos primeiros anos, d'Armi, de tempos em tempos, visitava a filha, mas havia oito anos que não vinha visitá-la e todos a tratavam como uma órfã. Ela, sozinha, ainda tinha esperança, no fundo da alma, de que seu pai apareceria. Sob tais difíceis circunstâncias a criança cresceu e seu caráter se modificou. A alegre e confiante menina se transformou em uma insegura e irascível moça, fechada em orgulho. Em vão Madre Odila lutava contra esses defeitos que perturbavam a amorosa e generosa alma de Diana, capaz de qualquer sacrifício. Todas as suas forças não conduziam a nenhum resultado. De natureza apaixonada e extraordinariamente agitada, era sempre capaz de se arrastar sob a influência do instante.

Desde o momento em que Diana parou de ser uma boneca para suas amigas, restou-lhe apenas uma amiga – a Condessa Clemência de Montfort. Ela era seis anos mais velha. Com amor e proteção constantes, conquistara por completo o coração de Diana. Clemência também era casada; descendendo de uma família católica nobre, aos seis anos ela já estava casada com um rapazinho de treze, Armando de Montfort, mas como seu maridinho era huguenote[1], então a família de Clemência resolveu que até os dezesseis anos ela se educaria no convento para que fosse instruída firmemente na fé de seus antepassados. As duas jovenzinhas frequentemente conversavam sobre seus destinos. Só que Clemência falava sobre as festas brilhantes, os presentes principescos, as semanas alegres, as acomodações do Castelo de Montfort, ao passo que Diana transmitia tristes recordações e contava a criminosa tentativa de seu marido de abandoná-la na floresta.

Todos os verões o Conde Armando visitava sua esposa. Ele vinha então com a mãe e com o irmão caçula. E durante três dias reinava a mais completa alegria na sala de recepção da Abadessa, sempre repleta de presentes e guloseimas, trazidos pelo jovem Conde.

À medida que Clemência crescia e se transformava em encantadora jovem, a separação se tornava para as duas mais difícil. Mas o jovem casal esperava com impaciência o momento em que finalmente estaria unido para sempre.

Quando Clemência apresentou seu marido à amiga, logo se simpatizaram. Desde então, Armando trazia presentes para Diana e sempre parte das frequentes encomendas ali chegadas era para ela, vindas do Castelo de Montfort. Clemência estava encantada. Ela disse à amiga que seu cunhado Raul a achava

---

[1] Huguenote – designação depreciativa que os católicos franceses deram aos protestantes, especialmente aos calvinistas e que estes adotaram – nota do tradutor.
Na pág. 50 de *Os Huguenotes*, de Otto Zoff, encontramos o seguinte: a explicação mais plausível é a que se atribui à origem da palavra alemã *Edgenoss*, isto é, conjurados; nome que até hoje os suíços atribuem a si mesmos – nota de revisão.

encantadora e ela e Armando decidiram levá-la consigo, caso seu pai não aparecesse. Diana iria viver no Castelo de Montfort como irmã e depois a casariam com Raul, que concordou inteiramente com esse plano.

Por mais que esse fato representasse algo de alvissareiro, pertencia ao futuro e o futuro estava distante. Quando chegou o momento da separação das duas, a pobre Diana chorou amargamente. Ela acompanhou até a liteira sua amiga, que também estava emocionada. Elas se prometeram escrever mútua e frequentemente. Quando o último cavaleiro do brilhante cortejo que conduzia a jovem Condessa desapareceu ao longe, a triste Diana, em desespero, voltou à cela do convento.

Os dias se seguiam e não havia nenhuma modificação no destino da jovem. D'Armi não aparecia. A única alegria de Diana eram as cartas que de tempo em tempo chegavam do Castelo de Montfort.

Clemência não esquecia sua pequena amiga e lhe dava algumas informações de sua vida calma e magnífica. Assim, Diana soube do nascimento de seu filho, da morte de sua sogra, do perigo a que ficara exposto Raul numa viagem de negócios a Anjou, quando saíra ferido, da difícil doença de seu filho. Após algum tempo, chegou também uma carta anexada à Abadessa, na qual a Condessa pedia confiar-lhe Diana, assim que completasse 16 anos. A Senhora de Montfort acrescentava que no tempo determinado pela Abadessa ela própria viria buscar a amiga.

Diana, feliz, suplicou à Madre Odila que a libertasse o quanto mais rapidamente possível. Mas Odila se achava na obrigação de manter a promessa feita ao Barão d'Armi, na qual se comprometera a ficar com a jovem enquanto não completasse 16 anos e ainda faltavam quatro meses. Depois então ela, com prazer, a confiaria à Sra. de Montfort. Nesse sentido Odila escreveu uma carta à Condessa convidando-a a vir ao convento buscar a amiga no fim de setembro.

Passados dois dias após o recebimento da carta, Diana estava no aposento da Abadessa, conversando com ela sobre o pequeno dote que queria prover a jovem, quando de repente retiniu o sino anunciando a chegada de algum visitante. Após alguns instantes, entrou um cavalheiro acompanhado do criado; um largo chapéu de feltro enfiado até os olhos impedia que se lhe vissem as feições, mas qual não foi a surpresa das duas mulheres, quando a irmã que tomava conta do portão informou a chegada do Barão d'Armi.

Diana empalideceu terrivelmente e se encostou à parede; a alegria e a emoção lhe tiraram a capacidade de falar, parecendo-lhe que apenas o som desse nome já lhe dava o restabelecimento de sua posição social, de sua família e de proteção legal.

Quando o Barão entrou no aposento, Diana, num impulso, lançou-se em seus braços.

D'Armi abraçou-a fortemente e cobriu-a de beijos, mas, lembrando-se da Abadessa, delicadamente afastou a filha e se aproximou da Madre Odila. Beijou sua mão murmurando palavras de agradecimento.

– Sua chegada para nós é verdadeira surpresa, Sr. Barão. Confesso, cheguei a pensar que tivesse morrido... Logo serão oito anos e como não temos nenhuma notícia... – falou ela com um sorriso de freira.

D'Armi perturbou-se; como de hábito, pôs-se a falar sobre assuntos importantes, infelicidades familiares e as exigências do serviço. Depois, interrompendo, virou-se rapidamente para Diana, e a olhou com admiração. Então exclamou, extasiado:

– Mas você se tornou uma linda mulher, minha filha! Tal beleza divina lhe é uma completa fortuna! Agradeço você ter-se tornado uma das primeiras belezas da França. Juro pelo sangue de Cristo que lhe encontrarei um brilhante partido.

A Abadessa franziu as sobrancelhas e, voltando-se com olhar severo para d'Armi, disse em tom de desaprovação:

– Seu orgulho paternal, Barão, e a alegria do encontro com a filha inspiram-lhe estranhas palavras, pouco cristãs. A beleza física é um dom frágil e perigoso; frequentemente ocorre ser fatal. É digno de um profundo pesar aquele que baseia nela suas ambições e esperanças. Tudo fiz para enobrecer o espírito de Diana e lhe incutir sólidos princípios e virtudes; com a ajuda de Deus que isso não pereça! Os enfeites da alma irão ampará-la na vida.

O Barão enrubesceu:

– Sem dúvida, respeitável Madre, estava dizendo tolices. Peço que me desculpe; assim falei em virtude da minha alegria. Que pai não sonha com o futuro brilhante para sua filha? Concordo com a senhora que a verdadeira beleza é da alma. Isso constitui a felicidade da minha Diana.

– Bem, no essencial nós concordamos. Mas, diga-me, Barão: o senhor chegou para me raptar Diana?

– Sim e não, estimada Madre Odila. No momento atual estou indo a Paris por encargo do Duque de Guise, mas dentro de quatro ou cinco dias voltarei a Anjou e, como nessa ocasião ela já terá completado 16 anos, então eu, com sua permissão, virei buscá-la. Agora mesmo, peço-lhe: pegue este dinheiro e empregue-o no enxoval compatível com a origem dela. A senhora sempre foi tão bondosa para com ela, que eu espero que não se recuse em atender a este último pedido.

Nessa mesma noite ele partiu, tendo antes combinado todos os detalhes com ambas sobre a partida de Diana.

A alegria de Diana se transformou em tristeza incontrolada. O pai a desapontou. Tinha a impressão de que ele havia provocado na Abadessa uma impressão desagradável, o que mais ainda a embaraçava.

Quando foi enviado um mensageiro à Condessa de Montfort com a notícia da mudança do acontecimento, o coração de Diana se entristeceu enormemente.

Mas – o que é próprio da mocidade – o prazer de escolher tecidos e de provar vestidos a despreocupou e distraiu. Queria entrar naquele mundo desconhecido para ela onde tudo parecia fascinante, principalmente o futuro, que se lhe afigurava promissor. Mas, mesmo assim, Diana se sentia profundamente amargurada.

Ao tempo combinado chegou apenas uma carta do pai na qual informava que assuntos imprevistos o obrigavam a adiar a partida em alguns meses e, nas últimas linhas, fixava o mês de abril.

Os meses de inverno passaram como de costume – monotonamente na vida do mosteiro.

Apenas um acontecimento muito importante para a comunidade transformou essa vida pacífica: o velho sacerdote morreu e foi substituído por outro bem diferente em relação às freiras e pensionistas.

O Abade Gabriel ainda era jovem. Possuía beleza aristocrática, era altivo e tinha maneiras de uma pessoa da alta sociedade. Logo se estabeleceu um extremo contraste com o velho sacerdote alegre e amante da comida, que tinha morrido de indigestão. A profunda religiosidade do Pe. Gabriel e sua sombria tristeza faziam com que todos se relacionassem com ele com respeito e simpatia, dada sua existência compenetrada. As freiras e educandas se curvavam diante de sua branda mas enérgica vontade. Diana, principalmente, submeteu-se à sua influência. O olhar triste e severo do Abade tinha o dom de interromper seu acesso de ira e orgulho muito mais rapidamente do que todas as longas conversas do calmo confessor ou da persuasão da Abadessa.

À medida que se aproximava a hora da partida, Diana considerou todas as suas preocupações: a lembrança da madrasta a perseguia; toda vez que sua figura e seu rosto coberto de compressas surgiam em sua mente, um indescritível sentimento de medo e repugnância lhe apertava o coração.

A imagem de Mailor também mais vivamente ressurgiu na memória de Diana. A ideia de ver novamente os lugares onde ele tinha vivido e de viver no castelo onde ele tinha sido enterrado lhe enchia o coração de ódio furioso.

Apenas nos primeiros dias de maio chegou a carta do Barão. Ele se desculpava por não poder vir pessoalmente e enviava uma senhora de confiança e quatro homens para a escolta da filha.

A mulher enviada, alta e magra, não agradou a Diana nem à Abadessa; a futura acompanhante usava uma submissão bajulatória com que se submetia à jovem Baronesa, mas... não havia escolha.

Os últimos preparativos foram rapidamente concluídos e as bondosas irmãs e pensionistas competiam umas com as outras na demonstração de amor àquela que as deixava. Cada uma lhe trouxe um mimo, um pequeno presente ou palavras carinhosas.

Conforme pedido de Madre Odila, Diana se confessou e comungou na véspera da partida; as palavras do Pe. Gabriel lhe causaram profunda impressão e nunca ela o fez com tanta humildade e devoção.

– Minha filha... – disse o Abade, quando Diana se pôs de joelhos no confessionário. – Uso este momento não tanto para a confissão, mas para uma conversa séria. Os pecados aqui cometidos não foram mais que leves faltas. Agora, pecados dos mais diversos tipos, lutas e tentações vão incitá-la quando sair deste refúgio de paz. O mundo, minha menina, é uma arena de batalhas encarniçadas, onde se chocam todas as paixões e se disputam grosseiramente todos os interesses. Uma mulher jovem e bonita está mais sujeita a esse perigo do que todos os outros. Certamente não sei qual o destino que Deus lhe está reservando, e, diante das atuais circunstâncias, você será obrigada a defender os princípios e virtudes que lhe foram aqui mostrados. Mas, pelo que sei, resistir à maldade, às vezes, é muito difícil. Nesses minutos é preciso chamar por todas as forças da bondade, pois a maldade cometida por nós vinga-se de nós mesmos. Não é Deus, fonte de bondade, que nos pune, mas são os nossos próprios desejos que nos aniquilam e é a nossa consciência que nos julga. E assim, Diana, seja virtuosa para você mesma. Tomara que sua alma seja tão limpa que qualquer um possa olhar não a deixando ruborizada! E que o dever a oriente e a mantenha nas experiências da vida. Procure não errar.

Após a curta confissão, ele acrescentou:

– Mas agora me diga: está em paz com todos? Sua alma não está perturbada pela maldade contra alguém?

Diana, com lágrimas nos olhos, emocionada, o ouvia. Mas, diante das últimas palavras, com a mobilidade que lhe era característica, levantou a cabeça e seus olhos brilharam de ódio:

– Estou em paz com todos, meu Pai. Odeio apenas uma única pessoa: o defunto Mailor. Mas por ele eu nunca pedirei.

– Talvez você não esteja agindo certo, Diana... – disse o Abade, inclinando-se em sua direção. – Não podemos julgar os mortos, esse direito pertence a Deus. Esteja certa: a justiça divina é terrível a nós; ela vê aquilo que está escondido de nós e atinge onde nossa mão não pode alcançar. Sei que esse homem agiu criminosamente contra você, mas você não pode se vingar por causa dessa Lei da qual lhe estava falando; essa Lei irá derrotá-lo bem melhor que o seu fraco ódio.

Nesse momento, Diana se achou derrotada, mas depois disse:

– O senhor está certo, meu Pai! Se Deus tomar a si a punição dele, que é tão malvado, certamente fará melhor do que eu. Ele o mandará para o inferno e então já não poderei odiá-lo.

O Padre balançou a cabeça em assentimento e um sorriso melancólico surgiu em seus lábios.

– Você interpreta muito estranhamente minhas palavras. Deixe para lá. No momento atual esqueça seu ódio, Diana, e coloque-se plenamente na vontade do Todo-Poderoso.

No dia seguinte, após uma difícil despedida de ambas – Diana e Odila – e de intermináveis beijos e bênçãos das bondosas irmãs, Diana abandonou o mosteiro.

De início a viagem transcorreu sem incidentes; emocionada, ora contente, ora angustiada por se aproximarem do lugar onde havia passado sua infância, ela imaginava o prazer de voltar para o lar e morar com o pai querido, vivendo bem com todos. Diana, com impaciência, perguntava quando chegariam. Mas a calada companheira de viagem – Agniessa – a incomodava muito, falando com Diana e se relacionando com ela de forma servil, sempre a bajulando, como se Diana fosse uma nobre especial.

Agniessa tinha conseguido que a mocinha viajasse usando uma máscara para evitar os perigos extremos para uma jovem e linda mulher.

Diana começou a questioná-la sobre a madrasta, a vida no Castelo d'Armi, os vizinhos e outros interesses, o que fez a acompanhante se tornar quieta e reservada.

Durante o último pernoite Agniessa se sentiu mal. Durante a viagem sentiu uma forte dor de estômago que, aumentando a tal ponto, a obrigou a ficar numa aldeia, não aguentando prosseguir.

Diana quis ficar com ela até o dia seguinte, mas o criado que acompanhava a escolta explicou que tinha ordem de chegar naquele mesmo dia, pois o Barão estava impaciente em ver a filha, sendo assim, seria melhor atravessar diretamente pelo bosque em vez de ir por Angers.

Com a possibilidade de se ver novamente naquele bosque, Diana se pôs a tremer, rememorando sua terrível lembrança. Vendo seu pavor, o criado, sorrindo, convenceu-a de que a estrada era segura e de que era preciso se apressarem, pois era possível chegar ao castelo no início da madrugada e, em todo caso, quatro homens de escolta eram suficientes para manter os vagabundos e miseráveis a uma considerável distância.

Puseram-se a caminho.

O coração de Diana batia fortemente quando entraram pela estreita estrada do bosque. As recordações oprimiam sua cabeça. Tinha até a impressão de que reconheceria, entre os gigantescos carvalhos, aquele em que se escondera naquela terrível noite. À medida que a escuridão crescia debaixo da espessa folhagem, aumentava sua intranquilidade.

– Ainda está longe, Tomaz? – perguntou ela afinal, debruçando-se na janela da liteira.

– No mais tardar, dentro de uma hora estaremos na clareira da Cruz Negra e de lá até o castelo são exatamente duas horas e meia de viagem – respondeu respeitosamente o criado.

– Três horas ainda... – murmurou Diana, recostando-se no interior da liteira e fechando os olhos.

Transcorreu muito tempo. Fez-se quase total escuridão. Cansada e abalada, Diana estava adormecendo quando alguns disparos, gritos e gemidos logo a acordaram. Em seguida, um forte solavanco virou a carruagem de lado. A portinhola se abriu e duas pessoas mascaradas agarraram a jovem e a obrigaram a sair. Ela lhes escapou e, agarrando-se às cortinas, gritava por socorro. Tomaz, com voz desesperada, fazia-lhe eco: "Socorro! Ladrões! Bandidos!".

Mas Diana era fraca para se defender durante muito tempo. Foi então que um bandido conseguiu arrastá-la para fora e ela perdeu os sentidos.

Os atacantes, parecia, tinham vencido totalmente. Duas pessoas do comboio estavam deitadas gravemente feridas, sobre seus cavalos mortos. O terceiro também estava morto e apenas Tomaz ainda se defendia desesperadamente, quando apareceu inesperada ajuda. Três cavaleiros a toda velocidade logo chegaram à clareira e, num piscar de olhos, dois bandidos jaziam mortos, e o terceiro, ferido, tentava correr. O restante da quadrilha desapareceu na densa floresta.

O salvador inesperado era Briand de Saurmont, que chegara de Paris havia oito dias; estava indo ao Castelo D'Armi, depois de seis meses de ausência. Nada sabia sobre a chegada de Diana. Guardando séria recordação sobre aquele antigo lugar, ele havia ordenado que dois criados o acompanhassem.

Saltando do cavalo, o Conde se aproximou da liteira e inclinou-se em direção à impassível viajante. Ela estava de máscara, mas mesmo naquele ambiente ele notou que ela era jovem e bonita.

– Ah, Senhor Conde! Foi a própria Virgem Santa Maria que o mandou para nos socorrer! – gritou Tomaz, agradecido.

– Como?! É você?! A quem você está acompanhando? – perguntou Briand, admirado.

– À senhorita Baronesa de Mailor, filha do nosso amo. Fomos buscá-la no mosteiro.

O Conde estremeceu e no mesmo instante se sentiu empalidecer. O estranho acontecimento o surpreendeu, fazendo com que reencontrasse Diana quase no mesmo lugar onde a desejara matar... Mas, conseguindo se controlar, ordenou que Tomaz o ajudasse a levantar as pessoas feridas. Depois, quase instintivamente, arrancou a máscara de um dos bandidos e colocou-a. Somente após tomar essa precaução é que levantou a jovem que, com profundo suspiro, voltou a si.

— Nada tema, minha senhora. Todo perigo já passou — disse ele, respeitosamente, saudando-a.

Ao som de sua voz, Diana estremeceu, endireitou-se e, nervosa, perguntou:

— Quem é o senhor?

— Eustáquio Briand, Conde de Saurmont, vizinho e amigo de seu pai. Se me permite eu a acompanho até o castelo; agora mesmo darei as ordens indispensáveis.

Não esperando resposta, ele se encaminhou aos feridos, dando ordens, a um de seus criados, para que cuidasse deles. Mandaria socorro ao chegar ao castelo. Levantaram a liteira. Como um cavalo estava morto, foi substituído pelo cavalo do criado do Conde; o criado montou o cavalo de seu senhor, e Tomaz ocupou o lugar do cocheiro. Briand pediu permissão a Diana para ir junto na liteira.

Ela concordou acenando com a cabeça; percorreu a figura do Conde com ar suspeito e lhe demonstrou descontentamento visível com um olhar severo. Cachos avermelhados iluminaram nitidamente seu encantador rostinho emoldurado pelo exuberante e dourado cabelo.

Briand se sentia completamente cego, e um arrepio percorreu seu corpo quando se sentou tão próximo a Diana na liteira. Ambos ficaram calados. A jovem procurava intensamente se lembrar do passado, esforçando-se por recordar onde já ouvira aquela voz metálica, cujo som lhe tinha despertado milhares de recordações vagas. De repente estremeceu: lembrou-se de que tal voz era de Mailor e, inclinando-se subitamente a seu acompanhante, perguntou:

— O senhor frequentava a casa de meu pai, senhor de Saurmont, quando eu era criança e morava no Castelo d'Armi?

— Não, Baronesa. Apenas no ano passado, em Paris, travei contato com seu pai. Não será indiscrição de minha parte se eu lhe perguntar por que a senhorita me fez essa pergunta?

– Bem, como o senhor é nosso vizinho, sua voz me pareceu familiar... – Diana respondeu, indecisa.

Ela não podia estar errada. A voz surda e levemente rouca de Saurmont era exatamente a de seu velho Carlos, quando, naquela mesma floresta, ele lhe dissera: "Vamos passear um pouco. Você poderá colher as belas campânulas azuis que crescem nas laterais da estrada". E isso não se tornara uma simples brincadeira...

Um sentimento de saudade contida, raiva, lástima e estranha adoração encheu a alma de Briand. A encantadora jovem ali sentada a seu lado era Diana; a ofegante respiração que ele ouvia na estreita liteira provinha dela. Ela o agradava como ninguém ainda o havia agradado antes, e, além disso, um imenso abismo os separava – ela era sua viúva! O ódio que ela deveria sentir pelo perseguidor de sua infância parecia lhe dar uma segunda visão, permitindo quase reconhecer Mailor no Conde de Saurmont.

Reprimindo um fundo suspiro, Briand enxugou o suor frio que lhe apareceu na testa. Seu delito passado lhe surgiu inteiro na mente, desta vez lúgubre e zombeteiro. Nunca havia imaginado que a ameaça de Nêmesis[2] poderia ser tão cruel. Mas ele sentia que, se desejasse desviar a suspeita que havia surgido em Diana, era preciso usar de muita presença de espírito. Com esforço e boa vontade, reprimiu a furiosa tempestade que irrompia em sua alma e iniciou uma conversa sobre generalidades, na qual habilmente dava a entender que a quase totalidade de sua vida havia passado na Espanha e apenas no ano anterior tinha chegado a São Germano.

Diana quase havia esquecido a suspeita passageira quando chegaram ao Castelo d'Armi.

Inicialmente o Barão João recebeu a filha com brados de alegria que logo se transformaram em exclamações de raiva, quando soube do atentado contra ela que teria sido terrível, não fosse a intervenção do Conde.

---

[2] Nêmesis – divindade grega que castiga o crime, sendo sua missão mais frequente a de abater o orgulho e corrigir o excesso de felicidade com que um mortal pode despertar a inveja dos deuses. Todo aquele que se eleva acima de sua condição está sujeito à correção por parte dos Imortais, porquanto tende a comprometer o equilíbrio do Universo. *Dic. de Mitologia Grega*, de Ruth Guimarães, ed. Cultrix – nota de revisão.

Nesses momentos de emoção ninguém notou o aspecto de decepção de Lourença, diante da aparência da enteada; seu olhar venenoso mal ocultou a raiva quando percebeu que Briand havia salvado Diana.

Com seu característico fingimento, a Baronesa dissimulou seus sentimentos. Aproximou-se de Diana, seu rosto gordo com as bochechas caídas, refletindo bondade maternal e amável ternura.

Briand discretamente se afastou sob pretexto de dar ordens a respeito dos feridos deixados na floresta. Ao voltar, todos já estavam à mesa de jantar. Aproximou-se de Diana e a cumprimentou alegremente pela volta ao lar paterno.

A jovem reuniu toda força de caráter para aquele primeiro encontro face a face. Uma espantosa palidez revelava toda sua emoção, quando Diana, num grito rouco, olhando para ele, recuou com indisfarçável pavor.

— Eu tenho a infelicidade de parecer algum bandido, tal o pavor que lhe provoco? – perguntou-lhe o Conde com um sorriso um tanto constrangido.

— Você é uma criancinha, minha filha? Como pode se dirigir dessa maneira à pessoa que a salvou? Este é o mais nobre, generoso cavalheiro que conheço! – disse o Barão d'Armi com descontentamento.

Diana se envergonhou.

— Realmente eu estou confusa. Mas o Conde se parece tanto com o abominável Mailor, que me surpreende; até mesmo na voz, no olhar, e inclusive nos traços do rosto.

D'Armi soltou uma gargalhada, tomando-a pela cintura; Lourença também riu, mas Briand observou com pesar:

— Para mim é muito difícil que o meu tipo provoque tais tristes recordações e eu lastimo profundamente minha semelhança com tão desprezível pessoa.

— Não, não! Eu agora vejo que Mailor possuía mais estatura e não tinha esses traços finos de rosto.

Depois, estendendo a mão, ela acrescentou com encantadora ingenuidade:

– Desculpe minhas palavras imprudentes e minha ideia estúpida de compará-lo com essa desprezível criatura.

– Eu esqueço e peço que essa comparação pouco lisonjeira para minha pessoa apenas não seja transferida para mim, com esse ódio que ele fez por merecer... – Briand respondeu gentilmente beijando-lhe a mão.

Quando conduziram Diana a seu quarto, o Conde também se desculpou e se recolheu a seus aposentos.

Lourença ficou sozinha e enfim deu acesso à raiva reprimida. Não era apenas não ter conseguido realizar a tarefa arquitetada de livrar-se da enteada, como também agora sentia instintivo ciúme dela por ter provocado uma profunda impressão em Saurmont.

– Cuidado, mocinha imprestável, por se colocar em meu caminho! – resmungou ela fechando os punhos. Desta vez o imbecil já não pode despregar os olhos dela. É necessário ir novamente ao esconderijo na Espanha, que desempenhou para mim um bom serviço no assunto de herança. Quem sabe se lá eu não ouvirei ou verei alguma coisa de útil?

Briand, com passadas largas, andava pelo quarto. Ele também tirara a máscara de indiferença e cortesia e no seu abalado rosto se manifestavam os mais diversos sentimentos. A figura sedutora de Diana estava à sua frente como uma visão tentadora. Seus sentimentos eram extremamente excitantes. Ele era suficientemente experiente da vida para compreender que nele já havia se instalado forte paixão – por sua própria viúva! Com um sorriso sádico, ele se atirou à poltrona e fechou os olhos com a mão.

Mas, com sua natureza enérgica, não se desesperava por muito tempo. Por que não corrigir aquele fracasso? Diana estava livre e o Barão iria entender como felicidade ter um genro como ele. Isso mesmo! Voltaria para sua própria vítima por meio de um segundo casamento que daria a ela nome e posição, além de corrigir completamente o mal cometido, reconciliando-o com a felicidade.

Assim ele se acalmou, levantando-se com nova esperança.

Bateram de leve à porta nesse instante e a voz adocicada de Lourença perguntou:

– Posso entrar, meu amigo?

O Conde empalideceu como um defunto; como pudera se

esquecer da terrível cúmplice, a criatura grosseira e traiçoeira que se prendia a ele numa paixão sem fim?

Ele a deixou entrar.

– Bem, meu querido Barão de Mailor, como achou sua viúva? – Lourença perguntava medindo o jovem com um olhar cínico e malicioso. – Ela é bastante bonita! Tão bonitinha e você deve guardar em segredo seus direitos de marido... Coitadinho... Ah! Ah! Ah!

Encontrando o sombrio e duro olhar de Briand, ela mudou para um tom sério:

– Aliás, eu vim aqui provocá-lo a propósito desse curioso incidente, fazendo você falar no assunto. Lembre-se, Briand, que você é muito culpado do que fez a essa criança. Nós a saqueamos... No meu louco amor por você, isso me custou muito remorso à consciência. No momento atual, João e eu nos encontramos em situação lamentável. Espero que você nos ajude com uma pequena soma para sustentar e vestir sua viúva; isso tudo vai ficar muito caro e sua dívida é sustentar a família que ficou em péssimas condições graças a você; assim como a antiga situação de Diana era boa, agora você tem de nos repor o que recebeu dela, nos livrando dessa dificuldade.

– Eu lhe darei uma soma suficiente de dinheiro para compensar as despesas pela educação, mas você entende que não tenho comigo tal dinheiro – disse ele com irritação.

– Agradeço, Briand, pela generosidade, da qual não duvidava. Mas me permita lhe dar um conselho, sugerido pelo meu amor. Faça correr a Senhora de Mailor – ela odeia o defunto marido, com o qual, por infelicidade, você se parece tão surpreendentemente; você se arriscaria a sofrer contrariedades, caso manifestasse demasiada atenção. Contente-se com a mulher que você conhece e cuja beleza já atingiu o completo desenvolvimento e que não teme comparação com nenhuma pensionista insignificante!

Não obtendo resposta dele, que a ouvia com raiva, deu-lhe um leve beijo. Depois, balançando muito seu corpanzil feio, saiu do quarto.

UM CRIME SEM REMORSO

A algumas *lieves*[1] da residência do Barão d'Armi, no alto de uma colina coberta por verdejante bosque, erguia-se o Castelo de Beauchamp. Era um amplo edifício, de tipo feudal, com torre e larga muralha. Uma aleia magnificamente conservada levava ao portão do castelo.

Desde o falecimento do velho Barão de Beauchamp o castelo praticamente deixara de servir como moradia permanente. Seu jovem proprietário, René, passava a maior parte do tempo em Paris, vindo ali somente para caçar. Todavia, em um maravilhoso dia de julho, no qual continuamos nossa narrativa, o Visconde chegou inesperadamente ao castelo para repousar em solidão e se ocupar de leituras e afazeres na propriedade.

No aposento do primeiro andar, mobiliado com luxo excessivo e um tanto pesado para o século XVI, um jovem de 25 anos de idade estava sentado em uma poltrona próxima à janela. Tinha sobre os joelhos um velho in-fólio encadernado em couro. Seu olhar pensativo e distraído contemplava a paisagem que se abria diante de seus olhos. Do alto da colina se avistava um vale circundado por florestas. Da janela se podiam ver dois caminhos sinuosos guarnecidos pelas sebes. O primeiro ia para a direita e, atravessando o campo, sumia no meio de denso matagal; o outro, contornando caprichosamente o monte, vinha ao castelo.

---

[1] *Lieves* – léguas; antiga medida francesa, equivalente a 4,5 Km – nota do tradutor.

O antigo companheiro de brincadeiras de Diana agora era um rapaz bonito, de ar altivo e aristocrático; seu rosto pálido contrastava com os traços finos e perfeitos. Seus grandes olhos verdes eram acompanhados por longas e negras pestanas. A boca delineada por lábios finos e de cantos levemente caídos expressava orgulho e obstinação.

Naquele momento tranquilo a expressão de bondade e serenidade do jovem inspirava muita simpatia; no entanto, qualquer observador atento perceberia que no fundo daqueles olhos calmos se escondia uma tempestade, e todo um mundo de paixões refugiava-se atrás de seus lábios trocistas.

Era visível que algo inquietava René, ainda que seu rosto jovem e despreocupado pudesse dissimulá-lo. Ele realmente carregava terrível amargura, e esse sofrimento, por tê-lo deixado muito abalado, fizera com que viesse ao castelo – viera em busca de paz e esquecimento.

Quando chegou ao palácio real o Visconde se apaixonou insensatamente por uma dama de companhia da Rainha-Mãe. Bonita, mas rebelde e leviana, Marion de Marillac era o perfeito tipo daquelas mulheres perigosas e sedutoras das quais Catarina de Médicis gostava de se ver rodeada e que chamava de "esquadrão volante"[2]. Marion não era muito rica, porém era ávida de luxo e roupas caras; ansiava conseguir uma situação financeira sólida, mas diversos motivos haviam feito com que seu coração ficasse tomado de rancor e de ódio. Entre as desilusões, a que mais a havia marcado fora a traição de um jovem fidalgo, pelo qual se apaixonara perdidamente e que a abandonara para se casar com uma rica herdeira. Amargurada, Marion aceitara sem vacilar a proposta de René, apesar de não lhe ter nenhum afeto.

Cego pelo amor, o Visconde não viu quem era a verdadeira Marion, atribuindo-lhe todas as virtudes que desejava ter numa esposa, e se casou, esperando encontrar a paz e a felicidade

---

[2] "Esquadrão volante" – era constituído de belas mulheres, bem jovens (segundo alguns, de 15 a 20 anos), muito bem cuidadas, cuja função única era obter informações de políticos eminentes, estrangeiros ou não. Assim, Catarina de Médicis ficava sabendo de tudo quanto se passava no país, ou fora dele – nota de revisão.

ideais. Mas logo ele se deu conta da realidade. Poucos meses após o casamento, todas as suas ilusões estavam desfeitas. Já sabia que a esposa era cínica, desonesta e que se casara apenas por dinheiro. Sufocado de raiva e ciúme, René passara dois anos arrastando uma triste vida de casado. Entretanto, a Viscondessa dera fim ao matrimônio rapidamente, fugindo de casa e indo viver na vila do Duque de Guise do qual se fez amante.

É difícil descrever o inferno vivido por René e sua ira descontrolada quando descobriu os rastros da fugitiva. Decidiu matá-la e o teria feito se não houvesse chegado a Paris seu cunhado, Marquês de Marillac, que o deteve a tempo. Ele mesmo sobrevivera a um matrimônio catastrófico, que o havia transformado num homem sombrio, calado e inclemente para com as fraquezas femininas.

Ele tinha certa influência sobre René, moço nervoso, impressionável e ainda imaturo. Aimé o convenceu de que uma mulher como Marion não era digna de amor nem de ódio, e que por ela não se podia sentir nada mais do que desprezo. Além disso, esse desprezo profundo não admitia lamentações ou súplicas e por isso não permitiria que as mãos de René fossem sujas com o sangue da megera.

O Marquês não gostava da irmã, muito mais nova do que ele, nascida de um segundo casamento do pai. Ademais, uma parenta muito rica, que batizara Marion, havia deixado em testamento para ela grande parte de sua fortuna, o que feria os direitos de Aimé e até mesmo o revoltava, já que ele mesmo não era rico. Se ele não fosse um cristão suficientemente bom, não hesitaria em se livrar da irmã através dos meios da época, e não se acanharia em julgá-la sem clemência, induzindo René à vingança. Todavia, para ter a satisfação de julgar e castigar a irmã traidora, que se atrevera a sujar sua honra e seu nome, devia se armar de um sangue tão frio e cruel quanto o que mostrara à sua falecida esposa.

Esse episódio da vida de Aimé havia sido encoberto e mantido em mistério. O próprio René não sabia ao certo sobre a inesperada morte da esposa do Marquês e de seu filho recém-nascido. Não querendo parecer indelicado, ele sempre evitara perguntar a Aimé qualquer coisa referente ao assunto.

Tranquilizado parcialmente pelo cunhado, o Visconde se encontrava em condições de ir a Anjou. Depois de passar algumas semanas em casa de Aimé como hóspede, o jovem partiu para seu castelo onde se retirou como um ermitão. O amor por Marion havia se acabado, mas a solidão e as recordações amargas o oprimiam.

De repente o som estridente e penetrante de uma trombeta de caça arrancou René de seus pensamentos. Olhou pela janela e viu o jardineiro subindo na direção da mansão, na companhia de dois empregados. Ele se levantou, pôs o livro de lado e, após ordenar que o jantar fosse preparado, começou a andar de um lado para o outro do quarto, à espera de seu cunhado que, conforme havia prometido, viria visitá-lo.

Um quarto de hora se passou quando o Marquês entrou no quarto. Após um caloroso abraço, René acompanhou seu hóspede à sala de jantar, onde se sentaram à mesa fartamente servida de frios, vinho e frutas.

Marillac comeu com grande apetite, acompanhando os pedaços de carne com bons goles de vinho. Ele tinha 33 anos; era forte, de porte atlético. A espessa cabeleira loura emoldurava o rosto corado, sulcado por traços grosseiros. Nos olhos claros brilhavam orgulho e crueldade. A boca grande, com dentes muito brancos, conferia à sua estampa uma impressão de energia selvagem. Vestia uma *camisole*[3] lilás de veludo, trazendo o punhal e a espada.

Depois do jantar, os rapazes passaram ao aposento já conhecido do leitor, e se sentaram à mesa na qual havia um tabuleiro de xadrez, uma grande jarra de vinho e duas taças. Aimé estava de muito bom humor. Contava aventuras de caça, entretendo e divertindo o cunhado. Só quando alguns temas foram esgotados eles começaram a jogar xadrez, o que absorveu a atenção de ambos.

---

[3] *Camisole* – peça de vestuário masculino usada na época – nota do tradutor.

Logo Marillac se endireitou e, enchendo o copo de vinho, disse em voz alta:

– Esqueci de lhe dizer que hoje encontrei uma pequena e encantadora mulher, bela e delicada como uma fada. "Par Dieu!"[4], como diria o grande Carlos IX, que pena, René, você esteja casado! Poderia se entreter e cicatrizar todas as feridas do coração.

O Visconde, concentrado que estava nas combinações do jogo, ergueu a cabeça, surpreso.

– Não compreendo suas queixas. Você é viúvo. Se essa dama encantadora lhe causou forte impressão, por que você mesmo não tenta cicatrizar suas feridas?

Ao notar que Marillac corava, René acrescentou:

– Mas me diga onde viu a beldade e quem é ela.

– Hoje não foi a primeira vez que encontrei essa menina encantadora. Eu a tinha visto antes, duas vezes; na primeira, eu estava indo para Anjou e na outra, caçando perto da cabana dos mineiros e da clareira da Cruz Negra. Trajava um vestido simples, azul, que lhe caía muito bem. Não pude tirar os olhos dela. Nunca vi pele tão alva, cabelos tão loiros e olhos azuis-claros e grandes com tal sedutora expressão de alegria pura e inocente, que tornava seu rosto ainda mais belo e atraente. Até parece óbvio que seu olhar angelical nunca guardou um sentimento impuro que fosse e seus lábios sorridentes jamais devem ter traído e mentido.

Cada vez mais perplexo, René seguia as palavras de seu cunhado.

– Aimé, Aimé! Não estou conhecendo você nisso! Você é inimigo das mulheres e delira como um adolescente! Quem é essa mulher sedutora? – perguntou ele, caindo na gargalhada.

O Marquês jogou a cabeleira loira para trás e disse:

– Quanto a isso, já andei me informando. Chama-se Diana, Baronesa de Mailor. É viúva. O Barão a desposou quando tinha cinco anos. Ele faleceu há dez ou doze anos atrás. Atualmente

---

[4] "Par Dieu" – essa expressão indica grande surpresa. Outras que aparecem na *Histoire de France* – "Pâques Dieu", "Palsambleu", "Par la mort Dieu" – são do cotidiano da época – nota de revisão.

a mocinha vive com seu pai na Mansão d'Armi. Provavelmente ouviu falar dela, não?

O Visconde, pensativo, apoiou os cotovelos na mesa. O nome *Diana* despertava nele mil recordações da infância. Ele se via novamente na Mansão d'Armi, brincando com sua pequena amiga. Em suas imagens mentais surgiram, por instantes, as figuras de Lourença e de Mailor. Ao se lembrar da famigerada caixa de bombons, de seus ciúmes e da cena que fizera, um sorriso brotou em seus lábios.

– Uma vez que Diana está aqui, devo conversar com ela! – disse ele alegremente; depois, dando um tapinha nos ombros do cunhado, continuou:

– Agora não me surpreendo mais com sua admiração. Ela deve ter-se tornado uma verdadeira obra dos céus.

– Você a conhece? – perguntou Marillac.

– Sim, eu a conheci na época em que se casou com Mailor. Éramos então grandes amigos. Desde então a perdi de vista. Acho, Aimé, que você deve aparecer na Mansão d'Armi. Sei que a viuvez o aborrece e a pequena Baronesa o atrai. Não será difícil para você conquistar-lhe o coração. Meiga e pura, ela o fará feliz e no novo matrimônio você esquecerá suas mágoas.

O olhar do Marquês se fez carrancudo e com tristeza e ironia falou:

– As mulheres são traiçoeiras. Tolo aquele que confiar inteiramente numa mulher. Diana de Mailor ainda não teve sua natureza estragada, mas existe mulher, mesmo a mais depravada, que na aurora da vida não fosse inocente? Quando a atmosfera contaminada do mundo a estragar, quando as paixões penetrarem em sua alma, quem pode garantir que ela não haverá de mentir e que seu coração venha a trair a felicidade conjugal? Não. Eu não quero mais me atrever a entrar nesse jogo terrível e novamente correr o risco de me afligir diante do suplício insuportável de ver a mulher amada preferir outro. Quando a criatura adorada atinge tal grau de degradação, somos obrigados a fazer justiça com as próprias mãos... e se cria um inferno para toda vida!... Um inferno de remorsos para uma consciência delinquente. Ademais, a honra e o orgulho sofrem tanto que, no fundo da alma, se forma enorme ferida que só a morte pode sanar.

A voz do Marquês foi mudando gradativamente, fazendo com que as últimas palavras saíssem roucas da garganta. Sua face corou e as veias do rosto se tornaram salientes como se estivessem prestes a estourar. Sob a torrente de lembranças desagradáveis, Aimé fechou os olhos e, com os músculos das mãos tensos, dobrou o suporte de prata da taça, como se fosse uma vareta, derramando o vinho na mesa.

René o observava com um misto de medo e curiosidade, surgindo-lhe de imediato na mente as lembranças dos sofrimentos que Marion lhe ocasionara. O interesse que lhe inspirou o cunhado misturou-se à raiva por Aimé ter evitado que ele resolvesse o seu caso à sua maneira. Por fim o Visconde estava totalmente tomado pelo desejo de conhecer essa tragédia familiar.

– Aimé! Diga-me como você vingou sua honra e por que quer me convencer a não matar Marion – pediu com a voz trêmula.

O Marquês se sobressaltou. Sem responder palavra, levantou-se, jogou a vasta cabeleira para trás e começou a andar pelo quarto. Depois, parando diante de René, disse com um sorriso amargo:

– Você se convenceu de que não teve força para se vingar; não soube conservar a criatura querida, nem amou como eu. Mas lhe digo: é preciso cair no inferno para se tornar um verdadeiro satanás.

– Você pensa que eu não sou capaz de me vingar? Ainda espero lhe provar o contrário! – disse René, ofendido e ruborizado.

– Acalme-se, eu não quis dizer isso. Se você amar novamente, será de maneira diferente daquela que amou Marion, que pouco a pouco acabou com o sentimento que você nutria por ela. Isso foi a sua infelicidade, já que suas mãos não se mancharam com a culpa de assassinar uma criatura que só merece desprezo. Mas se uma nova traição apunhalar seu coração, e você amar como eu amei, ao ter consciência de sua própria vergonha, não duvido de que se vingará cruelmente. Agora escute! Matarei sua curiosidade, contarei o que se passou entre mim e minha esposa. Casei-me com uma francesa por amor, idolatrando-a cegamente. A má conselheira, a vaidade, insinuou-me que, sendo jovem, bonito e gostando dela, não teria dificuldades em conquistar seu coração. Por dois anos, nada perturbou nossa união. Mas faltava apenas uma felicidade: termos um filho, um herdeiro. Nessa época, um triste acontecimento me tirou do lar. Meu velho tio Bispo[5] adoeceu gravemente e, pressentindo o fim próximo, pediu que fosse vê-lo. A estima, o respeito, bem como importantes interesses da família exigiam que eu partisse. Contudo, não tencionava me demorar muito. O céu, no entanto, quis que fosse diferente... Assim me pus a caminho da Normandia. A enfermidade de meu tio se prolongou por muito tempo, depois do que ainda fui obrigado a ficar para tratar dos negócios da herança e também para me recuperar do meu próprio estado de saúde. Todo esse tempo, mantive uma ativa correspondência com minha querida francesa. Pedi-lhe inclusive que viesse juntar-se a mim, porém ela se negou, invocando problemas de saúde. As cartas dela ora eram lacônicas, secas, ora cheias de carinho; deveriam me dar ideia de seu estado de espírito, contudo estava cego e por isso não percebi o estranho e hesitante acanhamento, a quase vergonha com a qual ela me comunicou que estava grávida. Não cabia em mim de felicidade. Os dois meses que ainda deveria passar na Normandia me pareciam uma eternidade. Nesse ínterim não recebi mais nenhuma carta e comecei a me preocupar seriamente. Já havia decidido partir quando caiu em minhas mãos uma carta destinada ao meu criado Lourenço. A correspondência chegara de Marillac, por isso abri sem vacilar. Ao lê-la, fiquei atordoado. A carta era de meu velho roupeiro, o pai de Lourenço. Cheio de tristeza e indignação, o criado fiel perguntava quando regressaríamos, pois contava ao filho o

---

[5] Bispo Marillac – existiu nessa época um arcebispo, segundo Albert Buisson, em *Michel d'Hôpital,* cujo nome aparece nas pp. 175, 176, 177 e 189: "prelado humanista" – nota de revisão.

caso infame que se desenrolava no castelo entre minha esposa e um vizinho, e como os dois haviam começado a se recolher em um pavilhão de caça. Terminando, o roupeiro comentou que suspeitava, e com fundamento, da verdadeira origem da criança a nascer.

O Marquês parou, respirando com dificuldade. Dominando-se, continuou:

– Foi um milagre eu não ter perdido o juízo; acho que o ódio e a sede de vingança me mantiveram lúcido. Naquela mesma noite, parti. Durante a longa viagem, tive tempo de me acalmar e refletir melhor. Quando imaginava o rosto alvo e belo de minha esposa, chegava a duvidar de sua culpa. Então me perguntava se oito meses eram suficientes para esquecer o companheiro amado. Mas quando o pensamento se fixava no meu feliz oponente, a traição se configurava óbvia. O Conde Gabriel de Montfort era um dos homens mais sedutores que eu já conhecera. Consciente de minha vaidade funesta, eu devia reconhecer que ele era mais atraente que eu. Essa falta de semelhança entre nós dois ainda mais avivou meu ódio. Se minha mulher houvesse se apaixonado por um homem parecido comigo seria mais fácil de perdoar. Conhecia o Conde, estivera em Anjou quando me casei, e, pelo visto, desde então se interessara por minha esposa. Um pouco antes de eu partir ele havia recebido de herança terras pegadas às minhas propriedades. Com toda certeza, ao vir tomar posse das terras, aproveitou a ocasião para me conquistar a mulher. Fervia dentro de mim com essa ideia e, convicto, decidi liquidar minha esposa e seu filho. Guardar a traição e perdoá-la, eu não podia. Expulsá-la significaria jogá-la nos braços do amante, que, claro, a acolheria. Esses pensamentos me ferviam o sangue, e você pode imaginar como eu me sentia. Era noite quando cheguei à mansão. Proibi quem quer que fosse de anunciar minha chegada. Passei em frente ao quarto da Marquesa que, naturalmente, não me esperava. Deitada no divã, estava tão concentrada lendo um bilhete que nem sequer ouviu meus passos. De repente notou minha presença. Sem dúvida nenhuma minha expressão não pressagiava nada de bom, fazendo com que ela empalidecesse e saltasse do divã. O bilhete caiu de suas mãos. Sem dizer uma palavra, o apanhei e li. Era uma carta de Montfort, escrita com tais expressões que não restavam dúvidas de sua culpa. Permita-me passar em silêncio pela cena final. Fiquei totalmente fora de mim. Desse momento guardo uma pálida lembrança do rosto dela, que também estava fora de si. Sem vacilar, confessou-me tudo. Rastejava de joelhos e implorava para castigá-la da maneira que julgasse melhor, suplicava até que a trancasse em um convento, só não queria que eu me vingasse de seu amante. Por que não a matei nessa maldita hora? Até hoje isso é um mistério para mim. Entrei em torpor como se estivesse bêbado, só voltando a mim ao raiar do dia, quando a mulher do roupeiro veio dizer que minha esposa havia dado a luz. A notícia fez com que meu sangue-frio retornasse, mas, ao mesmo tempo, despertou um sentimento insuportável de repugnância. Algo me angustiava, tinha sede de matar... Ordenei à mulher do roupeiro que preparasse um banho gelado para a Marquesa e o filho. A pobre senhora quase desmaiou, todavia. Depois de repetida a ordem, retirou-se, muda de espanto. Algumas horas depois, a criança morreu e a mãe foi retirada sem sentidos da banheira, agonizante. Recuperando a consciência e pressentindo a morte próxima, mandou me chamar. Recusei-me! Era impossível ver seu rosto de novo. Contudo, o velho Gilberto voltou mais uma vez e, caindo aos meus pés, suplicou que fosse. "Senhor Conde", repetia ele, soluçando. "Jesus perdoou seus inimigos e o senhor não quer perdoar alguém que se arrependeu? Pense bem, já que sua hora também haverá de chegar e Deus lhe fechará as portas do Paraíso por ter tido um coração tão duro". Fui vê-la, reconsiderando o fato. Quando olhei a francesinha branca como o travesseiro, com a morte estampada no rosto, meu ódio e minha ira imediatamente se esvaíram. Via somente seus olhos grandes, cheios de tristeza e sofrimento me fitando. "Aimé", murmurou ela, estendendo em minha direção suas mãos geladas e trêmulas. "Perdoe-me por tê-lo coberto de ódio e vergonha. Você me julgou e condenou. Não protesto contra sua sentença justa, contudo estou expiando minha culpa. Perdoe-me! Não me amaldiçoe nesta hora terrível, para que possa morrer em paz". A voz e o olhar dela voltaram a me comover. Ela tinha razão; o castigo fora aplicado e eu poderia tê-la perdoado. Duas horas depois, tudo estava terminado. Ela não soltou minha mão e naqueles minutos solenes me pareceu que pensava somente em mim, esquecendo o amante, motivo de sua morte. Daí me dei conta de que estava viúvo. Sentia-me plenamente satisfeito com meu triunfo e minha vingança.

O Marquês se calou e entre os dois amigos seguiu-se um longo silêncio.

– E Montfort? Você finalmente o matou? – perguntou René.

– Nós duelamos – respondeu Aimé, levantando a cabeça e enxugando o suor frio do rosto. – O duelo foi até a morte. Só paramos quando caímos sem sentidos no chão. Pensei que o havia matado, mas quando me restabeleci fiquei sabendo que ele também havia escapado com vida. Depois pronunciou o voto, o que mostra que sentiu certa dose de responsabilidade por ter corrompido uma pessoa – no caso, ter seduzido a mulher do próximo.

– Como? Pronunciou o voto? Mas Montfort não era huguenote? – perguntou René.

– O Conde Gabriel era católico, mas... já foi muito longe essa história! Boa-noite! Sinto que preciso de um descanso – respondeu Aimé, despedindo-se de René.

Estando só, o Visconde começou a andar de um lado a outro no quarto. A história de Aimé lhe havia causado forte impressão e avivara suas próprias recordações amargas. Mesmo assim, pouco a pouco seu pensamento tomou outro rumo e sua atenção passou a se concentrar em Diana. Tinha um desejo muito grande de ver sua antiga amiguinha, resolvendo no dia seguinte mesmo ir ao Castelo d'Armi.

Desde que regressara à Mansão d'Armi, Diana levava vida monótona, até mais solitária que no convento, onde as bondosas irmãs e as amigas de estudo formavam uma grande família.

Além disso, quando havia a visita dos pais das pensionistas, sempre tinham muito divertimento.

Agora ela quase sempre estava sozinha. O Barão passava a maior parte do tempo em Angers ou nas vizinhanças. Lourença estava eternamente ocupada com "negócios inadiáveis", dizia ela, cujos resultados nunca apareciam.

A única distração que Diana encontrava era passear a cavalo pelos arredores.

Dia a dia a madrasta se tornava mais antipática para Diana. Sua hipocrisia despertava repulsa na mocinha educada e meiga. A ridícula pretensão de Lourença de se conservar eternamente bonita, com suas roupas de péssimo gosto, fazia a jovem rir às escondidas. Cedo Diana percebeu que Lourença se arrumava somente nos dias em que Saurmont vinha visitá-los. Sabendo disso, Diana se controlava para não cair em risos ao ver a madrasta obesa e de pena na cabeça, esforçando-se para ser atraente.

Por outro lado, alguma coisa que ela mesma não sabia precisar não lhe agradava no relacionamento existente entre o Conde e Lourença. De vez em quando, um certo olhar estranho, um sorriso ambíguo, ou um gesto mais atrevido de Lourença chocavam, ainda que Diana fosse ingênua e pura para suspeitar da verdadeira natureza daquele relacionamento.

No que se refere a Briand, naquelas semanas seu estado de humor não era dos melhores. Um medo muito forte e persistente o consumia por dentro. Não podia mais viver sem ver Diana, sem se deleitar com sua voz, seu sorriso, e o brilho dos seus olhos. Ao mesmo tempo, o ciúme selvagem de Lourença e a pouca simpatia de Diana por ele, mal podendo disfarçar, obrigavam-no a manter seus sentimentos escondidos.

Mas ele não desistia. Com a energia que lhe era própria começou agradando a Lourença com presentes e delicadeza fingida, para assim poder estar perto de Diana, apesar do mal-estar que causava à moça, quando ela o encarava de frente, como se procurasse algo que pertencia ao odiado Mailor. Vez por outra, ela inesperadamente recordava algum episódio do passado, observando atentamente que efeito isso provocava nele.

Foi assim que, em certa ocasião, passando pelo jardim, Diana mostrou uma ilhota no meio do lago e disse:

– Antes havia uma ponte aqui. Foi destruída depois que ruiu sob meus pés e quase me afoguei. Isso foi no tempo em que Mailor, não sei por que motivo, queria se livrar de mim... – disse ela rindo. – Hoje, é claro, sei que a ponte havia sido desmontada propositadamente.

– Ah! Maldito! Por que eu não estava aqui nessa época para castigá-lo? – murmurou Briand, para esconder a inquietação que o dominava.

Em virtude de muitas conversas desse tipo, Briand começou a seguir Diana, sem o conhecimento dela. Quando ela passeava no jardim ou lia sob a copa de uma árvore, ele se deitava em alguma moita e de lá a admirava, apaixonado. Diana gostava, sobretudo, de um relvado no fim do parque. Lá, debaixo de um carvalho frondoso, havia um banco de pedra rodeado de roseiras e jasmins, e, quase pegado ao muro, meio destruído nesse trecho e coberto de plantas, era o palco preferido para as brincadeiras de René e Diana. Entrando pela brecha do muro, por dezenas de vezes, o garoto tomava de assalto a colina verdejante, que ainda podia ser vista no relvado, e o castelo, libertando sua pequena amiga. A fortaleza de areia fora erguida por ele próprio.

No dia imediato à chegada de Marillac ao castelo de Beauchamp, Diana se recolhera ao seu canto preferido, já que desde cedo a cabeça lhe doía. Pensando estar só, a mocinha desfez suas tranças e se deitou no banco. Trajando um vestido muito bonito e coberta pela capa, a menina de cabelos dourados estava maravilhosa, como num sonho.

A jovem não suspeitava de que Briand estava escondido a alguns passos dela, devorando-a com os olhos. Como de costume, ele havia seguido Diana desde longe. Escondido atrás dos arbustos, embevecia-se, admirando-a. Nunca a vira tão maravilhosa como naquele minuto. O coração de Briand batia aflito, quando ele pensava que aquela criatura encantadora era sua viúva e lhe pertenceria se a vergonhosa cobiça e a perfídia de Lourença não o tivessem persuadido a se livrar dela! Mal conseguia conter seus suspiros.

"Ah! Mesmo assim você será minha, nem que seja preciso que o próprio Deus ou Satanás se coloquem entre nós", pensou o Conde. "D'Armi me ajudará, e, se a bruxa odienta aparecer no meu caminho, que o Diabo a carregue!"

Os pensamentos do Conde foram interrompidos pelo sonoro estalar de galhos sendo quebrados. Através da brecha do muro entrou um rapaz e depois de agilmente saltar na grama se dirigiu ao jardim.

Surpreso, Briand o fitou. Era um moço alto e encorpado, calçado com botas de cano alto e tinha como veste um traje de veludo preto. O Conde nunca o vira. Como um relâmpago, surgiu-lhe na mente a ideia de que aquele, provavelmente, seria um conhecido de Diana, talvez um companheiro de estudos por ela apaixonado. Provavelmente aquela não era a primeira vez que ela vinha àquele lugar solitário recebê-lo. Instintivamente, o Conde pôs a mão no cabo do seu punhal, inclinou-se para a frente e, quando se preparava para se lançar sobre seu suposto oponente, a voz de Diana o deteve:

– Quem é o senhor? O que quer aqui? – perguntou ela, visivelmente assustada.

Ela se levantou e, surpresa, olhava para o desconhecido que dela se aproximava.

– Diana! Minha pequena Diana! Pois então não me reconhece? Seu antigo colega de infância? – gritou o moço.

– Meu caro René! Como não o reconheci? – respondeu Diana, atirando-se aos braços dele, esquecendo-se de que agora ambos eram adultos.

Beijaram-se afetuosamente, sentando-se lado a lado no banco. Rindo, olhavam um para o outro.

– O demônio está solto! O pequeno Visconde! – resmungou Briand irritado ao ver os beijos e os mal contidos risos, lembrando-se da antiga ira infantil do antigo rival.

– Como você ficou bonita, Diana! Meu Deus, mais bonita que você só os anjos do céu! – gritou, contente, o Visconde.

A moça corou.

– Você também não está nada mal... Como cresceu e como lhe fica bem essa barba! Só que me diga: por que passou pela brecha do muro em vez de entrar pelo portão principal, como deve fazer um cavalheiro?

– É fácil explicar. Ao passar pelo muro, vi a passagem e fui tomado pelo desejo de rever nosso lugar de brincadeiras preferido. Imediatamente notei que você estava aqui. Sem pensar em outra coisa, tão feliz estava em vê-la, esqueci de agir como um cavalheiro...

– Meu Deus, como estou feliz em reencontrá-lo! Aqui estou tão sozinha... – disse Diana apertando amigavelmente a mão do Visconde. – Conte-me, René: o que andou fazendo esse tempo todo? Ainda vive como antes, com o avô no Castelo de Beauchamp? – acrescentou ela.

O moço ficou pálido. A pergunta inocente de Diana fê-lo recordar Marion, e ele, involuntariamente, comparou o encantador rostinho de olhar puro de sua amiga de outrora com a beleza provocante e o olhar cínico e insolente de sua esposa.

– Meu avô morreu, Diana. Casei-me e agora vivo na Corte – respondeu René contemplando curioso os olhos claros da moça.

– Está casado, caro René? Permita-me cumprimentá-lo e desejar felicidades para você e sua esposa, a qual estimo como irmã! – disse alegremente Diana, sem a mínima hesitação.

O Visconde franziu a testa imediatamente, quando notou que a notícia do casamento não a havia inquietado nem de leve.

– Obrigado, Diana, pelos seus bons votos. Mas minha esposa não está aqui e eu não posso apresentá-la a você – respondeu ele secamente; porém, dominando-se, acrescentou: – E você, que fez depois que nos separamos? Por que se sente tão sozinha?

Diana rapidamente lhe contou sobre a morte de Mailor, sua vida entre acrobatas errantes, sua ida ao convento e depois o regresso a casa.

– Papai é bom para mim, contudo ele se ausenta tanto de casa que quase não o vejo. Quanto à minha madrasta, não me inspira confiança. É estranha, descuidada de seus modos e vaidosa. Ninguém nos visita a não ser o Conde de Saurmont. Ele se mostra muito gentil para comigo, mas seu olhar insistente às vezes me assusta. Imagine só, René, esse Conde se assemelha muitíssimo ao falecido Mailor. Há momentos em que parece que estou vendo e ouvindo o detestável Carlos, e então a raiva e a antipatia se apossam de mim. Até fui ao túmulo de Carlos, mas de nada ajudou. A sensação é mais forte do que eu, e fujo dele.

Depois de conversarem por uma hora, René decidiu partir, não antes de prometer que voltaria no dia seguinte acompanhado de Marillac.

– Venha! Venha mesmo! Traga seu cunhado, mas entre pelo portão principal e não pelo muro, já que isso pode manchar minha reputação de viúva... – respondeu, rindo, Diana.

Pensativo e preocupado, René voltou a si. A beleza de Diana o havia realmente encantado. Não conseguia pensar em outra coisa que não fosse em sua amiga de infância. René a comparava com Marion e, sem se dar conta, começava a sentir um grande ódio por ela; no íntimo lamentava não estar completamente livre.

Marillac apareceu para jantar, depois de ter andado caçando o dia inteiro. Ele perguntou ao cunhado se havia realizado o desejo de visitar a mansão d'Armi. René lhe falou do encontro e exprimiu o desejo de, no dia seguinte, voltar à família para reatar a amizade com Lourença. Mas quando Aimé, com visível surpresa, concordou em acompanhá-lo, René mal conseguiu conter a impressão desagradável que tal afobação lhe causara.

René se vestiu com todo esmero no dia seguinte. Pela primeira vez, desde a fuga de Marion, ele trocou seu sério traje negro por uma *camisole* azul, e uma capa de veludo dourado; na touca trazia uma pena acompanhada por valioso agrafe de brilhantes e safiras.

Satisfeito com sua aparência, o Visconde se contemplava no espelho quando entrou Marillac. Admirado e nada contente, René notou que ele também estava arrumadíssimo, e que a roupa de veludo verde lhe ia muito bem.

– "Verto o sangue de Cristo", mas esse matador de mulheres, me parece, está querendo encontrar outra vítima! – reclamou, com enfado, René. Depois acrescentou maliciosamente: – Você parece um noivo, caro Aimé.

O Marquês, ao ajeitar diante do espelho a gola da renda cara, virou-se e, não menos malicioso, mediu o Conde dos pés à cabeça:

– E você parece que há muito tempo perdeu o aspecto de infeliz marido abandonado...

– Não posso me apresentar mal, logo na primeira visita à Baronesa... – disse o Visconde depois de ficar vermelho.

– É por esse mesmo motivo que estou assim! – replicou o Marquês, dirigindo-se à porta.

René o seguiu. Os moços atravessaram a saída em silêncio e subiram em seus cavalos a caminho da mansão.

Noivado Precipitado 4

A partir desse dia os tempos passaram a ser maus para Briand. As visitas frequentes de Marillac e René encheram o coração dele de receio e ódio. A convivência de Diana com seu amigo de infância, os cortejos indiscretos do Marquês e o modo como Lourença protegia Marillac aguçaram sua ira. Mas o Conde não era homem de desistir tão facilmente da mulher desejada. Com impaciência, aguardou o retorno do Barão João, que havia se ausentado por algumas semanas. Este iria ajudá-lo a conquistar a filha e a refrear a esposa.

Sem suspeitar nem de leve das intrigas e artimanhas que se desenrolavam a seu redor, Diana recebia os dois moços com a mais pura alegria; via René como irmão, e, na qualidade de homem casado, considerava-o sem segundas intenções. O Visconde nada lhe falou sobre suas infelicidades conjugais, e a jovem acreditava, de boa-fé, em qualquer mentira que ele imaginasse para explicar a ausência de Marion.

As cortesias de Marillac divertiam Diana. Não sentindo por ele nada mais que simpatia, ela recebia com prazer todos os pequenos presentes e as gentilezas que ele lhe concedia. Lourença ficava, evidentemente, não menos contente quando o Marquês lhe enviava flores raras ou uma confortável e bela carruagem para levá-la à igreja mais próxima. À Diana a companhia dos dois jovens aliviava a constrangedora intimidade da vida familiar. Irritavam-na as constantes observações do pai e da madrasta. Acostumada à delicadeza e ao comedimento das irmãs e de Odila, chocava-se com a imensa grosseria de Lourença.

Foi uma dessas cenas familiares que, ocorrida justamente no dia da partida do Barão João, causou-lhe uma impressão ainda mais negativa. O motivo da discussão era a ida à igreja na carruagem do Marquês. Lourença, que era devota habituada a não perder missa, perguntou se não era possível que um padre rezasse missa na capela da mansão.

– Já não chega que eu tenha dado de comer a tais parasitas? – perguntou d'Armi.

– Sim, sim! Eu sei que você julga supérfluo tudo aquilo que é dispensável a um verdadeiro ambiente senhorial, mas, em compensação, é generoso como um rei quando encontra uma belezinha qualquer que o agrade... – observou, mordaz, a Baronesa. – Por isso escute: quero um padre aqui!

– Verdade? Por que não convida de novo o Padre Pancrácio? Só que eu o considero bom demais; seria melhor chamar o pai Deus! Esse sim, um verdadeiro santo! – reparou João.

– Enlouqueceu para me propor esse homem maltrapilho? – replicou Lourença.

– Nesse caso, obrigue o Conde Briand a servir de sacerdote e se contente com esse confessor.

Lourença lhe desferiu um soco forte, interrompendo a frase do Barão. Trêmula de raiva, saltou da cadeira e começou a brigar. Pálida de medo, Diana saiu correndo. Ainda que nada tivesse entendido do duplo sentido nas palavras de seu pai, sua antipatia por Saurmont aumentava a cada dia. Depois de notar que seu bom relacionamento com o Marquês irritava o Conde, ela se mostrou ainda mais amável com Marillac, divertindo-se ao ver o rosto pálido de Briand ficar vermelho, e faíscas de raiva saírem de seus olhos.

Inconscientemente, ela jogava com a paixão do Conde.

Lourença, com receio e pesar, observava os fatos. Ela conhecia bem Briand, sua energia e sua persistência. Sabia que o Conde não desistiria de ter a mulher querida diante de qual empecilho fosse, e que João o ajudaria nessa empresa. Por isso, resolveu criar na própria Diana os obstáculos, se pudesse intransponíveis, para a realização das intenções do Conde. Sem deixar para depois, decidiu elaborar o mais rapidamente possível um plano de imediata execução.

Certa manhã, Lourença mandou chamar Diana, que a atendeu a contragosto. A madrasta estava com ar aflito, olhos vermelhos de chorar e os cabelos cobertos por panos de compressa. A moça encontrou-a sentada ao lado da lareira. Lourença fez sinal para que Diana se sentasse no banco, após o que começou a falar, com voz suave e mansa, sobre seu amor pela enteada e os cuidados que sempre tivera para com ela, desde pequenina. Após o "comovente" início, continuou:

– Minha queridinha... Há alguns dias reluto em abrir-lhe os olhos para fatos que já aconteceram e estão acontecendo ainda e que, inevitavelmente, ao serem revelados, diminuirão o amor e o respeito que sente por seu pai. Porém, temo que, com meu silêncio, seu ódio ainda venha a ser maior. Devo lhe dizer que seu pai é um esbanjador, mal gastador da fortuna dos d'Armi e de seu dote. Vive pedindo dinheiro e, para consegui-lo, pouco se incomoda ou se envergonha de como tem de consegui-lo. Assim foi que, em troca de alguns milhares de escudos, a entregou a Mailor, dando ensejo para que aquele canalha a roubasse. Mesmo agora noto que João tenciona empurrá-la para o Conde Saurmont. Sem dúvida o Sr. Briand é rico e respeitável; uma união com ele encheria seu pai de orgulho, mas, infelizmente, o Conde tem o tipo de caráter que às mulheres só traz infelicidades. Isso sem falar da antipatia que você sente por ele. Saurmont é depravado, leviano e não sabe conter suas paixões. Quando nos encontramos em Paris, ele sentiu por mim uma atração selvagem e, aproveitando a ausência de seu pai, me obrigou à força. Em vez de lavar sua honra, João tomou emprestada do Conde uma quantia grande, que, é lógico, nunca devolverá, fechando os olhos para o episódio odioso. Só há pouco tempo consegui superar esse jogo vergonhoso: uma inesperada herança me devolveu a independência. Contudo, não posso conceber que um homem que humilha uma senhora agora estenda a mão à filha dela, querendo se casar. Compreenda: esta confissão é difícil para mim, mas minha estima por você me encorajou a fazê-la. Permita-me preveni-la: não há dúvidas de que seu pai quer casá-la com Saurmont. Para evitar futuros contragostos, case-se com o Marquês de Marillac. Ele sempre a procura e não tardará em fazer uma proposta. Esse homem bonito e bondoso a fará feliz.

Imensamente pálida e muito assustada, Diana ouviu a madrasta, sem interrompê-la. As terríveis acusações levantadas contra o pai a oprimiam e, caindo em soluços, ela fugiu de Lourença.

Trancou-se no quarto e mergulhou em desespero. A ideia de que o pai era assim tão desonesto a deixava doente. Mas, à medida que conseguia se acalmar, refletia: a antipatia nata pela senhora d'Armi lhe inspirava suspeitas quanto à veracidade dos fatos contados por ela. Começou a comparar o amor de seu pai com as acusações de Lourença e, no final das contas, convenceu-se de que a madrasta o caluniara injustamente.

Por outro lado, ela não tinha a menor dúvida quanto aos defeitos e à vilania atribuídos a Briand. A ideia de se casar com ele a fazia tremer. Quanto a isso sua madrasta estava certa: seria mil vezes melhor se casar com o Marquês. Por isso decidiu que daria seu consentimento assim que Aimé fizesse uma proposta. Diana ansiava deixar a casa do pai onde se sentia só. Até o próprio René andava triste e calado, só aparecendo na mansão de vez em quando.

Não tardou muito para que Briand tivesse a desagradável surpresa de concluir que a atitude de Diana para com ele havia mudado de maneira brusca, passando a lhe ser francamente hostil; repulsa e desprezo quase confessos brilhavam nos olhos dela, mal ele se aproximava. Com ódio exacerbado, Briand desconfiou que no caso havia a mão de Lourença e resolveu se entender com ela. Sem perder tempo, dirigiu-se à Baronesa e lhe comunicou que desejava corrigir o delito cometido no passado casando-se com Diana.

– Nossa relação não será em nada abalada por esse casamento, e, em contrapartida, você só terá a ganhar com isso, cara Lourença... – finalizou ele.

Um sorriso ambíguo brotou dos lábios da Baronesa:

– Guarde-me Deus de impedir que você corrija seus erros! A propósito, este é um assunto pessoal seu, caro Barão de Mailor, e o consentimento de sua viúva não depende de mim. Faça o pedido a ela e a João quando ele voltar.

No mesmo dia em que transcorreu essa conversa, Diana recebeu uma carta do Sr. de Montfort, que a havia deixado inquieta e cujo conteúdo não revelara a ninguém. A Condessa Clemência havia escrito que tencionava estar em breve em Paris, para passar um ano ou dois, já que seu marido Armando tinha negócios a tratar na capital. Todos estavam ansiosos em vê-la. Para evitar que o Barão João não se colocasse contra a ida da filha a Paris, a Condessa de Montfort, com o concurso do Duque de Nevers, conseguira que sua amiga fosse designada dama de honra junto à Rainha Elisabeth[1]; a indicação se oficializaria assim que Clemência recebesse da moça uma confirmação, à qual aconselhava enviar diretamente ao Duque, por um mensageiro honesto que a certificasse da entrega da carta. Sem vacilar um segundo, Diana respondeu que concordava e ficaria muito feliz em rever os amigos. Ela desejava ardentemente viver por uns tempos em Paris. Que objeção o pai poderia ter contra a honra de ver sua filha no palácio? Até resolvera, caso ficasse noiva de Marillac, impor a condição de que o casamento não se realizaria antes de um ano, uma vez que ela não tinha a mínima vontade de se casar com Aimé. Além disso, Diana queria ver um pouco do mundo, antes de se enterrar numa mansão velha, naquele fim de mundo chamado Anjou.

---

[1] Filha do Imperador Maximiliano II da Áustria, casou-se com Carlos IX em 1570 – nota de revisão.

Dois dias depois, chegou d'Armi. Na primeira noite, logo após o jantar, Briand foi vê-lo em seu aposento. Após relatar em linhas gerais quais eram seus negócios e propriedades, pediu--lhe a mão da filha. O relato convenceu plenamente o Barão e este já se sentia no paraíso. Abraçou Saurmont, chamando-o de "filho" e agradeceu aos céus a concessão de tal felicidade à sua filha. Mas, de repente, sua cara gorda se fechou e ele, titubeante, perguntou se Lourença sabia das intenções do Conde.

– Antes de conversar com Diana eu devo me aconselhar com Lourença. Seu amor maternal será ofendido se ela for excluída de tão importante assunto – disse João em tom resoluto.

Briand, pensativo e irônico, seguiu-o com o olhar. Por um momento o Conde perguntou a si mesmo se d'Armi acreditara naquilo que ele dissera com tanta convicção. O moço conhecia bem o caráter da Baronesa e sua posição de conselheira enérgica em todos os negócios sujos. Ao retornar, d'Armi interrompeu os pensamentos do Conde, comunicando imediatamente que Lourença havia concordado com o abençoado casamento que deveria trazer felicidade à sua filha.

– Amanhã de manhã, meu caro Briand, faça a proposta. Se aquela pequena insensata der o contra, conte comigo! – acrescentou o Barão, contente consigo mesmo.

No dia seguinte, ao voltar de um passeio matinal, Diana colocava as flores nos vasos, flores que lhe tinham sido presenteadas, quando chegou sua criada Gabriela, correndo, e disse-lhe que o Conde de Saurmont pedia para falar com ela.

Surpresa, Diana mandou conduzi-lo à pequena sala de visitas, onde ele estivera mais de uma vez com d'Armi. Quando Saurmont entrou, Diana colocou as flores na mesa e com frieza lhe indicou que sentasse.

– Deseja conversar comigo, Conde? – disse ela. – Bem...?

Briand se aproximou da poltrona e, depois de pegar a mão dela, levou-a calorosamente aos lábios.

– O assunto diz respeito à felicidade de toda nossa vida e de nosso futuro... – declarou ele emocionado. – Diana, sei que não me ama, pois tenho a infelicidade de me parecer com o homem que a fez tão infeliz, inspirando-lhe aversão. Mas a considero muito boa e justa para repelir, em virtude de uma semelhança casual, um amor tão profundo e sincero, do qual ninguém pode duvidar. Concorde em ser minha esposa, Diana! Seus pais concordaram. Dedicarei toda minha vida à sua felicidade.

Diana empalideceu. Ouviu a declaração de sobrancelhas franzidas. Levantou-se rapidamente do lugar e mediu o Barão com um olhar frio e hostil.

– Sinto muito, Sr. de Saurmont, que eu mesma seja obrigada a lhe dizer que considero sua proposta uma ofensa. Permita-me observar que sei do vergonhoso relacionamento que manteve e que talvez ainda mantenha com minha madrasta. Depois disso, seu desejo de se casar comigo é um insulto ao meu pobre e cego pai. Nunca, ouça bem, nunca serei sua esposa! Quaisquer que sejam os motivos que estimularam e forçaram a Sra. Lourença a me revelar a verdade, agradeço-lhe muito por me ter mostrado que o senhor não se parece com Mailor somente na aparência, mas também no espírito.

Briand ouvia pálido, com o corpo todo a tremer. O desprezo contido em cada palavra da moça lhe dava a sensação de verdadeiras bofetadas. O ódio que sentia por Lourença o estrangulava. Com sua malícia inerente, a megera enganara todos e vencera a partida. Após escutar as últimas palavras de Diana, o Conde se levantou e, mal contendo palavras, saiu da sala, dirigindo-se rapidamente ao quarto de Lourença.

No corredor ele encontrou d'Armi. Foi suficiente olhar o rosto aflito do Conde para compreender que Diana, além de recusar a proposta, o havia ofendido de alguma maneira.

Quando Briand entrou no quarto de Lourença, ela estava tranquilamente ocupada em tirar doces de um grande pote e recolocá-los em um pequeno recipiente. A Baronesa trajava uma saia de veludo tão amarrotada e manchada, que era difícil descobrir sua cor verdadeira; nos cabelos embaraçados, uma pena presa a valioso agrafe dava um toque estranho.

Emudecido de raiva, Briand parou. Seus lábios tremiam e se recusavam a obedecer. O ruído da porta se abrindo fez Lourença se virar e ela, com bondade simulada, olhou para seu amante:

– Opa! Como está inquieto, meu amigo! A viuvinha sem juízo já recusou sua lisonjeira proposta?! Mailor, Mailor! Acaso não sabe que eu o amo demais para deixá-lo escapar, mesmo que seja para a filha amada? Há tempos você deveria saber que o meu amor não tolera rivais. Contente-se com isso e jamais esqueça de que só o meu amor e a sua fidelidade mantêm no fundo de minha alma o segredo do crime do falecido Mailor, desse impostor e assassino do tio. Não se faça de infeliz, meu amigo! No desespero de ficar sem você, posso perder a razão, e quando uma pessoa está fora de si, ela mesma não sabe o que faz. Sendo assim, procure não perturbar meus pensamentos e me amargurar com sua pretensão de se unir a outra! Eu sei – continuou ela, convencida e satisfeita, balançando seu corpo gordo e sujo – que não há mulher que seja tão inteligente e bela como eu. Meus encantos atingiram o máximo, não temendo qualquer comparação, mas eu, por princípio, não suporto uma segunda divindade ao meu lado.

Tamanha era a repulsa na falta de vergonha, fazendo o sangue do Conde subir à cabeça com tanta força, que ele perdeu seu habitual comedimento e se lançou sobre a megera, dando-lhe fortes bofetadas no pescoço e nas costas.

Lourença se endireitou, colocando os doces sobre a mesa e gritou bem alto; com destreza e muita rapidez, ela empurrou o Conde e, com mãos sujas de geleia, o agarrou pelos cabelos. Depois, puxando a cabeça de Briand para trás, imobilizou-o pelo ataque inesperado e lhe deu duas bofetadas.

– Vá embora, seu animal selvagem! Como ousa tratar uma fraca mulher dessa maneira? – acrescentou ela, empurrando-o e pondo-o para fora com forte soco.

Como um bêbado, quase sem consciência, Briand foi ao quarto que sempre ocupara no Castelo d'Armi. Mas mal passou a soleira, como que sufocado pelo desespero e pelo ódio, perdeu os sentidos.

Ao ver o Conde de Saurmont passando à sua frente como um verdadeiro furacão, uma terrível ira se apossou de d'Armi. Admitiria ele que uma criança idiota recusasse um noivo espetacular e que lhe fechasse o acesso a tal mina de ouro? Não! Nunca! Vermelho de raiva, foi ao quarto de Diana e, com expressões ríspidas, comunicou-lhe que, se a persuasão não lhe devolvesse o juízo, "ele", seu pai, a obrigaria a se casar com Saurmont. As tímidas objeções da menina foram encobertas pelos quase gritos do pai, que se retirou batendo a porta.

A pobre Diana, tremendo, nervosa, encolheu-se na poltrona. A angústia era tal que não conseguia chorar. Lourença estava certa: o pai queria forçá-la a um casamento odioso. De repente, foi tomada pelo receio de que o Barão regressaria acompanhado por Briand. Sem pensar duas vezes, saiu para o jardim e se escondeu na vegetação. Só então deu vazão às lágrimas.

– Meu Deus! O que aconteceu com você?

Ao ouvir essas palavras, Diana ergueu a cabeça. Enxugando rapidamente as lágrimas, ela estendeu a mão a Marillac, que chegava à moita, levado pelo seu cão de caça.

– Por que está metida aqui? Sem o faro de Plutão eu não a teria encontrado – continuou o Marquês, segurando-a pela mão e sentando ao lado dela no banco.

Em tom amigável, começou a perguntar a Diana qual era o motivo de tanta tristeza. Apesar do silêncio dela, ele logo adivinhou o que havia acontecido.

Aflito e irritado, Aimé decidiu que não poderia mais adiar sua proposta a Diana. Com palavras carregadas de sentimento, ele a convenceu de seu amor, e pediu-lhe que o aceitasse.

A proposta, feita em momento tão desesperado, configurava-se como uma verdadeira possibilidade de salvação. Não obstante, Diana foi suficientemente honesta para confessar ao Marquês que, apesar do grande respeito e da profunda simpatia que sentia por ele, não o amava apaixonadamente, como uma mulher deveria amar o marido. Se ele se contentasse com isso e fosse paciente e indulgente, ela, com prazer, tornar-se-ia sua esposa.

Marillac concordou com tudo. Então Diana lhe contou sobre sua indicação para dama da Corte:

– Desejando fugir daqui e conseguir uma situação mais ou menos independente, eu assumiria esse posto. Em minha opinião, não se pode recusar, nem mesmo por um ano, esse respeitável cargo junto ao Rei da França – continuou ela com vivacidade. – Espero que você concorde em adiar nosso casamento e me permita ir a Paris, onde, sem dúvida, nos uniremos.

O rosto do Marquês se alterou. Não lhe agradava nem um pouco a ideia de adiar o casamento por um ano. Porém, recusar-se a aceitar essa condição e impedir que a moça se colocasse no palácio não lhe parecia razoável, e por isso concordou.

Depois de tudo combinado, Marillac deu-lhe um beijo de noivado, levantou-se e alegremente disse:

– Agora comunicarei a seu pai que ele não mais precisa se preocupar em conseguir um bom genro e que, se o Sr. de Saurmont tiver bom senso, deixará a mansão onde não tem mais nada a fazer, a não ser que deseje conhecer minha espada.

D'Armi estava no seu quarto conversando com Briand. Explicava que havia dito à filha que sua vontade se faria cumprir e que, por bem ou por mal, a tornaria esposa dele. O Conde, de cara fechada, ouvia em silêncio. A chegada do Marquês interrompeu a conversa. Sem se intimidar pela presença do Conde, Marillac, falando com vivacidade e firmeza, disse ao Barão que Diana lhe dera a mão e que ele ali estava para lhe pedir que endossasse, com seu consentimento paternal, a palavra da moça.

Completamente desconcertado, de respiração presa pelo espanto, d'Armi olhou para o Marquês sem saber o que falar. Por fim murmurou:

– Mas... Diana o ama?

O Marquês franziu a testa.

– Pelo visto sim, já que ela concordou em ser minha esposa – respondeu ele, endereçando a d'Armi um olhar frio. – A propósito, devo lhe comunicar que estou cumprindo apenas uma habitual delicadeza pedindo seu consentimento. Sendo viúva, Diana pode, a seu critério, escolher o marido.

Depois de haver recebido com desdém as escusas do Barão d'Armi, Aimé se desculpou e se retirou.

Assim que ele deixou o recinto, Briand também se levantou. Estava pálido, sentia um ódio terrível, sem prestar atenção mínima ao palavreado do Barão que, preocupado, tentava convencê-lo de que aquilo não impediria o seu casamento. O Conde saiu dali, ordenou selar o cavalo e, sem se despedir de ninguém, partiu para a mansão São Germano.

Após passar um dia agradável ao lado da noiva, o Marquês regressou à Mansão Beauchamp. Lá chegando, encontrou-se com o cunhado após o jantar. Marillac não o via há 15 dias, pois René se ausentara para tratar de negócios. Ao terminar de falar sobre a viagem, René observou sorrindo:

– Como você está feliz hoje, Aimé! Provavelmente teve sorte na caça e abateu um cervo...

Um sorriso de satisfação iluminou o rosto do Marquês e os dentes brancos por debaixo do bigode louro apareceram:

– Melhor do que isso! Apanhei um verdadeiro bocado real! – disse ele, erguendo sua taça. – Cumprimente-me, René! Hoje me tornei noivo de Diana d'Armi!

O Visconde já estava de mão erguida para brindar com ele quando, rapidamente, colocou a taça na mesa. René estava rubro:

– Tornou-se noivo de Diana? Está delirando?

– Parece-me que é você quem está delirando! O que há de estranho no meu noivado? – retrucou Marillac.

– E Diana concordou em ser sua esposa? – automaticamente perguntou René.

– Que o diabo o carregue! O que significa essa tagarelice? Escute bem, não sou um monstro que não sente desejo por nenhuma mulher, ou será que você está com ciúmes? – gritou o Marquês, saltando furioso da cadeira.

René conteve sua emoção e disse secamente em tom tranquilo:

– Sente-se e se tranquilize, Aimé! Não estou com ciúmes. Somente a surpresa e a amizade inspiraram minhas palavras. Sua escolha me parece arriscada. A meu ver, Diana não o ama. Se essa francesa que se casou com você por amor o traiu, o que pode esperar de uma mulher que não o quer? Diana será sempre tentada. Ela é muito bonita para não despertar paixões.

– Porém, ela é bem jovem, bem honesta e, mais que tudo, uma autêntica interna de convento para ficar me traindo. Após se tornar minha mulher, ela aprenderá a me amar – respondeu Aimé de rosto pálido.

– Está convencido disso? Sem dúvida Diana "ainda é" pura e inocente, mas só o futuro poderá provar o que será como mulher.

– Eu a educarei e me esforçarei em remover de seu caminho qualquer tentação. Inclusive você, de quem espero que não tente seduzi-la... – observou Aimé, com um ligeiro sorriso desajeitado.

– Deus me livre! É claro que não atentarei contra sua felicidade – respondeu o Visconde encerrando a conversa. Mil sentimentos contraditórios atormentavam sua alma. Não queria se convencer de que estava apaixonado por Diana, mas, ao mesmo tempo, a ideia de vê-la esposa de Marillac lhe causara angústia. Por qual motivo ela se casaria com um homem tão rude, ao qual não amava e que talvez a matasse como matara a primeira esposa?

"Amanhã mesmo a verei. Ela me vê como um amigo, um irmão, e por isso haverá de me contar os motivos que a levaram a concordar com esse matrimônio", pensou ele.

Não era ainda meio-dia quando o Visconde chegou ao Castelo d'Armi. Por meio do velho jardineiro que estava cumprindo a função de porteiro, ele soube que, na véspera, o Barão havia partido e que Lourença estava muito doente. A própria Diana o recebeu. Na pequena sala de visitas o fogo ardia na lareira, uma vez que, apesar de ser agosto, as paredes da velha construção estavam úmidas. Diana estava sentada perto da janela. Trajava, como sempre, um vestido de lã branca. Em seu colo estava um pergaminho. Quando René entrou, ela o enrolou e colocou-o na janela.

Ao primeiro olhar, o Visconde notou que ela estava pálida, angustiada e muito triste.

– Vim lhe dar os parabéns, Diana, mas não posso fazê-lo de coração limpo, uma vez que seu noivado com Aimé me parece estranho – disse ele segurando a mão dela e sentando-se a seu lado.

– Você não aprova minha escolha? Por quê?

– Porque você não o ama.

– É verdade, não o amo como deveria, mas o respeito e me esforçarei por amá-lo – disse ela enrubescendo.

– Mas por que você tem que se casar com ele? – perguntou René impetuosamente. – Eu a considero uma pessoa inteligente; você é jovem e bonita, pode se casar por amor. Diga-me francamente, Diana: que motivos a levaram a agir assim? Acho que tenho o direito de saber.

– Sem dúvida. Para você, de quem gosto como de um irmão, não tenho segredos. Dessa forma, ouça por que sou forçada a casar com Marillac.

Em poucas palavras, ela lhe contou o que a madrasta lhe dissera sobre suas relações com Briand e o inexprimível pavor que lhe causava a ideia de pertencer ao Conde. Pensando em evitar esse casamento para o qual seria empurrada pela cobiça do pai, ela concordara em ser esposa de Marillac.

– Agora eu compreendo. Mas Aimé também a fará infeliz. Ele é terrivelmente ciumento, exigente e rude – disse René inquieto.

– O casamento só se realizará dentro de um ano; até esse dia poderei me acostumar com o meu destino – respondeu Diana com tristeza.

A seguir, ela lhe contou sobre sua designação para dama de honra da Corte.

Sabendo dessas novidades, o bom estado de espírito do Visconde voltou imediatamente. Naquele momento ele considerou que um ano era intervalo de tempo muito grande e que, até lá, muita coisa poderia mudar. Dessa vez deu parabéns a ela de coração limpo, e disse-lhe que também iria a Paris para tratar de negócios e lá teria prazer em se encontrar com ela. Uma descrição brilhante de Paris e de seus palácios, feita por René, fez com que a moça logo recuperasse seu estado de ânimo.

A notícia de que Diana tinha sido convidada para ser dama de honra caiu na Mansão d'Armi como uma bomba. Lourença balançava entre a raiva e a auto-satisfação, mas sabia como se conter. No que se referia a d'Armi, no começo indignara-se com a malícia e a dissimulação da filha, mas logo se acalmara e, por todos os meios, se esforçava em apressar o dia da partida. Enchia-se de orgulho ao pensar em ver a filha ocupando tão respeitável posto junto à jovem Rainha. Além disso, aproveitando a excelente oportunidade, ele queria se insinuar na aristocracia, depois de visitar o Hotel de Nevers[2], já que a Duquesa, por meio de uma carta muito amável que acompanhava o documento oficial, convidara Diana para se instalar em sua casa enquanto não arrumasse lugar no Louvre.

Diana sentiu enorme alívio quando a grande carruagem, acompanhada por três cavalos sobrecarregados e escoltada por quatro criados, deixou finalmente a Mansão d'Armi.

Despediu-se da madrasta com frieza. Já do noivo, na véspera à noite, despediu-se ternamente. Marillac ficaria fora por três meses; ia visitar uma velha tia de quem esperava herança. Depois disso pretendia encontrar-se com Diana em Paris.

Apesar do visível entendimento reinante entre os noivos, às vezes certas palavras angustiavam tanto a jovem, que, por um momento, ela se surpreendia desejando que algum acontecimento imprevisto modificasse o destino.

Durante a viagem, Diana chegou até a se esquecer do Marquês. Seus pensamentos estavam em Paris, no novo mundo onde agora iria viver. Para ela, somente ali seu destino se resolveria. Seu coração palpitou mais do que nunca quando, finalmente, sua carruagem chegou aos portões da capital.

D'Armi resolveu descansar um dia ou dois na hospedaria de Lourença, antes de se apresentar com a filha no castelo da Duquesa de Nevers. Ainda que a casa estivesse ocupada por hóspedes, para os donos sempre se arranja um canto...

Passados dois dias, d'Armi, todo trajado de preto, sério e orgulhoso como um verdadeiro Senhor, levava a filha ao Hotel da Duquesa de Nevers.

Diana sentia muita timidez naquele palácio repleto de vida, movimento de cortesãos, pajens e guerreiros. À primeira vista

---

[2] Nevers – família muito importante na época – nota de revisão.

ela se chocou com a realidade do novo mundo, mas o orgulho nato ajudou-a a manter a dignidade. Quando se apresentou à Duquesa, suas maneiras eram de um discreto comedimento e graciosa timidez, o que causou excelente impressão.

– Ah! Eis por fim a amiga de infância da minha querida Clemência... – disse a Sra. de Nevers, beijando amigavelmente Diana. – Dou-lhe os parabéns, Sr. Barão, por ter uma filha tão encantadora. Deixe-a comigo por alguns dias. Eu mesma a apresentarei à Rainha e cuidarei para que ela se instale – acrescentou bondosamente a amável senhora.

Quando d'Armi partiu, a Duquesa de Nevers levou Diana para seus aposentos. Após ordenar que preparassem seu traje para a visita que faria à irmã do Rei, Marguerite de France[3], conversou animadamente com a moça e lhe perguntou sobre sua vida passada. Ingênua e sincera, Diana lhe contou tudo abertamente e disse, inclusive, que estava noiva de Marillac.

– Marillac? – repetiu a Duquesa, tentando se lembrar da pessoa. De repente teve um sobressalto e sacudiu a cabeça. – E quando será o casamento? – perguntou ela.

Ao saber de Diana que as núpcias seriam dentro de um ano, e que Marillac não viria antes de três ou quatro meses, a Duquesa disse rindo:

– Nesse caso, nem tudo está perdido! Sua escolha, menina, não é boa. Recordo que vi o Sr. Marillac. É um soldado rude. Sobre seu passado correm maus rumores. Aqui poderá arranjar um futuro mais brilhante do que se casar com esse palaciano de província. Não diga a ninguém que está comprometida. Você é linda, Diana! Quando terminarmos de arrumar esse seu traje que faz lembrar – Deus me perdoe! – tempos do falecido Rei Francisco, você vai brilhar no palácio e só de você mesma dependerá seu futuro.

A Sra. de Nevers era bonita, feliz, adorada, educada nos princípios daquela época; não continha suas paixões e fantasias e considerava a surpreendente beleza de Diana um capital que seria um desperdício não utilizar.

---

[3] Margot – filha de Catarina de Médicis, neta de Marguerite, irmã de Francisco I – nota de revisão.

Na manhã seguinte, saíram para visitar diversos fornecedores. E então Diana, penteada e vestida conforme a última moda, presenciava, em companhia da Duquesa, a homenagem à jovem Rainha. Com grande curiosidade, ela observou toda a enfadonha cerimônia de homenagem à soberana. À primeira vista a própria Rainha lhe inspirou profunda simpatia. Elisabeth da Áustria não era bonita. Seus traços grosseiros e vulgares eram de pouco encanto, contudo seus pequenos olhos cinzas transmitiam tanta bondade e tristeza que ela, involuntariamente, inspirava simpatia. A Rainha acolheu de modo benevolente sua nova dama de honra e a autorizou a descansar alguns dias para se habituar a Paris.

Depois de alguns dias, Diana deixou o hotel da Duquesa e se instalou no Louvre. Seus aposentos constavam de um pequeno apartamento com três quartos, vestiário e um aposento para Gabriela, sua camareira.

A moça se sentia felicíssima. Havia visto apenas o lado externo da vida palaciana e não tinha focalizado ainda os espinhos que se escondiam por debaixo daquela brilhante aparência da Corte.

Diana aguardava com impaciência ver o Rei e os demais membros da família real.

Certa ocasião, à noite, Carlos IX chegou de uma caçada em Fontainebleau. Ao ouvir o som das trompas anunciando a chegada, ela correu à janela que dava para o pátio. A luz dos archotes, porém, dificultava a visão e a jovem não pôde reconhecer o Rei, tendo que se contentar em contemplar o pomposo cortejo.

Finalmente, durante o primeiro plantão, seu desejo se realizou quando acompanhava sua senhora em um encontro com a Rainha-Mãe. Catarina de Médicis se encontrava num pequeno salão com quadros e móveis escuros. Sentada numa grande poltrona próxima à lareira, ela conversava tranquilamente com um senhor idoso. Os olhos meio cerrados e os lábios finos lhe davam um certo ar de maldade, apesar de no geral sua fisionomia inspirar bondade. Trajava um vestido preto e na cabeça um gorro com um longo véu que ainda hoje se pode ver em seus retratos. Ela se dirigiu à nora com muita delicadeza, mas depois de um minuto de conversa conduziu habilmente a jovem Rainha a um canto do quarto, onde prosseguiu a conversa.

Observando-a, Diana notou que, mesmo estando atenta às palavras de sua interlocutora, Catarina não perdia de vista nada do que acontecia naquela câmara. Por um segundo uma chama rápida irrompeu de seus olhos, como um relâmpago, direcionada para um dos presentes.

Logo depois chegou o Rei, acompanhado dos Duques d'Anjou e d'Alençon e de vários cortesãos. O soberano estava visivelmente animado, mostrando excelente estado de ânimo. As maçãs do rosto rosadas se destacavam no rosto pálido.

– Como você se esqueceu, Carlos? Será que jogou dados até tão tarde? – perguntou a Rainha Catarina depois de ele haver beijado sua mão.

– Não, eu ensaiei dois novos motivos para clarim e depois ganhei uma aposta de meu irmão, o Duque d'Anjou – respondeu Carlos IX, saudando sua esposa.

– E qual era a aposta, Senhor? – perguntou com seu sorriso tímido e discreto a Rainha Elisabeth.

– Apostei que poderia girar 100 vezes saltando, sem ficar tonto. O Conde disse que isso não era possível e que após 20 voltas eu perderia o equilíbrio. Fiz 120 voltas que dariam para balançar a Torre de Nesle[4] – contou o Rei rindo alto e satisfeito consigo mesmo.

Ouviram-se algumas exclamações de admiração. O próprio Duque d'Anjou habilmente observou que não se importava em ter perdido a aposta, em primeiro lugar porque o Rei sempre deve estar com a razão, e em segundo porque, para dirigir a maravilhosa França, ele devia ter uma cabeça forte.

– "Pâques Dieu", você está certo, Henrique; um punho forte e uma cabeça forte! – gritou o Rei rindo com gosto.

---

[4] Torre de Nesle – tinha esse nome por sua vizinhança com o Hotel de Nesle; media mais ou menos 25 metros e olhava para a torre do Louvre, à borda do Sena. Foi demolida em 1663 – nota de revisão.

Depois a conversação se encaminhou a outros assuntos. O Rei discorria sobre a próxima caçada e sobre um livro muito raro que lhe pertencia. A seguir contou à mãe sobre a nova profecia de Nostradamus e, aproveitando o tema, falou que num quarteirão da Rua Temple se instalara um novo astrólogo, muito hábil e misterioso. Um dos cortesãos que o haviam visitado contara sobre os milagres e seu conhecimento incomum.

Ao saber disso, os olhos de Catarina brilharam. Após saber quem era aquele cortesão, ela conversou com ele longamente.

Diana se surpreendeu, ficando sob uma triste impressão difícil de descrever. Estava decepcionada. Imaginara o Rei e a Rainha de maneira completamente diferente. No que se referia a suas amigas acompanhantes de ambos os soberanos, como a maior parte dos cortesãos, não a agradavam nem um pouco. Os trejeitos afetados do Rei e seus descaramentos atrevidos no relacionamento com os cortesãos chocavam de forma inexprimível a jovem pensionista de convento.

As semanas seguintes nada trouxeram de novo.

Diana mantinha zelosamente seu posto junto à jovem Rainha. As horas livres, ela passava no Hotel de Nevers, onde a Duquesa sempre a recebia cordialmente e lhe propiciava os mais variados entretenimentos.

Certa vez, encontrou na casa da Duquesa uma jovem dama cuja aparência não lhe agradou.

Era uma mulher alta e magra, de 20 anos. Seu rosto era alvíssimo; olhos verdes, amendoados e emoldurados por cílios longos e pretos, cintilavam como os olhos de um gato. A pequena boca vermelha guardava um sorriso provocante de paixão. Seu gesticular e toda a sua figura mostravam um descaramento cínico e, no fundo das pupilas verdes, brilhava algo de cruel e de mau. Vestia um fino traje: um vestido azul e, na cabeça, uma touca preta de veludo com penas.

A beleza de Diana, naturalmente, chamou a atenção da dama. Enquanto a Duquesa apresentava uma à outra, ela lançou um olhar de curiosa maldade sobre a moça.

Ao nome de Viscondessa Marion de Beauchamp, Diana se espantou. Esquecendo a má impressão, ela disse, alegremente surpresa:

– Marion de Beauchamp! Você é esposa de René de Beauchamp?

– Sim, é meu marido... – respondeu, enrubescendo levemente, a admirada Marion.

– Como sou feliz por finalmente ter conhecido a esposa de meu amigo de infância! Quantas vezes eu e René lamentamos sua ausência!

Um leve sorriso zombeteiro perpassou os lábios da Baronesa:

– Verdade? Estou muito comovida pelos sentimentos de meu marido para comigo. Agora me recordo de que ele me falou de sua pequena Baronesa de Mailor e sobre suas frequentes visitas à Mansão d'Armi. E você agora me será ainda mais próxima. Ontem recebi uma carta de titia, na qual me relata que meu irmão, Marquês de Marillac, tornou-se noivo da Senhora de Mailor.

– Sou eu. Só que eu e o Sr. Aimé resolvemos manter em segredo o nosso noivado até o próximo ano.

Com a chegada de duas damas, a conversa tomou outro rumo. Diana quase não tomava parte nela, apenas observava Marion, que narrava, com assombrosa falta de discrição, um indecente caso que havia ocorrido com um dos senhores da corte do Duque d'Anjou. Quanto mais observava a Sra. de Beauchamp, mais antipatia sentia por ela. "Por que ela ficou vermelha ao ouvir o nome de René? Por que ela permanece aqui enquanto ele vive, só, na Mansão Beauchamp? Ela devia amar o jovem, belo e gentil rapaz...", pensava Diana.

Quando a Sra. de Nevers retornou, após ter acompanhado as visitas à saída, surpreendeu Diana extremamente pensativa e lhe indagou no que pensava.

– Sobre a Sra. de Beauchamp; o que a faz viver aqui, longe de René? – perguntou, inocentemente, Diana.

A Duquesa sentou na cadeira e deu uma longa gargalhada, depois enxugou as lágrimas e disse:

– De onde você veio, minha criança, que não sabe aquilo que corre em todas as bocas? A bela Marion abandonou a casa do marido e passou a viver com meu cunhado, o Duque de Guise, de quem se tornou amante.

– A mulher de René é amante do Sr. de Guise?! E a senhora sabe disso?! – disse, espantada, Diana.

A Duquesa caiu novamente em risos.

– Oh! Criança! Não fique assim assustada. Henrique de Guise[5] gosta naturalmente de mulheres bonitas e não esconde isso de ninguém. Se a esposa dele, Catarina, se atormentasse muito, ficaria com os cabelos brancos em três meses. Aliás, não foi ele quem desviou Marion do bom caminho. Antes dele o Sr. de Surdi a amou e agora dizem que o Sr. d'Anjou está perdidamente apaixonado por ela. Mas esqueçamos a bela Marion; posso lhe falar de coisas mais interessantes. Ontem recebi uma carta da Condessa de Montfort. Ela virá para o Natal e pede que lhe entregue este bilhete.

Feliz com a notícia, Diana pegou o bilhete. A alegria de encontrar em breve sua amiga a fez esquecer de Marion. Passada a agitação, somente no silêncio da noite ela voltou a pensar naquilo que ouvira. Agora entendia a estranha expressão de René toda vez que a conversa se referia à esposa. Entretanto, ele queria vir a Paris. Será que já teria perdoado a traidora?

Os dias que se seguiram não trouxeram novidades. Marillac escrevia de tempos em tempos. Na última carta, contou-lhe que a doença da tia o segurava e não podia deixá-la assim. René também não viria, o que aliás Diana achou compreensível. Ao receber a carta do noivo, sentiu um grande alívio; a cada dia mais lhe pesava o compromisso, já que quando comparava Aimé com os palacianos, ele quase sempre ficava em desvantagem.

[5] Margot, cujo casamento é descrito adiante, apaixona-se por seu primo Henrique de Guise, o "Duque", que aparece tanto neste livro. Ambos se exibiam na paixão, em qualquer lugar, desavergonhadamente. Em 25 de junho de 1570, Carlos IX e Catarina chamaram a atenção de Margot severamente (alguns contam que lhe deram alguns tapas). Carlos detestava esse Guise e mandou matá-lo. Margarida soube e avisou o amante. Algumas semanas mais tarde, para fazer crer que sua ligação tinha acabado, obrigou-o a casar com Catarina de Clèves, viúva do Príncipe de Porcien. Henrique não gostava dela, mas o casamento se realizou naquele mesmo ano de 1570. "Memórias" de Margarida de Valois – nota de revisão.

A beleza ímpar da moça causava forte impressão no palácio, sobretudo desde o dia em que o Rei, após observá-la, dissera: "Que moça encantadora!". Desde esse dia, o número de admiradores aumentou muito e até o Duque d'Alençon lhe dispensava especial atenção.

O Natal se aproximava. Certa manhã, uma dama veio anunciar uma visita e Diana, com alegria, viu que era a Condessa de Montfort. As amigas correram em direção uma da outra, abraçando-se e beijando-se calorosamente. Depois de uma animada conversa, Clemência convidou Diana para passar o dia seguinte em sua casa.

— Armando e Raul desejam muito vê-la, porém não sabem que você se tornou tão bonita. Quem sabe — e a Condessa riu maliciosamente — não irá se realizar nosso antigo plano?

Diana ficou vermelha, e logo em seguida pálida; deu um suspiro. Ela lembrou do Conde Raul e de seu noivado, mas irrefletidamente silenciou sobre o último.

Na manhã seguinte, Diana se vestiu com requintada elegância. Clemência e seu marido receberam-na de braços abertos. A feliz e orgulhosa Clemência lhe apresentou seu filho. A seguir, passaram a conversar sobre o passado e o futuro.

— Onde está Raul? Nós estamos sentados à mesa e ele se atrasa, sabendo da importante visita que temos — disse Clemência com ligeira insatisfação.

— Ele foi ao Louvre se encontrar com o Sr. de Nancy[6] e deve regressar em breve. De qualquer forma, ele não sabe da visita de Diana — acrescentou o Conde, sorrindo manhosamente. — Eu quis fazer uma surpresa...

— Veja, tio Raul! — alegremente gritou Luciano correndo à porta.

O coração de Diana começou a bater com mais intensidade. Curiosa, viu um jovem alto e forte que se aproximava rapidamente, enquanto segurava na mão seu chapéu com pena. A moça o reconheceu imediatamente, já que Raul pouco havia mudado. Só que sua beleza se tornara a de um adulto, e uma barba rala e sedosa lhe cobria o rosto. Ele vestia um traje muito elegante.

---

[6] Chefe da Guarda do Palácio (Louvre) — nota de revisão.

O olhar do moço, com admiração indisfarçável, caiu sobre o rosto de Diana que, pálida e nervosa, respondeu ao seu cumprimento. No mesmo instante Clemência desatou a rir.

– Por que tanta cerimônia entre velhos conhecidos? Será que você esqueceu, Raul, que a Sra. de Mailor foi minha colega no convento de Nossa Senhora?

O Conde ficou vermelho e surpreendido. Depois de algumas gentilezas e desculpas, ele tomou a mão de Diana e beijou-a.

– Pelo reinício de nossa velha amizade... – acrescentou ele fazendo graça.

À noite Diana retornou para casa com a feliz sensação de que aquele dia fora um sonho. Raul estivera a seu lado o tempo todo e se recusara a acompanhar o irmão a uma reunião de protestantes. Quando a figura do Conde surgia nas imagens mentais da moça, seu coração batia com estranha força, enquanto a lembrança de Marillac a fazia tremer. Com ódio e impensada malvadeza, ela comparava a estampa rude e os membros grosseiros de seu noivo com o elegante e belo Raul, de traços delicados e olhos negros como veludo, mãos finas e bem tratadas como as de uma mulher.

A partir desse dia Diana sempre passava suas horas livres no Hotel de Montfort. Contrariando o bom senso, ela não podia ficar sem ver Raul; ele, por sua vez, fascinado pela moça, sem saber do noivado, não escondia sua paixão por ela, cortejando-a insistentemente.

– Ao que parece sua casa está predestinada a reunir os seus adoradores – disse, certa vez, sorrindo Raul.

– Quem pode ser, além de Clemência, de seu irmão e de você, Conde? Vocês me cercam de todas as atenções, me estragando com mimos – argumentou Diana enrubescendo.

– Meu médico é uma excelente e honestíssima pessoa. Chama-se Antônio Gilberto e está certo de que a mãe dele foi sua babá; diz conhecê-la desde o dia em que você nasceu.

– Antônio, o filho da minha querida Justina, aqui? Oh! Diga-lhe para vir correndo! – gritou alegremente a moça.

Quinze minutos depois...

– Como estou feliz em vê-lo, Antônio! Como está Justina?

– perguntou Diana, estendendo a mão ao moço todo vestido de preto. Com olhos brilhantes de felicidade, Antônio Gilberto respeitosamente a cumprimentou.

Teve início, então, uma conversa entrecortada. Diana fez tantas perguntas ao mesmo tempo ao seu ex-pajem, que ele não sabia à qual delas responder primeiro. Por causa disso a cena se tornou cômica, um verdadeiro quiproquó.

– Não! Desse jeito eu nunca saberei nada – disse Diana por fim. – Venha me ver, Antônio, amanhã pela manhã, no Louvre. Lá poderemos conversar com mais calma.

Conforme o pedido, no dia seguinte Antônio Gilberto apareceu na residência real. Conduziram-no às dependências de Diana, que o esperava com impaciência. Recebendo seu antigo amigo de infância com vinho e salgadinhos, ela lhe pediu que contasse como tinha vivido desde o tempo em que se haviam separado e de que maneira se tornara médico de Montfort.

– Tamanha felicidade eu recebi graças à proteção de Nossa Santíssima Virgem Maria e às preces de minha boa mãe – respondeu ele emocionado. – Usando sua permissão, nobre dama, contar-lhe-ei como tudo isso aconteceu. Após seu desaparecimento do Castelo d'Armi, minha mãe passou a se sentir muito mal. Nada conseguia dissipar o inconformismo dela pelo fato de o Barão de Mailor ter planejado algo contra você, mas Deus, por justiça, já o castigou, tolerando que o assassino o golpeasse. Eu também fiquei muito triste. O quarto e o jardim, depois do que aconteceu, pareciam-me grandes demais. Eu passava o tempo todo na igreja para a qual a sorte me conduziu, ajudando a velha Madalena nos seus afazeres domésticos. Nessa época, o Pe. Celestino recebeu a visita de seu irmão gêmeo, cirurgião muito hábil, que não descansava nem mesmo durante aquela semana de visita. Acompanhei o Sr. Gilles por todos os lugares, procurando ser-lhe útil. Tal afinco despertou nele simpatia por mim, terminando por pedir permissão à minha mãe para me levar a Paris onde, sob sua orientação, eu aprenderia medicina. Mamãe, agradecida, permitiu, pois eu tinha 14 anos e era preciso pensar no futuro. Um bom doutor não podia ter carência de pão nesta nossa época agitada em que guerras, duelos e vários incidentes causam tanto dano a senhores arrebatados e a pessoas de seus séquitos – acrescentou, em tom bondoso, Antônio. Depois prosseguiu:

– Desde o momento em que minha partida foi decidida, minha mãe também decidiu abandonar o Castelo d'Armi. Ela procurou um lugar de ama-seca e o conseguiu numa casa, na qual viveu até o dia de sua morte, dois anos atrás.

Depois de descrever a Diana, que chorava ao recordar sua fiel ama-de-leite, os detalhes da morte de Justina, o jovem continuou:

– Nos anos seguintes, entreguei-me completamente aos estudos. Somente duas vezes me foi possível visitar mamãe. Sobre a segunda visita ainda voltarei a falar. Assim correu o tempo. Terminei os estudos e tive a felicidade de ser, durante dois anos, aluno do conhecido Ambrósio[7], voltando depois ao meu primeiro professor, que havia adoecido e por isso desejou que eu o substituísse no tratamento de alguns doentes. Há uns três anos, meu professor, Sr. Gilles, recebeu a notícia de que seu outro irmão, comerciante em Angers, sentindo-se doente, pedia sua presença para o acerto de diversos assuntos da família. Meu pobre patrão, preso à cama em virtude de uma terrível doença, estava incapacitado de viajar. Então ele depositou em mim toda a sua confiança, pedindo que eu fosse em seu lugar e resolvesse todos os problemas com seu irmão, de acordo com as instruções dadas por ele. Concordei com alegria, uma vez que próximo a Angers vivia minha mãe, a quem eu sempre estivera ansioso por ver. Por isso me esforcei para apressar a partida. A viagem foi feita sem qualquer contratempo. Eu estava bem equipado. Levei na mala meus instrumentos cirúrgicos e uma caixa de remédios, graças aos quais pude ganhar uma boa quantia durante a viagem. Não faltava mais do que um dia para chegar

---

[7] Ambrósio Paré (1517-1590) – os trabalhos desse médico abriram grande campo à cirurgia na França; contrariamente à opinião corrente, ele demonstrou que as feridas feitas por armas de fogo não são envenenadas; em vez de cauterizá-las com óleo fervendo, ele tratava-as com fios de linho. *Histoire de France*, ed. Larousse – nota de revisão.

"(...) esse espírito tão ativo [Bernardo] e infatigável no aliviar os sofrimentos dos encarnados é mesmo o de Paré". – Essa nota, do próprio Rochester, encontra-se em *Abadia dos Beneditinos*, 2a ed., Editora Lake, p. 282.

a Angers, quando ocorreu um incidente que mudou meu destino. Atravessava rapidamente um bosque grande e espesso, com pressa de chegar a um hotel antes que a noite caísse. De repente ouvi uns gritos e tiros partindo das redondezas. Esporeei os cavalos e numa curva da estrada vi cinco ou seis bandidos atacando furiosamente três cavaleiros. No exato minuto em que os vi, um dos cavaleiros caiu, quase em seguida um outro cambaleou na sela e deixou cair a arma. Lançando-me na defesa do terceiro cavaleiro, atirei com minha pistola nos bandidos, um dos quais caiu. O cavaleiro matou outro e os demais fugiram. Já escondidos no matagal, um dos bandoleiros atirou, e meu companheiro de combate foi ferido no peito, caindo no solo e soltando um gemido. Saltei do cavalo e examinei os corpos estendidos. Logo constatei que o último a cair era um jovem fidalgo rico, e os dois que o acompanhavam eram seus criados, dos quais um estava morto e o outro estava levemente ferido e atordoado. Tirando da mala os instrumentos e a caixa de remédios, examinei o ferimento do jovem senhor. Era grave, mas não era mortal. Fiz um curativo preventivo. Quando verti um pouco de vinho na boca do ferido e lhe dei sal para cheirar, ele abriu os olhos. Então o soergui e perguntei quem era, prevenindo-o de que seu caso era muito delicado e inspirava cuidados. "Tenhamos esperança de que a sorte nos traga alguém que nos indique o refúgio mais próximo", respondeu o ferido. "Eu estava viajando a negócios. Meu nome é Conde Raul de Montfort".

– Raul? Era o Sr. Raul? – gritou Diana, ficando vermelha como uma cereja.

– Sim, minha senhora, era ele. Foi exatamente esse episódio que nos pôs frente a frente pela primeira vez. Mas continuarei minha narrativa. Comecei a ficar preocupado por estar no bosque, com os dois feridos, quando por fim fui tirado das dificuldades por um mineiro que retornava à sua choupana. Fiquei sabendo por ele que nos encontrávamos em terras pertencentes ao Marquês de Marillac.

– Marillac!... – interrompeu Diana fortemente surpresa.

– Sim, Marquês Aimé de Marillac. A senhorita o conhece?

Sim, bem... Esse senhor estava em Paris na casa de seu cunhado. O mineiro me disse que nas proximidades havia um pavilhão de caça, onde viviam o guarda do bosque e seu filho, os quais, naturalmente, não negariam abrigo a um senhor ferido. Estimulando sua prontidão com moedas de ouro, eu o mandei para lá a fim de levantar o alarme. Logo ele voltou com dois homens e uma liteira-maca, na qual colocamos o Conde. O criado contundido voltou a si e seguiu montado no cavalo, enquanto eu o acompanhava ao lado, escorando-o. O pavilhão de caça era uma maciça construção de pedra, com alguns cômodos confortavelmente mobiliados. Instalando o Conde numa grande cama com colunas, cuidadosamente tratei seu ferimento. Durante essa operação que o Conde suportou com incomum paciência, ele me disse: "Você é muito talentoso para sua idade, mestre Antônio. Eu o quero a meu lado; não me abandone até meu pleno restabelecimento. Compensá-lo-ei generosamente pelo tempo perdido". Depois de saber que eu me dirigia a Angers para tratar de negócios de meu patrão, ele prometeu me liberar para realizar minhas obrigações, assim que sua saúde o permitisse. Passados alguns dias no tratamento do criado que sobrevivera, este pôde ir ao Castelo de Montfort com a notícia do desagradável atentado. Permaneci com o Conde me prendendo cada vez mais ao seu encantador e excelente caráter, e cuidei dele o melhor que pude, esforçando-me em alegrá-lo nos longos e aborrecidos dias, levando livros que se encontravam no pavilhão ou lhe contando diversas histórias ocorridas durante minha prática médica. Certa noite, 15 dias após a partida do serviçal, um grupo de cavaleiros, encabeçados por dois senhores, parou no pavilhão. Um deles era jovem e atraente, muito parecido com o Conde Raul. O outro, surpreendentemente, era meu antigo professor Ambrósio Paré. O restante do grupo era constituído de homens armados, empregados e cavalos carregados de malas. Corri ao encontro deles para recebê-los e conduzi-los ao meu doente. Ao meu ver, Paré não ficou menos surpreso que eu. "Você aqui, Antônio?", disse ele. "Que coincidência!". Expliquei como chegara até ali e expressei minha alegria em vê-lo. O encontro dos dois irmãos me provou que entre ambos reina a relação mais cordial e fraterna. Mas como lhe transmitir o que senti quando o célebre cirurgião se inclinou sobre o doente que eu, até aquele momento, havia tratado sozinho? Esqueci tudo. Meu coração começou a bater mais forte enquanto ele, com todo cuidado, examinava o ferimento e o curativo feito por mim. Por fim, se levantou e me abraçou amigavelmente, dizendo: "Você é um excelente médico, Antônio, e o reconheço como meu aluno. Eu mesmo não teria feito melhor". Emocionei-me. Tal elogio, saído dos lábios do afamado cirurgião, elevava-me a meus próprios olhos. Alguns dias depois, fiquei sabendo que as palavras do renomado cientista, demasiadamente bondosas para aumentar o mérito de quem não o tem, haviam aberto as portas da minha carreira. O Conde Armando de Montfort, sem se importar com minha idade, propôs-me o posto de médico e cirurgião no seu castelo. Concordei com prazer, feliz por saber que aos 25 anos já tinha o futuro garantido para toda a vida. Antes de partir, meu novo senhor me deu oito dias para arrumar os negócios de Gilles e abraçar mamãe. Meu encontro com ela e as notícias que lhe levei foram suas últimas alegrias deste mundo, já que três meses depois ela faleceu... No que se refere a mim, fui com os dois condes ao Castelo de Montfort.

— E é feliz lá, Antônio?

— Sinto-me como no paraíso. O castelo é luxuoso e nunca desfrutei vida tão boa como a que me é proporcionada lá. Além disso, os dois condes me tratam muito bem e permitem que eu disponha do tempo conforme minha vontade. Se não tenho doentes no castelo, então me é autorizado sair para tratar dos pobres nas aldeias vizinhas. Essa vida tranquila e a atividade proveitosa me agradam, me fazem verdadeiramente feliz. A cada dia sou mais reconhecido ao meu bom senhor.

— Sim, eles são muito bons, gentis e atenciosos! — disse Diana com entusiasmo. — E Clemência é a melhor entre todos e todas!

Antônio, com um sorriso, balançou a cabeça.

— Até o ano passado eu não pensava assim — ponderou ele

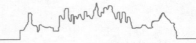

–, já que a Condessa trata os subordinados com muita frieza e desdém. Ela não mudava suas maneiras arrogantes, mesmo quando se relacionava com pessoas da mesma posição dela. Mas lhe digo: no ano passado me convenci de que debaixo da arrogância da Condessa se escondem um coração amoroso e uma mente justa e atenciosa. Nessa época o pequeno Luciano adoeceu com uma inflamação. Cheguei a pensar que ele estivesse perdido, que morreria, mas o Senhor me encorajou e consegui salvar o menino. Durante aqueles dias e naquelas terríveis noites, a Condessa não deixou o filho nem por um minuto. Ela me ajudou com tamanha destreza e energia, que a única coisa que me restava era admirá-la. No dia em que eu lhe disse: "Condessa, seu filho está salvo!", ela, emocionada, apertou minha mão. Vendo que fiquei desconcertado com tal sinal de reconhecimento por parte dela, a quem eu considerava muito orgulhosa, ela, emocionada, disse: "Bom Antônio! Aquilo que você fez por nós não se paga com ouro. Vi que na assistência a meu filho você colocou uma parte de sua alma. Por isso agradeço como me sussurra o coração". Essa tem sido minha vida até o dia de hoje. Só que eu não esperava por mais essa grande felicidade em Paris: e eis que tenho a alegria de reencontrá-la! Ah! Que pena minha boa mãezinha não ter podido viver até este momento!

Profundamente emocionada, Diana estendeu-lhe a mão, que ele beijou. E a partir desse dia recomeçou a antiga amizade, por um lado de respeito, por outro lado de sinceridade e fidelidade ilimitadas, como nunca houvera antes entre o filho de Justina e sua pequena senhora.

Livre Enfim 5

Dali para diante o tempo foi para Diana uma mistura estranha de felicidade e dor.

Frequentemente ela ia ao Hotel de Montfort e notava, dia após dia, o amor de Raul aumentando por ela.

O jovem não escondia seus sentimentos e há muito tempo teria feito a proposta, se a própria jovem não tivesse fugido cuidadosamente de cada explicação definitiva. Ela temia confessar a Raul que estava noiva do Marquês de Marillac; e se ele começasse a desprezá-la pela hipocrisia? Se ele se afastasse dela com desprezo e se ativesse a outra mulher? Essa ideia provocava na alma de Diana uma tempestade de ira e ciúmes que lhe prendiam a respiração. Por outro lado, a perspectiva de se casar com Marillac lhe provocava terror. Quando estava com Raul, deleitando-se com sua voz e com sua aparência, ela esquecia o passado e não pensava no futuro. Tal tensão nervosa atuava nefastamente na saúde de Diana, e Clemência, surpresa, começou a notar a mudança que se passava nela.

Apenas uma coisa sustentava um pouco a jovem: a ausência do Marquês. Ele não se apressava em chegar a Paris, e, com a alma em paz, se ocupava de seus interesses pela grande herança que lhe tinha sido proporcionada pelo falecimento da tia.

René também não aparecia. Mas Diana sabia, por meio da carta do Visconde, que ele se gripara e que poderia chegar a Paris só dentro de cinco ou seis semanas.

A carta de Marillac tirou de Diana a última tranquilidade. Ele,

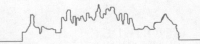

muito gentilmente, escrevia-lhe que os negócios que o haviam prendido em Anjou estavam chegando ao fim, esperando para o fim de maio poder estar em Paris. Estava se preparando para implorar à noiva reduzir o prazo de experiência e que marcasse o mais depressa possível o casamento deles.

Ela gelou até a medula dos ossos. Casar-se com Marillac era para ela pior que a morte. Mas como se livrar dele? Após três noites de insônia e de lágrimas intermináveis, Diana decidiu contar tudo a Clemência.

Na manhã seguinte, dirigiu-se com essa intenção aos aposentos da Condessa. Ela estava sozinha, pois o marido e o cunhado tinham ido à Assembleia[1] onde havia uma reunião de protestantes, felizes e orgulhosos com a brilhante vitória alcançada pelo partido deles. Realmente, não considerando a oposição dos católicos, a fúria e a oposição abafadas da Rainha-Mãe, o Rei Carlos há alguns dias confirmara o casamento de sua irmã Margarida com Henrique de Navarra (11.4.1572)[2]. Todos esperavam que essa união consolidasse a paz firmada dois anos antes[3].

A Condessa de Montfort, embora fosse católica, amava demasiadamente seu marido para se relacionar hostilmente com o partido dele.

Nela, uma mulher honrada e casta, causava repugnância o descaramento cínico das damas da Corte. Os boatos de que o Duque d'Anjou[4] tomava banhos de sangue humano, um homem

---

[1] Assembleia – os protestantes assim chamam suas reuniões. Havia na França, ao tempo da morte de Henrique II (1559), não menos que duas mil igrejas protestantes. Tiveram em 25.5.1559 seu primeiro Sínodo, com 11 delegações. Ali eles adotaram uma confissão de fé dogmática e um Código de Disciplina que tinham sido ditados por Calvino e que ficaram como base da Reforma Francesa. *Hist. de Fr.*, p. 364 – nota de revisão.

[2] (Margot era católica e Henrique II, protestante!) Essa data tem sua confirmação em *Le Siècle de la Renaissance*, de Louis Batiffol, p. 137. Segundo *Hist. de Fr.*, p. 365, Joana d'Albret, mãe de Henrique, o Bearnês, foi a Blois para negociar o casamento em 14.3.1572, depois foi a Paris, em maio do mesmo ano, para os preparativos do casamento; ficou doente em 4 de junho e no dia 9 faleceu – nota de revisão.

[3] Paz de São Germano. De 1568 a 1570 deu vitória aos católicos, em Jarnac e Moncontour; vitória aos protestantes em La Roche Abeille e Arnay-le-Duc – nota de revisão.

[4] Os excessos desse filho predileto de Catarina ficaram célebres. Conta a *Hist. de Fr.*, pp. 378 e 380 (outros livros também o fazem), que ele se vestia de mulher e tinha seu grupo de homens, aos quais brindava com ótimos presentes. Gostava de desacatar os costumes com suas infâmias e extravagâncias, deixando as finanças em situação das mais desfavo-

requintado ao mais alto grau, não agradavam à jovem mulher. Ela, em segredo, alegrou-se quando o povo saqueou os hotéis de alguns italianos, protegidos de Catarina. A multidão os culpava de roubarem crianças e entregarem à Rainha-Mãe e a seu querido filho, para a preparação de banhos de sangue humano.

Muito interessada em política, a Condessa inicialmente começou a falar à amiga sobre o casamento da Princesa Margot, mas vendo que Diana a ouvia distraída, notou seu aspecto abalado; então a Sra. de Montfort se calou, segurou a mão de Diana e amistosamente perguntou:

– O que há com você, Diana? Já há tempo estou notando você se modificando, tornando-se triste. É evidente que algo a oprime. Mas o quê? Eu nem posso imaginar. A vida lhe está sorrindo e o futuro promete felicidade. A propósito: você não está vendo que Raul a ama? Que desgraça você teme quando pode se unir a esse jovem bonito e nobre?

Diante dessas palavras, Diana desatou em prantos; lançou-se aos braços da Condessa exclamando com voz entrecortada:

– Ah! Clemência! É isso que principalmente está me sufocando e tirando minha calma. Vejo que Raul me ama, mas não posso me casar com ele.

– Não é melhor ser sincera, pequena insensata? Não será por que você não o ama? – perguntou a Condessa, admirada.

– O que você está falando? Será possível conhecer Raul e

---

ráveis. "Ele não gosta de nenhuma espécie de exercícios nem diversões que o fadiguem", escreveu o embaixador veneziano, "por conseguinte não gosta de justas, torneios e coisas semelhantes. Nisso é oposto a seus irmãos e ao Rei, seu pai. É o amor à vida branda e aprazível que faz com que ele muito perca aos olhos de seu povo". E outro diplomata diz dele: "Adora roupas caras, joias e perfumes. Está sempre barbeado, usa anéis e brincos. Diverte-se guardando em seu apartamento cãezinhos, aves e anões. Em seus escritórios ele coloca os alquimistas ou mecânicos que trabalham em seus engenhos".
É um espetáculo doloroso, nessa época terrível, a presença no trono de um monarca diminuído pelo vício, entregando-se a infames favoritos, instituindo confrarias de penitentes mas mesclando depravação às práticas da religião, mascaradas indecentes com peregrinações e retiros; travestindo-se de mulher e vivendo, a mais das vezes, em seu apartamento, todo ocupado com cuidados minuciosos de sua toalete, trazendo para a conservação de sua beleza um refinamento descarado, indo até se deitar com luvas de pele especial, para conservar a brancura de suas mãos e besuntar seu rosto com uma pasta gordurenta. Suas prodigalidades com os "mignons" eram monstruosas. Ele criou o Duque Joyeuse Par e Almirante da França, o e fez casar com Margarida Lorraine-Vaudémonde, a irmã da Rainha, Louise de Lorraine, sua esposa, e despendeu nessa cerimônia 1.200.000 libras.
Quando veio da Polônia, onde era Rei, trouxe consigo os diamantes da coroa! Passando por muitas festas, chegou enfim a ser sagrado em Reims em 13.2.1575 – nota de revisão.

não o amar? – respondeu Diana, não percebendo o sorriso que foi provocado por sua resposta ingênua.

Seu rosto queimava e ela prosseguiu:

– Vou lhe contar tudo e peço seu conselho. Estou noiva: essa é a minha infelicidade...

– Você está noiva?! Mas, meu Deus, quem é esse noivo? O noivo invisível?

Desfazendo-se em lágrimas, Diana contou todos os motivos que a tinham forçado a se atar a Marillac que, apesar de tudo, era melhor que o abominável Saurmont. Ela lhe contou seu desespero. Levada agora por sua obrigação, queria se ver livre da palavra empenhada, vendo-se livre daquele casamento, custasse o que custasse.

– Você deve se confessar ao Marquês e lhe pedir que devolva sua palavra. Vai conseguir se casar com ele amando outro? – observou a Condessa em tom sério.

– Mas se ele não quiser desfazer o noivado, então você tem toda razão: custe o que custar, devo ser livre. Raul não irá me desprezar pela minha impulsividade e meu silêncio criminoso? – disse Diana com timidez.

Clemência se pôs a rir.

– Não tema! Uma pessoa apaixonada não costuma ser tão inflexível. Aliás, hoje mesmo informarei tudo a ele, visto estar sofrendo muito. A insistência com que você se esquiva de qualquer explicação o incomoda.

Diana abraçou a amiga e a beijou; recusou-se a almoçar, sob pretexto de seu serviço. Na realidade, ela sentia mesmo era necessidade de ficar sozinha para pensar melhor como se comportar em relação a Marillac.

Por alguns dias Diana se esquivou de ir ao Hotel de Montfort. Era-lhe terrível e vergonhoso se encontrar com Raul. Mesmo quando a própria Clemência saía com ela, ela se recusava a passar o dia com eles.

Mas um dia, antes do almoço, chegou Raul. A jovem ficou corada até as orelhas, baixou os olhos, e fez como se não estivesse notando nada, mas o Conde se sentou a seu lado e lhe beijou a mão. Seu olhar, não considerando a ligeira tristeza, era bondoso e afetuoso em demasia e ela se refez imediatamente. Sem qualquer palavra, ela entendeu que Raul a amava e até tinha esperanças para o futuro, e Diana tomou a firme resolução de se livrar de Marillac.

A partir desse dia, voltou-lhe a boa disposição de espírito. Apenas na calada da noite, quando ela pensava na explicação inevitável e difícil que se aproximava, seu coração se comprimia dolorosamente e já se punha a desejar que o Marquês nunca chegasse.

Chegou o final de maio e uma intranquilidade febril tomou conta de Diana. Assim, a cada instante, ela esperava ver Marillac, já que ele não lhe tinha respondido a carta.

Certa manhã, quando Diana estava cansada, irritada e ainda na cama, a camareira Gabriela entrou correndo e informou que tinha chegado o Visconde de Beauchamp e desejava vê-la.

Diana, alegremente, começou a se vestir apressada. O quanto temia a chegada de Aimé se alegrava com a chegada de René. Sem dúvida, seu amigo de infância a ajudaria e lhe daria um bom conselho.

Nesse instante René assobiava uma ária de caçador, andando pela sala de estar da dama de honra. Ele ainda estava um pouco pálido pela gripe recente, e com visível impaciência olhava para a porta por onde entraria Diana.

Com o passar dos meses a imagem da pequena amiga dos jogos infantis mais e mais se apossava dele. A beleza dela o inebriava, mas com essa admiração se misturava o sentimento de amargor, quase desgosto, porque Diana via nele apenas o amigo. Uma coisa o irritava terrivelmente: aos olhos dela, ele era apenas um irmão, e não um homem bonito e sedutor, que tinha conquistado tantos corações femininos. Ele a perdoava por se ter unido a Marillac, por necessidade, mas não podia desculpá-la por não dar a entender que preferia ele em vez do Marquês. Em seu ciumento rancor, René às vezes esquecia completamente que já era casado. Quando se recordava desse fato, era para pensar de que modo se livraria de Marion, por quem sentia um desprezo gélido.

Com o resultado dessas reflexões, foi que decidiu aproveitar sua permanência em Paris para se divorciar da devassa com quem havia casado e que havia abandonado o lar.

Mas, antes de tudo, deveria colocar um sólido obstáculo ao casamento de Marillac. Por consciência, não podia permitir que Diana casasse com uma pessoa que tinha matado a primeira esposa. Poderia acontecer que ele, René, viesse a conquistar o coração de Diana e então o ciúme doentio do Marquês de Marillac incomodaria sua felicidade. Não! Em todo caso, a jovem deveria ser avisada do que Aimé era capaz.

Com a entrada de Diana interromperam-se os pensamentos do Visconde. Lançou um olhar cheio de admiração à bonita jovem que considerava sua. Cumprimentou-a da forma fraternal e familiar que caracterizava a relação deles.

– O Marquês veio com você? – Diana perguntou com voz ligeiramente indecisa.

– Não, Aimé chegará dentro de alguns dias, mas, a propósito, quero lhe falar seriamente a respeito dele – disse o Visconde, sentando-se ao lado dela e lhe segurando amistosamente a mão. – Marillac me disse que desejava apressar o casamento. Antes de vocês se ligarem definitivamente, eu quero, outra vez, repetir que na minha opinião você será infeliz. Você não ama Aimé e ele será um marido inconveniente. A primeira esposa se casou por amor e o caráter dele, severo, ciumento e desconfiado, envenenou-lhe a vida.

– Ah! René! Mil vezes você está certo. Eu estou apenas pensando numa coisa: devolver ao Marquês sua palavra. Mas ele me libertaria da obrigação?

– Você deve forçá-lo a fazer isso; com esse objetivo, eu lhe revelarei uma página do seu passado. Talvez não me seja conveniente fazer isso, mas eu a amo muito para permitir que você coloque seu destino em mãos tão cruéis.

Ele narrou a Diana, detalhadamente, a aventura amorosa da Sra. de Marillac, sua morte e a da pobre criança, pela vontade cruel do Marquês.

– Diga-lhe que você soube por acaso dessa triste história e

que não pode se tornar esposa da pessoa cuja consciência está carregada por dois crimes.

Diana, escutando-o, empalideceu terrivelmente. De fato, na posição de mulher apaixonada ela prestou muito menos atenção ao crime de Marillac do que no excelente motivo para se livrar dele.

– Certamente por nada na terra me casarei com tal criatura! Como lhe estou agradecida por me ter prevenido! – exclamou a astuta Diana, beijando estrepitosamente o rosto do Visconde.

Mas ela não lhe revelou os motivos por que tanto desejava o rompimento com Marillac.

Cego, com a ideia preconcebida, Beauchamp interpretou essa gentileza como evidência do amor que ela tinha por ele. Transcorrida uma hora, tendo saído da casa de sua jovem amiga, ele trazia consigo a convicção de que era amado e que, assim que se divorciasse de Marion, nada o impediria de realizar a nova união.

O relato de René acalmou consideravelmente o difícil sentimento que Diana experimentava, à espera da inevitável explicação que daria a Marillac. O crime não a chocara muito. Naquela época infeliz, de discussões religiosas, crimes, revolução civil, crueldades extremas e de toda espécie eram até certo ponto normais; as pessoas se acostumavam de certa forma a elas. Para ela, o homicídio do Sr. de Marillac quase sumiu na satisfação de encontrar tão excelente pretexto para lhe restituir a liberdade.

Essa confiança se tornou tão grande que, passados alguns dias, quando Gabriela a informou sobre a chegada do Marquês, Diana nem se afastou do grande espelho, diante do qual, pela última vez, observava seu vestido de Corte. Ao entrar na pequena sala de estar, o Marquês deteve-se. Seu olhar brilhante imediatamente cresceu em direção à esbelta figura de Diana em pé, diante do espelho, ajeitando a corrente com a cruz. A longa ausência ainda mais fortalecia os sentimentos de Marillac; o suave e inocente rostinho da noiva lhe trazia uma visão sedutora e ele, de todo o coração, estava ansioso para apertá-la em seus braços. Nesse momento a figura da jovem o fascinou. Até esse instante ele só a tinha visto com vestidos de lã simples, brancos, cinza; nunca havia suposto que um vestido luxuoso poderia aumentar tanto sua beleza. E, realmente, o vestido de veludo azul bordado a ouro, a capa redonda e um pequeno gorrinho com um longo véu destacavam ainda mais a alvura ofuscante de sua pele e o tom dourado do exuberante cabelo.

Um forte rubor se espalhou repentinamente pelo rosto do Marquês. Ele se encontrava a dois passos da jovem. Abraçando sua cintura fina, ele a puxou e se inclinou para beijá-la.

– Como você é linda e como a amo! – Ele murmurou.

Diana estremeceu. Escapando de seu abraço, com a agilidade de um lagarto, ela recuou alguns passos.

– O que significa tal recepção? – perguntou Marillac empalidecendo e franzindo as sobrancelhas.

Ligeiramente emocionada, Diana fez um sinal para Gabriela se retirar. Depois, mostrando uma cadeira para o Marquês, ela disse em voz surda:

– Sente-se, Sr. Aimé. A conversa que agora vamos ter é muito importante e peço ao senhor que ouça sem raiva o que lhe digo.

Marillac recusou a cadeira oferecida e, apoiando-se no encosto, disse com voz entrecortada:

– Diga o que você tem de importante a me dizer.

– Eu não posso ser sua esposa e lhe peço que devolva minha palavra, assim como lhe devolvo a sua – Diana respondeu após um minuto de indecisão.

De início o Marquês nada disse. Empalideceu mortalmente e era visível que uma emoção terrível o impedia de falar. De repente, segurou a mão da jovem e exclamou com voz rouca.

– Qual o motivo de tal ofensa, desse injusto desacato?

O Marquês apertava a mão de Diana com espantosa força, mas ela não se queixava.

– Para que chamar de ofensa uma confissão inspirada por duradoura honestidade? Quando ficamos noivos, disse-lhe que sentia apenas respeito pelo senhor. Agora, com todas as forças de minha alma, eu amo outro. Então julgue: poderei estar casada com o senhor e o senhor ter como esposa uma mulher cujo coração pertence a outro homem?

– Posso e exijo que mantenha a palavra dada! – exclamou Aimé, vermelho de ira. – Ou então... Deixe comigo!

Os olhos de Diana brilharam. Conseguiu arrancar sua mão com força e exclamou com raiva e desprezo:

– Vai me afogar numa banheira de gelo como fez à Sra. Francisca? Saiba que não permitirei que me mate! Eu amo, sou amada e quero viver, está entendendo?

Ele empalideceu terrivelmente e recuou.

– Quem lhe falou sobre meu passado sombrio? – perguntou com voz rouca. – Informaram-lhe pelo menos que Francisca me traiu vergonhosamente? – acrescentou ele, subitamente.

– Será que você está pensando que é possível esconder tais fatos e que ninguém soube sobre eles? Conheci a verdade aqui em Paris, por intermédio da Duquesa de Nevers. Estou sabendo também que Francisca o traiu. Um cristão pode mandar embora uma esposa infiel, mas jamais matá-la! Todos nós somos fracos e suscetíveis ao erro!

– Você tem razão. Ainda lhe devo agradecer por me ter prevenido antes do casamento! – exclamou Marillac, com um riso seco. – Mas posso ao menos saber quem é esse felizardo amado por você? Não tema – ele acrescentou, vendo a hesitação dela –, toda a Corte vai saber o nome da pessoa em quem recaiu sua escolha. Ele mesmo, espero, não se recusará em dar uma pequena explicação àquele de quem roubou a noiva.

Diana orgulhosamente se aprumou e mediu o Marquês com um olhar impetuoso:

– Claro que não! O Conde Raul de Montfort não recuará diante de um duelo; se houver necessidade, medirá armas com o assassino da mulher. Aliás, ele nada roubou de você, visto que eu conservei absoluto silêncio sobre nosso casamento.

Diante do nome de Montfort, Aimé empalideceu mortalmente e se encostou à parede.

– Ah! É a celestial Nêmesis! A sombra vingativa de Francisca trouxe o substituto Montfort para me barrar o caminho da felicidade. Agora estou vendo que nosso rompimento é ocasionado pela minha vítima. Ela se coloca entre mim e qualquer união. Adeus, Baronesa! Seja feliz e esqueça minhas palavras ofensivas. Estou partindo. Nunca mais nesta vida vou conduzir mulher alguma ao altar.

Não esperando a resposta, ele se virou e, quase correndo, saiu do aposento, montou no cavalo e foi embora. Passados dois dias, não tendo inclusive se avistado com o cunhado, Marillac deixou Paris e se dirigiu lentamente a caminho de Anjou.

* * *

Tendo se despedido de Diana, René de Beauchamp decidiu se divorciar o mais rápido possível; mas, antes de começar o processo, tinha que encontrar Marion e o verdadeiro domicílio dela, o que naquele momento não conhecia. Por isso foi buscar informações com seus amigos, jovens cortesãos. Era possível que a Viscondessa ainda se encontrasse ligada ao Duque de Guise, então decidiu se dirigir para onde ela estivesse e lhe anunciar que já tinha resolvido se livrar dela, a impudica que o tinha desonrado publicamente.

A mocidade dourada, entre a qual Beauchamp tinha muitos conhecidos, recebeu-o de braços abertos. Puseram-se a comemorar intensamente a volta de René a seu meio. René, entre as viagens matinais e os banquetes noturnos, esqueceu por alguns dias até mesmo seu divórcio e a formosa Diana. É preciso reconhecer que René era leviano, amava o prazer e podia assim se apaixonar loucamente e depois lamentar amargamente essa paixão.

Finalmente cansado dos prazeres, certa noite lembrou de seu propósito. Como estivesse meio drogado, perguntou diretamente ao amigo, Conde de Guerchy[5], se conhecia o paradeiro de sua esposa. O Conde, também bêbado, sem qualquer hesitação lhe deu muitas informações sobre as aventuras de Marion. Não esqueceu de mencionar que o Duque d'Anjou frequentemente visitava a formosa Viscondessa e havia o boato de que seria

[5] Esse nome é citado em *Hist. de Fr.*, p. 376, como pessoa que morreu na Noite de São Bartolomeu. Era amigo íntimo de Coligny; ele, como Coligny, está sempre perto de Carlos IX. *Duc de Guise – Un Prince Charmant*, p. 80 – nota de revisão.

seu atual amante. René se enfureceu, mas, mesmo bêbado, não esqueceu o endereço e na manhã seguinte se dirigiu ao lugar indicado.

Marion morava nos arrabaldes, num pequeno hotel rodeado por um jardim – uma pequena construção perdida em uma densa vegetação. Silêncio e exterior simples, mas o interior bastante luxuoso – nesse contraste se refugiava a mulher bonita que possuía motivos para gostar de sigilo e evitar bisbilhotice.

Sombrio, de sobrancelhas enrugadas, René observava a habitação de sua esposa; já se dispunha a chamar cuidadosamente da grade de entrada, de ferro trabalhado, quando o portão se abriu deixando sair dois cavaleiros em direção a uma estreita e deserta travessa. Ante essa visão, o primeiro a sair fez um brusco movimento para trás, como se desejasse não ser reconhecido, mas René sabia se tratar do Duque d'Anjou. Com um movimento instintivo, criado pelo hábito, inclinou-se René diante do filho da França. O Duque soergueu ligeiramente o chapéu e, sorrindo gentilmente, fez uma reverência. Depois, esporeando o cavalo, sumiu com seu acompanhante na curva da esquina.

De rosto contraído e fervendo de raiva, o Visconde entrou no jardim e, adentrando, afastou com um forte açoite o criado que tentava lhe barrar o caminho. Subiu correndo a escada decorada com estátuas e flores. No patamar, aglomeravam-se alguns criados distraídos, vestidos de libré. Assustados com o que havia acontecido ao colega, hesitavam em fazer parar o visitante atrevido. De repente, o pequeno pajem exclamou:

– Meu Deus! É o Senhor René, o marido de nossa ama!

Nesse mesmo momento, por entre os reposteiros surgiu o rosto astuto da camareira – espiou e sumiu. Não prestando atenção na agitação dos criados, o Visconde chamou o pajem em tom áspero, ordenando-lhe que o levasse até Marion. O rapazinho, assustado, obedeceu. Através da fileira de quartos luxuosamente mobiliados, ele o conduziu a uma pequena sala de estar. Imediatamente, da porta oposta, saiu Marion.

Seu rosto ardia; ela vestia um penhoar branco de seda. Ficaram por uns instantes calados. A fúria calava o Visconde.

Ela estava evidentemente abalada com a chegada inesperada do marido, pois temia qualquer gesto imprevisível dele. Mas, mantendo a presença de espírito e a astúcia inerentes às mulheres, ela foi a primeira a romper o silêncio. Esforçando-se em aparentar calma e despreocupação, ela disse:

– Bem-vindo, René! Sente-se! Estou contente com sua vinda, provocada certamente por motivos bem importantes... Você me mostrou o quanto é rancoroso, mas talvez, após uma conversa franca, você possa me desculpar o erro da mocidade e esquecer o passado.

– Basta! Basta! Minha senhora! Pare com isso! – Respondeu ele, não tirando o chapéu e lhe lançando um olhar cheio de ódio e desprezo. – Apenas ficarei nesta casa para pequena conversa franca, pois você enlameia minha honra e se vende, é verdade, para importantes senhores, mas a desonra prevalece. Foi principalmente para isso que vim. Amigavelmente digo: estou cansado de ver tanta abjeção sobre mim e pretendo que meu nome não mais sirva de escudo para seus atos torpes, infames e vis. Não interessa quem são seus amantes: um simples oficial, um duque ou um príncipe. Estou farto disso. Quero o divórcio! Eis o que vim lhe anunciar.

Ela tremia toda; seu rosto estava coberto de manchas vermelhas. Olhava o marido com fúria e temor. Não esperava isso; ela não tinha preconceitos, mas temia o escândalo público.

– Pretende me difamar perante todos? Você fará isso? – falou, com raiva.

– Sim! Farei! Será que você estava pensando que eu permitiria sua traição nunca lhe dando um "basta"!? Nesse caso, você vai se decepcionar. Quero ser livre... São tantas as provas de sua traição que o processo será decidido a meu favor. Se quer o assunto resolvido o quanto antes e sem muito barulho, peça ajuda ao Duque d'Anjou. Já que Sua Realeza lhe faz visitas matinais, não lhe será difícil conversar com ele. A intercessão dele ante o Pai Sagrado eliminará todas as dificuldades. Pode pedir também ajuda ao Duque de Guise, cuja influência é incontestável – ele é um de seus amigos...

René sentia cruel escárnio, os olhos brilhando; nela, as palavras eram como bofetadas, sufocando-a de fúria, os olhos verdes lançando chispas, as mãos crispadas como se procurassem algo contundente para arremessar à cabeça dele.

Mas ela resolveu se acalmar para tirar proveito da situação; olhou-o zombeteira e venenosa:

– Bem! Estou vendo que entre nós não há possibilidade de qualquer entendimento e vou aproveitar seu conselho: aceito o divórcio, mas com o mínimo de escândalo possível. Peço-lhe apenas uma coisa: não faça o pedido de divórcio enquanto o mensageiro não voltar de Roma com a permissão do Santo Padre para o casamento de Margarida com Henrique, Rei de Navarra.

Por instantes o Visconde hesitou.

Marion observou zombeteiramente:

– Como? Até tão pequeno prazo lhe parece insuportável? Você está querendo se casar novamente e de tal forma está apressado em se livrar logo de mim?

– Eu já protelei demais... Quero me livrar de uma mulher depravada que arrasta meu nome na lama! – disse René, virando-se para ela. – Mas concordo em atender ao seu pedido.

– Eu lhe agradeço. Acredite, também desejo ardentemente me livrar de você...

Ele nada mais falou, indo embora.

René se sentia leve, feliz. Tinha sido dado o primeiro passo com um bom golpe. Em futuro não distante, Diana, sua amiga bela e impoluta, daria à sua vida um novo encanto.

Segurando o reposteiro, Marion estava imóvel. Quando cessaram ao longe os passos do Visconde, ela desatou em seca risada. Expressão tipicamente diabólica se desenhou em seu rosto e ela murmurou:

– Estúpido infeliz! Nunca entregará o pedido de divórcio. Antes do que imagina estará "lá", no lugar de onde não se volta – nem católicos, nem os cachorros huguenotes. Vou cuidar de poupá-lo de qualquer preocupação...

SR. MONTEFELICE

Depois de proibir quem quer que fosse de perturbá-lo, Briand se trancou no quarto e por horas ficou estirado no divã, tentando se concentrar na leitura. Sua mente, porém, sonhava, sempre se centrando em maus pensamentos. Podia-se supor que Lourença, imperceptivelmente, estava exercendo novamente sua inexplicável influência sobre o rapaz, visto que a raiva do Conde para com ela abrandara e ele já não mais pensava em matá-la. Somente a aversão e o rancor faziam com que sustentasse sua decisão de não aparecer no Castelo d'Armi.

O Barão João, que havia vindo para se despedir do Conde antes de partir para Paris, assim como os outros vizinhos, não foi recebido. Dessa forma Briand não ficou sabendo nem da designação de Diana para dama de honra no palácio, nem do adiamento do seu casamento. Ao contrário, procurando evitar um eventual encontro com Marillac e a noiva, mudou-se para uma propriedade afastada, onde passou todo inverno.

Somente no final de abril, negócios inadiáveis – o término de um processo – obrigaram-no a voltar a São Germano, passando o mais rápido e longe possível do Castelo d'Armi. Transcorreram mais de duas semanas quando, na Procuradoria de Anjou, se encontrou com o Barão d'Armi. Sem se importar com a frieza e o comedimento do Conde, o Barão deu um grito de alegria ao vê-lo, dizendo-lhe que havia acabado de regressar de Paris, onde se encontrara com Diana. Contou-lhe, então, que há mais de seis meses a menina ocupava o posto de dama de honra junto à Rainha Elisabeth.

De pálido que estava, o rosto de Briand ficou vermelho.

– Diana ainda não se casou? – indagou ele, acanhadamente.

– Não, Não! O casamento se realizará somente no outono. Oh! Vou contar-lhe as boas novas, se você puder me receber hoje à noite.

– Venha jantar comigo hoje à noite e conversaremos – respondeu o Conde sem vacilar.

À noite, acompanhado de uma grande taça de velho vinho, d'Armi contou a Briand tudo o que havia ocorrido. Falou como, durante os passeios com a filha por Paris, travara contatos com o partido dos Guise, dos espanhóis[1] e com outros defensores do catolicismo. O Barão João, apesar de ser pervertido, corrupto e de não ter qualquer traço nobre, era homem inteligente; compreendia perfeitamente que a confusão política – originada pela vitória do partido dos protestantes e pela fraqueza do Rei – e as perigosas intrigas da Rainha-Mãe e do Duque d'Anjou iriam terminar em alguma catástrofe sangrenta: possivelmente o assassinato de Coligny e ainda a liquidação de todos os protestantes, como pregava o Bispo Sarpin, exigindo isso em ardentes discursos sanguinolentos. Panigarole, milanês de nascimento, antigo homem do povo, em virtude de um duelo, tinha-se tornado membro da Igreja.

Três semanas depois de chegar de Paris, d'Armi resolveu retornar novamente à capital, aconselhando o Conde a embarcar com ele.

– Os acontecimentos políticos que estão sendo preparados – disse ele – exigem a presença de todos os bons católicos a Paris. Quem sabe o que pode acontecer durante a rebelião contra os traidores, como, por exemplo, Marillac? Não há dúvida de que, se o Rei, desconsiderando a opinião de todos, insistir no casamento de sua irmã Margarida, será derramado muito sangue... – conclui d'Armi.

[1] Muitas vezes Felipe II, Rei da Espanha, mandou dinheiro para que os protestantes fossem expulsos da França ou mesmo mortos nas guerras e escaramuças religiosas – nota de revisão.

O malicioso brilho do olhar do Barão se fixou no rosto pálido de Briand, que estava visivelmente distraído e se encontrava alheio à conversa.

Mas as palavras hábeis do Barão surtiram efeito. O amor apaixonado e perseverante do Barão Mailor silenciava ali somente sob a pressão da necessidade. Ao mínimo sinal de esperança, ele renascia com nova força. A possibilidade de liquidar seu oponente de tal maneira que Diana não ficasse sabendo disso o fazia sorrir, e o desejo de rever a moça superou o restante. Depois de pensar alguns minutos, confirmou que iria a Paris assim que terminassem os negócios que o tinham trazido a Anjou.

Ainda que Briand corresse muitíssimo com seus negócios, estes eram resolvidos tão lentamente e com tanta dificuldade nessa época, que o seguraram algumas semanas. Somente em fins de junho pôde chegar a Paris. Encontrou então ali as paixões políticas no auge.

A morte repentina de Joanna d'Albret, mandada, conforme diziam, por meio de um par de luvas envenenadas, era o boato do dia. Uns, silenciosamente, outros a altos brados, atribuíam esse assassinato a Catarina de Médicis[2]. A questão de realizar o casamento de Henrique o "Bearnais"[3], apesar das advertências

---

[2] Acredita-se que Joana d'Albret foi envenenada por um perfumista italiano de Catarina – René –, mas o crime sempre ficou encoberto, nunca provado. O *H. de F.*, p. 375, confirma esse fato. *Henri de Guise, Un Prince Charmant*, de Ch. Quinel e A. de Montgon, capítulo 6, conta que as luvas eram seis. Segundo *Marguerite de Navarre*, de Jacques Castelnau, p. 65, Joana morreu sem uma queixa, presa de atrozes sofrimentos. Catarina, embora insensível, toca-se com essa nobre paciência. Sob ordem de Carlos IX os cirurgiões se apossam do cadáver e tentam saber a causa da morte. O resultado é formal: Joana morreu naturalmente, dum "abscesso pulmonar". Por parte de mãe, os Guise eram primos-irmãos de Antônio de Bourbon (?-1562), que teve, com seu casamento com Joana d'Albret a posse de Navarra. Este era um Rei sem dignidade, bravo somente no campo de batalha, mas que se perdia em intrigas, ora sendo protestante, ora católico, segundo seus interesses. Esposou Joana, cujo principal traço de caráter era uma inquebrantável firmeza de opinião, boa herdeira de sua mãe, a encantadora Margarida, irmã de Francisco I, mulher excepcional para sua época.
Joana era definida como uma mulher tendo de feminina apenas o sexo – a alma inteiramente entregue às coisas viris, espírito poderoso para os grandes acontecimentos, coração invencível na adversidade. No dia de Natal de 1560, abraçou solenemente o protestantismo. Foi por ela que, durante mais de dez anos (1560 a 1572), sustentou-se a guerra civil (Navarra). Rainha, ela abandonou seu reino aos mais perigosos azares, enviando seu filho Henrique, com 15 anos na ocasião (por sugestão de Coligny), aos campos de batalha. A história da Reforma gravita em torno dela, que é a alma do partido, inspirando chefes, exaltando os corajosos, dando o sinal para a tomada das armas. *Os Huguenotes*, p. 112, e H. de F., p. 365 – nota de revisão.
[3] Era chamado "Bearnais" por ter nascido em Bearn – nota de revisão.

e da teimosia do Papa em não dar seu consentimento, era o tema de todas as conversas. Saurmont também se deixou levar ao comentário desses fatos.

Com vontade férrea e afinco, começou a se orientar, lamentando d'Armi, que prometera encontrá-lo, não o tivesse feito. A impaciência do rapaz em ver Diana e saber se Marillac havia chegado atingia limites extremos; mas, para saber do que se passava, devia esperar a volta de d'Armi.

No dia imediato à chegada a Paris, o Conde se dirigiu ao Louvre para se apresentar ao Rei e ao Duque d'Anjou. Descendo as escadas após a audiência, encontrou uma dama luxuosamente vestida, em quem sem se admirar reconheceu Diana. A tal ponto ela havia melhorado que os olhos dela e toda sua figura transbordavam saúde e felicidade. A moça também o reconheceu e, detendo-se, estendeu-lhe a mão.

Surpreso com tal doçura, Briand respeitosamente apertou os dedos delicados e róseos da moça junto a seus lábios. Trocaram frases sem importância. Continuando essa breve conversa, o Conde notou que Diana trazia ao pescoço, no vestido, nos braços e no cinto, objetos preciosos de grande valor, e que a antiga aversão se transformara em quase amigável indiferença.

Com o espírito carregado de desconfiança e ciúmes terríveis, retornou Briand a casa e se trancou no quarto, após ter enviado a João um bilhete pedindo que viesse o mais rapidamente possível.

Nervosíssimo, o Conde andava de um lado para o outro no quarto. Como Diana conseguira enfeites tão caros, e por que ela mudara de maneira tão radical? Será que Marillac havia comprado o coração dela? Mas ele era tão rico assim?! Ou será que a encantadora beleza de Diana havia conquistado um admirador mais rico e poderoso? Só de lhe passar isso pela mente, Briand, cheio de ódio, apertava fortemente o punhal.

Ele se sentiu aliviado quando, à noite, d'Armi chegou para vê-lo. Era visível que o Barão se sentia embaraçado. Assim que ficaram a sós, ele tentou levar a conversa para a política, mas isso não interessava em absoluto a Briand.

– Pare! Peço-lhe pelos huguenotes e pelos católicos. Diga-me, Sr. João, tudo o que se refere à sua filha. Hoje pela manhã a encontrei no Louvre. Seu aspecto brilhante e algumas outras particularidades me deixaram pensativo. Conte-me se Marillac está aqui e para quando está marcado o casamento. Aconteceu algo de inesperado que me obrigue a mudar de planos?

O Barão ficou ainda mais desconcertado; recuou e, depois de fechar os olhos, balbuciou algumas frases incompreensíveis. Por fim disse:

– Você tem razão, Briand, há novidades. Oh! Se soubesse a surpresa que tive ao chegar aqui! Durante minha ausência, Diana não me preveniu que recusara Marillac, que, para meu grande espanto, voltou atrás, abandonando o compromisso. E já no dia seguinte contratou núpcias com um huguenote, Conde Raul de Montfort.

– E você não evitou tão escandaloso noivado?! – gritou o Conde, pálido como um morto, saltando da cadeira.

– Meu Deus! Não se irrite assim, Conde! O casamento ainda não se realizou! Deve compreender que um huguenote maldito é mais fácil de eliminar do que um católico.

– E daí? Não devia consentir nesse noivado monstruoso!

– Não permitir! Gostaria de saber como você faria isso! Esquece que Diana é viúva?

Terrivelmente pálido e com tremedeira geral, Briand caiu numa cadeira. Isso era verdade! Diana era viúva – a sua viúva! Ele próprio, com sua conduta anterior, dera-lhe a liberdade de ação que agora o perturbava.

– Além disso – continuava d'Armi, sem prestar atenção à súbita fraqueza do Conde –, quando cheguei, o noivado já estava oficialmente estabelecido. O Rei o aprovou, parabenizou os noivos e expressou satisfação, dizendo que os verdadeiros súditos seguiam o bom exemplo da irmã dele, Margarida... Depois acrescentou rindo: "Esperem para se casar quando se realizar o matrimônio de minha irmã. Vocês podem se aproveitar desse caso e se arranjarão sem qualquer permissão. Se o Papa tardar em nos enviar aquilo que exigimos, tomarei Margot pela mão e por mim mesmo a casarei"[4]. Compreenda: depois de tais palavras, o mínimo que me restava era consentir.

– Quem é esse tal de Montfort?

– Quanto a ele, verdade seja dita, é um moço extraordinário, rico e bondoso. Um verdadeiro príncipe. Pelo visto adora Diana e ela corresponde ao sentimento. Se ele não fosse huguenote – d'Armi cuspiu e a seguir se persignou – eu nada teria contra ele. O irmão mais velho, Conde Armando, é o chefe do ramo protestante dos Montfort. Coligny[5] refere-se a ele com grande respeito. Parece-me que, por intermédio dele, se estabelecem os contatos com os Países Baixos.

Após notar, finalmente, o silêncio e o ar desconcertado do Conde, ele acrescentou:

– Não se irrite tanto, Briand; ainda não perdeu nada. Se

[4] Diversos livros registram frase semelhante, como sendo dita por Carlos IX, irmão de Margot. No *H. de F.*, p. 375, consta: "Dando minha irmã Margot ao Príncipe de Bearn, eu a dou a todos os huguenotes do reino". Em *Marguerite de Navarre* encontra-se a mesma frase na p. 60 – nota de revisão.

[5] Gaspard de Châtillon, Conde de Coligny (1519-1572), após ter feito seus estudos marciais em Flandres, distinguiu-se em Cerisole, tendo recebido, em 1547, o cargo de Coronel-Geral da Infantaria, que o colocava na hierarquia, com a possibilidade de ser Marechal da França. Sua nomeação para Almirante se deu em 1532. Em 1557, na Batalha de S. Quentin, teve destacado papel. Foi o mais temível campeão das reivindicações protestantes graças à ascendência sobre o Rei Carlos IX. Seu irmão, Odet, foi. Bispo-Conde de Beauvais (1517-1571), abjurou o catolicismo e se casou. O outro irmão célebre foi Francisco (1531-1569), soldado intrépido e hábil capitão. *H. de F.*, p. 365.

A sabedoria do verdadeiro estadista que era Gaspard de Coligny tinha elevado seu partido ao nível de um poder independente da Coroa e com influência muito além das fronteiras da França. *Os Huguenotes*, p. 118.

A H. de F. ainda registra, nas pp. 342 e 375, o interesse dele em ir em defesa dos Países Baixos insurgidos, para livrá-los da dominação espanhola. Contava fundar colônias nas Américas e na Palestina. No Brasil, Coligny pensava fazer uma colônia protestante, conquistando aquelas terras todas para a França. Em 1555, sendo então o rei, Henrique II, marido de Catarina, após algumas hesitações do Rei, este confiou dois navios com armas e munições sob o comando de Villegaignon, sob instigação de Coligny, que, partindo em julho de 1556, chegou a Baía de Guanabara em novembro. Villegaignon começou a construção de um porto, numa ilhota que ainda tem seu nome, e Coligny queria fazer ali uma colônia calvinista; Villegaignon tinha descontentado seus companheiros pelo trabalho duríssimo que lhes impunha; a chegada de novos colonos, quase todos protestantes, em 56 e 57, provocou discórdias religiosas e Villegaignon fez matar três ministros calvinistas que ele não tinha conseguido trazer à fé católica. Decidiu voltar à França em 1558. Em março de 1560, o porto caiu em mãos dos portugueses.

Os comerciantes franceses ainda visitaram por longo tempo o Brasil, mas nenhuma tentativa de colonização foi conseguida nessa região. Na América do Norte também os projetos de Coligny não atingiram o planejado, sendo que, no início do reinado de Henrique IV (2.8.89), a França não mais possuía qualquer território nas terras americanas – nota de revisão.

você quer ver tudo com seus próprios olhos, acompanhe-me numa visita à Duquesa de Nevers. Haverá uma grande reunião, como diz Diana, pois um mago muito conhecido irá mostrar sua arte. Diana e o noivo também estarão lá.

Depois de refletir com bom senso, o Conde concordou em ir à casa da Duquesa de Nevers. Queria ver Montfort, conhecê-lo e certificar-se de que Diana realmente amava o maldito huguenote. Que Raul pudesse desaparecer em suas mãos! – decidiu, irrevogavelmente, Briand.

Para a mencionada festa ele se vestiu com requinte especial. Trocou seu habitual traje preto por um brilhante traje cor de granada, aveludado, enfeitado com ouro e pedras de elevado valor. Sua intenção era ser o mais rico e elegante senhor da reunião.

Quando Saurmont chegou ao salão da Duquesa de Nevers já se reunia numerosa assembleia. Cumprimentando a anfitriã, ele notou, no grupo, a dama Diana. Pura, irradiante, maravilhosamente vestida, a moça conversava animadamente. Atrás da cadeira dela estava em pé um gentil-homem de expressiva beleza. Os olhos dele, em profunda adoração, seguiam qualquer movimento da moça. Briand tratou de se incorporar ao grupo para observar o jovem casal. Foi suficiente notar um olhar de Diana direcionado ao noivo para se convencer de que ela também o amava.

Um ciúme terrível – um desesperado ciúme selvagem – e um imenso ódio contra o rapaz tomaram o coração do Conde. O amor de Diana fê-lo perder o juízo. Se o olhar e o pensamento pudessem matar, Raul não teria sobrevivido nesse momento. No mesmo minuto o Sr. Montefelice foi anunciado. Ruidoso murmúrio correu entre os convidados. Todos se apinharam para ver o famoso mago chegar.

Sob a influência da terrível perturbação que o havia tomado, Briand, inconscientemente, deixou a multidão arrastá-lo, e, sem ter o mínimo desejo, acabou se instalando na primeira fila, a alguns passos da Duquesa de Nevers.

O Sr. Montefelice entrou e saudou a anfitriã. Era um homem

de alta estatura e pele bronzeada, traços perfeitos do rosto emoldurados pela barba e espessos cabelos negros. As grossas sobrancelhas guarneciam os olhos negros e penetrantes, brilhantes de estranho fogo.

Já no primeiro olhar direcionado a essa figura característica, Briand teve um mau pressentimento. E essa impressão se fez tão forte que o obrigou a calar as tempestuosas emoções. Cuidadosamente, ele se perguntou onde havia visto aquele rosto, cujos traços lhe eram tão familiares. Ao mesmo tempo, julgava jamais haver encontrado aquele homem de nome Montefelice.

– Bem-vindo, Sr. Montefelice. Falei tanto aos meus amigos de seus conhecimentos de ocultismo, que esperam de si a confirmação de minhas palavras. Espero que hoje o senhor angarie novos louros à sua fama... – disse, gentilmente, a Duquesa de Nevers.

Os lábios dele esboçaram um sorriso agradável e espontâneo.

– Desejo satisfazê-los, senhores. Coloco-me à disposição de dama ou cavalheiro que deseje ser o primeiro a experimentar meus conhecimentos – respondeu ele, em voz altissonante, inclinando-se quase até o chão.

Briand quase caiu! Parecia-lhe que um golpe de machado havia sido desfechado contra sua cabeça. Briand não havia reconhecido o elegante cavalheiro de cuidadosas maneiras, o Sr. Montefelice, mas a voz sim: era o cigano Henrique, conhecedor dos seus terríveis segredos. A primeira ideia de Saurmont foi correr. Guiado por esse impulso, já havia dado o primeiro passo para trás quando, de repente, o olhar ardente do próprio Montefelice, depois de percorrer a plateia, deteve-se nele, encarando-o com firmeza. Com expressão intraduzível, o cigano se virou e se aproximou da Duquesa de Nevers, mas Saurmont compreendeu que fora reconhecido.

Sua fronte estava coberta de suor; tremia de raiva e se apoiou no console, procurando pensar com calma. Pelo visto, sem ser muito exigido, Montefelice levou ao êxtase toda a plateia. Ele descrevia o passado, previa o futuro e adivinhava o pensamento dos presentes. Contudo, todas as conversas e expressões de surpresa e admiração chegavam ao ouvido de

Briand como sons distantes, murmúrios. O Conde estava totalmente concentrado em descobrir uma maneira de sair daquela
situação estranha. Aquele homem conhecia seus segredos e
podia arruiná-lo a qualquer momento. E se a isso fosse acres-
centada a surpreendente memória de Diana, então... então devia reconhecer que sua segurança estava entregue ao acaso...

Os minutos que corriam se revelavam a Briand verdadeira
eternidade. Ele não devia partir antes de Henrique, uma vez
que decidira se entender com ele, para saber quanto lhe custaria
o silêncio ou o desaparecimento dele dali.

A penetrante voz metálica do sinistro homem soava nos
ouvidos do Conde, obrigando-o a recordar as horas mais negras de sua vida. Via-se novamente no Castelo d'Armi e ouvia
aquela mesma voz, aconselhando-o a liquidar definitivamente o
Barão de Mailor, para renascer como Conde de Saurmont. Em
sua mente, desenhou-se o quarto no Castelo Guevara onde,
com as mãos trêmulas, estrangulara o tio, e uma voz maliciosa
e inesperada lhe dizia: "Boa coisa você fez!". Todas essas recordações encheram o coração do Conde de profunda ira. Sua
mão, convulsivamente, apertava o cabo de brilhantes do seu
punhal, com o forte desejo de perfurar o coração do miserável.

Mas a razão lhe sussurrou que o assassinato era arriscado.
Henrique era ágil como um macaco, forte como um búfalo e
dominava perfeitamente as armas. Se a sorte o poupasse, então
seria inevitável a revelação de seu passado. Finalmente a festa,
como tudo neste mundo, acabou e Henrique encerrou a apresentação. Saurmont também já se despedia, quando o alcançou
na escada.

– Por acaso não conhece seu velho amigo da Itália? Eu o
reconheci imediatamente, Sr. Montefelice... – disse ele, controlando a aversão e se aproximando educadamente.

O cigano riu maliciosamente. Apertando com força a mão de
Briand, respondeu tão alto que até os convidados que desciam
pela escada puderam ouvir:

– Mil desculpas, Sr. Conde! É verdade, eu não o notei na

multidão de nobres senhores, mas como poderia não reconhecê-lo?! Fico muito feliz em encontrar um amigo aqui, onde me
sinto tão só...

– Sendo assim, concorda em vir comigo até meu hotel para
tomar uma garrafa de vinho e passar as horas em agradável
conversa, como nos velhos tempos em Veneza?

– Aceito com todo o prazer seu amável convite, Conde, e me
coloco à sua inteira disposição – respondeu Henrique, tomando
pela mão seu antigo companheiro.

Briand se sentia sufocado em meio à rude familiaridade
com seu antigo criado. Todo seu corpo tremia e ele andava
como se estivesse pisando em brasas. Exausto, largou o corpo
nas almofadas da liteira. Henrique se sentou ao lado. Reinava
um silêncio mortal, já que ambos evitavam conversar na frente
dos empregados.

* * *

Consideramos, nesta altura, indispensável dizer algumas
palavras sobre o passado de Henrique e as circunstâncias que
o haviam levado a Paris.

Depois de ter arrancado de Briand uma grande soma de dinheiro e diversos objetos de valor, Henrique deixara a Espanha
e continuara levando, como de costume, uma vida de festas e
orgias. Jogos, mulheres, bem como especulações arriscadas,
colocaram-no novamente na penúria. Já pensava em procurar Briand de novo, quando o destino o levara a uma tribo de
ciganos. O encontro despertara imediatamente seus instintos
e gostos gitanos, fazendo-o inclinar-se apaixonadamente pela
vida errante e pelas diversas aventuras. Logo sua coragem e maior
instrução destacaram-no no grupo, sendo ele escolhido como
chefe do bando, com o seguinte nome de guerra: "Vampiro".

Durante o tempo que passou na tribo também adquiriu poderes mágicos, que procurou desenvolver. Uma velha temida e
odiada até pelos do bando o ensinou.

Uma vez Henrique, com muita ousadia, conseguiu salvar o filho dessa mulher de uma surra mortal, por roubo de cavalos. Conquistou então para sempre o coração cruel da velha Topsi. Em retribuição, ela fez dele seu discípulo.

Topsi transmitiu-lhe a arte da adivinhação e o segredo da preparação de elixires e bebidas mágicas. Mas o que Henrique mais valorizava era a utilização de uma planta, cujas folhas o deixavam em estranha condição. Sob os efeitos do vegetal, ele tinha a segunda visão, e, sempre que a adquiria, conseguia adivinhar espetacularmente o pensamento alheio, encontrar objetos sumidos e prever o futuro.

Mas finalmente Henrique se cansou da vida errante e se tornou mago. Como naquela época esse ofício era muito prestigiado, desfrutava de uma vida confortável. Durante a longa estada em Veneza, conseguiu prestar serviços a um velho erudito egípcio, que vivia sozinho na cidade de São Marcos. Ocupava-se de ciências ocultas, de elaborar venenos e perfumes do Oriente. Esse mago recomendou Henrique ao florentino René[6], que preparava perfumes para a Rainha Catarina, quando o cigano expressou o desejo de ir a Paris. O velho astrólogo mantinha contato constante com René, que fornecia ingredientes caros e raros, indispensáveis à elaboração de cosméticos, poções e venenos.

Bem recomendado e trazendo a bagagem cheia das diversas receitas de magia, que o velho egípcio Said-Jano lhe havia dado, Henrique chegou a Paris acalentando esperanças de enriquecer na vida.

Realmente em René ele achou um patrono sem cobiça. O florentino taciturno e orgulhoso conhecia suas forças e não temia qualquer concorrente. Depois de conhecer a clarividência do cigano, amigavelmente passou a recomendar o Sr. Montefelice (como o próprio Henrique passou a se apresentar) aos seus ricos e numerosos clientes. Certa vez, apresentou-o à Duquesa de Nevers, que havia vindo para comprar perfumes, sugerindo

---

[6] A História registra esse personagem como sendo o perfumista da Rainha-Mãe (Catarina). Morava na Rua Ponte São Michel. *A Rainha Margot,* de Alexandre Dumas, p. 197 – nota de revisão.

que experimentasse ali mesmo os poderes do seu protegido. Descuidada, a jovem concordou, perguntando quem a desposaria, já que um jovem senhor, admirador seu, havia sido morto num duelo naquela manhã. Henrique levou à Condessa água limpa e, na transparência do líquido, mostrou um belo moço, discretamente vestido, com uma carta na mão.

Rindo até as lágrimas, a Duquesa disse que aquele rapaz lhe era totalmente desconhecido e que, pelo visto, não era um dos cortesãos. Mas qual não foi sua surpresa quando, dois dias depois, apareceu em sua casa um jovem provinciano, com uma carta de um de seus parentes, reconhecendo no moço um olhar muito original, simpático. Não é preciso dizer que esse senhor conquistou a Condessa. Impressionada pelas capacidades de Henrique, a Sra. de Nevers recomendou-o a muitos de seus amigos e amigas, terminando por convidá-lo à sua festa, na qual Briand reencontrou o cigano.

* * *

Chegando ao hotel, Saurmont ordenou aos empregados que o jantar fosse servido. Enquanto a comida era preparada, Henrique examinou a mobília e se admirou da riqueza e do requinte na escolha de diversas obras de arte reunidas no gabinete do Conde.

Quando tudo estava preparado, Briand dispensou o empregado e trancou a porta. Ao ouvir o barulho da chave fechando a porta, o cigano, como uma espécie de perito conhecedor de armas, virou-se rapidamente e perguntou, desconfiado, ao Conde:

– O que significa isso, caro Conde? Espero que não esteja planejando nenhuma traição. Eu não vejo aqui aquelas mesmas almofadas que foram tão fatidicamente usadas para o seu querido titio...

Sem esperar resposta, ele se apoiou na parede, puxou a mesa para si e, sacando duas pistolas, colocou-as ao lado de seu prato. Apalpando uma vez mais a parede, ele sentou e disse com um sorriso zombeteiro:

– Desculpe, Sr. Briand, mas a prudência é mãe da segurança. Agora vamos conversar. Suponho ser exatamente esta a finalidade de seu convite.

Vendo que o Conde olhava para ele com os cenhos franzidos e não dizia nada, Henrique prosseguiu:

– Qual o motivo dessa cara de preocupação, Sr. Briand? Se tem algo a me dizer, fale. É claro que antes de tudo devo cuidar de meus interesses, porém, se eu puder lhe prestar algum favor, sem prejuízo meu, farei com todo prazer, em nome de nossa velha amizade.

– Qual é o preço de sua vinda a Paris? – perguntou Briand, puxando a cadeira e encarando Henrique.

Este franziu as sobrancelhas e balançou a cabeça.

– Eu não estimo o preço de minha vinda a Paris, simplesmente porque não quero sair daqui – e Henrique frisou bem estas últimas palavras. – Contudo, se o assunto trata do meu silêncio em relação às conhecidas vilanias do falecido Barão Mailor, então a coisa é diferente! Isso, sim, "pode" ter um preço. Aliás, vamos parar de falar por indiretas. Você me convidou para se certificar de que manterei silêncio sobre os segredos de seu passado. Para isso não há necessidade de que eu deixe Paris. Precisamos apenas acertar a soma que será desembolsada para manter o meu silêncio. Gostaria de – ele designou uma grande quantia –, uma vez que não tenho dinheiro.

– Está bem – disse Briand, após pensar um pouco. – Dar-lhe-ei inclusive o dobro do que deseja com a condição de que, além de guardar absoluto silêncio, também evitará aparecer nos salões da alta sociedade que frequento.

Henrique sorriu satisfeito.

– Concordo. Levarei uma vida solitária e começarei a receber meus abastados clientes em casa, como Nostradamus. Além disso, quem sabe, ainda não lhe poderei ser útil, Sr. Briand? Sou hábil, astuto e você sabe por experiência própria que sempre posso dar uma boa sugestão. A propósito, como achou sua viúva? Para mim, Diana se tornou maravilhosa, como um anjo. Seu noivo a adora, é evidente. Você perdeu um verdadeiro tesouro, Sr. Briand. Na verdade, você a trocou pelo título de Conde de Saurmont e isso teve seu preço.

Ao ouvir as últimas palavras do cigano, o rosto do Conde ficou febrilmente corado. Inclinando-se para Henrique, disse com voz rouca:

– Nunca, ouviu? Nunca perderei Diana para ninguém! O amor e a dívida para com ela me mandam restabelecer seu nome e seu título. Preciso de você, Henrique, para acabar com esse cão huguenote. Ajude-me, Henrique!

– Entendido. Conte comigo quando for o tempo de agir. Matar um desses malditos, condenados pelo céu, será um ato de caridade. Quem não tem na consciência um pecado? Quem não desejaria receber o perdão de Deus, aniquilando dois inimigos da Santa Fé Católica? – respondeu o cigano, fixando ligeiramente os olhos no céu.

Briand sorriu. Tirou do armário dois saquinhos cheios de ouro e os colocou na frente de Henrique.

– Tome, e se lembre de nossa conversa... – disse ele.

– Não esquecerei. Você está garantido pelo fato de nossos interesses serem os mesmos – respondeu o cigano levantando-se.

Henrique manteve sua palavra. Sumiu dos salões e se instalou num bairro afastado onde, conforme suas palavras, passou a se dedicar inteiramente à ciência. Ali recebia muitos clientes, ansiosos por saber o futuro por meio do conhecido vidente. Entendendo que lhe seria difícil concorrer com os perfumes e venenos de René, Henrique se especializou em prever o futuro. Seus êxitos nesse campo foram tais que logo seu nome chegou aos ouvidos de Catarina, despertando nela o interesse por experimentar pessoalmente as aptidões do novo astrólogo.

A Rainha-Mãe acreditava de todo o coração nas forças invisíveis da natureza, direcionadoras do destino dos homens. Ela acreditava nas forças do mal e gostava de empregá-las. Ambiciosa, preferia os crimes que não deixavam lágrimas. Mulher desprezada e odiada, desde moça Catarina enfrentara situações muito difíceis. Sendo regente, cercada de inimigos e adversários como mãe do Rei, com quem queria governar,

Catarina necessitava manobrar constantemente partidos religiosos e guerras civis, valorizando enormemente a capacidade de se livrar dos inimigos com a ajuda de venenos apurados.

Além disso, o desejo de conhecer o futuro a devorava. Queria saber se seu amado filho receberia a coroa da França[7] e se não seria traído, segundo as previsões de algum novo profeta.

Depois de saber que Montefelice se distinguia pela notável clarividência e que suas previsões não se expressavam em palavras nebulosas ou em alegorias misteriosas – mas, antes, que ele mostrava ao visitante o futuro de maneira clara e viva, com realidade palpável –, Catarina decidiu visitar aquele profeta. Não temia ser enganada. Muito estudo e longa vivência com as ciências ocultas lhe haviam dado tamanho conhecimento, que qualquer enganador ou charlatão seria desmascarado no mesmo instante por ela.

Certa noite, duas horas depois de as luzes terem sido apagadas, uma liteira simples e discreta, conduzida por alguns homens disfarçados, deixou o Louvre, pela pequena cancela, atravessando ruas escuras e silenciosas em direção ao bairro retirado onde vivia Henrique.

Nas vias animadas que rodeavam a residência real, o pequeno cortejo se encontrou com alguns grupos de jovens que, na companhia dos archoteiros, perseguiam cidadãos atrasados, divertindo-se em lhes arrancar a capa e fazer outras brincadeiras marotas semelhantes. Um desses grupos, maior e mais barulhento do que os demais, entretinha-se em acuar dois infelizes cidadãos deixados somente com a roupa de baixo, correndo desconcertados com as camisas rasgadas, gritando de pavor e de dor toda vez que recebiam um golpe nas pernas ou um soco.

O bando de desordeiros embriagados, ao notar a liteira, rapidamente a cercou. Percebendo que dentro havia uma mulher disfarçada, os jovens passaram a exigir que ela tirasse a máscara, acompanhando essa exigência com palavras muito

---

[7] Em março de 1561, com a morte de seu primeiro filho, Francisco (5.11.60), casado com Maria Stuart, da Escócia, houve problemas para Catarina, quanto a ela manter o poder de regente para seus filhos – nota de revisão.

atrevidas. De repente, um homem que parecia ser o chefe do bando passou a gritar muitos impropérios e, antes que os condutores pudessem apanhá-lo, correu para a sombra das casas juntamente com seu bando, sumindo pelo portão da rua[8].

Sem incidentes posteriores, a carruagem chegou à casa de Henrique. Um dos criados bateu três vezes na porta com o cabo do punhal; o postigo foi aberto e depois de uma breve troca de palavras o porteiro os deixou entrar.

A dama mascarada, toda de preto e coberta por um longo e espesso véu, entrou na casa. Após fechar cuidadosamente a porta, o porteiro, um velho de tipo oriental, conduziu a dama até o mago.

Era um grande quarto, revestido por uma substância preta, na qual se podiam ver as inscrições feitas com alguma espécie de material desconhecido, exibindo sinais de vermelho-sangue. No fundo do quarto, numa mesinha decorada com cortinado preto, havia um grande espelho metálico em cuja superfície se viam todas as cores do arco-íris. A moldura do espelho era formada pela imagem de serpentes, cujos olhos eram feitos de pedras fosforescentes verdes. Ao lado do espelho havia um recipiente de vidro cheio de água limpa.

A lâmpada, suspensa por uma corrente de ferro, iluminava fortemente a mesa, deixando na penumbra toda a parte restante do quarto, mobiliado apenas com algumas cadeiras.

A dama que havia entrado permanecia em pé, examinando curiosa o misterioso espelho[9], quando se abriu uma porta camuflada na parede e entrou Henrique. Ele estava vestido com uma longa túnica preta. Seu rosto era pálido e os olhos possuíam um brilho febril, fixando, curioso, a dama. Inclinando-se até o chão, ele disse:

— Seja bendita a hora em que a Rainha entrou em minha

---

[8] Na p. 204 de *H. de F.*, há um plano de Paris, no começo do século XIV, em que a cidade aparece cercada por muros, havendo, logicamente, saída por diversas ruas para os bairros circundantes – nota de revisão.

[9] Catarina e seu marido, Henrique II, encontraram Nostradamus em 1555 quando, como resultado de suas profecias, eles o convidaram para a Corte. Nostradamus fez os horóscopos das crianças reais. Sabe-se o quanto ele acertou no prognóstico da morte desse Rei. Foi também num espelho que mostrou à Catarina o futuro – nota de revisão.

modesta casa! Como o mais prestativo de seus escravos, lançarei a seus pés todo o meu pequeno conhecimento e o meu ínfimo poder.

A dama teve um sobressalto; depois, tirando a máscara, disse:

– Você me reconheceu, profeta! Isso, é claro, faz com que sejam bem recomendadas suas capacidades. Mas exijo provas mais sérias. De começo diga-me, se puder, o que faz o Rei no Louvre, neste exato minuto.

Henrique tomou o vaso e elevou ambas as mãos sobre ele. A seguir, inclinando-se, olhou por alguns minutos o líquido diáfano.

– O Rei não se encontra no Louvre. Ele está dando um sermão em alguns desprezíveis cidadãos que, desdenhando a ordem de apagar as luzes, correm pelas ruas, em vez de ficarem em suas camas. Irão lembrar por muito tempo dessa lição. Aliás, Vossa Majestade acaba de ver seu filho a caminho de seu pacífico serviço. No presente momento, Sua Majestade, Carlos, sobe as escadas para ver um senhor, ao que parece, para despertá-lo. Não é agradável a Vossa Majestade ver, em pessoa, o que se passa?

Catarina inclinou-se, curiosa. Como um quadro em miniatura, desenhava-se uma cena estúpida que, diga-se de passagem, não era para ela novidade: dois cortesãos do Rei, com a ajuda de golpes e empurrões, tiravam da cama um jovem rapaz. Carlos se ria a alto som dos gemidos e contorções da dor causada ao infeliz. A cena em si não surpreendeu Catarina. Porém, o fato de o mago mostrar uma cena que a ele era completamente desconhecida, e bem conhecida da Rainha Catarina, causou forte impressão. Ela se sentou e começou com Henrique uma longa conversa, durante a qual expressou desejo de conhecer o futuro de sua família e o destino de seus filhos.

– Espero que me seja dado satisfazer o desejo de Vossa Majestade – disse ele –, todavia, para responder tão importante questão, me é indispensável fazer alguns preparativos.

Ele pegou um recipiente da estante e bebeu seu conteúdo; a seguir, colocou o espelho no escabelo baixo, sentou-se no tapete e fixou a visão na superfície brilhante. Pouco a pouco, seu rosto foi se tornando ainda mais pálido, os olhos, imóveis e o suor começou a escorrer abundantemente da testa. Repentinamente, deu um grito de horror e, caindo para trás, exclamou:

— Sangue! Sangue! O que é isto? Uma rebelião ou um massacre? Os homens correm apavorados, mulheres e crianças caem sob golpes mortais!... Sangue jorra e cobre todo o céu e, como um mar enfurecido, cerca o pobre Carlos com suas ondas de sangue!...

Pálida e trêmula, Catarina tomou a mão de Henrique:

— Que diz? O Rei Carlos morrerá? Mas quem depois dele terá a coroa da França?

— Não me toque! — pediu Henrique, afastando rapidamente a mão dela. — Sim, o Rei Carlos morrerá afogado num mar de sangue. Depois dele Henrique III receberá o manto.

Uma faísca de orgulho e triunfo jorrou dos olhos de Catarina.

— Não tenho dúvidas: Henrique será rei... — sussurrou ela e a seguir perguntou em voz alta:

— E após seu glorioso reinado, seu filho herdará o trono?

— Não! — respondeu Henrique, que visivelmente começava a se mostrar inquieto. Seu peito se espichou, tiques nervosos lhe percorriam os membros e desfiguravam seu rosto; então abriu tanto os olhos que estes pareciam de vidro.

— Não! Henrique III, Rei polonês, morrerá apunhalado; seu herdeiro Henrique de Navarra também será assassinado[10]. Depois, oh! Grande Deus! Todas as desgraças estarão dirigidas ao Bearnais e, como uma nuvem, concentrar-se-ão sobre a cabeça de seus descendentes. Essa nuvem crescerá mais durante as duas regências consecutivas, após o que surgirá um grande Rei. O céu, pelo visto, irá clarear. Mas as nuvens negras permanecem; reúnem-se ainda mais ameaçadoras! Prorrompeu a tempestade, a terra é abalada até as profundezas. Oh! Um relâmpago e terror! O destino fatídico exterminará o gênero dos Bearnais. A Majestade real decapitada[11].

---

[10] Henrique III foi assassinado em 1.8.1589. Henrique de Navarra também, em 30.4.1610 – nota de revisão

[11] Refere-se a Maria Stuart (1542-1587), que foi nora de Catarina por ter-se casado com seu primeiro filho. Stuart foi sagrada Rainha com a idade de seis anos – nota de revisão.

As últimas palavras mal puderam ser ouvidas. Henrique caiu pálido no tapete, com os olhos meio cerrados. Não obstante, Catarina tinha ouvido o que ele dissera.

– E Francisco? O que será de Francisco? Também morrerá sem herdeiro? – disse ela em tom alto, agarrando Henrique pelo braço.

Vendo que o mago estava imóvel, ela se endireitou. Estava carrancuda e de cenhos franzidos. Pensava: "Também ele, autêntico vidente, fala o mesmo! O Valois[12] será julgado. Mas ao menos o Bearnais e sua estirpe de Navarra serão vingados por mim. Não foi em vão que eu concentrei em você todas as forças do mal".

Ódio e fúria surgiram na expressão da Rainha. Seu punho cerrado parecia ameaçar o futuro desvendado a ela pelo vidente.

Nesse minuto Henrique se levantou. Dominando-se, Catarina lhe disse algumas frases de elogio e, a seguir, tirou do dedo um anel com precioso rubi e entregou-o a Henrique que, radiante e com ar servil, acompanhou até a porta sua importante visita.

---

[12] Os filhos de Catarina são "Valois"; Henrique de Navarra é "Bourbon" – nota de revisão.

RENÉ, O PERFUMISTA

Desde que se livrara de Marillac, Diana vivia como se estivesse num sonho feliz. Já na manhã seguinte ela foi correndo notificar Clemência sobre a felicidade que sentia.

A Condessa a cumprimentou sinceramente. Logo antes do almoço chegaram os dois condes e ela, alegremente, transmitiu-lhes a boa notícia. Diana e Raul trocaram apenas um olhar, mas, para eles, isso era o suficiente. Eles próprios, não sabendo como, viram-se abraçados. Armando e sua mulher comunicaram que, após evidente demonstração de entendimento mútuo, qualquer proposta formal seria desnecessária e naquele mesmo instante já se poderia anunciar o noivado.

A partir desse dia, conforme foi dito, nada perturbava a felicidade dos noivos. Raul parecia adivinhar os mínimos desejos de sua querida; ele a cercava de carinho, enchia-a com os mais caros presentes e ficava com ela todo o tempo livre. O olhar radiante da jovem e sua inocente tagarelice obrigavam o jovem a esquecer as importantes ocupações políticas que inquietavam seu partido.

Um perigo constante rondava os protestantes, o que era apenas refreado pela poderosa personalidade de Coligny e sua heróica valentia, fazendo com que ele ficasse em Paris, não observando a agitação popular católica, apoiada pelos espanhóis[1], por Guise, pelo Duque d'Anjou e pelo Papa, o qual, por

---

[1] Felipe II era Rei da Espanha na ocasião, e seu General era o Duque d'Alba (conforme nota do próprio Rochester, em *Abadia dos Beneditinos*, p. 252, 2ª ed., Lake, esse Duque teria

meio dos padres, fanatizava a multidão e preparava a ação revoltante registrada na História com o nome de "Noite de São Bartolomeu".

Mas Diana era jovem demais, inexperiente, e estava muito feliz para se aprofundar na política ou mergulhar em pensamentos sombrios. Seu olhar ingênuo via apenas o aspecto externo, e esse era brilhante, calmo e pleno de festas, caçadas e bailes. Estavam tendo lugar os preparativos para o casamento de Margarida de Valois com o Bearnais, e haveria muito divertimento e muita suntuosidade.

Diana e Raul também deveriam tomar parte nos bailes de máscara. O tempo da jovem estava totalmente ocupado em atividades com a Rainha, conversas com o noivo, controle do bordado do enxoval, dos vestidos e dos trajes que lhe seriam indispensáveis para as festas e os bailes de máscaras que estavam sendo preparados.

Além disso, a gentileza, abertamente manifestada pelo Rei ao partido dos protestantes, seu amor por Coligny, a quem o Rei chamava de "pai", e a persistência com que procurava arranjar o casamento da irmã eram garantias suficientes de segurança. E, assim, tudo parecia que estava indo para o melhor. Por isso, Diana soube dispersar todas as preocupações políticas do noivo com sua inocente tagarelice e sua inesgotável alegria.

Foi aí que a própria Diana, sem saber, estreitou as relações e adquiriu a simpatia de uma pessoa que todos temiam, odiavam e, com todas as forças, tentavam evitar: René, o fornecedor de perfumes para a Rainha-Mãe. Ninguém sabia como aquele quieto e sombrio italiano preparava incomparáveis cremes e ruges, que davam a impressão de interromper o curso dos anos e restabelecer a mocidade. Era possível conseguir com ele os melhores perfumes e cosméticos, indispensáveis às penteadeiras das damas da alta sociedade. Mas, em lugar desses inocentes remédios, era possível receber de René refinados venenos e elixires que provocavam alucinações horrorosas.

---

sido o "Bonifácio" do romance citado), ambos fanáticos pelo catolicismo. A Rainha da Inglaterra, de um lado, mandava tropas e dinheiro para defender o protestantismo e, de outro lado, a Espanha, fazendo o mesmo para os católicos. *H. de F.*, p. 372 – nota de revisão.

Ele era bem conhecido como terrível feiticeiro, não tendo rivais quando era preciso socorrer um herdeiro pobre que possuía um parente rico, mas muito resistente...

Sombrio e feio como sua terrível arte, René era cúmplice de numerosos crimes cometidos na pervertida sociedade. Serviam-se dele sem qualquer timidez, mas ao mesmo tempo o odiavam, pois, com seu ameaçador conhecimento, a qualquer momento, o cliente de ontem poderia ser a vítima de hoje...

Ele era considerado extremamente rico, mas levava vida retirada e solitária; não tinha amigos e julgava desnecessário admitir em sua vida íntima pessoas indiferentes ou indiscretas, o que podia se tornar perigoso.

Diana apareceu na venda do florentino para comprar perfume e cosméticos. Já ao primeiro olhar dirigido à moça, uma estranha agitação se refletiu no tenebroso rosto do italiano, e ele, durante muito tempo, ficou admirando o fresco e sorridente rosto de sua compradora.

Uma distante lembrança apagada pelos anos e pela vida surgiu do pântano do passado, lembrando ao sombrio e criminoso feiticeiro um episódio de sua mocidade. Àquela época ele amava uma jovem loira e sorridente como Diana, com a qual tinha estranha semelhança. Se a morte não tivesse ceifado aquela flor no auge da mocidade, a vida de René teria sido bem diferente...

Essa ocasional semelhança e o modo sincero e gentil da jovem granjearam a simpatia do florentino. Diante de Diana, René se desfazia em sorrisos.

Um acontecimento insignificante fortaleceu ainda mais essa boa harmonia: Diana tinha um pequeno cachorrinho, presente de Raul, muito querido por ela. De repente o animal adoeceu. Apesar de ser bem assistido, por todos os meios, o cãozinho piorava a cada dia. A jovem estava muito aflita; vendo que nada ajudava, começou a acreditar nas palavras de Gabriela de que o cachorro morreria de mau-olhado de uma dama que tinha elogiado excessivamente a beleza do animal, certamente sentindo inveja de sua dona. A ideia ficou na cabeça de Diana e

ela começou a pensar em René, cuja fama de feiticeiro já era conhecida por todos. Então ela resolveu lhe pedir que curasse o animal do mau-olhado. Muito emocionada, ela se dirigiu ao perfumista, escondendo debaixo da capa o cachorrinho. René, imediatamente, fez com que ela entrasse e, gentilmente, perguntou-lhe em que poderia ser útil.

– Eu vim, Sr. René, pedir-lhe um grande favor... – começou Diana indecisa, enrubescendo como uma cereja.

Um fino sorriso apareceu nos lábios do italiano. Ofereceu-lhe uma cadeira e perguntou-lhe amistosamente se ela não desejaria receber um elixir do amor, ou algum pó para eliminar alguma inimiga.

– Não, não! – exclamou Diana. – Eu sou amada e feliz. Mas se isso não fosse assim, então eu não desejaria utilizar de elixires que despertassem apenas um amor artificial; isso significaria que eu não seria capaz de despertar um sentimento verdadeiro. Que humilhação! No que diz respeito ao veneno, então, Deus me guarde de algum dia me utilizar dele! Não tenho inimigos. Nunca permitiria, senhor, vir tentar responsabilizá-lo perante Deus!

Um rubor sombrio, repentinamente, espalhou-se pelo rosto magro e enrugado do florentino. Aquela voz harmoniosa pareceu-lhe a voz de sua consciência, a voz da mocidade, que, pelos lábios de sua amada Ginerva, lembrava-lhe seu passado ainda não marcado pelos crimes cometidos. Um pesado e rouco suspiro soergueu o peito de René. Mas, ocupada com seu pensamento, Diana não notou a emoção do perfumista; levantando a capa, ela continuou:

– Olhe! Eu vim lhe implorar que cure este pequeno doente de um mau-olhado.

A emoção de René se transformou em espanto. Com um alegre sorriso, ele pegou o animal e examinou-o cuidadosamente. Depois, jogou algumas gotas de um líquido escuro na garganta do bichinho e deu alguns passes na cabeça do animal. Isso feito, devolveu o cachorro à jovem.

– Pegue, senhorita, este frasco e dê ao pequeno doente

cinco gotas de manhã e cinco à noite. Dentro de três dias o cachorro estará curado.

Diana calorosamente agradeceu ao perfumista e lhe estendeu um pequeno porta-níqueis, mas René fez um gesto negativo.

– Não, não. Tais ninharias não se pagam. Estou contente por tê-la servido, senhorita. Eu raramente chego a fazer uma bondade, até mesmo para um cachorro!

Não desejando ofender o terrível feiticeiro, Diana escondeu o porta-níqueis e estendeu a mão a René. Este apertou fortemente a mão dela e a acompanhou até a liteira.

Passadas algumas semanas, Diana soube que o florentino havia seriamente adoecido. A jovem resolveu visitá-lo, pois estava profundamente agradecida pela cura do cachorrinho.

Quando ela entrou, o doente, calado, com ar sombrio, estava sentado à janela. Diante do aparecimento de Diana, seu rosto clareou. Aspirou com prazer o perfume do buquê de lírios e rosas trazido por ela e, agradecido, disse:

– Como posso lhe agradecer por tal atenção a um velho feio como eu? Estas flores maravilhosas dadas para mim por encantadoras mãos renovam minhas forças. Quantas pessoas as quais prestei muitos favores importantes, e, no entanto, nenhuma se lembrou de mim!

Com a ingenuidade e a sinceridade que lhe eram características, ela se pôs a falar do noivo. Diana lhe contou sobre seu noivado, descreveu Raul e o amor que os ligava e soube trazer ao sombrio doente uma melhor disposição de espírito.

O gélido coração do florentino aqueceu, tocado por aquela demonstração de interesse da jovem, fazendo-o, até mesmo, recordar do amor da juventude. A própria Diana, não sabendo, revelou-se a única pessoa especial na Corte que era imune ao veneno e à feitiçaria, pois René jurou para si mesmo que ninguém receberia dele arma que fosse destinada a prejudicar a jovem, ainda que para isso pagassem tanto ouro quanto o peso dela.

* * *

Uma única circunstância causava desgosto a Diana: o estranho desaparecimento de seu amigo de infância. Ele parara, como fazia antigamente, de visitá-la e se relacionava com ela com cerimoniosa discrição. Além disso, ela soubera, pelo Duque de Nevers, que seu amigo de infância levava uma vida devassa.

Quando a jovem perguntara ao próprio René o que significava tal conduta, o Visconde, sorrindo, respondera que receava despertar o ciúme de Montfort, servindo-se em demasia dos privilégios de amigo de infância. Quando Diana começou a lhe falar com merecida reprovação da vida dissoluta, Beauchamp, impaciente, disse-lhe que tal controle ela tinha direito a empregar apenas com Raul.

Na realidade, René se sentia profundamente ofendido com ela, por olhá-lo como a um irmão – isso ele não podia desculpar. O Visconde não se conformava com o fato de que, em sua estúpida cegueira, a entregara a Montfort, dando nas mãos de Diana a arma graças à qual ela se havia libertado de Marillac. Desde que soubera do noivado de Diana, René Beauchamp quase deixara de lado a intenção de pedir o divórcio.

Ele não sabia que Marion trabalhava diabolicamente para se livrar dele de uma maneira muito mais radical do que por simples divórcio.

* ** *

Dia 17 de agosto se comemorava o noivado de Margarida com o Bearnais e o casamento já deveria ser no dia seguinte. Mas no 17 de agosto aconteceu tal agitação que muitos começaram a duvidar da realização daquele compromisso. Uma multidão fanática, com gritos e até berros, espalhava-se pelas ruas exclamando estrondosamente que Deus não permitiria tal união, que a fúria celestial cairia nos culpados e que haveria derramamento de sangue[2].

---

[2] O Rei da Espanha tentou se opor a esse casamento, considerando suas consequências inquietantes. Felipe II era um constante perigo a todos os países da Europa – nota de revisão.

Tendo se misturado com a multidão, Antônio Gilberto percorreu toda a cidade e voltou para casa intranquilo e até atemorizado. Avisou Raul de que aquela história terminaria mal e prenunciava um casamento sangrento. Ninguém se intimidava em ameaçar o Rei. Este ouvia com os próprios ouvidos. Um profeta gritava que se o Rei insistisse naquele casamento, então com ele iria acontecer como com Isaque: Deus o privaria do direito da primogenitura dando-a a Jacob. As ameaças endereçadas aos protestantes, então, eram terríveis!

– Ah! Senhor! Melhor seria que os senhores todos partissem; temo que algo de trágico poderá lhes acontecer aqui. Hoje de manhã, encontrei Gilles e ele me disse que, sem dúvida, algo está sendo preparado. A confraria está se armando secretamente e as quadrilhas de Guise estão crescendo a cada dia... – disse isso com lágrimas nos olhos.

O jovem Conde o ouviu preocupado, e balançou a cabeça:

– Eu não estou convencido de que o conselho seja bom; nós não podemos partir, Antônio. Hoje de manhã, meu irmão viu o Almirante e este lhe informou que não sairá de Paris enquanto não for realizado o casamento. Ele espera que todos os protestantes resistam tão firmemente quanto ele. Você está exagerando o perigo. O Rei é muito bom para nós e se relaciona com Coligny com amor filial. Até agora ele nos tem protegido bem abertamente e o povo não deu atenção. O povo vai urrar, se isso puder confortá-lo. Aliás, se as quadrilhas de Guise estão aumentando, os nossos estão chegando a cada dia. É preciso apartar o exagero do medo. Mas em 30 de agosto todos nós partiremos, isso já está decidido.

Pobre Raul! Ele não sabia que o perigo que considerava longe e ilusório já era uma realidade palpável! A participação de todos estava decidida e na escuridão estavam sendo afiadas as espadas que deviam golpear Coligny e todos os protestantes.

Durante todo o mês, o fogo político inventado pelo Partido Católico se espalhava cada vez mais. As últimas decisões corriam soltas pelo ar. A vitória de Coligny, pelo visto, tinha sido compreendida pelo Rei: obrigava o Duque d'Anjou a se unir a

Guise para eliminar o enérgico chefe e célebre combatente, um nome que já constituía uma força.

Na qualidade de agentes que tinham participado na preparação da Noite de São Bartolomeu, encontrava-se Briand de Saurmont; sob a influência do ódio pessoal e do ciúme, o Conde pensava apenas na carnificina e, à semelhança com muitos outros, precavidamente preparara uma lista de pessoas das quais se livraria nessa ocasião tão propícia – o massacre dos huguenotes. A cada dia que passava, isso se tornava mais provável. Tendo-se colocado na comitiva do Duque d'Anjou, Briand podia acompanhar todas as peripécias e intrigas da Corte, passadas entre o Rei, a Rainha-Mãe e Henrique, Duque d'Anjou.

O ódio e a rivalidade entre os dois irmãos não eram segredo para ninguém. Carlos IX por nenhum momento se enganara com relação àquela pessoa efeminada, que parecia uma mulher, usava colar e pó de ruge no rosto. Dócil, discreto e "respeitável", ele recusava obstinadamente deixar a França. Não queria sair para se casar com Elisabeth da Inglaterra, ganhando com isso o trono de lá, nem ocupar o trono da Polônia onde seria ele só o mandante. Carlos, o Rei, sentia-se em uma situação vergonhosa, que prejudicaria aquele que viesse a sucedê-lo. Às vezes Carlos IX se via possuído pela tentação de eliminar o impertinente irmão que ousava estender a mão ambiciosa à sua coroa.

Pelo caráter de Carlos IX, toda explosão e até assassínio eram coisas distantes, não possíveis.

Certa vez, Saurmont foi testemunha de uma cena entre os irmãos que provocou pavor no Duque d'Anjou e na Rainha-Mãe.

O Duque, em companhia de Saurmont e outros dois senhores, dirigiu-se ao aposento do Rei para saudá-lo. Carlos IX, em passos largos, andava pelo quarto e não lhe respondeu ao cumprimento; prosseguia em seu passeio colérico, olhando de soslaio para o irmão e, de forma hostil, segurava o cabo do punhal, o que fez com que Briand pensasse que ele apunhalaria o irmão. O Duque d'Anjou estava com a mesma impressão e empalideceu de tal forma que no mesmo instante recuou em direção à porta. Depois, aproveitando-se do instante em que

Carlos lhe deu as costas, ele se curvou rapidamente e agilmente escapou do quarto. O Rei logo notou a saída repentina. Não impedindo o irmão de partir, ele lhe lançou a seguir alguns olhares pouco tranquilizadores.

– Ufa! Escapei mesmo a tempo! – murmurou o Duque, não notando que Briand o tinha seguido. – Preciso acabar com esse canalha do Châtillon[3]. Ninguém como ele provoca desconfianças sobre mim!

Também os Guise não perdiam tempo. Desde o início de agosto, sob o pretexto da aproximação do casamento, eles encheram Paris com o exército de seus partidários. A luxuosa casa dos Guise, tendo abastecido os seus 15 episcopados, mantinha quadrilhas armadas. Além disso, todo um exército de senhores pobres, empregados, clientes afluiu de todos os lados "para acompanhar o Sr. de Guise" (essa era a fórmula sagrada e indicava que a pessoa estava ligada ao Partido). Entre essas pessoas estavam os católicos fervorosos, mas também havia muitos aventureiros acostumados a pescar em águas turvas. Todas essas pessoas foram divididas nos destacamentos e o comando foi dado para os de confiança. Briand e d'Armi também receberam o comando de um destacamento.

Foram tomadas todas as medidas de precaução. Todas as quadrilhas estavam alojadas nos domínios dos Guise e dos padres de Paris. Os respectivos chefes estabeleceram relações com oito cidades e dirigentes de confrarias. Bastava apenas o sinal para lançar toda aquela súcia ávida de sangue sobre os huguenotes espalhados pela cidade. Mas, naquele momento, tudo ainda se encontrava duvidoso, assim como era indispensável receber autorização do Rei, e ele, pelo visto, não estava disposto a permitir a carnificina.

No dia fixado para o casamento, 18 de agosto, todos esperavam conflitos sangrentos ou o adiamento da cerimônia, já

---

[3] O castelo de Châtillon pertencia a Coligny. Carlos IX apoiava amplamente Coligny e seus amigos, recebendo-os com intimidade no Palácio. No *Le Siècle de la Renaissance*, p. 236, diz que houve uma terrível querela entre a Casa de Guise e a de Châtillon, e que o Rei nada pôde fazer – nota de revisão.

que ainda não viera a permissão do Papa. Para espanto geral, tudo transcorreu em paz e com grandes comemorações.

Carlos IX sustentava que o Papa tinha consentido e que a permissão chegaria a qualquer minuto. O Cardeal Bourbon não pôde resistir mais.

Para que todos pudessem ver o casamento, o Rei mandou erguer um gigantesco palco. Toda a família real e a Corte assistiram à cerimônia. Comentava-se que a noiva estava apaixonada pelo Duque de Guise e era leal ao partido dele. Ela não queria dizer "sim", mas Carlos, vigiando-a sem constrangimento, bateu-lhe na nuca, fazendo com que ela expressasse um sinal afirmativo[4].

Terminado o casamento, não observando os papistas, os espanhóis e alguns outros, reinava uma grande alegria entre os huguenotes. Qualquer desconfiança entre os partidos tinha sumido. Nas intermináveis comemorações apenas se atinham a festas, danças e festividades; isso durante a noite, pois de dia se dormia.

O Rei se entregava a esses divertimentos com entusiasmo, como se se dedicasse a assunto importante.

Para aumentar a alegria dos protestantes, casou-se também o Príncipe de Condé[5], com grandes comemorações, e as festividades prosseguiram em honra aos recém-casados.

Era surpreendente a cegueira dos protestantes. Eles se dedicavam às festas com total entusiasmo e plena confiança, o que se torna totalmente incompreensível se levarmos em conta as advertências dadas a eles pelo destino.

Os próprios bailes e festas deveriam suscitar neles desconfiança e obrigá-los a manter cuidado, pois lá tudo era motivo

---

[4] A História registra esse fato como verdadeiro. *Os Huguenotes*, Otto Zoff, p. 124. Carlos IX tinha um humor muito variável e caprichoso. Uma história bastante contada em livros desse tempo: Carlos IX era mau, estripava animais, içava porcos, só pelo prazer de fazê-lo. Em certa ocasião, ele quis fazer isso para um jumento que não lhe pertencia, e sim a um pobre camponês, e este lhe teria perguntado: "O que este bicho tem a ver com o Senhor, Majestade?", fazendo com que Carlos IX caísse em si e desistisse da maldade – nota de revisão.
[5] Henrique I, Príncipe de Bourbon, filho do Príncipe de Condé, era também protestante. Regulava de idade com Henrique de Navarra, seu primo. Era sobrinho de Joana d'Albret, por parte do marido, Antonio de Bourbon. Foi um grande soldado. *Há muitos Henriques célebres nesse tempo da história da França. Houve até a "Guerra dos Três Henriques" (1586 a 1589), que teve por chefes Henrique III, Henrique de Navarra e Henrique de Guise. H. de F., p. 381* – nota de revisão.

de brincadeira com eles, cheias de maldade. Era impossível supor que o rude e apaixonado Carlos IX havia imaginado que antes de matá-los deveria trancá-los, ridicularizá-los, fazendo com que o crime cometido não tivesse maiores repercussões. Essa zombaria cruel era feita pelo Duque d'Anjou e pela traiçoeira italiana.

Esse dedicado irmão, a quem a história acusa de ter ciúmes e de amar Margarida[6], divertia-se em ridicularizar o jovem Bearnais, que tinha sido dado a ela como marido e que todos se esforçavam em apresentar como um imbecil.

Assim, foi realizado o baile de máscaras denominado "O Segredo dos Três Mundos", no qual era retratado um paraíso, repleto de ninfas, representantes da Rainha de Navarra e suas damas da Corte. A entrada era protegida pelo Rei e seus irmãos vestidos de cavalheiros. Em batalha simulada, distribuíam, por acaso, fortes golpes de lança, afugentando outros cavalheiros que tentavam penetrar no paraíso. Sob o comando de Henrique de Navarra e Condé, os cavalheiros estavam derrotados, jogados, e, finalmente, agarrados com os diabos que os arrastavam ao inferno. O inferno era refletido pelo subsolo. Os infelizes maridos estavam trancados lá. Sobre suas cabeças havia começado o balé que se estendia por mais de uma hora, sendo que Margarida dançava com Guise.

O Rei, o Duque d'Anjou e toda a sociedade estavam insensatamente alegres.

Por fim, aborrecidos com o encarceramento, derrubaram as portas e se armaram para dominar o paraíso. A batalha começou novamente. Mas subitamente ou de propósito, de vários lados aconteciam explosões de pólvora. Todo o ambiente se encheu de fumaça e de um cheiro sufocante de enxofre. E todos imediatamente se dispersaram.

No dia seguinte, houve uma nova apresentação alegórica,

---

[6] Em *Marguerite de Navarre – La Reine Margot*, de Jacques Castelnau, p. 51, encontra-se o seguinte: "(...) no jornal aparecido em Edimburgo, 1574, 'Le Réveille-Matin des Français et de leurs voisins' contém alusões escandalosas sobre estes casos. Margarida teria feito amor com seus três irmãos e, durante uma crise, teria feito confidências ao Bispo Grasse, seu primeiro capelão"- nota de revisão.

que ainda foi mais humilhante para os dois maridos do que o Baile das Máscaras do dia anterior: houve a apresentação de um torneio. O Rei de Navarra, o Condé e seus séquitos apareceram vestidos em trajes turcos, com turbantes verdes. Imitar turco não era nada lisonjeiro, principalmente naquele momento, quando os muçulmanos tinham acabado de sofrer a derrota de Lepanto[7] contra os espanhóis.

Mas, para Catarina e seu filho, não era suficiente que os protestantes tivessem sido derrotados por homens; eles foram forçados ainda a sofrer uma derrota para duas mulheres, pois o Rei e o irmão passavam por amazonas.

A ingênua Diana estava toda absorvida pelo seu amor. Tomava parte em todas as festas, alegrando-se sem qualquer segunda intenção. Ela estava contente com o fato de se fantasiar e agradar a seu noivo, surpreendendo-a o aspecto de Raul e de seu irmão no Baile das Máscaras "dos Três Mundos". A Condessa Clemência ficou indignada em saber o papel que os protestantes tinham sido obrigados a representar; ela não queria acreditar em nada e, sinceramente, amargurava-se com aquilo. Recusou-se a ir ao torneio e não permitiu que o marido fosse, sob o pretexto de doença.

Entre essas festas insensatas a desconfiança dos huguenotes estava adormecida e mascarada pelas maldades preparadas por Guise e Catarina. Desencadeou-se o atentado à vida de Coligny, o que provocou rapidamente a divisão de ambos os partidos, despertando-lhes o ódio.

---

[7] Lepanto, ou Naupacto, cidade da Grécia no Estreito de Lepanto. Antigamente porto importante perto do qual João da Áustria (filho de Carlos V com uma de suas amantes, portanto irmão unilateral de Felipe II) derrotou os turcos, chefiados por Ali-Paxá, o "kapudan" (generalíssimo turco), numa grande batalha. Esse evento foi muito comemorado por Felipe II – nota de revisão.

O Atentado 8

Na sexta-feira, 22 de agosto, quando Coligny estava voltando para casa e calmamente passava em frente a São Germano, houve um disparo de uma janela. A bala arrancou o dedo indicador da mão direita do Almirante; um segundo tiro lhe atravessou a mão. Alguns senhores da comitiva de Coligny acorreram em sua direção, mas o Almirante, sem qualquer inquietação, indicou a janela de onde tinham vindo os tiros dizendo:

– Previnam o Rei.

Conduziram o ferido ao pequeno e sombrio hotel, onde ele morava. No mesmo momento, saíram em busca de Ambrósio Paré, que não largou mais o Almirante até a morte deste.

A notícia sobre o atentado se espalhou com assombrosa rapidez pela cidade. Os protestantes de toda parte acorreram ao chefe de seu partido. Entre eles se encontravam também Armando e Raul. Foram os primeiros a saber do atentado, pois o hotel deles era perto da residência do Almirante. Quando os dois entraram, Coligny estava pálido e abalado, recostado na poltrona. Paré tinha acabado de lhe amputar o dedo ferido e se ocupava da outra mão. Alguns amigos que seguravam o doente choravam amargamente, mas o Almirante nem sequer piscava, cumprimentando com leve sorriso os dois irmãos. Ele disse:

– Isso ainda é uma graça de Deus!

– Sim, Almirante. Agradecemos a Ele. Ele é o Salvador – respondeu Armando, profundamente emocionado.

Todavia a evidente tranquilidade do Almirante não se repartia entre os rostos dos que o rodeavam. Os cavalheiros reunidos, fervendo de ódio e sanha, decidiram sobre quem a culpa do atentado recairia. Uns acusavam abertamente Catarina e o Duque d'Anjou, outros acusavam Henrique de Guise. Um deles afirmava que tinha encontrado Cheplin se dirigindo à casa de Guise e indo com uma pessoa mascarada lembrando o Príncipe de Lorena e Maurevert. Ambos iam para São Germano, de onde fora feito o disparo.

– Verdade, eu não tenho inimigos, exceto os Guise, mas não afirmo que o ataque tenha sido conduzido por eles – observou Coligny.

– Eles, e ninguém mais, cometeram esse ato infame! Eu, agora mesmo, ficarei na chefia de alguns destacamentos de confiança e prenderei esses miseráveis no próprio hotel! – comunicou um impetuoso jovem.

Algumas cabeças quentes imediatamente se uniram à dele, mas Coligny severamente os proibiu de qualquer violência.

Foi nesse momento que chegaram os marechais Damville, Cossé e também Teligny[1], e neles se concentrou o interesse geral.

– Sua Majestade tem conhecimento do que aconteceu? – perguntou Coligny inclinando a cabeça, cumprimentando os que tinham chegado e procurando se informar sobre a saúde do Rei[2].

– Como! Eu mesmo estava com o Rei quando chegou essa fatal notícia! – exclamou Teligny. – Nesse momento nós jogávamos com o Rei e Guise[3]. Sua Majestade ficou terrivelmente emocionado, em pé, parado como se estivesse petrificado. Depois,

[1] Teligny era o genro de Coligny. Henrique Damville e Arthur de Cossé, entre outros nomes de projeção, formaram um "Partido Magníf co" (a união dos protestantes e dos católicos ansiosos por ver cessada a luta que trazia tanta destruição e morte à França), mas a "São Bartolomeu" arruinou, por um tempo, suas esperanças; no entanto, Francisco d'Alençon, o último filho de Catarina, aceitou estar à frente desse "Terceiro Partido". Foi em casa de Michel d'Hopital que teve início "A Liga", isto é, o Terceiro Partido – nota de revisão.

[2] Nessa época Carlos IX já estava tísico – nota de revisão.

[3] Carlos IX jogava bola quando lhe vieram anunciar o atentado. A emoção era considerável no Louvre. Aliás, a situação na França era tão tensa que o próprio Coligny sempre repetia: ou a guerra civil ou a guerra com os estrangeiros. *Le Siècle de la Renaissance*, de Louis Batiffol, pp. 229-230 – nota de revisão.

rapidamente, voltou a si e deu ordens que o Marechal informará ao Senhor. Foi ordenado que todos os católicos que moram aqui perto devem sair. Mesmo os nossos não podem se reunir ao redor do Senhor ou protegê-lo de qualquer novo atentado.

— Para que tudo isso? A palavra e a proteção do nosso querido Rei são melhores do que mil boas lâminas — disse Coligny. — Apenas eu ficaria muito contente e feliz em ver Sua Majestade.

Damville e Teligny no mesmo instante se ofereceram para transmitir a Carlos IX o desejo do ferido.

Entre os protestantes a agitação estava aumentando e a cada instante chegavam pessoas armadas. Logo o pequeno hotel e todas as ruas vizinhas estavam cheios. Na multidão comentava-se em tom alto sobre os culpados do delito, espalhando-se maldições e ameaças. Propunha-se a tomada de diversas medidas. Queriam levar o Almirante de Paris, ou dar ao Rei queixa de Guise, a quem acusavam desse crime.[4]

Subitamente, no auge desses raciocínios, souberam que o Rei viria visitar o ferido. Essa notícia provocou a mais favorável

---

[4] Antigo professor do Duque de Guise, Canon de Villemur tinha uma casa por onde passava todos os dias Coligny, para ir à igreja. A servente de Canon escondera Maurevel em seu quarto durante a noite e, de manhã, quando Coligny dobrava a esquina, ressoara o tiro, por detrás da cortina cobrindo a janela. Maurevel jogou a arma numa mesa e saltou em cima dum cavalo guardado para ele no jardim. Aconteceu que não tinha matado o Almirante; a bala se alojara no braço do grande homem (a História registra o braço esquerdo e o dedo indicador da mão direita). Diversas pessoas de sua comitiva se lançaram para dentro da casa, porém só encontraram a arma fumegante. Levaram Coligny para casa e o Rei de Navarra foi para lá imediatamente. Em todas as partes, em salas e ante-salas, os huguenotes estavam excitados, horrorizados, unanimemente acusando os Guise e o Duque d'Anjou. A indignação deles crescia à medida que falavam; alguns até queriam assaltar o Louvre e matar o jovem Guise. Outros os detiveram, a fim de que não acontecesse infelicidade maior aos protestantes. *Os Huguenotes*, p. 125. Em *H. de F.*, p. 375, lê-se: "(...) quando Coligny saía do Louvre". A p. 376 (rodapé) cita que uma arma de fogo daquele tempo atingia no máximo uma distância de 160 metros. No *Le Siècle de la Renaissance*, p. 229, diz que a bala se alojou no cotovelo e que Ambrósio Paré teve que trinchar seu braço para tirá-la, logicamente sem anestesia... A inimizade entre o Duque de Guise e Coligny é registrada pela História. Os Guise acreditavam que Francisco de Guise (o pai desse Duque) tinha sido assassinado a mando de Coligny, em 1568. Os Guise pertencem a um ramo mais moço da Casa de Lorena. Os dois braços, Guise e Lorena, foram unidos em 1473. Esse Duque de Guise, nesse ano de 1572, tinha apenas 22 anos. Em 22.12.1588 morreu assassinado a mando de Henrique III. Conta a História que ele chegou a ser prevenido, mas achou que não ousariam. Henrique III mandou uma guarda de 45 homens que o esfaquearam. Então Henrique o puxou pelo pé, dizendo: "Ele é maior morto do que vivo" (*H. de F.*, p. 382). Henrique III também morreu assassinado, em 1.8.1589, e Catarina de Médicis faleceu em 5.1.1589, portanto poucos dias após o Duque de Guise – nota de revisão.

impressão nos huguenotes. Mas quando surgiu o cortejo real, esse bom sentimento mudou radicalmente para uma hostilidade pouco discreta. Isso aconteceu porque atrás de Carlos IX estava a liteira da Rainha-Mãe. Perto, a cavalo, o Duque d'Anjou. Fez-se um silêncio sinistro. Com a mão no cabo do punhal, os protestantes cochichavam entre si, todavia, tão alto que as frases irreverentes e hostis chegavam até os ouvidos de Catarina e do Duque.

Coligny estava não menos desagradavelmente derrotado, em ver atrás de Carlos IX a Rainha, vestida em seu eterno véu fúnebre, o astuto e adocicado rosto do Duque d'Anjou e de Gondi, o sagaz conselheiro deles.

O Rei tratou bem o ferido. Em calorosas expressões, demonstrou seu desgosto em face do atentado e prometeu dar um exemplo severo[5]. Por fim ele ordenou que lhe mostrassem a roupa do Almirante e durante muito tempo examinou a manga ensopada de sangue.

Coligny agradeceu emocionado ao Rei, recebendo com frieza e cortesia comedida as condolências de Catarina e de seu querido filho. Após a conversa política durante a qual o Almirante expressou as queixas e acusações e deu alguns conselhos, ele pediu ao Rei para se abaixar e sussurrou algo em seu ouvido:

– Não se esqueça, Senhor, minhas advertências. Se o Senhor valoriza a vida, tenha cuidado!

Diante dessas palavras seu olhar cortante se dirigiu à Rainha e ao Duque d'Anjou, com uma expressão que significava que era impossível de se enganar.

---

[5] Gaspar de Coligny era ao mesmo tempo um cortesão, um eremita, um lutador e um beato. Não queria que todo o Continente Sul-Americano pertencesse à Espanha. Era herói de muitas batalhas e estava no auge de sua carreira. No mês de maio de 72, tudo parecia ganho para ele. Elizabeth da Inglaterra, tendo rompido com Felipe II da Espanha (a protestante contra o católico), concluiu um Tratado Defensivo. Coligny lutou com Guilherme I de Nassau, da Holanda, e contra Felipe II. Carlos IX, então com 22 anos, tinha olhos e ouvidos voltados para o Almirante Coligny e, se a Espanha conseguisse subjugar os Países Baixos, não haveria liberdade para o resto da Europa, pois o Rei espanhol queria toda a Europa católica! Carlos falava com ele até altas horas da noite e se entusiasmava muito com seus planos. O Rei mandou pagar do Tesouro 200.000 libras ao Almirante para reembolsá-lo de seus prejuízos durante a guerra civil e lhe deu, por ano, a receita de seu irmão, o Cardeal de Châtillon, recentemente falecido no exílio, a qual tinha sido confiscada como propriedade de rebelde. *Os Huguenotes*, p. 121, e *H. de F.*, p. 342 – nota de revisão.

O Rei empalideceu e, tremendo, endireitou-se.

– Eu não esquecerei suas palavras. Repito, meu pai, seu ferimento para mim representa desgosto e ofensa. Mas eu me vingarei de tal forma que se lembrarão para sempre.

Terminado esse terrível juramento, ele levantou a mão, sendo que seus olhos brilhavam de raiva, voltando-se para o rosto pintado e feminino do irmão.

Nesse momento, a Rainha-Mãe colocou a mão no ombro do Rei e, calmamente, disse:

– Já está na hora de irmos, Carlos; meu filho está muito irritado e está inquietando o Almirante. Não se deve forçar um doente a falar tanto.

O Rei ficou triste, pensativo e se retirou. O Duque d'Anjou ficou ainda mais alguns minutos para conversar amigavelmente com o Almirante e informou-o de que ordenara à guarda real ficar ao redor de sua casa, dando proteção. Certamente ele se absteve de acrescentar que havia designado como chefe da guarda um inimigo mortal do Almirante...

Madrugada e dia seguinte, 23 de agosto, passaram em febril agitação. Rumores alarmantes circulavam pela cidade; uns contavam que os protestantes queriam degolar Henrique de Guise, outros acreditavam que o Duque de Montmorancy[6] tinha saído de Paris com o séquito para buscar reforço, que voltaria com grande destacamento de cavaleiros e huguenotes e que atacaria e mataria os católicos. Com isso os habitantes e as Irmandades aos poucos se armavam, esperando apenas o sinal para se atirarem sobre os protestantes. Mas faltava ainda o mais importante: o consentimento do Rei.

Eram cerca de oito horas da noite. Na pequena sala de estar contígua ao dormitório, Carlos IX estava sentado à mesa[7], sorumbático e pensativo. Diante dele a mesa de xadrez com as peças derrubadas; o Rei girava nervosamente o cabo do punhal ou acariciava uma grande faca de caçador que estava em

---

[6] (1534-1614) era o Governador da Ilha de França, e não obedeceu à ordem de matança na Noite de São Bartolomeu, a primeira. *Os Huguenotes*, p. 130 – nota de revisão.

[7] Catarina ocupava o apartamento exatamente abaixo do apartamento de seu filho-Rei – nota de revisão.

seus joelhos. Atrás da cadeira real, caladas, estavam algumas pessoas da Corte. Foi aí que o pajem soergueu o reposteiro e Catarina de Médicis entrou no quarto. Um véu preto destacava ainda mais a palidez de seu rosto. Um áspero e ao mesmo tempo indeciso olhar dela percorreu o quarto. Indo em direção ao Rei, ela lhe disse em voz baixa:

– Preciso falar com o Senhor, Carlos.

– Vão embora, senhores. Se precisar, chamarei... – disse o Rei com gesto ríspido, liberando os cortesãos. Depois, voltando-se em direção à Rainha, acrescentou de modo rude:

– Diga o que de importante a senhora tem para me dizer.

– O Senhor precisa agir bem rapidamente, meu filho, destruir os huguenotes, antes mesmo que eles o liquidem.

– Não me faltam inimigos, além dos huguenotes! Conheço príncipes católicos que matam desprezando as minhas ordens. Mas eu lhes ensinarei a respeitar a minha vontade! – disse Carlos de forma violenta.

– O Senhor, Majestade, está se referindo a Guise? – perguntou a Rainha, sendo que seu olhar perturbado evitava o olhar do filho. – Mas há algumas horas eles humildemente nos declararam que estão abatidos com a calúnia e a desgraça; imploram-lhe que os deixe partir...

– Mas como? Eu lhes respondi que podem partir, que eu saberei encontrá-los, se isso for necessário para a justiça.

– Senhor! Senhor! Não se deixe levar e não persiga os príncipes católicos e a Santa Religião. Os huguenotes audaciosamente desprezam o Senhor e estão convocando esforços, levantando cidades. Se o Senhor não agir, os católicos mesmo começarão a agir e encontrarão um chefe. O Senhor, Carlos, ficará sozinho e não encontrará um só lugar na França para onde fugir.

O Rei saltou da cadeira e deu algumas voltas pelo cômodo. Depois, passando em frente a Catarina, perguntou ironicamente, com raiva:

– Oh! Que conselho traiçoeiro! A mulher cristã exige mortes

e massacres de inocentes! A senhora acredita que apenas isso é necessário para o meu bem?

A Rainha corou e nos seus olhos havia um brilho odioso.

– Oh! Eu reconheço nessas palavras a influência maldita do huguenote que o está envenenando com boatos e desviando o Rei das pessoas mais próximas. Que mulher infeliz eu sou! Por que eu não voltei para Florença e morri calmamente lá, não chegando até este dia fatal?

Subitamente, ela se endireitou e acrescentou com raiva:

– Este inferno de desconfiança, ele infundiu no Senhor ontem, quando lhe falou no ouvido. Diga, Carlos: o que lhe falou? Eu quero saber!

O Rei se voltou, não falando sequer uma palavra, mas Catarina prosseguia insistindo, ora com súplica, ora com indignação, para que ele lhe dissesse o que o Almirante tinha lhe falado ao ouvido.

Não considerando a irritação e a forte agitação de Catarina, o Rei se recusava a falar, mas de repente exclamou:

– O que ele disse? Trate de saber, se for possível. Ele disse que todo poder passou para as mãos da senhora e que ficarei muito mal.

Dando-lhe as costas ele saiu para seu aposento, batendo a porta com força.

Pálida, com os lábios tremendo, Catarina se apoiou na mesa, franziu as sobrancelhas e se pôs a pensar. "É preciso acabar com isso, não desperdiçando tempo – eliminar Coligny, senão ele me matará e também ao Duque d'Anjou."[8]

Abrindo a porta silenciosamente, ela perguntou ao pajem se Gondi[9] estava e ordenou que o chamassem imediatamente.

Passados dez minutos, entrou no quarto um italiano velho. E começou entre eles uma conversa a meia voz. Ela disse:

– Gondi, de que maneira poderia persuadir o Rei? É indispensável conseguir agora mesmo as ordens dele, assim como

---

[8] O temor de Catarina fazia sentido, pois Henrique de Navarra tinha foros de nobreza o suficiente para ser Rei, usurpando o lugar de seus filhos. O Duque de Guise também, como descendente de Carlos Magno – nota de revisão.

[9] Gondi era o secretário italiano de Catarina que foi encarregado de persuadir Carlos IX a fazer a matança. *Os Huguenotes*, p. 125 – nota de revisão.

eu devo mandar a última ordem a Guise e Marcel[10]. Todo minuto é precioso.

Abalado e aflito, com os nervos tensos, o Rei andava pelo dormitório como um leão na jaula. O aspecto de seu antigo e pálido preceptor, com expressão de medo no rosto, provocara em Carlos uma desagradável impressão. Ele sentia que a luta ainda não estava terminada e se largou numa poltrona.

Lembrando o movimento das cobras, o italiano se aproximou dele, curvou-se no encosto da poltrona e, com voz baixa mas convincente, pôs-se a persuadir o Rei de que lhe era imprescindível agir, não perdendo tempo, pois os huguenotes estavam em tal desespero que não apenas acusavam Guise, a Rainha e o Duque d'Anjou, como também acreditavam no consentimento dele, o Rei, e tinham decidido nessa noite pegar as armas. Gondi via que para Sua Majestade havia um grande perigo: era ameaçado pelos protestantes e pelos católicos de Guise. Em todo caso sua situação era muito perigosa. A família do Rei era acusada (e não completamente sem fundamento), assim como a Rainha e o Duque d'Anjou, de ter feito o atentado e de querer se vingar do Almirante pela sua ofensa pessoal.

O Rei empalideceu tragicamente. Quando Gondi acrescentou que o povo tinha se armado e era preciso lhe dar qualquer vítima, ele passou a mão pela testa úmida e exclamou:

– E, a propósito, eu proibi quem quer que seja de pegar em armas.

O medo o tinha contagiado. O medo do italiano, seu tremor visível e a figura irritante causavam efeito na natureza exaltada e impressionável de Carlos. Ele, pelo visto, enfraquecera, pois não fez nenhuma objeção quando Gondi começou a lhe recordar os memoráveis massacres semelhantes à Noite Siciliana[11] e a desenhar toda a grandeza política do ato que exigiam dele.

---

[10] A História diz: Marcel e Charron, prefeito dos comerciantes, sendo que Marcel era precedente no cargo. *Os Huguenotes*, p. 126 – nota de revisão.

[11] De fato, houve, em tempos precedentes, alguns massacres com muitas mortes. Assim foi o de Vassy (17.2.62), por ter sido dado o consentimento aos protestantes de fazerem seu culto, durante o dia, fora do recinto das cidades fechadas. Felipe II da Espanha não gostou.. – nota de revisão.

Catarina, silenciosamente, soergueu o reposteiro e perpassou em direção à poltrona real, na qual estava sentado o Rei, com os olhos fechados. Em seu rosto desfigurado lia-se claramente uma trágica luta.

– Carlos! – murmurou a Rainha, inclinando-se em sua direção. – Seja homem! Não destrua a si e à França com a fraqueza criminosa; o Senhor deve dar essa satisfação a seus súditos católicos.

Carlos estremeceu e se endireitou:

– Todos os meus súditos possuem o mesmo direito da minha proteção – disse, com voz rouca. – Os huguenotes reuniram-se aqui acreditando na minha palavra real e nos tratados, e eu devo dar o sinal para o assassinato de Coligny, para o massacre de milhares de inocentes!... Quantas vidas eu devo carregar em minha consciência? Devo manchar minhas mãos de sangue e sacrificar meu nome na maldição de seus descendentes? Não! Isso é demasiado!

– Acalme-se, Carlos! Não se esqueça de que você condenou os cães heréticos, e nosso Santo Pai, o Papa, enviou ao Senhor a permissão para tudo fazer pela grandeza de nossa religião[12]. O assunto atual da justiça será unido com a virtude e de maneira alguma olharão para ela como para um crime.

Carlos deu um salto.

– Ah! Eu certamente não duvido nem um pouco da imparcialidade do Santo Pai, mas eu queria ter certa garantia de que a permissão papal me seguirá ao trono crepuscular e o sangue derramado não cairá sobre mim. No livro santo está escrito: "tendo levantado a espada, pela espada morrerá".

Não esperando resposta, ele saiu para o oratório e se ajoelhou diante de uma enorme cruz preta de madeira. Com os joelhos trêmulos, ele olhava o rosto suave e sofredor de Cristo,

---

[12] Após a morte de Francisco I, quando Henrique II subiu ao trono, por um Tratado de Roma, o Rei francês tinha o direito de preencher os lugares eclesiásticos a seu bel prazer. Era o meio econômico e fácil de recompensar os soldados e políticos que prestavam serviços à Coroa. Isso reduzia o número de seminaristas, mas os guerreiros substituíam seus soldos pelas opulentas rendas das abadias, onde se vivia suntuosamente. Todos queriam entrar nessa abundância, e até as concubinas nomeavam e demitiam bispos – nota de revisão.

e procurava no Salvador do Mundo a resposta à terrível dúvida dilaceradora de sua alma. O rosto pálido do Rei, com o olhar desconcertado e o suor abundante a lhe cobrir a testa, mostrava claramente a luta terrível que se passava nele, entre os princípios de bondade, compaixão e grandeza real e os poderosos argumentos da política e os desejos do partido.

– Misericordioso redentor! Inspirai-me! Dai-me o sinal da vossa vontade... – balbuciou Carlos, batendo em seu peito e levantando as mãos em oração fervorosa.

Mas os céus se calaram.

Nesse minuto atroz, quando se decidia o destino de milhares de criaturas, nenhuma voz do espaço se ouviu a favor dos condenados para iluminar a sombria alma do Rei, a qual oscilava entre o terrível crime e a pressão já se exercendo sobre ele. Indeciso e vacilante, mergulhado numa tristeza mortal, olhava para o crucifixo. De repente Catarina colocou a mão em seu ombro e murmurou:

– Em que está hesitando? Deus está lhe dizendo pelos lábios de Seu Servo e está mostrando o caminho para o bem da Santa Igreja e glória de Cristo. O tempo urge e estão esperando a decisão do Senhor. Cada minuto perdido pode arruinar a sorte desse grandioso assunto. Amanhã mesmo, quando amanhecer, o momento exato já terá passado.

O Rei se levantou e, tirando a mão da Rainha de seu ombro, vacilando, encostou-se na parede. O rosto pálido se cobriu de manchas vermelhas e os olhos se injetaram de sangue. Assim, ele prorrompeu numa estridente risada e, estendendo a mão ao crucifixo, exclamou, com voz rouca:

– Vós estais calado, Cristo, portanto estais concordando; assim, então, todo esse sangue será derramado em vosso nome.

Ele foi para seu aposento e disse, dirigindo-se a Gondi e à Rainha que o seguiam:

– Eu me rendo. Mande a ordem de matar Coligny e os huguenotes.

Vacilando como um bêbado, esgotado, deixou-se cair na poltrona e gritou:

– Vinho! Deem-me de beber!

Passado um minuto, o pajem lhe deu uma taça; com a mão tremendo febrilmente, esvaziou-a de uma vez. Depois ordenou seguidamente que a enchesse.

Catarina e o Conselheiro saíram despercebidamente do quarto.

CARTA COMPROMETEDORA 9

Desde o atentado contra Coligny, Diana vivia nervosa e preocupada. Tudo o que se falava no Louvre era pouco animador para os huguenotes. As conversas no hotel de Montfort também não eram nada tranquilizadoras. O perigo que seu noivo poderia correr num conflito sangrento afligia o coração meigo da moça; ela desejava imensamente deixar Paris, onde se sentia como num vulcão. Movida pela preocupação, Diana se dirigiu na manhã de 23 de agosto à casa do Duque de Nevers para saber as novidades do dia.

Quando subia as escadas encontrou o Duque de Guise descendo os degraus apressadamente, com a mão no bolso. Seguramente levava algo muito precioso. O Duque, distraído, inclinou-se à jovem, cumprimentando-a. Para Diana pareceu que algo o comprometia. Realmente, alguns degraus acima ela viu uma carta caída no tapete. A moça a apanhou para devolvê-la ao Duque, mas este já havia sumido. O pedaço de papel estava amassado como um velho pergaminho e ela não lhe atribuiu nenhum significado. Colocando-o no bolso, intencionou devolvê-lo à Duquesa de Nevers[1]. Todavia esta estava

[1] Só a título de curiosidade, no *H. de F.*, p. 377, consta: "O Rei de Navarra e seu cunhado, o Duque d'Alençon, quiseram se apoderar do trono. A Rainha de Navarra (Margot) e a Duquesa de Nevers tinham como amantes Aníbal Coconasso e Bonifácio La Molle, dois conjurados envolvidos nessa trama, cuja história é bem contada em *A Rainha Margot* de A. Dumas. Esses dois homens pagaram com a decapitação em 30.4.1574. Os príncipes e marechais estavam sob estado de prisão, quando a morte de Carlos IX (30.5.1574) suspendeu a pendência. As duas mulheres mandaram levar, à noite, os restos dos condenados para enterrá-los na Capela de São Martin, em Montmartre, mandando embalsamar suas cabeças,

cautelosa, preocupada e taciturna como nunca antes estivera. Achando que o bilhete poderia agravar o mau humor da Duquesa – e como esta, além do mais, declarasse estar com muita dor de cabeça –, Diana apenas a cumprimentou e foi ao encontro de Clemência. Esta também estava triste e preocupada.

Aproximadamente às seis horas Armando e Raul voltaram da casa do Almirante e falaram da visita que o Rei fizera ao ferido. Os dois estavam satisfeitos e contentes. Disseram estar o Rei deveras indignado, que havia prometido mostrar pulso firme no caso do atentado e que seu relacionamento com Coligny era esplêndido. Finalizando, afirmaram que todos e todas podiam ficar tranquilos. Essas palavras convenceram Diana e logo ela e Raul, numa conversa carinhosa, esqueceram tudo o que não se referisse aos dois. Depois o rapaz acompanhou a noiva ao próprio Louvre e retornou para casa.

Quando a Rainha foi se deitar, Diana se retirou aos seus aposentos pedindo a Gabriela que lhe tirasse a roupa e preparasse seu cabelo para dormir. Feito isso, deitou-se. No entanto, como não queria dormir ainda, começou a conversar com a camareira que arrumava as coisas.

– Onde quer que coloque esta carta, *mademoiselle*? – perguntou Gabriela, tirando do bolso o bilhete perdido por Guise.

– Dê-me e aproxime a luz... – disse a moça.

Ela olhou o endereço: a carta era destinada ao Duque.

Tomada de curiosidade, Diana abriu o bilhete e leu o seguinte:

"Caro Duque! Apesar do meu forte desejo, não foi possível vê-lo hoje. Quero lembrá-lo de sua promessa: aproveitar-se desta noite para me livrar do meu importuno marido. Agradeço antecipadamente, amável e grandioso Henrique, pela liberdade que haverá de me proporcionar. Esta será uma verdadeira dádiva real, daquelas que somente você sabe dar".

Assustada, Diana fixou seu olhar demoradamente na assinatura de "Marion". Era o nome da esposa infiel do Visconde de Beauchamp, e conhecida amante do Duque de Guise. Mas

---

que tiveram as bocas cheias de joias e embrulhadas em panos". Stendhal perpetuou essa trágica história em *Le Rouge et le Noir* – nota de revisão.

seria possível que ela planejasse o assassinato do marido e que o Duque a ajudaria nesse plano terrível?! Repentinamente, profunda tristeza tomou o coração da moça. O que significava aquela estranha frase: "aproveitar-se desta noite"? Acaso algo se preparava contra os protestantes? Mil sons de alarme começaram a ecoar em sua mente. Não estando em condições de adormecer, levantou, ajoelhou-se e começou a orar ardentemente.

Entrando silenciosamente, Gabriela interrompeu a oração de Diana. Esta perguntou:

– Deseja me dizer alguma coisa, Gabriela?

– Senhorita, o Sr. René, perfumista da Rainha-Mãe, está agora à porta e me deu este pacote. Disse que isto é a pomada encomendada pela senhorita e que ficaria feliz se experimentasse agora mesmo sua qualidade.

– Hora estranha escolheu ele... – notou Diana, tomando maquinalmente o pacote nas mãos.

– Sim, senhorita, é uma hora da manhã[2]. Contudo, hoje ninguém consegue dormir no Louvre. Lodri, que, como sabe, é da mesma aldeia minha, me disse que pelo visto algo está sendo preparado. Com o Rei de Navarra se reuniram 30 ou 40 senhores discutindo ardentemente.

Diana, mal ouvindo essa fala, impaciente, tomou o embrulho e abriu a lata de faiança[3]. Com a pomada havia um fino papel de pergaminho. A moça o tomou e, completamente apavorada, leu o seguinte: "Diga a seu noivo para fugir ou se esconder. Faça isso sem perder um só minuto, ou será tarde. Nesta madrugada todos os huguenotes serão assassinados. Destrua o bilhete".

Diana se sentiu petrificada. Tremendo de pavor, ordenou a Gabriela vesti-la o mais rapidamente possível. Enquanto a camareira lidava com a saia e a abotoava, Diana pensava em como agir. A tão altas horas, não era nada fácil sair do Louvre, e arriscar-se a ir sozinha pelas ruas era quase um perigo de

---

[2] O sino da igreja de São Germano tocou à uma e meia. *Le Siècle de la Renaissance*, p. 234 – nota de revisão.
[3] Faiança – louça de barro esmaltado – nota de revisão.

morte. Apesar disso, não hesitou um segundo. Naquele momento, o mais importante era sair do Louvre. Para avisar Raul e os parentes, ela arranjaria um jeito de entrar no hotel Montfort.

Quando Diana se aprontou, tomou a camareira pela mão e se livrou do bilhete. Pediu a Gabriela não abrir a porta a ninguém além dela, e se lançou à procura do Sr. de Nancy, capitão da guarda, sempre amável com ela e grande admirador de sua beleza. Diana contava com ele para escapar do Louvre. Conseguiu achar o Sr. de Nancy sem dificuldades. Ela se aproximou dele, ofegante e trêmula dos pés à cabeça – qualquer atraso numa ocasião em que os minutos eram contados agravava seu desespero.

Ao ver a jovem vestida sem cuidados, despenteada e pálida como um defunto, lançando-se desesperadamente em sua direção, o oficial se assustou. Seu espanto aumentou ainda mais quando Diana, com lágrimas nos olhos, lhe implorou tirá-la do Louvre.

– O que tem na cabeça, senhorita? Aonde vai sozinha de madrugada? Uma mulher não pode se arriscar a sair numa hora dessas...

Diana nada respondeu, apenas ergueu as mãos juntas em súplica. Em seu olhar brilhavam tamanho desespero e tamanha angústia que o valente capitão ficou comovido.

Ele lembrou que o noivo dela era huguenote e não teve dúvida de que a moça estava ciente do que se preparava. Como numa guerra civil o derramamento de sangue desperta asco, sentiu compaixão e pena da moça e resolveu ajudá-la a salvar seu noivo de boa família. Pelas profundas convicções do Sr. de Nancy, houve muita bondade nesse ato.

– Vamos! – disse ele, decidido. – Eu autorizarei a saída e para sua segurança ordenarei a um soldado acompanhá-la até o Hotel Montfort, onde, penso, deseja se dirigir.

– Obrigada! Que Deus o pague pela sua bondade! – disse Diana, apertando fortemente a mão do valente capitão.

Dez minutos depois, Diana, coberta com uma capa preta,

saía à rua acompanhada de um velho soldado, armado dos pés à cabeça.

As ruas estavam vazias e silenciosas; as casas, hermeticamente fechadas.

Diana chegou ao Hotel Montfort sem encontrar uma única alma viva. O hotel estava fechado e envolto na escuridão. Era evidente que todos estavam dormindo. Aflita, impaciente, Diana começou a pensar em como entrar na casa. É claro que ela podia bater à porta principal acordando o porteiro, mas achou perigoso; melhor fazê-lo em silêncio e discretamente.

De repente ela lembrou da portinhola do jardim e da janela da casa do jardineiro dando para a travessa. Passado um minuto o soldado bateu com força na persiana. Logo uma voz assustada perguntou o que queriam.

– Sou eu, Jacob, Diana de Mailor. Deixe-me entrar. Fique com este soldado. Espere-me! – disse ela assim que se abriu a cancela.

Passando como um relâmpago pelo porteiro, ela voou ao jardim.

A Morte do Almirante

De outro lado, o Conde de Saurmont impacientemente esperava o morticínio que deveria lhe proporcionar a oportunidade de se livrar do detestável oponente.

O atentado a Coligny dera a entender que se aproximava um derramamento de sangue. Notando uma atmosfera propícia para a realização de seus objetivos, o Conde engajara-se numa febril militância contra os adversários. Encontrara-se com Marcel, antigo chefe dos comerciantes, e se certificara de que os cidadãos estavam armados. Além disso, por onde o Conde passava, estimulava o fanatismo religioso e o ódio aos huguenotes. No sábado à noite Briand dera o último giro e pudera constatar que todos esperavam apenas um sinal para se lançar sobre os protestantes e para, nos diversos bairros, os grupos dos partidários de Guise se levantarem. Depois se dirigira ao hotel do Duque, cujo pátio estava repleto de soldados, cada qual levando no braço uma faixa branca como sinal de identificação. No salão inferior reuniam-se os oficiais e os senhores comandantes dos bandos, entre os quais se encontrava d'Armi, cujo olhar brilhava de cobiça, como se não houvesse dúvida de que o massacre seria acompanhado de pilhagem. No salão se bebia muito, porém sem barulho, já que qualquer ruído e qualquer tumulto estavam proibidos até a hora marcada.

Briand conversara um pouco com o Barão e fora ao encontro do Duque. Em sua companhia o Conde encontrara Angoulême, o Duque de Nevers e o alemão Besme, homem suspeito, rude e desconfiado, muito ligado a Henrique de Guise, que gostava bastante dele e o influenciava muito.

Os três estavam inquietos e preocupados. A meia voz, conversavam com alguns senhores de sua comitiva. O discurso de Saurmont, dizendo que a cidade estava em grande expectativa e sedenta para agir, em honra de Deus, alegrara um pouco Guise e seus amigos. Não obstante, a ordem esperada que viria do Louvre os irritava e preocupava. Por fim, depois das 11 horas chegara o mensageiro do Duque d'Anjou, trazendo a ordem de agir, uma vez que o Rei concordara.

Henrique de Guise se animara e os demais haviam suspirado de alívio, já que poucos contavam com o consentimento de Carlos IX.

Acompanhando Angoulême havia numerosa comitiva, da qual faziam parte Saurmont, Besme e o antigo capitão de Coligny – Sorlabon, convertido ao catolicismo e desejoso de assassinar seu ex-chefe, para provar sua fidelidade. Henrique Guise saíra ao pátio e montara na sela. Briand também subira no cavalo. O portão do hotel se abrira rangendo. Em primeiro lugar, saíra Guise com uma comitiva e um forte destacamento de cavaleiros e, atrás destes, soldados vinham em formação. Com o grito de "Morte aos huguenotes!", haviam-se dirigido a vários locais da cidade.

O Duque d'Anjou encarregara Saurmont de verificar pessoalmente o assassinato do Almirante. Por isso, apesar de sua impaciência em ir rapidamente aos Montfort para se livrar do detestável oponente, o Conde foi obrigado a seguir o Duque, que, a trote rápido, conduzia seu destacamento à residência de Coligny. Logo a ruela ficou repleta de soldados. O guarda do Rei, instalado ao lado da casa do Duque de Guise, se juntou a ele. O capitão da guarda, Cossé, inimigo declarado de Coligny, em nome do Rei bateu à porta.

Um dos protestantes, o que abriu a porta, foi no mesmo momento surrado até a morte. Alguns soldados de Navarra tentaram defender a entrada, mas rapidamente foram dominados. Besme arrebentou a porta do quarto de Coligny. O Almirante, com ares de importância, calmamente se dirigiu na direção deles, e os assassinos, por um minuto, recuaram. À frente estava Besme que, completamente embriagado, perguntou rudemente:

– Não é você o Almirante?

– Rapaz, você levanta a mão a um velho ferido... – respondeu tranquilamente Coligny.

Esse desprezo gélido caiu sobre o cruel alemão como um golpe de chicote. Dizendo impropérios, lançou-se sobre o Almirante e lhe cravou no ventre o punhal que tinha em mãos. Coligny caiu. Contudo, o orgulho despertou, no agonizante, indignação por ver a morte chegando não pela ponta de uma espada.

– Oh! Preferia fosse um homem, mas é você um desgraçado! – gritou ele inclinando-se ao solo[1].

Fora de si de ódio, Besme golpeou-lhe o rosto, a cabeça, sendo seu exemplo seguido por outros.

Do pátio chegavam ruídos de batalha, o tilintar das armas e o rouco gemido dos agonizantes.

– Então, que tal, Besme? Terminou? – gritou, com impaciência, Henrique Guise.

– Feito, Senhor!

Aumâle não queria acreditar enquanto não constatasse com os próprios olhos.

Passado um minuto, Besme e Sorlabon apareceram na janela. Ergueram o corpo inerte de Coligny e o atiraram no pátio; dada a pouca perícia do assassino ou porque no Almirante ainda

---

[1] *Le Siècle de la Renaissance*, de Louis Batiffol, p. 234, descreve os últimos momentos de Coligny: "Estariam os protestantes prevenidos? Então decidiram avançar o sinal. (...) Guise, que estava pronto, montou a cavalo acompanhado do filho bastardo d'Angoulême e mais 300 soldados, ganhou rapidamente a casa da Rua Betisy, a qual eles cercaram. Coligny, deitado, era guardado por Ambrósio Paré, o ministro protestante Merlim e seu criado Nicolau. O ruído da rua, de tropas chegando, somado ao toque do sino, o acordou. Ouviram-se, no térreo da casa, golpes violentos; davam ordem de abrir em nome do Rei. A porta foi aberta. No tumulto dos soldados penetrando no pátio, Coligny compreendeu. Levantou-se, vestiu o chambre e pediu a Merlim para orar. Cornaton entrou precipitadamente, gritando: 'Estão forçando a porta, estamos perdidos!'. A última hora era chegada. Coligny disse com calma: 'Há longo tempo estou esperando para morrer; salvem-se. Recomendo minha alma à misericórdia de Deus!'. Pela escada subiram passos pesados e precipitados. Soldados irromperam, tendo à frente um certo Besme, alemão de origem" – tradução da revisora.

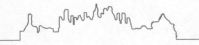

houvesse um raio de vida e resistência, o corpo dele ainda ficou pendurado na janela por um minuto, caindo depois ao solo. Guise e Aumâle desceram do cavalo e se inclinaram sobre o cadáver; contudo, o rosto estava coberto de sangue e desfigurado, tornando o reconhecimento difícil.

– Não obstante é preciso ter certeza – murmurou Aumâle.

Tirando seu lenço, limpou o rosto do Almirante.

– Diabo o carregue! É ele! – gritou, dando um pontapé no corpo.

– Cachorro! – resmungou Guise, enquanto pisava o rosto do Almirante.

Após isso, virou-se e montou no cavalo.

Nesse instante um jovem palaciano abriu caminho entre a multidão e em voz alta disse:

– Ordem do Rei!

A seguir, colocando-se diante do Duque, prosseguiu:

– Pare, Senhor! Vossa Majestade, o Rei e sua Mãe mandam dizer que os proíbem de fazer algo contra o Sr. Almirante. Ordenam que voltem ao seu hotel.

O Duque de Guise deu um sorriso cruel e zombeteiro.

– Diga a Vossa Majestade que estou desesperado, pois a ordem chegou tarde demais... Já está feito: o Almirante foi morto!

E, dirigindo-se a um dos cavaleiros de sua comitiva, gritou:

– Petrucci! Corte a cabeça desse maldito huguenote e a leve ao Louvre como prova do que ocorreu.

Com a destreza de um profissional, o bravo italiano tirou a cabeça do defunto, embrulhou-a num pedaço de tecido, subiu à sela e deixou o pátio.

Enquanto os soldados acossavam com disparos algumas pessoas que escapavam do hotel de Coligny, tentando se salvar pelo telhado, Briand saiu do pátio com um pequeno grupo de soldados. Queria chegar logo no hotel de Montfort, no entanto sua paciência novamente foi colocada à prova. As ruas tinham mudado de aspecto. A multidão saía em massa de casa e toda aquela corrente humana procurava entrar na casa de Coligny para saciar seu ódio e sua brutalidade, sobre os restos daquele a quem tanto temiam.

A NOITE DE
SÃO BARTOLOMEU

Enquanto o Conde e seu grupo vagarosamente abriam caminho através da multidão, o ar foi cortado pelos sinos da catedral de São Germano. O som penetrante e vibrante fez o Conde tremer involuntariamente.

Ao ser dado o sinal, a violência prorrompeu na cidade. De todos os lados se ouviam disparos, gritos de horror e exclamações de ódio. Embriagados pelo sangue e ávidos de saquear, os soldados de Briand começaram a se dispersar rapidamente. O Conde compreendeu que para manter os soldados unidos não havia disciplina, e, fora de si, tanta raiva sentia, seguiu ao Hotel Montfort quase sozinho.

Assim que viu o hotel, percebeu que seus moradores já haviam sido alertados. Atrás dos contraventos das janelas, cintilavam as luzes e se ouviam gritos e altercações.

– Pare, boa gente! Abram o portão! Esta casa pertence ao Conde de Montfort. Façam um favor a Deus e seu trabalho será recompensado! – gritou o Conde para alguns cidadãos e artesãos que, com bandeirolas brancas e armados de lanças, corriam enraivecidos gritando: – Morte aos huguenotes!!!

A multidão parou e, sob o comando de Briand, tentou arrebentar o portão. Por dentro, contudo, os moradores o seguravam com todas as forças.

De repente se abriram duas janelas no segundo andar e delas começou a cair uma verdadeira chuva de disparos certeiros sobre os assediantes. Acordados pelo ruído, os habitantes das vizinhanças saíram à rua e, na entrada de casa, ou mesmo na janela, eram atingidos pelos disparos, caindo mortos em todos os cantos.

– Socorro! Socorro! – gritava Saurmont, cujo chapéu havia sido perfurado por uma bala. – Ajudem os bons católicos que estão fazendo justiça em nome de Deus e do Rei!

Com gritos e impropérios contra os huguenotes que ainda se defendiam valentemente, a multidão duplicou a força, porém debalde: o portão maciço suportava todas as tentativas. Subitamente, os assediantes receberam um reforço inesperado, vindo de um pequeno grupo de soldados e aventureiros. Para sua grande alegria, Briand viu no comando dos soldados o Sr. d'Armi.

– Pare! Ajudem-nos a acertar as contas com esses malditos huguenotes que, além de se atreverem a resistir, ainda matam os verdadeiros servidores do Rei! – gritou Saurmont, irado.

D'Armi, que mal o reconhecia, ordenou aos soldados ajudá-los. Sob o comando das forças unidas daqueles possessos, a porta maciça tremeu e logo depois se partiu.

No patamar da escada, barrando a passagem para a sala, havia um bando de empregados armados, pálidos e seminus, por haverem acabado de despertar. Uma voz forte, a dar ordens na sala, fez Briand saltar: era Raul. Depois de desembainhar a espada furiosamente, o Conde já se lançava à frente, quando se deteve no lugar em que estava. Aos seus ouvidos chegou uma voz feminina, pronunciando repetidamente:

– Fujamos, Raul! Unamo-nos a Armando e Clemência! Esses bandidos são superiores a nós.

A voz era de Diana. De que maneira ela fora parar ali?

Agindo rapidamente, Briand sacou do bolso uma máscara e cobriu o rosto. Abrindo caminho por entre os defensores da entrada, esforçava-se por chegar à sala onde algumas mulheres seminuas e confusas corriam de seus perseguidores.

No fundo do quarto viu Raul de Montfort empunhando uma espada que Diana tentava arrebatar. Os cabelos dourados da moça haviam-se soltado na confusão. A capa preta, pendurada em um dos ombros, fora arrastada para o chão. Agarrava-se ao noivo que, com o braço livre, a segurava pela cintura.

Ao ver os dois abraçados, a ira e o ciúme quase interromperam a respiração de Briand. Blasfemando, lançou-se ao casal de apaixonados e atacou Raul.

Desenrolou-se uma luta desesperadora. Mas Diana atrapalhava muito, tanto o ataque quanto a defesa. Atirou-se ao pescoço de Raul e instintivamente defendeu com seu próprio corpo o peito do amado...

O perigo de ferir a jovem paralisou os oponentes. Montfort

em vão tentava se livrar dela, quando, de súbito, entrou na sala um homem gritando com desprezo:

– Vejam esse desprezível huguenote! Defende-se com uma mulher!

Surpreso, Briand ergueu os olhos e reconheceu Henrique que, todo coberto de sangue, se preparava para ajudá-lo. Ao ouvir as palavras provocantes e ofensivas do cigano, Raul enrubesceu de raiva. Recobrando a força, livrou-se de Diana e se lançou ao encontro de Saurmont.

A moça se debatia, porém Henrique a segurava firme e, apesar de todo o esforço dela para se soltar, o cigano não deixou que se metesse entre os dois.

Diana se debatia nas mãos de Henrique como uma louca. Notando que d'Armi aparecera na entrada do quarto, ela gritou com voz dorida:

– Papai, salve Raul! Ainda que todos morram, que ao menos ele viva!

– Diana! Minha cara criança! – gritou o Barão correndo ao encontro da filha.

Vendo que ela não parava de gritar "salve-o!", o Barão fez um movimento, como se desejasse socorrer Raul. Contudo, nesse mesmo instante, a espada de Saurmont atravessou o peito de Montfort, que esticou o braço e caiu murmurando: "Diana...". Após isso, não se moveu mais.

Um grito desesperado, que abalou até os nervos de aço de Briand, escapou dos lábios de Diana. Levando as duas mãos à cabeça, com olhar vítreo e dilatado, por um instante ficou petrificada, vindo a perder os sentidos logo em seguida. D'Armi a segurou. Chamando a filha pelos nomes mais carinhosos, o triste e indiferente Barão carregou-a nos braços. Henrique e alguns soldados o seguiram.

Estando a sós, Saurmont ajoelhou-se ao lado do cadáver de Raul e a primeira coisa que fez foi tirar dos dedos dele o anel de noivado. A seguir, desabotoou-lhe a roupa, retirou um medalhão com o porta-retrato de Diana e lhe cortou uma mecha de cabelos manchados de sangue. Guardou tudo isso, chutou raivosamente o cadáver e saiu do quarto.

Ruídos terríveis, berros e gemidos invadiam toda a casa. Mulheres e empregados corriam desnorteados. Matando quem aparecesse em seu caminho, Saurmont se preparava para deixar aquele lugar de desespero quando um tilintar de armas, palavrões e o ruído de lutas chamaram sua atenção. Aproximando-se cuidadosamente de uma janela aberta, viu à luz de um archote Armando de Montfort e alguns guerreiros que, desesperadamente, se defendiam de uma multidão de cidadãos, soldados e aventureiros componentes da divisão de d'Armi.

Sem se deter para pensar, Briand pulou no peitoril da janela e dali para fora.

– Desgraçados! Bloquearam uma saída secreta por onde estão carregando seus tesouros! – bramia um gordo, todo coberto de sangue, sacudindo a velha cerca.

Essa saída era constituída de um pequeno pátio interno, ao fundo do qual Saurmont viu um homem carregando nos braços uma mulher desmaiada. Pelos longos cabelos soltos e negros o Conde deduziu se tratar de Clemência de Montfort. Quase no mesmo segundo o homem desapareceu nas sombras. Briand se voltou para o Conde Armando. Este, pálido e decidido, defendia-se com valentia, apertando contra si seu filho pequeno que, emudecido de medo, se agarrava à roupa dele. Os atacantes eram em número muito superior para que aquela batalha continuasse por muito mais tempo. Um a um, caíam os defensores de Montfort. Por fim, o braço cansado de Armando já não aparava os golpes com presteza. Aproveitando-se disso, um dos aventureiros enterrou a espada no pescoço dele. Armando caiu vertendo sangue. O golpe da espada derrubou a criança. Depois disso, os assassinos, com gritos de vitória, deixaram o hotel e saíram à procura de novas vítimas.

* * *

Aquele que carregava a infeliz Clemência era Antônio Gilberto, fiel médico dos Montfort. Estava por acaso em casa de Raul quando Diana trouxera, infelizmente muito tarde, as notícias sobre o que estava se preparando.

Voltando do Louvre, onde havia ido acompanhar a noiva, o jovem Conde, sentindo uma leve dor de cabeça, mandara chamar Antônio. Este fora e lhe ministrara gotas calmantes.

A noite estava maravilhosa. Os jovens haviam-se sentado à janela e se posto a discutir questões políticas palpitantes e a construir planos para o futuro. Os dois homens haviam-se distraído a tal ponto que se tinham esquecido do tempo.

– Que Deus me perdoe! Parece-me que logo vai amanhecer! – exclamara Raul, rindo. – Deite-se, Antônio, e amanhã durma até tarde.

Ambos haviam-se levantado. Antônio se preparava para fechar a janela, quando tinham percebido sair da alameda uma sombra que rapidamente atravessara o espaço de areia e em dois pulos ganhara o terraço contíguo ao quarto de Raul.

Em um minuto, ouvira-se forte batida à porta e uma voz bem conhecida, porém entrecortada pela inquietação, gritara:

– Abra! Abra depressa! É assunto de vida ou morte!

Raul dera um salto e abrira a porta. Na soleira estava Diana, pálida como um defunto. Suas pernas se negavam a obedecer e ela teria caído se o Conde não a tivesse amparado.

– Meu Deus! Diana! Você aqui a essa hora? O que aconteceu? – perguntara ele, muitíssimo agitado.

– Acontece que, nesta madrugada, serão mortos todos os protestantes... – respondera ela, mal se ouvindo sua voz. – Por isso fujam você, seu irmão e Clemência enquanto é tempo. Isso se refere à sua vida!

– Mas quem lhe contou isso, Diana? Pode ser que seja mentira... – dissera Raul, com ligeira incredulidade. – O Rei simpatiza muito conosco. Hoje mesmo, na casa de Coligny, ele prometeu punir severamente aqueles que realizaram o atentado. Quem, depois disso, ousaria promover um morticínio?

– Meu querido, não perca tempo com conjecturas vazias...

– suplicara ela, confirmando inteiramente as palavras da carta de Marion perdida pelo Duque. Finalmente a estranha agitação reinante no Louvre anunciava algo incomum.

– Não há dúvida de que não planejariam assassinar se não esperassem um massacre. Sendo assim, corra, corra, amparado por todos os santos!

O Conde empalidecera.

– Não duvido mais! Irei agora mesmo acordar Armando e sua esposa. Porém, fugir para onde? Reunir uma escolta e deixar a cidade exigiria tempo demais, e, aqui, onde se esconder?

– Senhor, eu o esconderei – dissera, aproximando-se com rapidez, Antônio Gilberto. – Naturalmente não será possível deixar a cidade, mas, se conseguirmos chegar ao Sena e encontrar na margem uma embarcação, então todos estarão a salvo. Lá vive meu antigo patrão Gilles. Ele possui uma boa e retirada casinha e é conhecido como bom católico. Provavelmente, na casa dele, ninguém nos molestará.

– Mas vai se arriscar a nos receber?

– Conheço Gilles e falo em seu nome. Só que se apressem, Senhor, rápido!

Sem responder uma palavra, Raul se lançara ao aposento do irmão.

Assim que ele saíra, Diana, esgotada, sentara-se e prorrompera em pranto histérico.

– Não chore, senhorita! Com a ajuda de Deus nós os salvaremos... – dissera Antônio em tom consolador. – Agora venha comigo para cima, temos de correr pelos degraus escuros e, através do pátio interno, chegar à travessa. De lá o Sena fica um pouco mais longe do que a partir da margem do Louvre, mas em compensação é mais seguro.

As palavras de Antônio haviam conseguido acalmar Diana. A moça se levantara e os dois tinham-se dirigido ao primeiro andar. Cada minuto lhes parecia uma eternidade. Do quarto tinham saído, assustados, Armando e Raul. Clemência, envolvida numa capa, saíra atrás deles com a criança que era apressadamente vestida pelo caminho.

Trocando rapidamente algumas palavras, eles tinham-se ocupado dos últimos preparativos para a fuga. Armando começara apanhando um pouco de ouro e outros objetos preciosos, tomando somente aquilo que lhe caía em mãos. Enquanto isso, o cavalariço do Conde acordara os empregados e mandara que se armassem e fechassem as janelas e todas as entradas.

Os fugitivos se preparavam para sair pela escada, quando o ar fora cortado pelo terrível som dos sinos. Todos haviam parado imediatamente. Ninguém sabia, contudo todos tinham compreendido instintivamente que naquela hora da madrugada o badalar era um sinal...

– É o sinal! Agora é tarde para fugir! – gritara Diana se apertando, apavorada, contra Raul.

Ninguém a contestara. Todos, inclusive Antônio, estavam petrificados. Logo após, disparos haviam sido ouvidos ao longe; depois, já nas proximidades, gritos, berros e, por fim, debaixo das próprias janelas do hotel, alguns homens haviam corrido, urrando: "Morte aos huguenotes!".

– Vamos sair! – dissera o Conde Armando, o primeiro a voltar a si. – Enquanto nós percorremos o caminho até a travessa, as pessoas se defendem e cobrem nossa retirada.

– Sim... vá... – dissera Raul. – Eu ficarei para comandar a nossa gente. A casa é forte e nós, em formação, conseguiremos deter o assédio. Quando vocês já estiverem a salvo, correrei pelo jardim.

Gritos e urros na rua, e também fortes golpes na porta principal, tinham interrompido o Conde.

– Salve-se! Vá, Clemência! Fuja com a criança e Diana!... Antônio as acompanhará... Só que coloquem uma máscara. Também ficarei com Raul. Nós somos homens e será menos arriscado se sairmos mais tarde.

– Eu fico com Raul! Sou católica e não tenho nada a temer! – dissera Diana.

Tomada por uma tremedeira nervosa, Clemência se apoiara na mesa.

– Também não irei sem você! Vamos viver juntos ou então morrer juntos... – dissera ela baixinho, mas decidida.

– Deus! Toda essa conversa apenas nos está levando à perdição! – gritara nesse minuto Antônio.

Tomando a Condessa pela mão, apesar da oposição desta, ele se dirigira à porta.

– Senhor! Leve a criança até a travessa e eu os conduzirei, se não quer ficar aqui – acrescentara ele.

Sem mais objeções Armando tomara a criança pela mão e seguira Antônio.

Os golpes e o barulho haviam ficado cada vez mais fortes e as portas tinham começado a estalar. Os gritos loucos das camareiras, os disparos, os gemidos dos feridos haviam aumentado ainda mais a agitação. Os fugitivos nem notaram que Raul e Diana não os seguiam.

Quando eles saíram ao grande pátio, o portão caíra sob o assédio e, gritando, a multidão – aramada de lanças, alabardas, machados e armas de fogo – invadira o pátio, obstruindo a passagem.

Armando sacara a espada e, com ajuda de alguns criados, conseguira abrir caminho. Apertando a criança contra si, o Conde tentava manter uma distância razoável dos possessos que se haviam lançado sobre ele.

Para consolo de Antônio, Clemência – que ia como uma louca, e não parava de repetir "solte-me, Antônio, eles não nos seguem!" – acabara desmaiando. Aliviado pelo fato de a Condessa cessar a resistência, o jovem médico dobrara os passos e seguira pelo corredor que conduzia à travessa.

Bastante ofegante, levara sua "carga" até o Sena, deserto naquele lugar. Um pequeno barco, com o qual contava, estava onde previra. Antônio colocara a Condessa no fundo do barco e pegara os remos. Em 20 minutos haviam chegado à casa de Gilles. A redondeza estava vazia e silenciosa, somente ao longe se ouviam disparos misturados aos gritos do povo.

A família do cirurgião estava acordada. O velho recebera Antônio de braços abertos, e a mulher dele passara imediatamente a cuidar da Condessa de Montfort, que ainda não havia recobrado os sentidos.

Depois de tomar conhecimento do que acontecia na cidade, Gilles dissera, preocupado:

– Vá, meu filho, e traga os outros. Estes senhores e sua gente são hóspedes bem-vindos à minha casa onde, certamente, não serão procurados. Grande Deus – acrescentara ele, persignando-se –, sou bom católico, mas a matança de tantos inocentes me deixa triste e me revolta. O Rei age em nome do Pai eterno e o Senhor não aprova o derramamento de sangue. Não gostaria de estar no seu lugar.

Sem perder um minuto, Antônio voltara ao Hotel Montfort acompanhado por dois filhos do cirurgião. Os jovens haviam-se colocado à disposição dele para guardar o barco e, se fosse preciso, para carregar feridos.

Quando os jovens entraram no pátio, convenceram-se, no mesmo instante, de que os assassinos já haviam deixado o campo de suas façanhas e se encontravam em outras bandas. O lugar estava em silêncio, mas por todos os cantos havia cadáveres. Antônio erguera o archote e, com o coração palpitando, caminhara à frente, iluminando os corpos imóveis. De repente, assustara-se e detivera-se. Numa poça de sangue, estavam estendidos os corpos do Conde Armando e de seu filho.

– A luz, Goche! – dissera ele, com voz dolorida.

Ajoelhando-se ao lado dos corpos, Antônio os examinara cuidadosamente. O Conde Armando estava morto, mas a criança ainda respirava. A mão trêmula de Antônio colocara uma atadura no peito ferido do menino e o cobrira com sua capa. Depois, tomando o pequeno, entregara-o a seu companheiro.

– Coloque-o no barco, Goche, e diga para Jacques acomodá-lo como se fosse uma taça de cristal. Volte. Pode ser que ainda precise de sua ajuda. Mas... espere! Lá, junto daquele soldado, há dois cidadãos com faixas brancas nos braços. Sem dúvida, este é o sinal característico. Também temos de levar essa identificação, senão seremos mortos.

Goche colocara a criança no chão e ajudara seu amigo a tirar os cachecóis brancos de dois mortos e a enrolá-los no braço. A seguir, dissera:

– Escute, Antônio! Aquele sujeito ali à esquerda não está morto; ele geme...

– Que continue gemendo. Não posso perder tempo com ele – respondera seriamente o jovem cirurgião, sem sequer olhar para o ferido.

Lançara-se à procura de Raul. Há ocasiões na vida em que um ser humano é incapaz de se impressionar ou sentir horror. A indiferença o estimula a agir quase instintivamente, e somente um golpe profundo no coração o traz de volta à realidade. Antônio se encontrava exatamente nesse estado. Dominado por uma ideia, indiferente e quase tranquilamente, andava pelas escadas e pelos quartos pilhados, algumas horas atrás tão luxuosos e tranquilos.

Sem o menor temor, Antônio virara e revirara os cadáveres que lhe eram tão conhecidos, procurando encontrar seu caro senhor. Ainda mantinha a esperança de que o Conde houvesse conseguido fugir com Diana para o Louvre, mas subitamente, na soleira do grande quarto, vira Raul estendido no chão. Pesaroso, Antônio se ajoelhara e examinara o corpo do Conde. O peito fora varado pela espada, os membros estavam frios e ele parecia morto. Angustiado, o cirurgião soltara as roupas e aproximara seu ouvido do coração de Raul. Subitamente se sobressaltara e de seus olhos tinham saltado faíscas de alegria, pois se podia ouvir um leve bater do coração.

A esperança irracional jamais abandona o coração de um homem, descortinando-lhe a possibilidade que deseja. Antônio não duvidou, nem por um instante, que poderia salvar o Conde. Só era preciso levá-lo o mais rápido possível a um lugar seguro.

A mão firme do cirurgião vedara ligeiramente o ferimento com um lenço, e o prendera com um cachecol. Após enrolar Raul com uma capa, levara-o nos ombros.

Cambaleando, dado o peso do corpo imóvel, Antônio saíra

na travessa esperando que Goche já estivesse esperando; no entanto, ele não se encontrava no local combinado. A margem estava cheia de gente sedenta de sangue e louca para saquear; com maus olhos e malícia, examinavam Antônio e sua estranha carga. Para piorar a situação, o barco também não vinha. Antônio chegara a pensar que ele e o Conde não escapariam dali, pois a multidão, armada até os dentes, já os cercara e, do meio dela, alguém falara, em tom de desprezo:

– Hei, bom homem, o que leva aí? Será que não é nenhum huguenote que lhe inspirou piedade?

– Que o diabo leve sua língua! – dissera, com ar ofendido, Antônio. – Eu sou lá burro para carregar tamanha porcaria? Estou levando um bom católico, ferido por um huguenote canalha, que lhe jogou um vaso de flores na cabeça. Os malditos ainda ousaram se defender!

Todos haviam dado risada, não obstante continuassem a cercar Antônio. Alguém quisera ver o ferido, uma vez que a mão deste apresentava uma brancura suspeita. Só Deus sabe como terminaria o episódio se, naquele minuto, Goche não tivesse se aproximado.

– Hei! Deixe esse sujeito! Ele diz a verdade! – gritara um velho soldado. – Conheço o jovem que veio ajudá-lo. É o filho do cirurgião Gilles, um bom católico. Garanto que ninguém da família dele estenderá a mão para salvar um maldito huguenote.

Alcançando finalmente o barco, Antônio suspirara aliviado. Enquanto seus companheiros contavam como haviam sido atacados por um bando de saqueadores hostis que queriam tirar a criança de Goche, obrigando-os a se afastar um pouco mais, o jovem cirurgião lavara o rosto das duas vítimas e umedecera os dois curativos, aliviando os feridos.

Por fim chegaram à casa de Gilles. Com a ajuda do velho, os feridos foram levados a um quarto e colocados nas camas. Agora os dois médicos podiam examiná-los de maneira mais adequada.

O menino ainda tinha chance de sobreviver, mas, quanto

a Raul, Antônio, como cirurgião, não se podia enganar: restavam-lhe apenas algumas horas de vida.

Com o coração oprimido, o servo fiel se sentou à cabeceira do leito e se pôs a meditar. Pensamentos súbitos o dominavam completamente.

– Beber! – balbuciou o ferido.

Antônio se inclinou e, depois de lhe dar uma bebida fresca, disse baixinho:

– O senhor quer ver Diana?

O rosto pálido de Raul imediatamente readquiriu vida; de seus olhos apagados saíram faíscas de alegria.

– Não se preocupe! Irei agora mesmo ao Louvre e, aconteça o que acontecer, trarei Diana! – disse, energicamente, Antônio.

Quando ele se preparava para deixar o quarto, a porta foi aberta com força e, afobadamente, entrou a Condessa de Montfort. Sem sequer perguntar sobre a sorte do marido, a infeliz mulher se atirou ao filho. Caindo de joelhos, enlaçou as mãos dele e, desesperada, se pôs a escutar a respiração difícil e frouxa do menino.

Lágrimas escorreram dos olhos de Antônio e ele imediatamente deixou o quarto. O coração do médico estava cheio de indignação e ódio pelos culpados do terrível massacre de tantos inocentes.

11
A Despedida

Com a pistola em uma mão e a espada na outra, Antônio forçou passagem pela multidão de assassinos e vítimas até a residência do Rei, no palácio.

Sob a opaca luz da aurora, as poças de sangue, os cadáveres e os feridos estirados no solo tornavam a visão das ruas ainda mais terrível.

Defronte ao Louvre, aglomeravam-se muitas pessoas. Antônio ouviu dois soldados contarem alegremente que o próprio Rei atirara de sua janela[1] em dois huguenotes malditos, sacramentando dessa forma a liquidação dos inimigos da Igreja Católica[2].

Espantado, sem acreditar no que chegava a seus ouvidos, o jovem se esforçava para se aproximar do lugar de onde vinham os gritos: "Viva o Rei!", "Viva a religião!". Gritando também "Viva o Rei!", Antônio alcançou a primeira fila, de onde viu Carlos IX em uma janela aberta. O Rei segurava com firmeza uma arma de fogo e dava gargalhadas. Um infeliz huguenote, mortalmente ferido pela arma do Rei, contorcia-se nos seus últimos momentos de vida. A impressão era de que aquela caça a seres humanos divertia muitíssimo o soberano. Seu rosto

---

[1] Segundo Brantôme, memorialista dessa época, Carlos IX, armado de um longo arquebuz, teria atirado de uma janela do Louvre sobre os protestantes que fugiam para o outro lado do rio. Já ao tempo da Revolução Francesa essa janela não mais existia. *H. de F.*, p. 376 – nota de revisão.

[2] O Rei da Espanha, Felipe II, mandou rezar um "Te Deum" pela morte de Coligny. O espanhol ficou muito contente com o segundo bom soldado protestante que morria, sendo o primeiro o Príncipe de Condé (1530-1569), morto na Batalha de Jarnac – nota de revisão.

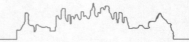

estava corado e radiante. Um pajem se aproximou e lhe entregou outra arma; ele a tomou, fez pontaria, e atirou novamente.

Apertando os punhos e fervendo de raiva e indignação, Antônio se virou.

– Deus! O Senhor é justo! Permitirá no Céu, assim como na Terra, fiquem impunes aqueles que empregaram tão mal o poder, humilhando e desprezando seres humanos? – disse para si mesmo, acelerando o passo ao Louvre.

Com grande dificuldade e após uma longa conversa, o jovem conseguiu entrar no palácio real, com a desculpa de entregar uma importante carta ao Sr. de Nevers.

No palácio reinavam barulho e confusão, e ninguém sabia exatamente onde se encontrava o capitão da guarda. Logo Antônio foi abandonado pelo rapaz que tinha sido encarregado de acompanhá-lo. Horrorizado, Antônio ficou sabendo, por intermédio de seu guia, que no próprio Louvre haviam matado, tanto quanto nas ruas, todos os huguenotes que haviam-se mudado para o palácio há alguns dias, a convite do Rei, e até os guarda-costas do Rei de Navarra e do Príncipe de Condé tinham sido mortos.

– Oh! O Rei é traiçoeiro, cavalheiro sem honra! Assassina seus hóspedes depois de haver dividido com eles o pão e depois de tê-los abrigado sob seu teto! Que seja amaldiçoado pelos séculos! Tomara que todo o sangue que foi derramado e que todas as vidas que pereceram clamem a Deus por vingança e caiam sobre ele! – disse Antônio, contendo com dificuldade as lágrimas de ódio e dor.

Não foi com menos dificuldade que ele conseguiu se orientar e achar, por fim, o aposento de Diana. Bateu várias vezes na porta sem ser atendido e começava a se desesperar quando, atrás da porta, ouviu passos e uma voz assustada perguntar:

– Quem é?

– Sou eu, Antônio Gilberto. Abra já, Gabriela!

O ferrolho foi imediatamente aberto, mas assim que o jovem cirurgião entrou, a camareira cuidadosamente fechou a porta, apesar de suas mãos tremerem muito e estarem quase sem controle.

— A Srta. Diana está em casa? Preciso vê-la com urgência! — disse Antônio.

— Está. O Sr. Barão a trouxe desmaiada, mas agora voltou a si. Está no vestiário. Oh, Sr. Gilberto, o próprio Deus o trouxe! Temos um ferido! — Ela se inclinou e acrescentou a meia voz: — No Louvre mataram tanto quanto nas ruas...

— Não tenho tempo de cuidar dele, minha cara Gabriela; no entanto, verei o que posso fazer. Terei de ser breve.

O vestiário era um quarto grande onde havia guarda-roupas e cômodas. No chão encontrava-se um rapaz estendido sobre um colchão improvisado. Ao seu lado havia um vaso com água e um maço de ataduras. Na cabeceira, sentada sobre uma mesinha e com o rosto entre as mãos, estava Diana, desesperada e angustiada.

Antônio parou, indeciso. Deveria ele dizer que Raul ainda estava vivo, para depois fazê-la passar novamente pela sensação da perda? Por outro lado, teria ele o direito de privar o agonizante de sua última alegria: ver a criatura que mais amara no mundo e pela qual esperava, contando cada segundo? Não! Isso ele não poderia fazer.

Tendo decidido agir, rapidamente se dirigiu à moça e, tocando levemente seu braço, disse:

— Senhorita! O Conde Raul deseja vê-la antes de morrer. Estará em condições de se manter tranquila e de se controlar, para ir comigo?

Diana se endireitou no mesmo instante. De tudo o que havia dito o médico, ela compreendera apenas que Raul estava vivo.

— Ele vive! Oh claro! Leve-me até ele. Mas, rápido, rápido! — repetiu ela, correndo pelo quarto e pegando uma capa que se encontrava na mesa ao lado.

— Senhorita! — repetiu Antônio, tomado por profunda preocupação ao vê-la tão insensatamente alegre. — Senhorita! O ferimento do Conde é mortal... Suas horas estão contadas.

– Não importa! Está vivo e neste minuto isso é que é importante. Vamos depressa! – disse Diana, impaciente.

– Nesse caso procure vestir uma capa mais simples. Seria melhor que vestisse uma de sua camareira. Uma mulher de sua posição não pode andar a pé pelas ruas a esta hora.

– Gabriela, dê-me uma de suas capas!

– Já que o Sr. Antônio está aqui, não poderia ele examinar o ferido? – indagou a camareira vertendo lágrimas.

– É verdade, Antônio. Enquanto eu me troco, examine o pobre René de Beauchamp. Também o acertaram, apesar de ser católico.

Deveras surpreso, sem entender como o Visconde tinha ido parar ali, Antônio se aproximou do leito improvisado e examinou o doente. René recebera uma punhalada no peito, causando profundo e perigoso ferimento. Além da gravidade da ferida, havia perdido muito sangue e estava esgotado. Antônio, rapidamente, fez um curativo e deu a Gabriela as instruções indispensáveis de como cuidar do ferido até que ele retornasse. Depois partiu com Diana, movido de pressa e impaciência.

O dia já raiava e eles, sem qualquer empecilho, saíram do Louvre. Mas o caminho até a casa de Gilles estava repleto de perigos. Grupos de bandoleiros perambulavam ainda por toda a cidade, e disparos continuavam a ser ouvidos. Precavendo-se de serem atingidos num tiroteio, Antônio escolheu as ruas mais vazias e de aspecto menos repugnante, pois as vias cheias de gente também estavam repletas de cadáveres; aliás, Diana não prestava atenção em nada e corria tanto, que o jovem cirurgião teve de refreá-la, para que não chamasse a atenção.

Quando finalmente chegaram à casa de Gilles, este comunicou não haver ocorrido mudança no estado do ferido.

A pedido da Condessa, Jacques e Gilles tinham ido ao Hotel Montfort para buscar o corpo do Conde Armando que haviam escondido na adega.

Antônio pediu a Diana que esperasse enquanto ele preparava o doente. Raul cochilava, mas quando o médico se aproximou, abriu os olhos no mesmo instante e murmurou:

– E Diana?

Antes que Antônio pudesse responder, a moça se lançou à cabeceira da cama e, ajoelhando-se, disse:

– Eu estou aqui, Raul!

No rosto do agonizante surgiu uma intraduzível expressão de alegria e amor.

– Diana! – disse ele segurando levemente a mão dela. – Como agradecer a Deus por Ele nos ter proporcionado a oportunidade de estarmos juntos num momento tão importante?

Depois de notar que Diana se sufocava em soluços, ele acrescentou:

– Esforce-se em se tranquilizar, minha querida, e com humildade cristã, supere aquilo que Deus nos manda.

Diana não respondeu e continuou chorando, apoiando a cabeça nos braços do Conde.

– Onde está meu irmão? – perguntou o rapaz, um minuto depois. – Compreendo, ele me preveniu... – disse, ao ver Antônio abaixando a cabeça em silêncio. – E Clemência, e o filho?

Ao ouvir a pergunta, a Condessa, sem tirar os olhos do leito do menino, levantou-se e se aproximou do Conde imediatamente:

– Estou aqui, Raul, perto de você; é o que sobrou do valoroso nome Montfort; Luciano está ainda vivo, mas não sei se sobreviverá...

– Sim, sim! Deus será piedoso e o conservará para você... – disse o Conde, olhando carinhosamente para o pálido e belo rosto da Condessa, agora com o semblante cheio de ódio.

– Hoje comecei a duvidar da misericórdia celestial; não poderia eu duvidar também de Sua justiça? – respondeu ela em tom grave e pausado. – A partir de hoje só terei uma oração: vingança. Aos nobres, ao maldito Rei e a todos aqueles que imaginaram esse terrível morticínio. Que conheçam de perto as palavras "olho por olho, dente por dente". Assim como as vítimas de hoje, que eles sejam mortos covardemente pelos punhais dos assassinos!

Quanto mais a Condessa se inflamava, mais seus olhos

brilhavam. Em sua roupa branca, manchada de sangue, ela lembrava um dos espíritos destruidores descritos no Apocalipse.

– Oh! Não é preciso esperar a justiça de Deus! Eu mesma, diante de todo Louvre, apunhalarei o detestável Rei que zomba dos sentimentos humanos! – gritou Diana, com ardor.

– Silêncio, pelo amor de Deus, minha cara! As paredes também têm ouvidos. Clemência está certa em acreditar naquilo em que disse. Ele se vingará por nós!

Tomado por súbita fraqueza, o Conde se calou e cerrou os olhos. As duas mulheres, amedrontadas, inclinaram-se sobre ele. Um gemido do filho fez com que a Condessa se afastasse e Diana ficou sozinha com Raul, seguindo desesperada as mudanças na face do amado.

Decorreram algumas horas de terrível suplício moral; Raul agonizava e sofria muitíssimo. Diana se agarrava àquele resto de vida, como um afogado se agarra a uma palha. Parecia que a moça se imantara ao que lhe restara do noivo, impedindo a alma dele de cortar os últimos laços que o ligavam a ela. Não conseguia morrer e ao mesmo tempo não podia viver.

Pálido, com a voz alterada, Antônio Gilberto andava triste entre as duas mulheres, cuja felicidade e cujo futuro haviam sido destruídos em uma noite. Quando trocou a compressa, o Conde lhe tomou a mão e, fixando nele o olhar cheio de sofrimento e reprovação, sussurrou:

– Antônio! Estou sofrendo demais. Se não pode me salvar, então me deixe morrer... se é um verdadeiro amigo...

Lágrimas caíam dos olhos de Antônio, triste e calado; apertou as mãos de Raul aos seus lábios. A seguir, foi à caixa de remédios, preparou um forte narcótico e o deu ao doente. O Conde bebeu sedento e, quase momentaneamente, seu rosto deformado adquiriu a habitual expressão de serenidade.

– Oh! Como eu me sinto bem! Agradeço, meu bom Antônio, e você, minha amada, beije-me pela última vez...

Tomada pelo desejo impulsivo, que nunca abandona o coração humano, Diana abraçou o noivo e uniu seus lábios aos dele. Não notou que o belo rosto de Raul adquiriu a palidez da morte e seu olhar se tornou vítreo.

– Ore a Deus, senhorita, e com a humildade de uma verdadeira cristã, incline-se ante a vontade do Senhor: o Conde Raul uniu-se ao irmão nos céus.

Só então ela percebeu que apertava contra si um corpo sem vida. Por um minuto ficou imóvel, com o olhar desnorteado e os lábios semi-abertos. Depois, calada, desmaiou nos braços de Antônio.

..*

Saindo do Hotel Montfort, Briand se uniu à divisão de d'Armi, que se encontrava então sem guia, desde que o Barão levara a filha ao Louvre. Saurmont trabalhava inescrupulosamente, matando todos os que caíssem em suas mãos e quem ele julgasse ser huguenote. Toda a sua crueldade era despertada ao som dos tiros e do tilintar das armas. O cheiro e a cor do sangue o embriagavam. Sentia-se bem em meio àquela tempestade, entre os berros de fúria e os gritos de pavor das mulheres que eram atiradas das janelas, e os estalidos das portas e vidraças sendo arrebentadas.

Pouco a pouco o cansaço passou a dominar o Conde, que por fim deixou seus companheiros de chacina. Além disso, tornara-se muito difícil o movimento pelas ruas, pois se via obrigado a caminhar lentamente entre os feridos, ou a escorregar pelas poças de sangue.

A luz do dia, por não esconder nada do que se ocultava nas trevas, revelou um retrato da cidade ainda mais horrível. Viam-se por todos os cantos restos de cadáveres deformados à faca, já que o fanatismo selvagem buscou até mesmo nos ventres maternos os inimigos da religião.

Depois de se cansar de matar e de andar de um lado para outro, sentindo fome, Briand resolveu voltar para casa, mas antes desejava ver o oponente assassinado e se certificar de que ele estava realmente morto. Assim, seguiu para o Hotel Montfort.

A visão da casa, antes tão luxuosa e tranquila, causava uma impressão desapontadora. As portas estavam destruídas e as janelas, arrebentadas. Cadáveres com os crânios partidos ou com o peito perfurado se espalhavam pelos degraus. A sala onde há poucas horas havia travado luta com seu rival fora o palco da batalha mais cruel. Os móveis estavam destruídos, os cortinados jaziam rasgados e arrancados, e pelo chão se espalhavam pedaços de estátuas e de valiosos vasos.

Aqui e ali havia dúzias de corpos, mas Briand estava interessado somente em Raul.

Surpreso e inquieto, Saurmont percorreu toda a casa, que apresentava sinais evidentes de pilhagem. Os cômodos e armários estavam vazios e as gavetas, reviradas. Perto do guarda-louça havia garrafas quebradas, pedaços de pratos e cacos de louça. Nos dormitórios reinava o mesmo caos: roupas masculinas e femininas, travesseiros e cobertores estavam manchados de sangue e em montes se esparramavam pelo chão. Em algumas camas jaziam cadáveres, bem como na ruela que, em vão, poderia ter sido uma via de fuga.

Por não encontrar o corpo de Raul em lugar nenhum, o preocupado Conde saiu ao pátio, onde havia uma grande quantidade de mortos; porém, nem Armando, nem o filho se encontravam. Haviam sumido!

– Estranho... Quem pôde apanhar tão rapidamente três cadáveres? Eu sei, com certeza, que o irmão mais velho caiu aqui... – resmungou Briand, inclinando-se para apanhar um objeto manchado de sangue.

Era uma touca de veludo com uma pena branca, enfeitada com um valioso agrafe de esmeraldas e brilhantes. Depois de pensar um minuto, o Conde pegou a joia e colocou-a no bolso.

– É pena que tão precioso objeto caia nas mãos de um qualquer... – acrescentou ele.

Pensativo e sem vontade, o Conde voltou para casa, onde surpreendeu d'Armi cochilando tranquilamente no divã de seu gabinete. Diante do Barão, na mesa, havia algumas joias de ouro e objetos de grande valor. O Barão, intencionalmente, empenhara-se em fazer fortuna naquela noite. Pela impressão ditosa e pelo sorriso na sua cara inchada e suja de sangue, podia se ver facilmente não apresentar ele o mínimo remorso.

Briand o sacudiu com força. Queria saber o que tinha acontecido com Diana; mas nada era capaz de interromper o sono do Barão João. Às perguntas do Conde, d'Armi somente respondeu por monossílabos incompreensíveis e novamente, como uma massa imóvel, caiu no divã. Cansado de tentar despertá-lo, Briand deixou-o em paz.

O Conde se lavou, trocou de roupa e, após comer, também foi se deitar.

Saurmont, às oito horas, depois de haver descansado, ainda sentia muita fome. Dessa vez conseguiu levantar o Barão. Depois do jantar, d'Armi lhe contou que levara Diana ao Louvre e ordenara a Gabriela que não a deixasse ir a lugar nenhum enquanto não voltassem a calma e a ordem. A seguir, prometeu a Briand visitar a moça na manhã seguinte. Durante o resto da noite a conversa girou em torno das façanhas da madrugada.

Nessa manhã imediata, um acontecimento inesperado mudou o humor dos dois e de todos os parisienses. Corria o boato de que o Cemitério dos Inocentes tinha amanhecido florido[3]. Apesar do tempo maravilhoso, isso era raro para um 25 de agosto. Tomados pela curiosidade, Saurmont e d'Armi também se dirigiram para lá. O cemitério era tomado por grande multidão, que aumentava a cada minuto. Uma árvore milagrosa – na qual, realmente, se distinguiam flores desabrochando – estava cercada de soldados que não permitiam a aproximação de ninguém. Apesar disso, a exaltação da massa crescia, como a maré alta. O milagre era evidente. Mas seria isso uma confirmação da alegria celestial?! Soavam os sinos.

O badalar agiu sobre a massa no mesmo instante. O potente som de cobre e a atmosfera tensa enlouqueceram as massas.

---

[3] (...) um espinheiro que floria na primavera, e que, como de costume, perdera seus odoríficos atavios no mês de junho, reflorira durante a noite...". *A Rainha Margot*, de Alexandre Dumas, p. 119 – nota de revisão.

Ouviam-se os cânticos de súplica e as exclamações histéricas das mulheres que, em êxtase, glorificavam o milagre e incitavam os homens a assumir a guerra santa e exterminar de uma vez por todas os malditos huguenotes. Em resposta à incitação, surgiam ameaças, gritos de ódio e berros. O povo começou a se deixar levar pela exaltação. Toda a cidade foi tomada pela vontade de matar. Teve início um morticínio ainda mais cruel e sangrento que o da véspera. Dessa vez, porém, ocorria a plena luz do dia e se apresentava como um espetáculo sem precedentes, pois se desenrolava diante dos olhos do Rei e com o consentimento das mais importantes personalidades da nobreza. Saurmont e d'Armi também não resistiram ao fervor geral. Matavam por matar. Não obstante, pouco a pouco, começaram a pensar com calma e compreenderam ser uma ótima oportunidade para acertar todas as contas pessoais e se livrar das pessoas inoportunas. Mesmo que nesse tumulto morressem católicos, quem poderia provar que isso fora feito de propósito?

D'Armi tinha credores; Saurmont também. Este odiava alguns que haviam perseguido seu pai sem clemência e o despojado das terras hipotecadas. O Conde decidiu se vingar pelo pai. Briand e o Barão se separaram, sem dizer um ao outro os seus planos. D'Armi se dirigiu à casa de seu principal credor, que tinha a infelicidade de ser protestante. Contudo, chegando lá, o Barão viu que se haviam antecipado e que, seguramente, outros devedores já se tinham livrado do velho, tido como muito rico.

Na entrada da casa estavam estendidos os corpos da mulher e de sua filha mais velha. Alguns meninos vadios de expressão feroz se divertiam em carregar por uma corda uma criança de peito que gemia enfraquecidamente. Os pequenos canibais lhe gritavam:

– Pare de rosnar! Você chegará a tempo de cair no rio, junto com seu pai e seus irmãos. Ouça como eles gritam e o chamam...

E, realmente, ao longe se ouviam vozes de crianças e uma voz masculina dizendo para não se agarrarem a ele.

Apesar de sua crueldade, João d'Armi por um instante ficou paralisado pela triste cena. Lembrou-se de que ele mesmo também era pai. Blasfemando, o Barão se virou, colocou na bainha a espada manchada de sangue e se dirigiu ao Louvre.

Briand retornou tarde ao seu hotel. Estava muitíssimo satisfeito por haver saciado finalmente o ódio que há tantos anos levava atravessado na garganta. Em sua residência encontrou d'Armi andando de um lado para outro no quarto, preocupado.

– O que há, Barão? Por que essa preocupação? Acaso trabalhou mal hoje pela glória de Deus e em honra da milagrosa árvore do Cemitério dos Inocentes? – indagou, alegremente, Briand.

O Barão parou e, após ter arrancado a gola que o sufocava, disse alto, com ar amargurado:

– O que há comigo? Arrependo-me muitíssimo de haver ajudado a matar o pobre Raul de Montfort. Essa história toda me custará a vida de Diana. O coração da pobre criança está destroçado. É triste olhar para ela; encontra-se irreconhecível. E, além disso, esgota suas últimas forças cuidando de um ferido.

– Quem? – perguntou, surpreso, Briand.

– O jovem Beauchamp. Está gravemente ferido e ela o instalou em seus aposentos.

– Diga-me, por favor: como é que ele foi ferido justamente no quarto da senhorita de Mailor? – perguntou Saurmont, ao mesmo tempo em que ficava vermelho de raiva.

Um pouco mais tranquilo, d'Armi respondeu:

– Ele não foi ferido no quarto dela. Conforme as palavras de Gabriela, as coisas se passaram da seguinte forma: Levei Diana desmaiada ao Louvre. Sua camareira, depois de gastar, sem resultado, todas as essências de que dispunha, resolveu recorrer a outra dama de honra e lhe pedir algo adequado à ocasião. Quando estava prestes a ir, ouviu o ruído de um corpo caindo próximo à entrada. Vacilando entre o medo e a curiosidade, ela entreabriu a porta e viu um moço estendido no chão. Ela o teria deixado ali, se não tivesse reconhecido René de Beauchamp pela corrente que sempre leva consigo. Imediatamente, a moça

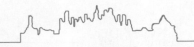

arrastou o Visconde para o quarto e trancou a porta. Voltando a si, Diana resolveu escondê-lo. De que maneira René foi parar no Louvre, eu ainda não consegui saber.

– Não há nada demais nisso. O principal é arranjar uma forma de tirá-lo dos aposentos de Diana – comentou Saurmont, enchendo um copo de vinho e convidando d'Armi a fazer o mesmo.

O resto do dia foi ocupado por assuntos políticos e revoltas que estouravam em toda Paris. Uns continuavam o morticínio, outros faziam peregrinação ao Cemitério dos Inocentes e ao Montfaucon, onde na forca[4] balançava uma massa repugnante, escura e sem forma. Confirmou-se tratar-se do corpo de Coligny. Aliás, o Rei foi o primeiro a visitar o local. Com toda a Corte ele se dirigiu ao Montfaucon para ver os restos deformados do homem que ele nomeava por "meu pai".

Apesar de haver muito para se ocupar e fazer, Saurmont não podia esquecer nem por um minuto que Beauchamp se encontrava com Diana. Imaginava todos os planos possíveis para eliminá-lo ou, ao menos, tirá-lo dali. Matar o jovem no Louvre era difícil, por isso Briand resolveu avisar o Duque d'Anjou que René se encontrava no quarto da dama de honra e lhe pedir ajuda para liquidá-lo.

A ocasião oportuna apareceu oito dias após o primeiro levante. Briand jogava com d'Anjou e sentiu que o jovem Duque estava bem-humorado e se mostrava muito simpático para com ele. Briand lhe manifestou que não seria mal arrancar do refúgio um sujeito que, visivelmente, se inclinava aos protestantes. Ficara sabendo que René passara a noite em casa de um huguenote. Por ser um herege secreto ou próximo de se tornar, ele merecia a morte. Acrescentou que a senhorita de Mailor, deixando-se levar por seu bom coração, estava somente se comprometendo em vão.

Os olhos negros do Duque maliciosamente se fixaram no

---

[4] Na *H. de F.*, p. 376, diz que a Corte pediu que Coligny fosse enforcado em efígie no Cadafalso de Montfaucon, mas a populaça ali suspendeu seus pés, já que ele estava decapitado, e a própria Corte foi se divertir com esse horrível espetáculo – nota de revisão.

Conde. Alisando a própria barba, respondeu, depois de um longo silêncio:

– Deixe disso, Conde! Não se pode proibir uma dama de ter compaixão. Minha irmã Margot também cuida em seus aposentos de um palaciano[5] chamado Tejan, rapaz confirmadamente huguenote. O Rei cala. A grandiosidade dele anda cansada dessas coisas e não seria sensato lembrá-lo do caso. Hoje pela manhã um grande número de corvos pousou no pavilhão do Louvre e faziam tal barulho que todos saíram para ver[6]. As damas ficaram assustadas e o Rei, muito preocupado.

Controlando a ira que sentia por dentro, Briand se inclinou e falou, em tom baixo, que havia tocado no assunto somente por fidelidade ao Rei e ao catolicismo.

Depois de jantar, a conversa tomou outro rumo. De repente, um pajem entrou correndo no quarto e comunicou que o Rei exigia a presença do irmão, o mais rápido possível.

Visivelmente preocupado, o Duque se levantou no mesmo instante. Os demais também foram tomados de preocupação ao ouvirem gritos e berros. A impressão era de que partiam da cidade.

A julgar pelo barulho, podia-se deduzir que havia um novo massacre ou um levante do povo.

Uma hora depois, o Duque retornou. Pálido e nervoso, contou que, quando o Rei se deitara e ainda se encontrava desperto, gritos de pessoas sendo executadas tinham sido ouvidos. Imediatamente todos os empregados haviam sido despertados. Pensando que na cidade ocorria novo morticínio, o Rei, rapidamente, enviara o Sr. de Nancy à frente da tropa, com ordens de reprimir severamente qualquer novo massacre. Porém, o capitão voltara e dissera que a cidade estava calma, sendo que os ruídos e gritos surgiam do próprio ar[7].

---

[5] Margot, cujo casamento é relatado neste livro, de fato alojou em seus aposentos reais um ferido. *A Rainha Margot*, de Alexandre Dumas, pp. 87-88 – nota de revisão.

[6] "Carlos IX vê sem cessar em sua imaginação imagens de corpos massacrados. A angústia do remorso o toma alguns dias após a tragédia, quando uma multidão de corvos vem pousar na bandeira do Louvre. Seu ruído o faz sair para os ver, e as damas, assim como o Rei, se amedrontam". *Marguerite de Navarre*, de Jacques Castelnau, p. 103 – nota de revisão.

[7] "(...) na mesma noite, o Rei, duas horas após haver se deitado, sai da cama e faz os outros

Briand voltou para casa fortemente impressionado. Lembrou como suas vítimas haviam aparecido perto da "Cruz Negra". Uma sensação indescritível, doentia, apossou-se dele, quando pensou que dentre as pessoas assassinadas sempre haveria alguma que poderia aparecer.

No dia seguinte, à noite, Briand dirigiu-se ao Louvre. Havia uma reunião com o Rei. Dessa vez, Carlos IX não se apressou em ir dormir e prolongou a recepção, talvez perturbado pela lembrança dos terríveis sons da noite anterior ou simplesmente por medo da escuridão e do silêncio de seu dormitório.

Sua Majestade estava pálido e carrancudo como de hábito e iniciara uma nova partida de xadrez com o Rei de Navarra. A noite era maravilhosa, quente e perfumada. Alguns dos cortesãos se sentaram ao lado de uma janela aberta e conversavam a meia voz; outros se colocavam ao lado dos dois reis e acompanhavam o jogo. Entre estes últimos se encontrava Briand.

Sendo apaixonado pelo xadrez, o Conde, sem mergulhar nas peripécias da partida, enfadava-se por dentro, pela negligência com que Carlos IX conduzia o jogo. De repente, um barulho terrível vindo do lado de fora cortou o ar. Ouviram-se claramente o som das armas, os gritos de desespero e medo, o lamento dos agonizantes e os berros selvagens dos assassinos. Numa palavra única: os terríveis sons da noite de 24 de agosto.

Todos ficaram como que paralisados. Aquele eco do morticínio, reiteradamente na mesma hora, surgido do desconhecido, golpeava a consciência dos carrascos e causava nos presentes a sensação de opressão. Estes começaram a suar frio; nenhum deles deixou de empalidecer ouvindo as vozes de vingança de suas vítimas, que se erguiam a Deus do fundo de suas covas.

---

levantarem, e manda buscar seu cunhado, entre outros, para ouvir no ar um grande fragor e vozes berrando, gemendo e até ululando, em tudo semelhante ao que se ouviu nas noites de massacre. Estes sons foram tão distintos que o Rei, acreditando numa nova desordem, chamou os guardas para percorrerem a cidade e impedir o morticínio. Mas, tendo sabido que a cidade estava em paz e apenas 'o ar estava agitado', ele, o Rei, também ficou perplexo, pois o clamor durou sete dias, sempre à mesma hora". *Marguerite de Navarre*, de Jacques Castelnau – nota de revisão.

Carlos IX, tremendo, pulou da poltrona e se apoiou na mesa. Estava branco como um papel. O tique nervoso a que estava submetido lhe desfigurou o rosto. Os cabelos e a barba se arrepiaram de pavor. A figura do Rei era horrível e repugnante, aumentando o medo que assaltava a todos.

Nos minutos seguintes, reinou um silêncio sepulcral na sala. O Rei foi o primeiro a violá-lo. Enxugando o suor frio que escorria da testa, ele caiu na poltrona e disse com a voz alterada:

– De Nancy! Vá e realize mais uma vez um inquérito rigoroso sobre a procedência desses gritos. Passe a mesma ordem às Guarnições de Paris. "Pâques-Dieu" – ele deu um murro na mesa – se encontrarem os culpados dessa mistificação, ordeno que os esquartejem na Praça Grève. Henrique, vamos prosseguir nosso jogo.

O Rei de Navarra inclinou-se sobre o tabuleiro, mas sua mão tremia tanto que derrubou as peças. Só o olhar zombeteiro de Carlos IX o obrigou, ainda que com dificuldade, a se dominar.

Começaram a jogar em silêncio. A partida já se estendia por muito tempo, quando de súbito o Rei gritou e se jogou para trás. Seus lábios estavam semi-abertos e os olhos arregalados se fixavam em algo que a princípio ninguém havia notado. Briand também se aproximou, curioso. Uma exclamação de pavor se congelara nos lábios ao ver uma gota de sangue gotejar da mesa e manchar os dedos do Rei. Minutos depois, o gotejamento cessou, para logo em seguida recomeçar mais intenso. Por fim parou, desfazendo-se em vapor que, por sua vez, se espraiou no ar. Carlos IX se levantou e, com a cabeça zonza e os passos cambaleantes, dirigiu-se a seus aposentos. Duas *levrettes*[8] o seguiram com o pêlo eriçado e o rabo entre as pernas.

Todos os que não eram obrigados a ficar no Louvre a serviço saíram rapidamente, tomados de pavor do sobrenatural. Estes senhores não temiam nem a Deus nem ao diabo; desprezavam o perigo, mas tremiam diante de misteriosas vozes invisíveis, mais do que um padre falando sobre almas perdidas.

---

[8] *Levrettes* – cão de pernas compridas, corpo alongado com abdome muito estreito, focinho afilado, extremamente ágil e veloz – nota de revisão.

Briand foi o que mais ficou impressionado. Durante os dias seguintes, recolheu-se ao seu hotel e não recebeu ninguém além de d'Armi, que lhe trazia notícias de Diana. Assim ficou sabendo que Raul e Armando de Montfort realmente haviam morrido e que a Condessa e o filho tinham-se salvado.

O Barão estava triste e lamentava muito não haver salvado Raul, já que Diana lhe havia comunicado que decidira tomar o hábito do convento. A noticia tirou Briand de seu torpor mental. Com a determinação inata que possuía, convenceu d'Armi a usar a autoridade paterna para impedir tamanha insensatez.

A partir desse dia, Briand recebia informes diários do que se passava com Diana.

D'Armi lhe contou que a Condessa de Montfort deixara Paris levando consigo os corpos do marido e do cunhado e que Diana adoecera de desespero, depois de se despedir de Clemência e dos restos mortais do noivo.

Certa vez o Barão chegou com ar tão alegre e satisfeito, que Briand, curioso, perguntou que alegria o havia deixado assim.

– Sinto-me feliz porque hoje consegui convencer Diana a desistir da ideia de se tornar freira. Ela me jurou. Em troca prometi levá-la ao convento em que estudou. Ela quer passar o tempo de luto lá, sozinha e rezando. Quando a trouxer de volta, espero que sua tristeza já tenha passado e ela esteja preparada para uma nova vida.

D'Armi deu um tapinha no ombro de Briand e este não pôde conter o riso.

– E quanto ao pequeno Visconde?

– Ah... isso é uma longa história... Estou esquecendo de contar... – disse o Barão. – Imagine que hoje, quando eu estava nos aposentos de Diana, para minha grande surpresa, apareceu para vê-la o Marquês de Marillac...

– "Pâques-Dieu!", como diz Vossa Majestade. Será que ele está querendo retomar o noivado? – perguntou Briand, enrubescendo.

– Que ideia! Diana o chamou para levar René recuperado. A cena era das mais frias e cerimoniosas. Só com relação ao Visconde existe algum segredo. Não acredito ser o ferimento de René casual. Parece quererem assassiná-lo, mesmo sendo católico, para agradar à sua esposa. Minha filha deu ao Marquês uma carta cuja assinatura provavelmente é de mulher.

– Sem dúvida, a carta é da bela Marion; ela fará um reproche ao Duque de Guise por cumprir tão mal a tarefa de fazê-la viúva... – notou, sorrindo, o Conde.

– Todavia, onde Diana conseguiu esse documento comprometedor? – perguntou, em tom desconfiado, d'Armi.

– O senhor pode ajudá-la nesse caso pérfido. Aliás, não há nada de mais nisso. Diga-me, Sr. João: quando pensa deixar Paris?

– Dentro de três semanas, penso. Diana já fez o pedido de dispensa. Uns negócios ainda me prendem aqui. E o que pensa fazer, Briand?

– Vou acompanhá-lo. Não há nada mais me segurando aqui... – respondeu, rindo, o Conde.

Após encher dois copos, acrescentou:

– Bebamos ao futuro, pela realização de meus desejos e pela saúde da futura Condessa de Saurmont...

* * *

Resolvemos transcrever de Louis Batiffol, *Le Siècle de la Renaissance*, pp. 240-241, "A Morte de Carlos IX".

"(...) Pouco a pouco Carlos IX declinava. Desde as lúgubres Noites de Matança e Saque, ele estava irreconhecível; abatido por uma melancolia que ninguém podia distrair, ele parecia uma sombra triste e tímida. Os embaixadores estrangeiros (...) observavam que ele tinha sempre a cabeça baixa, não ousando mais olhar as pessoas no rosto, fechando os olhos. Às vezes, quando alguém lhe falava, ele erguia as pálpebras com esforço e, após uma rápida olhadela inquieta, as abaixava. Um retrato desse tempo, da Escola de Clouet, há pouco ainda no Castelo d'Azay-Rideau, o representa com o rosto pálido e fatigado, o olhar desvairado, a mão diáfana tremente, imagem surpreendente do homem atormentado de remorsos, diante do pensamento que a ideia fixa, obsedante, volta perpetuamente.

Ele escarrava sangue; os médicos tinham julgado como sofrimento do pulmão. Dia a dia ele se enfraquecia, se curvando, emagrecendo, a febre o queimando muito. Na primavera de 1574, já era apenas um esqueleto que se arrastava. Em maio ele se acalmou, em vista da fraqueza extrema; não mais deveria se levantar. Na noite de 29 para 30 teve uma crise, ao curso da qual se acreditava ele morresse. Ele dizia, com acento de angústia: 'Quanto sangue!... Quanto sangue!... meu Deus! Me perdoe!... Eu já não sei onde estou!... Estou perdido!'; ele estava inundado de suor.

Sua ama-de-leite o velava, enxugando seu rosto com um lenço. No dia 30, pela manhã, chamou o Duque d'Alençon e o Rei de Navarra e lhes disse que, após ele, a regência pertenceria à Rainha-Mãe, sendo necessário obedecê-la: recomendou ao Bearnês sua filhinha e depois comungou. Foi-lhe dada a extrema-unção.

No dia 31, na presença de Catarina de Médicis, que nunca o deixava, procurando lhe dizer algumas palavras sobre os negócios de Estado, ele a fez compreender que 'todas as coisas humanas não mais o interessavam'. Estertorava. Às 4 horas da tarde expirou; a única palavra pronunciada foi 'Mamãe!'. Tinha 24 anos".

Tradução da revisora.

PARTE 3

O RAPTO

Animada agitação havia tomado Angers, sempre tão pacata e bucólica. Havia alguns dias que os habitantes da cidade viviam mais na rua do que em casa. O orgulho das pessoas era ver as visitas ilustres acolhidas pela cidade por detrás de suas muralhas. O Sr. Francisco d'Alençon recebera o título de Duque d'Anjou e visitava sua cidade[1]. Uma comitiva numerosa e requintada o acompanhava. A presença daquele pequeno, brilhante e refinado pedaço da Corte, ao meio da estupidez provinciana, causou enorme efeito. Os citadinos não se cansavam de fazer belos passeios a cavalo, de caçar e de outros diversos eventos possíveis de proporcionar aos visitantes, pela nobreza de Angers.

Haviam-se passado quatro anos desde a funesta Noite de São Bartolomeu, acarretando importantes acontecimentos políticos e grandes mudanças. O Rei Carlos IX havia morrido de uma estranha e desconhecida doença, como se comentava – de veneno. Seu irmão, Henrique III, sucedera-o. O partido protestante, ao invés de se enfraquecer após o massacre, tornara-se ainda mais forte e o Rei se vira obrigado a legalizar esse culto. Também cedera fortalezas em seis províncias[2] e fora obrigado a reconhecer ter sido a Noite de São Bartolomeu arquitetada contra a vontade do Rei.

---

[1] Segundo H. de F., p. 378, em 1576, quando o Duque d'Alençon se tornou Duque d'Anjou, recebeu Anjou, Tourraine e Berry – nota de revisão.
[2] Segundo a H. de F., Condé e Navarra, mesmo sendo protestantes, também receberam governos – nota de revisão.

Nesse dia em que continuamos nossa história havia um baile no Castelo de Angers. O Duque patrocinara uma festa à aristocracia local em agradecimento à atenção dispensada.

Encontramos muitos de nossos antigos conhecidos chegando de liteira, carruagem e até, discretamente, a pé vindos para essa festa.

Em primeiro lugar, aqui estava o Conde de Saurmont, pálido e frio como sempre; somente seu olhar ganancioso revelava sua vontade. Não tirava os olhos da entrada do palácio e examinava todos os convidados chegando.

O Conde mudara seu traje, manifestando o desejo evidente de agradar com a aparência. Sua roupa era cinza-clara, e brilhantes valiosos eram exibidos em volta de seu pescoço e no cabo de seu punhal. Ao ver René de Beauchamp e Marillac entrando, Briand franziu as sobrancelhas. Encontrar o antigo noivo e o amigo de infância de Diana sempre lhe era desagradável, contudo, a chegada de d'Armi, acompanhado da filha e da esposa, fê-lo esquecer os dois jovens. Ele se apressou em ir saudar as damas.

Com o passar dos anos, Lourença havia ficado ainda mais gorda. Agora ela se apresentava como uma massa disforme. Seus pequenos olhos negros quase desapareciam na enorme face flácida. Apesar disso, sua pretensão de ser bonita não havia absolutamente diminuído. Diana estava mais formosa do que nunca. Trajava um vestido branco simples, mas de uma elegância incomum. Caminhava ao lado da madrasta, sorrindo, mas sua expressão transmitia tristeza profunda e seus grandes olhos azuis observavam os presentes com indiferença e apatia.

Após cumprimentarem d'Armi e as damas, Saurmont, René e outros convidados passaram a conversar, enquanto esperavam pelo Duque.

* * *

Vamos abrir um parêntese e contar todo o acontecido durante esse intervalo de tempo.

D'Armi levara a filha ao convento onde fora criada. Na atmosfera calma e tranquila do retiro, sob a influência espiritual da Madre Odila, do padre Gabriel e das boas irmãs, o forte desespero da moça, pouco a pouco, se transformara numa tristeza profunda e introspectiva. Sua postura frente ao mundo e às pessoas era de hostilidade e desconfiança. Pensava com amargura no minuto em que havia deixado o convento, aquele lar de paz, para se mudar para a casa do pai. Por isso se sentiu aliviada quando, uns dias antes de o Barão ir buscá-la, recebeu uma carta de Clemência convidando-a para passar alguns meses no Castelo de Montfort. Seu filho, escrevia a Condessa, definhava aos poucos, e ela se sentia infeliz e sozinha. Pedia insistentemente à amiga que a fosse visitar.

A princípio, o Barão João se mostrara descontente com o convite e ordenara à filha que voltasse para casa, mas como Madre Odila já consentira no desejo da moça, ele também acabara cedendo.

Diana acabou permanecendo em casa de Clemência muito mais do que havia previsto. O pequeno Luciano morreu lentamente de uma doença incurável no peito, e Diana não queria deixar a infeliz mãe num momento tão difícil, quando perdera sua última esperança. Morrendo o pequeno, todos avaliavam que a mãe enlouqueceria. Mas uma perigosa doença, quase a levando ao túmulo, a mergulhara numa providencial apatia, salvando-a da insanidade.

Quando finalmente Clemência se restabeleceu, comunicou a Diana ter resolvido tomar o hábito.

– Dentro de mim e ao meu redor tudo morreu... – dissera a jovem. – O mundo me inspira pavor. Este castelo vazio, carregado de recordações desagradáveis, só faz minha angústia aumentar dia a dia. Talvez, sob o amparo do convento, encontre eu a paz na alma.

Sua decisão foi irrevogável; nem súplicas, nem apelos da família pretendendo casá-la com um primo herdeiro dos Montfort a demoveram. A chegada do novo senhor apenas fez a Condessa abreviar a partida.

Triste e calada, Diana retornara à casa paterna. Ela não deixara o luto e continuava a levar uma vida de convento. Seu relacionamento com a madrasta era frio e, do Conde de Saurmont, frequentador do castelo, fugia sempre que possível.

Nos olhos tristes de Briand, ela via que a paixão não havia ainda se apagado, e percebia claramente que seu pai e Lourença desejavam muito vê-la casada com aquele homem rico e conceituado.

Alguns meses antes do dia da retomada de nossa narrativa, Diana, com alguma alegria, soubera que Clemência era agora Mãe Maria, vindo dar a bênção do grande convento às noivas de origem nobre, moradoras perto de Angers. Ao saber da chegada da amiga, visitara-a algumas vezes. Não menos satisfação lhe dera a chegada de René de Beauchamp, a quem não via desde sua partida de Paris com Marillac.

Durante esses anos, o belo Visconde tivera uma vida agitada e confusa. Tão breve se recuperara, seu primeiro cuidado fora romper com Marion. A carta traiçoeira provava as intenções de matá-lo. Isso ajudara René a dobrar a Viscondessa, terminando ela por cair na própria armadilha. Ficando livre, Beauchamp se lançara a uma vida agitada de aventuras, além de tomar parte ativa em todas as intrigas da época.

A morte de um primo lhe deixara grande herança, obrigando-o a vir a Angers. Ele se apressara em visitar sua amiga no convento, sem saber se ela havia voltado ao Castelo d'Armi. O encontro com Diana causara estranha e inexplicável sensação ao Visconde. A moça o encantara. A beleza meiga e original subjugara seus sentimentos. A inteligência aguda e brilhante, juntamente com sua bondade inata, atraíra definitivamente o rapaz.

Por outro lado, surgia em sua alma um sentimento muito próximo ao ódio, principalmente em relação às três semanas passadas como ferido, nos aposentos de Diana. O desespero dela, a tristeza sem fim e o amor profundo que Raul lhe inspirava – tudo isso irritava René, como se fosse ofensa pessoal, por ele não poder confortar a moça na perda de seu noivo.

Quando Raul estava vivo, odiara aquele maldito huguenote, e agora a morte dele barrava seu caminho à felicidade! Toda vez que seu olhar pousava nos olhos tristes e lacrimosos de Diana, essa irritação era despertada. Mas, quanto mais se asserenava, mais seu pensamento perdia essa aflição. "Para que me desesperar? É preciso apenas me separar de Marion. Acaso o tempo, esse grande curador, não foi melhor companheiro enquanto Raul existia, perigando minha sede de felicidade? Eu só preciso esperar com paciência", raciocinava.

E o rapaz levou seu plano adiante, dada a paciência incomum ser uma de suas melhores virtudes, quando as coisas corriam em direção ao objetivo almejado. Além disso, tinha a excepcional qualidade de preencher o tempo de maneira agradável, enquanto esperava. A mistura das qualidades más e boas do Visconde, mal ensinadas pelos acontecimentos que o haviam abalado, tinha feito dele um egoísta orgulhoso, muito garboso de sua bela aparência, de sua riqueza e de seus sucessos mundanos. Não admitia a ideia de estar agindo mal e conservava uma animosidade invencível contra qualquer um que, em sua opinião, o estivesse ofendendo ou humilhando.

Durante sua estada no palácio, o Visconde experimentara todos os vícios e venenos da sociedade depravada da época. Chegando à saciedade, ele concluíra ser o comportamento desregrado nocivo e ser hora de ter vida feliz e tranquila. Para isso Diana estava em seus planos. René decidira lhe fazer a proposta tão logo a visse e se certificasse de que estava mais calma. Havia-se colocado como amigo de infância e possuía os direitos de um irmão; aliás, Diana nem pensava em negar isso. Ela gostava dele e tinha plena confiança no amigo de jogos de infância, sabia ele. Entre os jovens havia o melhor relacionamento e René, caladamente, divertia-se com os ciúmes e a raiva de Saurmont.

Com a chegada do Duque d'Anjou, o Visconde deixara um pouco Diana. Encontrara vários amigos na comitiva do Duque e, irrefletidamente, deixara-se levar por eles à vida de aventuras.

Mas agora, vendo Diana no baile, imediatamente adquiriu um

pouco de lucidez. Ficou perto dela e, conversando alegremente, mostrou-lhe um lado desconhecido dela.

A chegada do Duque interrompeu as conversas.

..*

Saudando os hóspedes e se dirigindo com frases gentis a este ou àquele, o Duque d'Anjou calmamente percorreu todo o salão. Deteve-se junto à família d'Armi e seu olhar surpreso se fixou na figura grosseira de Lourença, pois esta, depois de perder a noção do que era respeito com sensatez, fez uma reverência tão exagerada que quase caiu de joelhos aos pés do Príncipe.

Contendo com muito esforço o riso, Francisco virou-se para outro lado. Nesse exato minuto seu olhar se deteve em Diana, visivelmente embaraçada diante da cena ridícula da madrasta, e esta o cumprimentou, confusa. Os olhos do Duque se inflamaram de admiração. Inclinando-se amavelmente à jovem, encetou com ela uma animada conversa. Ao saber seu nome, admirou-se por não a ter notado na corte de Carlos IX. Durante todo o resto do baile, nitidamente distinguiu Diana entre os demais, despertando terríveis ciúmes em René e Briand. Pela primeira vez os dois rivais experimentavam o mesmo sentimento. Nenhum deles confiava no Duque, o qual era conhecido por todos pela volúpia e pela ousadia cínica no relacionamento com as mulheres.

A suspeita dos jovens aumentou quando, dois dias depois, o Duque, voltando da caça, parou no castelo d'Armi e pediu algo para se refrescar. Cheia de orgulho, Lourença colocou-se ela própria à disposição. Mas o Duque só tinha olhos para Diana, que o recebeu com a amabilidade tão fria quanto permitiam as circunstâncias e a posição do hóspede.

O Duque não era o tipo de pessoa paciente. Foi tomado por um terrível capricho por Diana, e a qualquer preço queria possuí-la. Vendo a inacessibilidade da moça, resolveu empregar a força. Com esse objetivo passou a se aproximar de Lourença. Já à primeira vista ele percebeu ser essa inteligência má exatamente a arma necessária.

Alguns dias depois, Diana lia sozinha em seu quarto; d'Armi fora para Angers de manhã bem cedo e Lourença comunicara não estar se sentindo bem e que por isso não sairia da cama.

O ruído de passos e o estalar de ramos secos fizeram a moça erguer a cabeça. Pode-se imaginar o pavor sentido por ela quando um homem entrou em seu quarto pela janela. Gritando alto, ela se lançou à porta, mas o desconhecido a alcançou e a apanhou pelo braço. Ainda gritando, começou a lutar, porém mais três raptores adentraram o aposento. Quando Gabriela chegou, alertada pelo alarido, a porta estava trancada.

Em um instante, os quatro levaram Diana enrolada numa capa e correram pelo jardim para uma abertura na parede.

Do outro lado, os cavalos os esperavam. Um deles levou Diana consigo na sela e depois, a trote rápido, se dirigiram a Angers.

Quando ela voltou a si, estava deitada numa cama larga, de colunas, num grande quarto arqueado, iluminado por duas velas de cera encontradas sobre a mesa. Seu primeiro movimento foi saltar da cama e correr à porta, no entanto estava trancada. Quando a moça se convenceu de que era prisioneira naquele lugar desconhecido, foi tomada pelo pavor. Vertendo lágrimas, ela se atirou à mesa.

Ninguém veio vê-la. Pouco a pouco, voltou a ter calma e a refletir sobre sua condição. Ela tinha certeza de ter sido o Duque o responsável, pois não haveria outra pessoa com uma casa assim tão grande e confortável. Procurou, aflita, o estilete que sempre levava consigo para se precaver de Briand. Ao encontrá-lo, suspirou aliviada.

– Em último caso poderei me matar... – murmurou, escondendo a arma cuidadosamente.

Mal acabara de ajeitar o vestido, a porta foi aberta e entrou o Duque[3]. Estava muito bem-vestido e sua cara rosada indicava vir ele de um farto jantar. Ao correr na direção de Diana, esta

---

[3] Em *Le Siècle de la Renaissance*, p. 247, há um esboço do Duque d'Alençon (agora Duque d'Anjou), Francisco, último filho de Catarina de Médicis, o raptor de Diana: "(...) pequeno, rechonchudo, muito moreno com cabelos pretos encaracolados. Às vezes amável e jovial; de outras, turbulento, atrapalhado e agitado. Tinha ciúme da preferência da mãe por Henrique III, seu irmão-Rei" – nota de revisão.

A NOITE DE
SÃO BARTOLOMEU

recuou até a janela; ele caiu de joelhos e, esforçando-se por abraçá-la, disse:

– Eu a amo, Diana! Seus cabelos dourados me tiraram a razão. Concorde em ser minha!

Vendo a repugnante figura de Francisco tão próxima a si, sentiu tamanha aversão que quase se esqueceu ser ele quem era. O sangue lhe subiu à cabeça; vermelha de raiva, empurrou com força o Duque e gritou, com voz pungente:

– É uma vergonha para o senhor, Majestade, utilizar tanta violência contra uma mulher indefesa! Coloque-me em liberdade agora mesmo! Não sou uma escrava para ser tratada assim! Não quero seu amor e se não me soltar me matarei ou o matarei!!

– Sim, sim, sim! "Pâques-Dieu!", como dizia meu falecido irmão Carlos, a ira a torna ainda mais bela, Diana. Você tem de ser minha!...

– Nunca!... É melhor morrer que ser amante, mesmo sendo do filho da França! – Diana replicou com ardor.

– E se casássemos legalmente? – sugeriu Francisco, meio rindo, meio irritado. – Escute, Diana, seja sensata e não empregue mal sua beleza! Meus sentimentos me levam à loucura!... Ame--me e lhe serei fiel até a morte! A felicidade não é suficiente para um amor mútuo? Tuche e Diane de Puate[4] acaso não foram generosos, amados e queridos por todos, sem qualquer formalidade vazia?

Falando isso, aproximou-se da moça e tentou puxá-la a seu encontro, mas ela deu um salto para trás e, sacando o estilete, gritou:

– Não me toque!

Ao ver a arma, o Duque recuou e, depois de entreabrir a porta, falou:

– Acalme-se, maravilhosa criança! Neste exato minuto me

---

[4] Muito difícil ter certeza do que se trata. O segundo nome soa como Diane de Poitiers. Essa viúva conseguiu conquistar o pai desse Duque d'Anjou, o então Rei Henrique II, marido de Catarina, sendo sua amante até a morte dele. Quanto ao Tuche, imaginamos ser um nome carinhoso, pelo qual Diane de Poitiers chamava o Rei, seu amante – nota de revisão.
O primeiro nome também soa como Touchet (Marie). Esta foi amante de Carlos IX, que sempre teve para com ele lealdade e fidelidade. Deu a ele seu único filho homem, que foi reconhecido pela rainha como Charles de Valois, primeiro Conde d' Auvergne, e depois Duque d' Angouleme – nota da editora.

retiro. As mulheres, como os gatos, não devem ser irritadas demais, se não se deseja ser arranhado. Espero amanhã você estar com ânimo mais conciliador.

Ao ficar sozinha, Diana a princípio suspirou aliviada, mas ao se lembrar de sua volta na manhã seguinte, começou a chorar. Pouco depois, chegou uma mulher lhe servindo o jantar e se colocando à sua disposição. A moça temia tocar na comida e, sem ter confiança na mulher desconhecida, recusou tudo. Diana passou a madrugada no sofá, sem se trocar. Mas ninguém a perturbou. O dia seguinte foi tranquilo.

O Duque chegou apenas à noite. Dessa vez mudou completamente a maneira de se dirigir a ela. Com expressões apaixonadas, mas sem passar dos limites do respeito, disse a Diana não se ter ofendido absolutamente pela maneira como ela havia-se dirigido a ele na noite anterior e, inspirado pelas virtudes e pela beleza da moça, pensando bem, decidira se casar com ela.

– Jamais – disse ele com ardor – encontrarei uma mulher melhor e mais digna. Mas o casamento deverá ser secreto, enquanto eu não preparar meu irmão, o Rei; não receberei indulto pelo ato de minha própria vontade. Maior prova de amor não poderei lhe dar, Diana, mas espero ser suficiente para pôr fim à sua desconfiança.

– Essa honra é imerecida e demasiado grande para eu poder recebê-la, Senhor! Como pode a filha de um provinciano de Angers pretender se casar com o filho da França?! Um grandioso futuro o aguarda e o fará esquecer uma jovem tão insignificante como eu. Seja bondoso... generoso... restitua-me a liberdade! – Diana respondeu, com lágrimas nos olhos.

O Duque de nada queria saber e disse ser preferível a morte a perdê-la. Insistiu em se casar e afirmou que ela só deixaria o Castelo de Angers sendo sua esposa.

Passaram-se quatro dias de tristeza mortal para ela, mas o Duque recolocava sua exigência e, com muita paixão, tentava convencê-la a concordar com o casamento. Ela não sabia mais o que fazer. Estava morrendo de fome, pois havia comido somente alguns ovos e bebido um pouco de água, por temer algum narcótico no vinho ou em alguma comida.

Na noite do quarto dia, ao sair o Duque, Diana estava tão desesperada, que começou a bater a cabeça na parede. Tinha imensa aversão a Francisco e a ideia de se casar com ele a apavorava.

Em pranto copioso, caiu na cadeira. De súbito o ruído da porta se entreabrindo a tirou do torpor. Mas mal ergueu os olhos, ela se atirou com alegria ao homem que entrava.

– René! Caro René! Salve-me! – gritava ela.

– Vim para isso! Preciso conversar com você a respeito de coisas importantes – respondeu o Visconde beijando-a, como de costume, fraternalmente.

– Oh! Como me sinto aliviada! Você me encontrou!

– Isso não foi fácil! Seu rapto é o assunto mais comentado de Angers e foi muito difícil chegar até aqui. Mas, quando o desejo é forte, sempre se alcança o objetivo. Que aparência doentia, Diana! Como você emagreceu!

– Realmente! Tenho medo de aceitar a comida e por isso estou morrendo de fome... – disse ela, recomeçando a chorar.

– Espere, Diana! Esse problema é fácil de resolver – disse René, dirigindo-se rapidamente à porta. Passados 15 minutos ele voltou com vinho e doces.

– Coma sem nada temer, e depois conversaremos – disse ele, sorrindo.

Ao terminar o jantar improvisado, Diana havia recuperado a coragem e a tranquilidade; contou a seu amigo como as coisas tinham-se passado entre ela e o Duque.

– Então foi assim que aconteceu? Quanto ao famigerado casamento, posso lhe dizer: o Duque quer enganá-la esperando você se acalmar. O casamento está arranjado; as testemunhas serão um encarregado, d'Orilli, e seus dois irmãos, homens da confiança dele. Tomei conhecimento de todos esses detalhes por um amigo integrante da comitiva do Duque. Então vim para salvá-la!

– Mas como? – perguntou Diana, ao mesmo tempo ficando pálida.

– Só existe um meio de se livrar do Duque: é casar com outro. A comédia infame perderá então qualquer sentido. Nem mesmo o Sr. d'Anjou se atreverá a empregar a força contra uma mulher do palácio. Diana, você deverá fingir aceitar a proposta do Duque. Trate-o bem... Quando a desconfiança dele houver sido vencida, você, uma hora antes da cerimônia, se juntará a outro, refugiando-se em seu castelo.

– Mas quem será esse outro desejoso de se casar comigo? – murmurou Diana, desconcertada.

O Visconde sorriu. Um olhar ardente e ao mesmo tempo malicioso se fixou nos olhos perturbados do moço.

– O outro serei eu, Diana, caso aceite receber minha fidelidade. Seu amor e suas recordações pertencem a Raul de Montfort, sei disso. Meu coração também sofreu terrível decepção. Todavia nos conhecemos há tanto tempo e nosso amor é tão verdadeiro e profundo... Certamente nos assegurará uma serena felicidade. Nos momentos em que o amor não for suficiente, a amizade estará presente. Acredite em mim! Concorde em ser minha esposa e me conceda o direito de defender sua honra e seu futuro.

O discurso do Visconde fora preparado com muita astúcia. Respeitando a memória de Raul e não exigindo amor, ganhou a confiança e livrou-se da necessidade de confessar a paixão inspirada por sua beleza. Ela lhe seria reconhecida pelo generoso auxílio e, ao mesmo tempo, não estaria no direito de lhe exigir mais do que ele próprio lhe poderia dar. Tudo isso garantia a René uma dose de liberdade no caso de cair devido às fraquezas humanas ou de seu amor por Diana se apagar com o tempo.

A pobre Diana não suspeitava das segundas intenções e dos silêncios de René; ele estava se mostrando muito honesto e bom. Sua proposta se apresentou como sendo de tal grandiosidade e de amor tão puro e desinteressado, que ela foi tocada no mais fundo da alma.

– Meu bom René! Certamente aceito sua generosa proposta! Depois de Raul, o único com quem poderia me casar seria você. Esteja certo de toda minha dedicação para poder provar minha gratidão e fazê-lo feliz o quanto possa! – respondeu, emocionada.

O Visconde apertou-a tão ardentemente contra seu coração que quase se esqueceu de que havia feito a proposta por amizade. No entanto, Diana estava muito emocionada para perceber esse detalhe. Após as primeiras palavras de desabafo, os jovens passaram a conversar amigavelmente e a combinar os detalhes da fuga e do casamento.

Os dias seguintes foram alegres. Confiando no seu futuro, Diana já começava a se divertir com a aventura. Fazia seu papel com muita perfeição diante do Duque, conseguindo enganá-lo, fazendo-o pensar estar ela seduzida pela ideia de ser a esposa do Duque d'Anjou. Ele a encheu de presentes e marcou o dia do casamento, para cuja realização aguardava apenas a chegada de seu encarregado d'Orilli, o qual havia viajado a negócios. O Duque não desconfiava das vindas de René após suas saídas. O rapaz passava pela guarda daquela ala do castelo, porque o sargento encarregado da segurança havia trabalhado para o avô do Visconde e era muito fiel a René. O moço disse a Diana das intenções do Duque e lhe contou seus preparativos para a fuga.

* *. *

O rapto de Diana provocou grande alvoroço em Angers. Logo as pessoas deduziram quem poderia ser o raptor: o Duque d'Anjou. Mas como o assunto se referia a uma família em particular, ninguém se atrevia a empreender uma contenda com personagem tão importante, em defesa de uma mulher cujos parentes haviam-se omitido.

O Barão d'Armi adoeceu de desgosto e ficou acamado. Lourença se mostrava desesperada diante das pessoas, porém não se movia do castelo e quando a sós considerava um triunfo ter d'Orilli contado com ela para a cumplicidade do rapto.

Em compensação, Briand, ao saber do ocorrido, quase enlouqueceu. Tinha certeza da participação ativa de Lourença no sucedido. Sentia ódio daquela mulher, apesar da influência por ela exercida sobre ele. Sentia seu ódio aumentar ainda mais. O Conde, contudo, não era pessoa de ficar com os braços cruzados: foi a Angers. Distribuindo dinheiro grosso, tomou conhecimento de tudo quanto se falava sobre o assunto. Tendo subornado inclusive a mulher do sargento encarregado da questão, ficou sabendo, por meio dela, tanto do plano do Duque, quanto das intenções de René. Em sua mente engenhosa imediatamente delineou um plano que, se tivesse sucesso, lhe traria a plena realização de seus desejos. Mas, antes de agir, resolveu garantir a colaboração de d'Armi, que sabia não ser difícil conseguir.

Assim se dirigiu ao Castelo d'Armi para expor ao Barão seu plano, como o havia elaborado.

– Se, como penso, Beauchamp parar no hotel, ele acordará só quando Diana já se tenha tornado oficialmente a Condessa de Saurmont – terminou Briand.

Após ouvir o plano, o Barão balançou a cabeça, preocupado:

– É claro, meu caro Briand, que ninguém lhe deseja mais êxito do que eu. A coisa mais querida para mim, após Diana se livrar do covarde rapto do Duque, é fazer com que minha filha torne-se esposa de um homem tão importante quanto você! Só temo nada poder deter René... Ele ama minha filha e naturalmente não pararia numa má pousada a caminho da igreja.

O Conde deu uma gargalhada zombeteira.

– Sua resposta, Barão, mostra o quanto mal conhece Beauchamp. Não há no mundo uma pessoa mais esmerada, complacente e de raciocínio tão lento quanto René. Nem o amor, nem dúvidas o detêm se as coisas estão correndo rumo à satisfação de suas fantasias. A pousada "Rabo do Diabo" se encontra exatamente a meio caminho. Entusiasmado e cansado, René obrigatoriamente passará por ela para repousar e beber um copo de vinho. O resto caberá a mim. Eu lhe prepararei um chamariz bem tentador para ele cair nessa tentação no mesmo instante. O Visconde pensa que Diana sempre lhe pertencerá e ficará, espera ele, livre de aborrecimentos.

D'Armi se animou imediatamente com a conversa. Foi ao encontro de René e, com lágrimas de amargura, implorou-lhe que o ajudasse a achar e salvar a filha. O Barão chegou a dizer que o chamava por ter sido amigo de infância de Diana. O moço não desconfiou da mudança do pai de sua amada. Tranquilizou-o quanto a Diana e disse-lhe que estava preparado. O Barão abraçou-o calorosamente, agradecendo, e pediu para deixá-lo inteirado de como caminhavam as coisas, dado que gostaria de participar do casamento e parabenizá-lo.

Ao relatar sua conversa com René, o Barão arrancou sorrisos de satisfação de Briand. Naquele momento, Saurmont começou a preparar a armadilha para se livrar do rapaz. Primeiramente, dirigiu-se aos ciganos instalados em São Germano. No acampamento viu uma cigana de rara beleza – ótima presa para René! A seguir, o Conde se entendeu com o pai e o irmão da cigana para que todos tirassem lucro do plano. Ficou combinado então que Topsi e os dois ciganos se dirigiriam no dia combinado a um hotel, cujo dono os ajudaria.

Tendo acertado isso, Briand tratou de arrumar o castelo de forma requintada, preparando-se para receber a nova proprietária. Tinha certeza de que seu plano daria certo, por estar confiante no desleixo e na volúpia do Visconde. Quanto a Diana, naturalmente se resignaria com o destino, depois de ter-se tornado Condessa de Saurmont, sabendo da fatalidade de seu noivo que a desprezara por uma simples cigana...

O dia marcado finalmente chegou, deixando Briand em aguda ansiedade. Atormentado pela intranquilidade interior, ele deixou o castelo para passear pelo bosque. Quando decidiu voltar para casa, encontrando-se já próximo do castelo, viu, surpreso, alguém saindo dos arbustos e vindo em sua direção. Sentiu ódio e apreensão quando reconheceu Henrique, a quem não via desde a Noite de São Bartolomeu e julgava morto. O aparecimento do cigano em momento tão crítico foi tomado como um mau agouro. Contudo, dominando-se, estendeu a mão cumprimentando e, sorrindo, perguntou:

– De onde você surgiu? Eu o procurei tanto... Já o considerava morto!

– Oh! Foram tempos maravilhosos! Estive fazendo coisas tão boas que saí da França. Depois os fracassos começaram a me perseguir e retornei com alguns ciganos pensando que talvez sua generosidade pudesse me ajudar... Depois de ficar sabendo com Topsi de seus desejos para com Diana, achei poder ser útil e vim para oferecer meus préstimos...

– E com prazer os aceito, e agora mesmo lhe contarei tudo.

– Não é necessário, Sr. Briand. Antes de vir aqui tomei informações em Anjou e sei como andam as coisas... – respondeu o cigano, maliciosamente.

Briand tremeu de ódio, sendo tomado por um desejo insano de se livrar para sempre daquele perigoso cúmplice. Nesse instante, passavam pela beira de um precipício de cuja encosta rolavam seixos. Com a rapidez de um relâmpago, o Conde aplicou um golpe fortíssimo na têmpora de Henrique, deixando-o atordoado na hora; aproveitando-se disso, empurrou o cigano para o precipício. Henrique cambaleou, perdeu o equilíbrio e caiu. Após perdê-lo de vista, o Conde esperou ainda alguns minutos para se certificar de não ouvir algo ou ver algum sinal de vida do cigano; no bosque, porém, o silêncio era completo.

– Certamente o canalha caiu na água. Irá acordar do desmaio só no outro mundo... – murmurou o Conde. Sentia-se aliviado de um terrível peso e começou a cuidar dos últimos preparativos.

Mas Henrique não estava morto... Rolara precipício abaixo, sob os baques das pedras e tocos de árvores até o rio, onde seu corpo foi retido pelos ramos de densos arbustos. Na correnteza caíram somente lascas de rocha levando Briand ao erro.

Henrique ficou desmaiado por umas duas horas; tremendo de raiva, sentindo os membros doloridos, subiu a encosta e começou a arquitetar um plano de vingança. Sua primeira ideia foi não deixar Topsi participar, estragando a armadilha preparada;

mas, olhando o sol, constatou ser tarde para ir ao hotel, mesmo tendo escondido seu cavalo na floresta. Naturalmente poderia contar a Diana quem eram Saurmont e Mailor: a mesma pessoa... Açoitando o cavalo, decidiu enviar, a uma aldeiazinha que se encontrava no caminho de René, um mensageiro com uma carta, prevenindo o Visconde da intriga de Saurmont.

Conhecedor de cada cabana e de cada abrigo num raio de cem léguas, o cigano logo encontrou um rapaz que por um escudo concordou em aguardar o Visconde e lhe entregar a carta traiçoeira. Isso resolvido, Henrique, a trote rápido, dirigiu-se a Anjou.

Henrique conhecia a cela da moça e possuía um aliado no castelo. Mas dessa vez decidiu não pedir ajuda. Era uma noite escura, sem luar. Ninguém notou o cigano que se pôs numa canoa e se aproximou da janela do quarto de Diana; essa janela dava para um fosso cheio de água. Com a agilidade de um gato, subiu até a canhoneira e entrou no terraço.

Diana lia, completamente vestida para a fuga. A seu lado havia uma máscara e uma capa.

A janela alta e estreita não era defendida por grade. Sabendo não estar fechada, Henrique abriu-a silenciosamente e, com certa dificuldade, entrou no quarto.

Vendo alguém saltar para dentro, ela se levantou rapidamente, mas, ao ver o desconhecido, gritou de medo. Henrique acalmou-a com algumas palavras de respeito e, sem perder tempo, começou a lhe contar o passado de Briand de Saurmont. Relatava, inclusive, o assassinato do Conde Guevara, quando, debaixo da janela, se ouviu um assovio baixo.

Pálida de medo, Diana parecia não mais ouvir nada, mas o cigano viu um homem mascarado, com um chapéu largo caído até os olhos, fazendo impacientemente sinais com as mãos para eles. Ao tirar a luva, via-se em seu dedo um anel de safira que René sempre levava.

— Corra, senhorita! Eis seu salvador. Mais tarde lhe contarei do terrível perigo do qual a livrei hoje – disse Henrique, ajudando Diana a colocar a capa e a máscara.

O cigano não duvidava ser René o homem mascarado. Sabendo que o aparecimento de Saurmont se daria dentro de uma hora e que o Visconde, conforme o combinado, viria mais tarde, se René havia aparecido tão cedo, significava que o aviso tinha chegado a tempo. Em todo caso, o anel eliminava qualquer suspeita.

Por isso Henrique, sem vacilar, ergueu Diana e colocou-a nas mãos do homem, pronto para recebê-la de pé no barco. Quando quis se unir a eles, descobriu ser bem mais difícil sair do quarto do que entrar nele.

Subitamente o homem do barco, mostrando muita pressa, deu-lhe um pesado saco de ouro e disse:

– Obrigado!

A seguir, sem esperar a resposta, tomou os remos e, em questão de segundos, o barco sumiu na escuridão. Quando, finalmente, o cigano conseguiu passar pela janela e chegar à outra margem, vencendo o fosso, tudo ao redor era silêncio.

Diana e seu raptor tinham desaparecido. "Caramba! Agora, moleque, ninguém mais irá tirá-la de você. Puxa! Como o pequeno Visconde correu!", pensou consigo mesmo Henrique, rindo sozinho. "Que pena eu não poder ver sua cara, Briand, quando encontrar o ninho vazio... No entanto é hora de cuidar das minhas equimoses. Espere só minha desforra!"

Muito contente por ter alcançado seus objetivos, o cigano se dirigiu a uma pequena pousada ali nas redondezas.

2
O CASAMENTO

Saindo do barco, Diana viu seu pai esperando ao lado de uma liteira, acompanhado por numerosa escolta. Louca de alegria, atirou-se em seus braços, e ele, emocionado, beijou-a. Depois a conduziu à carruagem, e disse:

– Rápido! Rápido, minha filha, se você estima a vida de seu salvador.

Como num sonho, Diana permitiu a sentassem na carruagem. Dois senhores montaram nos cavalos e o pequeno cortejo rapidamente subiu o bosque circundante da cidade.

Quando a cortina da cabine foi aberta, a moça viu uma pobre igreja situada nos limites do povoado. Havia cabanas humildes, mal distintas na escuridão. Esses detalhes externos, contudo, deixaram de infundir temor na jovem, quando o noivo a tomou pela mão e a conduziu à igreja, onde se colocaram no altar.

Aliviada, deixou que a levassem à sacristia, onde logo foi assinado o documento. A seguir, aflita de curiosidade, voltou à igreja que era iluminada apenas por duas velas de cera, ardendo no altar. O velho padre, nitidamente nervoso, concluiu rapidamente o casamento dos jovens mascarados. Em 15 minutos o rito fora realizado. O marido acomodou Diana na carruagem e, conduzindo o cortejo nupcial, se pôs a caminho no mesmo minuto.

Diana não conhecia o castelo de Beauchamp. Admirada, viu com prazer que seu novo lar era uma enorme fortaleza, de espaços amplos e ameaçadoras fortificações, tendo um aspecto

incomparavelmente mais imponente que o do Castelo d'Armi. O vestíbulo e a escada principal estavam bem iluminados. Nos degraus, criados luxuosamente vestidos se colocavam em fileiras.

– Tire sua máscara agora – cochichou o Barão ao ouvido da filha, quando o marido lhe tomou a mão para conduzi-la pela escadaria.

A jovem esposa obedeceu, mecanicamente. Na sua excitação, não percebeu que o esposo ficara com a máscara, nem que os criados não haviam levado a flor branca e azul dos Beauchamp, mas sim uma flor branca e verde. Todos esses detalhes lhe passaram despercebidos, quando ela percorreu longa sequência de aposentos luxuosamente mobiliados e entrou, por fim, num grande dormitório revestido de um tecido verde de flores de ouro. Ao fundo do quarto, destacando-se sobre um patamar, havia uma grande cama adornada de brasões.

Fechando a porta, Diana tomou a mão do marido e nervosamente a apertou.

– Meu caro René – disse ela, emocionada –, permita-me uma vez mais agradecer sua grandiosa generosidade! Você ainda não sabe, mas hoje me salvou de um duplo perigo. Graças a você, livrei-me de dois malditos. Toda a minha vida, devotar-me-ei em provar minha fidelidade...

Ao não receber resposta, ela elevou os olhos e, admirada, olhou para o mascarado de traje azul de veludo, emoldurando a figura alta e delgada. Ele estava bastante nervoso e sua mão tremia um pouco quando disse, tirando a máscara lentamente:

– Espero, Diana, que você não mude seu sentimento de gratidão para com aquele que a salvou do Duque. No entanto, você não vai tomar o nome do Visconde e sim deste que somente lhe oferece amor e fidelidade.

Ao ouvir aquela voz e ao ver o rosto pálido de Briand, Diana gritou de medo e pulou para trás, apoiando-se instintivamente na mesa. Mas essa sensação de fraqueza não se prolongou senão por alguns segundos. Pálida, com o olhar vidrado, atirou-se contra o Conde e, segurando-o pelo braço, gritou, devorando-o com os olhos.

– Você?! Você é o homem com quem me casei?!

– Sim, Diana, sou eu... Estamos definitivamente unidos. Pelo amor de Deus, acalme-se!

– Traidor, desonesto Barão de Mailor! – dizia Diana, em altos brados, com voz trêmula. – Desgraçado! Casou-se na Espanha pensando ter matado sua esposa por lei! Assassino de Raul!

Sua voz se quebrou, porém seu rosto branco e seus olhos ardendo de asco assustavam...

Um impropério escapou dos lábios do Conde. Seu pressentimento não o havia enganado; de alguma maneira incompreensível o maldito Henrique se salvara e havia-se vingado dele entregando-o. No entanto, percebeu que necessitava, naquele momento, mais do que nunca, de todo o seu sangue-frio. Sufocando a fúria desencadeada dentro de si, respondeu com calma:

– É verdade: eu sou Mailor! Mas você não tem uma única prova e me disponho a corrigir meu delito lhe restituindo o nome e o título pertencentes a você por direito.

Diana riu.

– Você chama a armadilha covarde de hoje de "corrigir seu erro"? Está enganado, traidor repugnante, se pensa que serei conquistada com semelhante coação. Irei ao Rei, contar-lhe-ei seus crimes e exigirei justiça! Não ficarei nem mais um minuto neste castelo!!

Fora de si, pálida, ela se lançou à porta, gritando com voz irreconhecível:

– Pai! Pai! Venha cá!

Em dois saltos Briand a alcançou e a segurou pelos braços.

– Pare, Diana! Não se esqueça de que minha paciência também tem limite! – disse ele, em tom grave. – Você é e será a Condessa de Saurmont. Você não irá ao Rei, mas ficará comigo, comportadamente, como minha mulher legítima. Esta é minha vontade e a ensinarei a respeitá-la. Vamos! Volte a si, seja sensata!

Ao som dessa voz irritada, metálica e diante de uma figura tão cruel e imperativa, Diana subitamente foi tomada por uma fraqueza, caindo desmaiada no tapete.

O Conde se pôs de joelhos e por um minuto a examinou com olhar carrancudo e demente. Uma terrível sensação de anarquia e paixão encheu seu peito. Depois de erguê-la rapidamente, cobriu de beijos a pequena boca pálida, pois naquele minuto não podia repeli-lo com ódio e desprezo.

– Finalmente você é minha! Nem o céu, nem o inferno poderão nos separar.

Briand assobiou alto e quase no mesmo instante se abriu uma porta lateral pela qual uma jovem camareira adentrou o quarto. Vendo sua nova senhora estendida no chão, a camareira soltou uma exclamação de espanto e surpresa.

– A Condessa se sentiu mal de cansaço. Ajude-me, Nanon! Traga-a de volta! – ordenou Briand, parando, assim, os gritos da empregada.

Esta se dirigiu ao vestiário e trouxe as roupas de sua senhora. O Conde levantou a esposa e sentou-a na poltrona, rodeando-a de almofadas.

Com a ajuda da camareira, pegou um pesado manto de cetim, soltou os cabelos de Diana e vestiu-a com uma larga roupa de seda branca. Os longos cabelos loiros de Diana se soltando a rodearam como um brilhante vestido. Ao contemplá-la, um fundo suspiro saiu do peito de Briand. Nunca a vira tão maravilhosa como naquele instante!

– Nanon, friccione as mãos da Condessa e dê-lhe sais para cheirar. Não a deixe nem por um segundo. Quando vier o vinho, faça-a beber! – disse, enquanto se dirigia para a porta.

Com passos rápidos, Saurmont se dirigiu à sala de visitas. Concluiu que era mais conveniente conversar imediatamente com d'Armi e contar-lhe o acontecido. Seria melhor ele próprio contar ao Barão seu passado, antes de Diana fazê-lo. Não encontrando d'Armi na sala de estar, Briand se dirigiu à sala de jantar, onde viu o Barão sentado diante de uma mesa servida e saboreando, com os olhos, diversas iguarias. O tom alegre de sua voz indicava seu feliz estado de espírito. Obviamente não havia ouvido os gritos de Diana.

– Venha, Barão, preciso conversar com o senhor – disse o Conde, levando-o a um canto do salão.

– De que se trata? Sou todo ouvidos... – respondeu o Barão, vendo seu genro franzir as sobrancelhas.

– Quero lhe fazer uma pequena revelação, caro Barão. Espero sua condescendência para comigo, em memória de nossa larga amizade.

– Seja franco, caro Briand! Concordo com tudo antecipadamente... – disse o Barão, apertando fortemente a mão do Conde. Um sorriso malicioso surgiu nos lábios do Conde.

– Há 16 anos sou seu genro... – murmurou nos ouvidos de d'Armi. – Sou o falecido Barão de Mailor.

Se uma bomba houvesse caído aos pés do Barão, não o teria assustado tanto. De boca aberta e barba eriçada, ele pulou para trás:

– Como?? Hum!... Você... Mailor?! O marido de Diana?! – balbuciou ele. – E ela sabe disso? – perguntou o Barão, apavorado.

– Sem dúvida! Do contrário, não lhe teria contado, não por falta de confiança, é claro, mas pelo desejo de poupá-la de desgostos... – acrescentou Briand, pois precisava do Barão e faria de tudo para ganhar sua confiança.

– Infeliz! E se for descoberto que você é também o falso Conde de Saurmont? – perguntou o outro.

– Acalme-se! Meu erro da mocidade foi tentar ser o Barão de Mailor, porém, logo ao receber a herança do tio espanhol, ele morreu. Com você está falando o verdadeiro e único Conde Eustáquio Briand de Saurmont, legalmente herdeiro e possuidor do nome e do título... – disse, rindo com gosto, o Conde.

Briand ainda falava quando o Barão o puxou de encontro ao peito e quase o sufocou no abraço.

– Oh! Agora estou tranquilo e contente. Tudo o que se refere ao maldito Mailor está sepultado, caro Briand! Mas, diga-me uma coisa: como Diana recebeu essa notícia? – inquiriu o Barão, segurando a mão de Briand amigavelmente. – Lembre-se de que ela quase o reconheceu da primeira vez de sua vinda ao nosso castelo... Que memória fantástica! Quem o entregou?

– Um vagabundo infeliz, meu devedor de muitos favores. Porém, isso fica para depois; precisamos acalmar Diana com urgência. Ela está fora de si de tanta irritação. Para isso conto com o senhor, Barão... Espero que sua autoridade de pai tenha mais sucesso do que minhas explicações.

D'Armi, nervosamente, alisou a barba.

– Oh! Oh! Temos uma tarefa nobre em nossas mãos! Se ao menos eu fosse o único a saber dessa história... Diana é uma criança tonta... Não compreende sua felicidade. Não dá valor à nobre generosidade de um cavalheiro, permitindo a ele corrigir moralmente o erro cometido e lhe restituir a posição e o título pertencentes a ela por direito. Eu, naturalmente, ainda mais o respeito pela luta árdua sustentada nesta situação. Argumentarei a seu favor citando os exemplos de bondade e generosidade com os quais você se esforçou em corrigir seu erro de juventude, relacionando-se conosco com tamanha amizade e prestando à nossa família serviços tão importantes. Creia em mim, Briand, lamento profundamente a cegueira e a teimosia de Diana e farei tudo o que estiver ao meu alcance para convencer essa birrenta... – terminou d'Armi, apertando calorosamente a mão de Briand, que respondeu do mesmo modo.

Nesse minuto, o panegírico do Barão lhe foi muito agradável. Queria convencer a si próprio de que estava sendo generoso e, mais importante, precisava convencer Diana disso.

– Eu lhe agradeço, Barão, por tão bem me ter compreendido. Mas, antes de conversarmos com Diana, vamos nos preparar um pouco. Vou dar a ela algo para beber.

Ele mesmo esquentou a taça de vinho, colocou na bandeja de prata o jantar, mandando a pajem levar tudo isso à esposa.

Depois o Conde se sentou à mesa servindo-se de um pedaço de carne de caça, mas não tinha fome. Apoiou o cotovelo na mesa e ficou observando d'Armi comer com verdadeira ânsia e beber uma taça após outra, ganhando coragem para a conversa com a filha.

A expressão do Barão era nervosa. Chupando a asa do faisão,

ele, na realidade, estava entregue aos pensamentos, refletindo em sua posição desconfortável.

Astuto e hábil caloteiro, temia o olhar inocente da filha, a quem queria convencer a amar o homem que a saqueara, jogara-a indefesa e faminta à morte e, traiçoeiramente, matara seu noivo! A voz serena da consciência sussurrava a d'Armi ter ele pela segunda vez se intrometido criminosamente na vida da filha, cujo futuro havia submetido à crueldade de seus interesses egoísticos.

Fosse como fosse, o Barão por todos os meios arrastou o minuto de explicações com a filha e Briand por duas vezes o lembrou do prometido. Por fim Saurmont teve de levar, quase à força, o Barão à porta do quarto onde Diana dormia.

Após liberar os dois criados, o Conde começou a andar impacientemente pelo aposento, à espera de que o Barão o chamasse. Passou-se um quarto de hora. Briand esperava, tenso. Aos seus ouvidos chegou o som abafado de uma voz irritada. Obviamente a conversa tinha sido das mais tumultuadas. De súbito, ouviu-se a voz aguda e cortante de Diana:

– Como, papai?! Você o perdoa?? Esse maldito assassino traiçoeiro! Se é assim, você é cúmplice e teve participação na asquerosa armadilha de hoje! Não restam dúvidas! Você o ajudou a assassinar René, para que ele não pudesse aparecer e me libertar de seu "honrado" amigo...

D'Armi respondeu algo incompreensível, mas Diana gritou:

– Mentira! Mentira! Fora! Saberei encontrar o Rei sem você para exigir justiça. Haverei de lhe contar tudo!

Passado um minuto, a porta se abriu ruidosamente e por ela d'Armi saiu voando, como um relâmpago. Suas faces estavam vermelhas e seus cabelos despenteados.

– Nada! Não pude fazer nada! Ela não quer ouvir nenhuma razão... Veja por si mesmo se pode fazer alguma coisa... – disse ele, suspirando.

Antes que Briand respondesse algo, o Barão tomou-o pelo ombro, empurrou-o para dentro do dormitório e fechou a porta.

Bastante irritado, Briand parou por um minuto e depois procurou os olhos de Diana. Absorta na oração, coberta com a capa dourada de seus cabelos soltos, a jovem parecia completamente alheia em sua terrível aflição.

Talvez ela nunca tivesse estado tão bela quanto naquele momento, revelando postura tão grandiosa em seu estado de desespero!

O coração de Briand batia com força; foi-lhe ao encontro e, inclinando-se diante dela, disse, com voz trêmula:

– Diana! Perdoe-me... Esqueça o passado! Quero corrigir todo o mal que lhe causei...

– Eu nunca o perdoarei! A noite terrível no bosque e a morte de Raul! – gritou ela. – Estamos separados por um abismo... Paz e desculpas são impossíveis entre nós! Suma daqui! Você não tem sobre mim nenhum direito! Cínico! Não se importa com os sentimentos dos outros! Ainda não compreendeu o que me inspira, sendo diante de meus olhos amante de minha madrasta?! E agora meu pai, abandonando sua própria honra, traiçoeiramente me entrega a você! Oh! Como sou infeliz!! – Ela prorrompeu em pranto e, tomada pelo desespero, levou as duas mãos à cabeça.

Briand ficou vermelho, com o sangue lhe subindo à cabeça.

– Criança idiota! Não me irrite! Você brinca com fogo! – disse ele, com a voz alterada. – Hoje adquiri sobre você um direito sagrado!

– Traiçoeiro! Repugnante! – interrompeu-o, com desprezo, Diana.

– O amor não mede os meios. Já está feito. Meus direitos sobre você estão sacramentados pela Igreja e assegurados por documentos. Perante as pessoas e Deus sou o seu marido. Não tolero estar me repelindo e me tratando como no primeiro encontro. Acate o inevitável!

Ele continuou e disse a Diana para se acostumar com ele, mas, quando tentou beijá-la, foi repelido à força. Recuando alguns passos, ela gritou com o olhar de louca:

– Não me toque! Assassino repugnante! Você só me inspira

medo e nojo. Mais um passo, e eu o sufocarei com minhas próprias mãos! Pensou ter encontrado uma vítima que não pode nem se defender?

O sangue subiu à cabeça de Briand. A fúria e a paixão o privaram de uns segundos de calma. Então tomou Diana rudemente pelo braço e berrou:

– Não me desafie, estúpida! Você tem de se curvar à minha vontade, do contrário, pregarei a certidão de casamento na cama e ordenarei às pessoas amarrarem a mulher que não me ouve, me repele e despreza meus direitos!

Diante do olhar demente e cruel de Briand, Diana fechou os olhos e gritando assustada, deu um pulo para trás.

– E então?... Será sensata? – perguntou o Conde atraindo-a para si.

A moça se endireitou, empurrando-o e recuando alguns passos. Depois falou, com voz alterada:

– Nunca!

Furioso, Saurmont pegou o apito que usava para chamar os criados e assobiou diversas vezes. Logo se ouviram passos apressados, a porta se abriu e alguns criados e pajens pararam na soleira com tochas nas mãos.

– Venham aqui! – gritou o Conde. Depois, voltando-se para Diana, que, petrificada, olhava em silêncio para os empregados, ele perguntou, baixando a voz:

– E então, linda caprichosa! Vai continuar teimando?

A moça nada respondeu, mas era fácil ver o crédito dado às ameaças do marido. Pálida, com o olhar imóvel, a boca semicerrada, ela, desesperada, vagarosamente se aproximou dele.

– E então? Sim ou não? – repetiu o Conde.

Os lábios dela se mexeram, mas ela não pronunciou uma única palavra. O Conde se considerava vitorioso e já olhava para trás, quase ordenando aos empregados que se fossem, quando, inesperadamente, sentiu um forte golpe nos quadris, quase perdendo o equilíbrio. Aproveitando-se do instante em que o marido havia se virado, ela lhe tomou o punhal da cintura, cravando-o na altura das ancas, gritando, com voz irreconhecível:

– Morra! Assassino de Raul!

O Conde permaneceu imóvel por um minuto, depois conseguiu tirar o punhal do ferimento. O sangue escorria abundantemente sobre Diana e o chão, e Saurmont silenciosamente desceu à cama.

De início os empregados ficaram estáticos de medo, lançando-se logo em seguida ao socorro de seu senhor. O Conde abriu os olhos e com esforço, disse:

– Guardem a Condessa. Se ela sumir, vocês se arrependerão!

A Sedução de René 3

Já há alguns dias no castelo de Beauchamp reinava extraordinária atividade. O jovem proprietário o preparava para receber a esposa, imaginando todo tipo de melhoramentos feitos em curto prazo.

Antes de tudo lhe parecia não ser correto estar com Diana nos grandes quartos de Marion, por isso ele pôs em ordem o quarto de dormir de sua mãe e arrumou todas as obras de arte e de luxo, que podia apressadamente arrumar.

No dia marcado do casamento, pela manhã, René examinou pela última vez o ninho luxuoso, para onde, à noite, ele iria levar a mulher amada.

Nessa vistoria o acompanhava Antônio Gilberto. Alegremente o Visconde mostrava pessoalmente os enfeites feitos para sua noiva.

Há quatro anos o jovem médico não se separava do Visconde ao qual se sentia sinceramente ligado; seu apego à única filha de sua senhora era sempre igual e a união de Diana e René o fazia completamente feliz.

Terminado o exame do quarto de sua futura esposa e convencido de que tudo estava elegante e confortável, o Visconde voltou ao quarto de dormir, sentou próximo à janela aberta e ainda outra vez lançou um olhar curioso em direção ao quarto. Essa visão lhe trouxe um sorriso. Ele não sabia que aquele quarto viria a ser o lugar onde se daria o drama mais

trágico de sua vida. Felizmente ele desconhecia o futuro. Naquele momento René esperava coisa bem oposta.

Pouco a pouco ele caiu em profunda meditação. Diante dele passou rapidamente todo o passado: sua infância, o casamento com a traiçoeira Marion, a quem ele havia entregado o primeiro ímpeto de sua alma – a mulher que pagara o amor dele com tormentos, traições e até tentativa de assassinato! Tremendo nervosamente, ele passou a mão pela testa. Graças a Deus tudo aquilo tinha passado... Agora, com a imaculada e linda Diana começaria uma nova vida, tranquila e cheia de felicidade.

Atormentado pela impaciência, o Visconde saiu uma hora antes do horário em que normalmente costumava sair. Antônio Gilberto e dois lacaios o acompanhavam; a liteira e a escolta estavam escondidas em sua casa em Angers.

O caminho era longo; aproximando-se de Angers, René sentiu cansaço e sede, então, passando em frente a um hotel, sentiu aroma apetitoso vindo de uma porta aberta. Parou o cavalo e informou Antônio Gilberto ser preciso descansar um pouco e permitir aos cavalos tomar fôlego, pois naquela noite ainda teriam muito trabalho.

– *Monsieur*! O hotel "Rabo do Diabo" tem má fama e, dizem, sempre está cheio de pessoas suspeitas. Já estamos perto de Angers e lá o senhor poderá descansar uma hora... – assinalou Antônio.

René, com curiosidade, olhou a placa que retratava um grosso rabo preto, terminando em tom vermelho-fogo.

– Este rabo parece muito com um salsichão e está despertando meu apetite... – disse ele, rindo. – Se lá existem pessoas suspeitas, perigosas para qualquer gente pobre ou viajante solitário, então quatro pessoas armadas vão mantê-las em um temor seguro – acrescentou, saltando para o chão.

Ele se sentou à mesa, pediu uma garrafa de vinho e um pedaço de caça e começou a examinar o cômodo, naquele momento quase vazio, pois apenas no canto oposto estavam sentadas, atrás de suas canecas de cerveja, duas pessoas mal vestidas. Perto delas, apoiada na mesa, havia uma mulher magra, que imediatamente chamou a atenção do Visconde – era uma criatura muito jovem, delicada, esbelta e tão meiga quanto linda; negros cabelos espessos, da cor do azeviche, emolduravam o rosto de coloração de bronze; os olhos grandes e ardentes e a boca purpúrea, com um sorriso provocante, davam-lhe uma beleza um tanto demoníaca. Ela estava vestida com uma saia raiada viva e um corpete de veludo; suas mãos bonitas estavam descobertas e os dedos bronzeados dedilhavam a mandolina[1] pendurada em seu pescoço.

– Ah! Que moça maravilhosa! – Exclamou René involuntariamente, sempre admirador apaixonado da beleza.

O ouvido apurado da cigana percebeu a exclamação. Ela enrubesceu e, aproximando-se do Visconde, perguntou, com profunda reverência:

– O senhor permitiria que eu lhe cantasse uma canção?

– Naturalmente! Cante, encantadora criança, e dance também, se você é experiente nessa arte... – respondeu o Visconde com um sorriso.

A cigana rapidamente tirou a mandolina e, agarrando o tamborim, começou uma daquelas danças atraentes, cujo segredo ainda é conservado entre os nômades daquela raça.

René a seguia com olhar ardente. Tendo provado o vinho espanhol trazido pelo taberneiro, ele se admirou muito de que em tal lugar perdido existisse bebida tão boa.

Acabada a dança, a cigana se aproximou da mesa; sua face morena estava corada e seu colo ofegava muito. Seus grandes olhos negros lançaram em direção do jovem um olhar verdadeiramente significativo. A moça era de fato sedutora. René, não escondendo absolutamente sua admiração, tirou duas moedas de ouro e atirou-as no tamborim.

A cigana balançou a cabeça e, lançando as moedas na mesa, disse em tom carinhoso:

---

[1] Instrumento musical de cordas; variação do bandolim. Dic. *Aurélio* – nota de revisão.

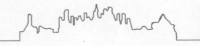

– Em lugar do ouro, admirável senhor, dê-me um gole de vinho da taça onde seus lábios tocaram e Topsi ficará feliz.

O rosto de René pouco a pouco ficou todo vermelho e seu atrevido olhar ardente como que aumentou em direção ao rosto bonito da cigana.

– Ah! Seu nome é Topsi? Estou vendo que não lhe falta astúcia... Venha para cá, sente-se ao meu lado e beba!

Rápida e retilínea como uma lagartixa, a moça deslizou em direção ao banco e, agarrando-se ao jovem, bebeu de sua taça.

René abraçou-lhe a cintura fina e lhe beijou o ombro desnudo. Com crescente descontentamento, Antônio Gilberto observava essa cena. Diante dessa última "amabilidade", ele enrubesceu fortemente. Revoltava-o a ideia de que aqueles lábios que dentro de algumas horas iriam beijar a cândida Diana eram profanados com o contato da vagabunda cigana. Mas... que fazer? Furioso, saiu do recinto e foi olhar os cavalos. Convencendo-se de estarem eles completamente descansados, voltou ao hotel para informar ao Visconde de que tudo estava pronto.

Para sua grande surpresa, o banco estava vazio e René e Topsi tinham sumido.

Vendo seu espanto e sua impaciência, o taberneiro, maliciosamente, deu-lhe uma piscada.

– Tenha paciência, *monsieur*... A bela jovem e o magnífico senhor estão lá em cima – e ele mostrou a escada. – Eles sem dúvida logo voltarão.

Enraivecido, Antônio Gilberto estava indignado e andava pelo quarto. Como o Visconde estivesse demorando, ele decidiu subir. Entrou num longo corredor onde havia quatro portas; três delas estavam abertas e a quarta estava fechada por dentro.

– "Mr." René! Já é hora de partir... Os cavalos estão prontos! Conseguiremos chegar a tempo! – gritou Antônio batendo na porta.

Não conseguindo resposta, ele bateu mais forte e repetiu:

– Apresse-se, *monsieur*, ou chegaremos muito tarde!

Tudo estava silencioso.

Uma trágica intranquilidade tomou conta do médico: já não

teriam matado René? A cigana era suspeita e seus dois acompanhantes haviam sumido da taberna.

Arriscando provocar a fúria do Visconde, Antônio resolveu arrombar a porta. A agitação lhe dobrou as forças e a porta se despedaçou em mil pedaços.

A chama fumegante de uma vela iluminava o quarto. Na cama estava deitado, seminu, René. Mesmo ao primeiro olhar, Antônio se convenceu de que a roupa, as armas e os objetos preciosos tinham desaparecido junto com a cigana. No primeiro instante ele pensou que René estivesse bêbado, dormindo. Inutilmente o sacudiu. Ele nem se moveu. De sua boca saía um aroma estranho, picante, que convenceu o médico de que ao vinho tinha sido adicionada forte substância narcótica. Evidentemente havia sido montada uma armadilha ao Visconde, com o objetivo de atrapalhar seu casamento com a angelical Diana.

Um terrível desespero tomou conta do fiel servidor. Completamente abatido, ele sentou-se na cama. Mas logo seu caráter enérgico o levantou. Antônio resolveu se dirigir pessoalmente à igreja e avisar d'Armi sobre o atraso inesperado e levá-lo com Diana ao castelo de Beauchamp onde ninguém procuraria a jovem e onde, na manhã seguinte, se poderia realizar o casamento.

Animado com a nova decisão, ele desceu e ordenou a um servo que procurasse os cavalos e a outro que tomasse conta do senhor. Depois, a toda carreira, correu para o lugar do encontro.

Quando seu cavalo, já espumando, parou em frente à igreja, ele viu que ela estava fechada, mas na casa do sacerdote ainda cintilava uma luzinha. Não vacilando um minuto, ele se dirigiu para aquele lado.

Depois de longa conversa, ele foi admitido na casa do sacerdote.

Surpreso, quase aterrorizado, Antônio soube que um casamento secreto tinha sido realizado e que, assim como o noivo, a noiva não tinha tirado a máscara. O sacerdote não podia dizer nada sobre suas personalidades, mas acreditava serem aquelas pessoas de quem Antônio Gilberto falava.

Apiedado do infortúnio e da intranquilidade do jovem médico, o respeitável ancião trouxe os livros religiosos e, não acreditando em seus próprios olhos, Antônio leu o registro do casamento realizado entre Eustáquio Braind, Conde de Saurmont, e Diana, viúva do Barão de Mailor.

Em seu sombrio desespero, Antônio pulou para a sela. Pelo visto, tinha-se levado a efeito uma astuta intriga, e a confiante Diana fora enganada pela aparência... Briand e René tinham a mesma estatura e ela pensava estar se casando com Beauchamp.

Viajando através de Angers, o médico pegou no hotel de Beauchamp novas roupas para seu senhor e depois se dirigiu vagarosamente de volta ao hotel de má fama.

Quando ele chegou, René ainda dormia, pálido como morto; ao redor de seus olhos, tinham-se formado círculos escuros e um tremor nervoso percorria seu corpo.

Diante daquela aparência, Antônio deixou escapar uma surda surpresa:

– Ah, monsieur! O que fez! Diana se tornou vítima de uma intriga infernal! No atual minuto ela se tornou a Condessa de Saurmont... – disse, tristemente, Antônio.

– Não diga! Como pôde acontecer semelhante coisa? – exclamou René, com voz rouca, acordando.

Quando o médico lhe contou tudo quanto sabia, o Visconde segurou com as duas mãos a cabeça e algumas lágrimas de raiva e vergonha rolaram por seu rosto. Via agora o resultado de sua aventura amorosa; como um estúpido, ele tinha caído numa rede armada e traíra sua noiva, tendo confiado a honra dela às mãos de abominável pessoa! Foi dominado por um ódio insensato em relação a Saurmont e decidiu nesse mesmo dia chamá-lo à luta até a morte.

Procurando não pensar nos excelentes planos de vingança, o Visconde voltou para seu castelo, sombrio e pensativo.

Quando estavam se aproximando da Clareira "Cruz Negra", uma pessoa indo numa mula os encontrou.

– De onde o senhor está vindo tão cedo? – perguntou o Visconde, reconhecendo o velho médico Lucca.

– Do castelo de Saurmont, Senhor. Lá aconteceu uma

desgraça: ontem à noite o Conde se casou; passada uma hora de seu regresso ao castelo, sua companheira o apunhalou...

– E ele morreu? – exclamaram ao mesmo tempo René e Antônio.

– Não, embora estivesse por um fio para isso acontecer. A esposa lhe cravou o punhal nos quadris, mas a lâmina escorregou para o lado. O ferimento é sério, mas não mortal.

– E a Condessa? – perguntou Antônio, com a voz tremendo.

– Inicialmente eu pensava que ela perderia o juízo, tal era sua agitação. Dei-lhe então um narcótico forte; mais tarde veremos. Mas permita que eu me despeça, Sr. Visconde! Preciso visitar alguns doentes difíceis e à noite devo estar novamente no castelo de Saurmont.

René e seu médico, não trocando palavra alguma, voltaram ao castelo. O Visconde estava completamente abatido com a desgraça provocada por sua leviandade. Além disso, a mistura feita para ele no vinho, com substâncias tão fortes quanto nocivas, provocou-lhe terrível mal-estar; de madrugada teve febre e delírio. Em muitas semanas seguintes, René esteve próximo da morte. Se conseguiu sobreviver foi graças ao tratamento e ao sacrifício de Antônio Gilberto. Por fim, após longa doença, começou aos poucos a se restabelecer.

* * *

Graças ao tratamento do velho médico e de sua jovem e forte natureza, Diana logo se restabeleceu de seu estado doentio. Um sombrio desespero substituiu a excessiva agitação. Por horas ela esteve deitada calada, com os olhos fechados e durante vários dias nada comeu. Ela sabia estar prisioneira, sob vigilância severa. Saurmont estava vivo, mas ela nada perguntava sobre ele, nem sobre o pai, a quem não via desde a noite fatal.

Mas, em compensação, de Gabriela ela soube de todos os detalhes da aventura de René. Uma bonita camareira recebia todas as notícias por intermédio de Antônio Gilberto, não deixando de informar sua senhora sobre toda a maldosa astúcia do

Conde, que tinha tramado tal armadilha diabólica. A camareira procurava de todas as formas justificar o Visconde, mas tudo em vão, pois Diana, implacavelmente, condenava duramente o comportamento vil do jovem. Ela suspeitava até que René, ele próprio, tinha arranjado o encontro com a cigana para ter motivo de se embebedar e se livrar da obrigação, o que, segundo ela, Diana, acentuava a atitude leviana do Visconde. Gabriela tentava inutilmente convencê-la de que René havia sido quase envenenado, e de que até ficara doente em vista de sua infeliz loucura e de seu ilimitado desespero. Diana nada queria ouvir, não permitindo desculpas. Por fim, proibiu Gabriela de pronunciar o nome do Visconde. O estado de alma da jovem mulher era terrível. O sentimento de solidão a atormentava muito. Não falando mais sobre René, até o pai era, em sua relação, um traidor. Ela tinha sido dada para Saurmont de corpo e alma. Nessas horas de desgosto, a lembrança de Raul despertava nela uma nova força... Mas agora ela, por toda vida, estava ligada ao assassino de sua felicidade e de seu futuro!

Por três semanas a vida de Briand esteve em perigo. Findo esse período crítico, ainda alguns dias se passaram para que voltasse a si, recobrando os sentidos. Sentia todo o corpo machucado e os órgãos, sensíveis. Inutilmente ele tentava entender por que estava deitado naquela cama e se sentia tão fraco. De repente seu olhar pousou no Barão João, que estava sentado numa poltrona à cabeceira e visivelmente mergulhado em pensamentos desagradáveis. Então o Conde recobrou a memória e, sem dificuldade, tocou a mão de d'Armi. Este rapidamente se voltou e exclamou, contente:

– Até que enfim o senhor está me olhando como pessoa sensata! Graças a Deus o delírio passou! Agora tudo irá bem. Fique calado. Está terminantemente proibido de falar – acrescentou, vendo que o Conde queria expressar algo. – Calma! Estarei às suas ordens até suas forças se restabelecerem.

– Uma palavra... Onde está Diana? – murmurou Briand.

O Barão enrugou as sobrancelhas.

– Acalme-se! Diana está no castelo e com saúde.

Desde esse dia o Conde começou a melhorar. Em 15 dias se levantou. Haviam retornado toda sua presença de espírito e sua energia natural. O Barão lhe contou que, ao tempo de sua agitação provocada pela ferida, Diana tentara fugir, mas ele, como seu pai, impedira tal loucura, ordenando que a vigiassem, e assim, após alguns ataques de fúria, Diana caíra numa sombria apatia.

– Eu não a tenho visto desde a fatídica noite – continuava d'Armi. – Isso provocaria apenas cenas desagradáveis... Ela queria me forçar a lhe devolver a liberdade e o senhor está entendendo, meu querido amigo, que seria difícil lhe recusar isso... Guardei a esposa para o senhor, o restante será trabalho seu!

Briand não respondeu, apenas lhe apertou a mão.

Nas longas horas quando a fraqueza o obrigava à inatividade, o Conde refletia sobre os recursos que tinha em mãos para fazer entrar em acordo a esposa, cujo ódio o ameaçava a cada momento com a morte. Afinal ele chegou à conclusão de que d'Armi deveria ajudá-lo a amansar Diana. Isso não seria agradável ao Barão, certamente, mas, por dinheiro, João concordaria com qualquer coisa.

Passados alguns dias, surgiu uma oportunidade de tocar no assunto.

– Penso que em breve estaremos nos separando... – assinalou d'Armi, os olhos semicerrados, recostando-se para trás. – Enquanto eu cuidava do senhor, perdi muito tempo e abandonei meus negócios, sofrendo grandes prejuízos.

O Conde entendeu. Em seu rosto surgiu uma expressão de arrogante desprezo.

– Deus me guarde, querido sogro, que por minha culpa tenha tido prejuízos... – disse o Conde colocando um tom de brincadeira na voz. – Compensarei o senhor a cada hora perdida, mas antes necessitarei de seu favor amigo. Escreva a carta que vou lhe ditar. A cada palavra lhe pagarei dois ducados.

– Ah! – murmurou o Barão, como que mudando de expressão e assumindo uma alegria celestial. – Dite, Sr. Briand...

O Conde trouxe um porta-joias de ferro e colocou-o na

mesa. Quando o abriu, d'Armi viu que estava cheio de ducados, até a borda. Os olhos do Barão brilharam com cobiça selvagem.

– Quando tiver acabado de escrever a carta este porta-joias será seu – acrescentou Saurmont colocando diante do Barão a folha de pergaminho e a pena.

D'Armi não vacilou. Escreveu:

"Minha querida filha Diana!

O terrível remorso me obrigou a ir embora para longe. O desespero e a vergonha não me permitiram vê-la. Os motivos de minha conduta indigna são bem mais importantes do que você possa imaginar, minha adorada criança.

Não reprove seu pai criminoso. Estou passando momentos difíceis, procurando expiar meus erros.

O Conde não é completamente culpado como você pensa. Eu o levei a essa trama, concordei com seu casamento e, com meu título de pai, encobri essa desonestidade. Não tinha dinheiro e era preciso arrumá-lo e a pessoa que lhe revelou isso esqueceu de acrescentar minha carência, graças ao meu caráter irritadiço e impetuoso.

Cometi no passado um crime abominável e o Conde de Saurmont tem provas assinadas por minha mão desse crime cometido.

Se você insistir na vingança contra o Conde, e se forem revelados meus erros anteriores, então eu estarei perdido com ele, pois nossos destinos estão intimamente ligados – o desaparecimento de um levará fatalmente à ruína do outro.

Diana! Imploro de joelhos – tenha piedade de mim! Se levar a queixa ao Rei, tudo estará perdido. Mas tenho esperança em sua generosidade.

Como seu pai não é criminoso comum, você não gostará que sua cabeça caia sob o machado do carrasco e o velho nome d'Armi, também seu nome, seja para sempre difamado.

O Conde tem pensado que, com os longos anos de sua vida irrepreensível, ele reparou o passado e está em tal desespero que a nada dá valor e poderá ser arrastado à ruína tanto quanto eu."

Tendo escrito tudo isso sem pausa, o Barão parou; com ar preocupado, coçou a cabeça:

– Com os diabos! Que coisas estúpidas e perigosas eu escrevi... Isto é uma besteira... Não sei se posso assinar...

– Se está vacilando, rasgue a carta, antes que ela caia nas mãos de sua filha – respondeu Briand, pegando calmamente o porta-joias.

O Barão empalideceu.

– Mas que ideia é essa, querido Briand? Tenho coragem suficiente para transferir uma pequena mancha para meu honroso nome, se o assunto de que se está falando é para agradar a um filho e amigo... – disse ele, apressadamente assinando a carta e passando-a ao Conde.

Esse, calado, aproximou dele o dinheiro prometido.

D'Armi apoiou as duas mãos na caixa de joias, como receoso de que lha tirassem.

– A propósito, eu esqueci de lhe dizer que recebi hoje uma carta muito importante e tenho de partir imediatamente.

– Vá, querido Barão! Eu sei que assuntos importantes exigem sua presença. Mas antes me permita agradecer por toda fidelidade de que me deu prova.

Eles se beijaram.

Acompanhando a visita, o Conde perguntou aonde ele iria.

– Angers... – respondeu d'Armi, saltando para a cela.

Voltando a seu quarto, Briand segurou a preciosa carta e resmungou, zombando com desprezo:

– Que felicidade ter tal sogro conciliador! Espero eu não estar enganado, contando com a generosidade da minha excelente esposa...

Depois se apoiou à escrivaninha e cismou, com aspecto preocupado. Antes de falar com Diana considerava indispensável se avistar com Lourença e acalmá-la, pois era perigoso irritar a megera.

Sempre a estranha influência o prendia àquela mulher... E, sem considerar a ira e a repugnância interior, ele constantemente voltava a Lourença...

Considerando tudo isso, ele resolveu se dirigir imediatamente ao Castelo d'Armi. Já que o Barão estava em Angers, então nada atrapalharia a explicação que, previa ele, seria muito agitada. Decidiu ser severo com Lourença.

Não se sentindo agradado em ir a cavalo, ordenou que aprontassem a liteira. Após algumas horas de cansativa viagem, chegou ao Castelo d'Armi, berço de seus crimes passados e de seus atuais inimigos.

No antigo castelo havia poucos serviçais e ninguém avisou a proprietária de sua chegada.

O Conde se dirigiu diretamente ao quarto de Lourença. Repentinamente chegaram a seus ouvidos gritos e maldições horríveis. As vozes lhe eram bem conhecidas e ele logo compreendeu estar acontecendo entre o Barão e a esposa uma cena...

Briand murmurou maliciosamente, esquecendo-se de que ele próprio estava na mesma situação:

– Ora, ora!... Ele não se decidiu ir a Angers sem se avistar com sua cara-metade!... A senhora Lourença sabe excelentemente manter a disciplina! Por Deus! – acrescentou, abrindo de súbito a porta.

– Ele lhe dará o relatório sobre o acontecido... Vai me libertar de detalhes aborrecidos... – disse o Barão, apontando para Briand.

Vermelha como um pimentão, asquerosa e terrível em sua roupa suja e desarrumada, Lourença, enfurecida, sapateava e saltava no mesmo lugar, com força e ligeireza difíceis de imaginar em tal bola de carne. D'Armi estava com o rosto vermelho, cabelos despenteados, gola rasgada, mostrando claramente estar expiando cruelmente ali o favor recebido no castelo de Saurmont.

Diante da presença do Conde, o Barão soltou algumas exclamações incompreensíveis e, gesticulando muito, retirou-se do quarto. Pareceu a Briand estar ele aliviado com seu inesperado aparecimento.

Lourença, sacudindo suas pesadas bochechas, lançou-se em direção do Conde gritando:

A NOITE DE
SÃO BARTOLOMEU

– Traidor! Assassino desprezível! Finalmente você apareceu!

Briand, muito calmamente, trancou o ferrolho da porta; depois, dando-se conta da fúria, agitou o açoite de uma forma significativa no ar...

O Conde entendeu que dessa vez deveria ser duro e corajoso; além disso, nos ataques de raiva da Baronesa, ele sempre perdia o poder.

– Ouça, Lourença! Não me irrite com seus gritos – disse, interrompendo-a. – Eu ainda estou muito nervoso para ouvi-los e posso facilmente perder o controle. É melhor conversar com calma... Somos pessoas inteligentes e nosso amor mútuo não sofre nem um pouquinho por causa desse casamento. Você sabe muito bem que os vínculos legais nunca me limitaram. Graças à nossa calma e à nossa comum segurança, eu devia insistir nesse casamento. Aliás – ele acrescentou sorrindo –, eu reparei em parte minha traição... Eu por pouco não morri em decorrência de um ferimento provocado em mim por essa admirável insensata? Conhecendo seu amor, eu apareci por aqui para recobrar as forças em sua presença. Será possível que você esteja pensando, querida Lourença, que eu posso esquecê-la graças à mocinha ingrata? Diana não é mais do que um brinquedo, um simples passatempo...

À medida que ele falava, o rosto de Lourença se clareava. Ela cruzou suas mãos carnudas e lágrimas fingidas rolaram de seus olhos.

– Pessoa repugnante, ingrata! Posso eu acreditar em suas palavras?!

Ele gemeu.

– Sem dúvida! Que casamento pode perturbar nosso acordo amoroso?

Tirando do bolso uma caixinha, ele continuou:

– Olhe! Esta joia era o meu presente de casamento para Diana. Depois do procedimento dela para comigo eu a considero indigna de minha atenção e lhe peço usar esta joia escolhida com as melhores das intenções.

Tendo ele se explicado completamente, Lourença lançou-se ao seu pescoço e beijou-o ardentemente; sem levar em consideração a repugnância interna, Briand lhe retribuiu o beijo e, não modificando o aspecto sério, começou a observar como Lourença, com trejeitos diante do espelho, provava seu presente.

Antes do almoço a Baronesa se lembrou subitamente de seu marido.

– É preciso chamar aquele velho imbecil... Pessoa horrível! Ele está sempre tramando alguma coisa pelas minhas costas, mas eu tenho a fraqueza de amá-lo. João! João! – Gritou ela com sua voz estridente. – Venha! Venha! Estou lhe pedindo!

Logo surgiu a cabeça despenteada do Barão à porta.

D'Armi olhou desconfiadamente para o quarto. Apenas quando Lourença lhe estendeu a mão e, com majestosa indulgência, repetiu que o desculpava, o rosto arranhado de d'Armi se tornou claro e a paz amiga foi restabelecida.

Todo o resto do dia Lourença se caracterizou por uma bondade angelical. Ela chamava Briand de "meu querido genro". Com relação a Diana, falava com pura bondade materna e servia o Barão cordialmente; ele, com aparente deleite, devorava uma quantidade incrível de pratos. Sim – nenhuma nuvem perturbava a paz, e o Conde voltou para casa bem tarde da noite.

No dia seguinte, Briand, de manhã cedinho, começou a se preparar para o importante e difícil encontro com Diana. Sabia que a jovem mulher estava bem de saúde, mas seu estado de espírito deveria ser terrível.

Vestiu um traje rico mas sóbrio, de veludo preto, o que ressaltava ainda mais sua palidez mortal.

Chamou o criado e enviou-o à esposa para lhe comunicar que iria conversar com ela dentro em pouco, e lhe deu a carta do Barão para que entregasse a Diana. Quando lhe pareceu haver tido tempo para ela examinar o conteúdo da carta do pai, o Conde se dirigiu aos seus aposentos e entrou, quase ao mesmo tempo em que o criado saía.

O Conde ordenou primeiramente a todos os criados que abandonassem os cômodos vizinhos.

A NOITE DE
SÃO BARTOLOMEU

Diante da entrada do esposo, a jovem, que estava parada à janela, sequer se mexeu.

Briand se aproximou e se inclinou gentilmente. Ele se sentiu visivelmente abatido com a mudança ocorrida nela. Seu rostinho infantil comumente sorridente tinha agora uma sombra dura de decisão.

Ela não respondeu à saudação reverente de Saurmont. Seus olhos grandes e brilhantes se dirigiram a ele, cheios de ódio; a voz lhe faltava, os lábios tremiam nervosamente e ela se esforçava para vencer a agitação que a dominava, o que era bem visível. Por fim conseguiu se conter e pôs sua diáfana mão na carta do Barão pousada no peitoril da janela. Com voz surda mas nítida, ela disse:

– Esta carta, Conde de Saurmont, demonstra-me apenas ter eu um assunto a tratar não com uma, mas com duas desonestas pessoas, e, para infelicidade minha, uma delas é meu pai. Considerando sua idade e a denominação de "pai" que ele invoca, eu concordo em calar e não me dirigirei ao Rei com a exigência de justiça pelo delito doloroso perpetrado contra mim. Para meu silêncio coloco uma única condição: restitua-me imediatamente a liberdade e livre-me de ver sua odiosa pessoa.

Esgotada, ela se calou. Quanto a Briand, mal escondia sua desagradável decepção com o resultado da carta do Barão – ele havia esperado melhor reação da parte dela. Mas, controlando-se rapidamente, disse, friamente:

– Estou vendo, minha senhora, que seu ódio implacável não se satisfez com o ferimento grave que me ocasionou. A respeito da carta de seu pai, desconheço o conteúdo. Se me permite lê-la, eu talvez compreenderei suas palavras.

Com olhar desconfiado e curioso, Diana entregou ao Conde a carta.

Ele a leu com interesse fingido, refletindo em seu rosto difícil surpresa.

– A mim parece, minha senhora – disse ele, devolvendo a

carta –, que seu pai procedeu muito imprudentemente colocando-se em suas mãos. Sim, tudo o que ele escreve é verdade. Ele é o mais culpado e sempre me instigava para o mal, movido pelo sentimento de odiosa cobiça. Minha juventude pode lhe servir de desculpa. Ao tempo de nosso primeiro casamento eu tinha apenas 20 anos, mas o Barão era muito astuto e pobre...

Expressão de indescritível sofrimento desfigurava o rosto de Diana. Vendo que Briand dera um passo em sua direção, ela imediatamente recuou.

Fingindo nada ter notado, o Conde continuou:

– Não eu, mas seu pai lhe implora o silêncio. De mim mesmo não tenho a mínima intenção de incomodá-la, se você conseguir uma solução. Mas não aceito suas condições propostas. A senhora deveria entender que, para arriscar mais do que arrisquei, é preciso amar você até a maldição! Não pode recusar tão facilmente o que foi adquirido por preço tão alto. Não temo a morte, e a vida tem pouco valor para mim. No momento estou cansado, pois estive caçando uma lebre. Aborrecem-me as eternas explicações de seu pai me extorquindo dinheiro e sua madrasta me impondo ser amante dela... Ambos me mantêm nas mãos em virtude do infeliz segredo de meu passado criminoso... Uma bala me livraria da justiça humana. Mas... não quero morrer antes de me vingar... Vou me ocupar para que descubram todos os casos duvidosos do nobre Barão d'Armi... Ele, tendo trocado de roupa com um médico, estava dando veneno para minha esposa! É um covarde! Vão julgá-lo e cairá no patíbulo pela mão do carrasco... Bem o merece! Você quer ser livre, minha senhora, como se nosso ódio não permitisse nenhum compromisso... Bem! Eu mesmo a conduzirei ao Rei... Faça sua queixa e me acuse! Obrigue-me a reparar com a morte minhas faltas cometidas contra você!

O Conde se calou. Estava pálido; seus lábios tremiam.

Com o olhar sombrio, apaixonado, ouvindo o som surdo e tremido da voz metálica de Saurmont, a terrível ideia de entregar o pai nas mãos do carrasco provocou em Diana uma horrível impressão. Ela fechou os olhos e, tremendo, encostou-se à janela.

Briand, de coração palpitante e ansioso, a seguia. Tinha posto tudo em jogo. Ter-se-ia ele enganado com a generosidade de sua esposa? Seu ódio sacrificaria a cabeça do pai?!

– Conde de Saurmont! Eu vou me calar... – murmurou Diana, apertando ambas as mãos no peito estrangulado. – Cortarei o cabelo para que tenha certeza de que nunca vou me ligar a nenhum homem. Apenas me permita ir embora...

Briand balançou negativamente a cabeça.

– Você não me entendeu, Diana, se considera a possibilidade de algum meio que a livre de mim! Perdê-la, para mim, é pior que a morte! Resolva: ou fica aqui como minha esposa ou a envio ao Louvre, ao Rei!

O rosto dela se cobriu de palidez mortal; em verdade em sua alma se passava amaríssima luta pela emoção demonstrada.

– Então?... Então, minha senhora? Estou esperando suas ordens. Vamos ou ficaremos aqui resignados? – perguntou o Conde, com a voz abafada pela emoção.

– Fico... – murmurou ela, pálida como um papel.

Ela não demonstrou a mínima resistência quando Briand a puxou para seus braços e beijou-a ardentemente.

Diana suspirou profundamente e abaixou a cabeça lentamente no peito do Conde. Ele estremeceu. Somente agora ele notara que ela tinha desmaiado.

Levaram Diana para a cama e imediatamente foram enviados mensageiros para trazer médicos.

Todos eles, unanimemente, disseram ser a doença muito perigosa e previam um final mortal.

Briand ficou fora de si! No limiar de sua felicidade a morte iria lhe roubar o ser tão querido?!

Tomando conhecimento de que o ilustre Ambrósio Paré se encontrava em Angers, o Conde conseguiu por enorme soma que ele viesse ver Diana.

Após algumas semanas de luta com a morte, a arte do ilustre médico conseguiu salvar Diana.

E, certo dia, de manhã, a jovem adormeceu profundamente.

Paré a examinou atentamente, colocou a mão no ombro de Briand e disse seriamente:

– Senhor Conde! Sua companheira vai viver! Mas me permita lhe dizer algo: não tenho direito algum, nem vontade de saber quais inquietações morais conduziram a jovem para tal perigosa doença, mas devo preveni-lo de que o estado dela exige tranquilidade completa, e a mínima agitação lhe poderá ser fatal! Serão precisos longos meses para que a senhora de Saurmont recupere a saúde...

Essas palavras provocaram uma desagradável agitação em Briand, que, resignado, acatou todas as determinações do famoso médico.

* * *

Diana estava se recuperando com imensa lentidão. Ela tornara-se muito fraca e irritadiça.

Notando ser sua presença prejudicial à Condessa, Briand evitava visitá-la para não retardar a recuperação.

O Barão tentava visitar a filha no período do delírio e, uma vez, quando ela estava consciente, só o simples fato de vê-lo lhe provocou convulsões. Por isso o pai também se abstinha de visitá-la. Inicialmente ele ficou visivelmente amargurado, mas isso durou pouco e logo voltou à sua vida dissoluta.

Por esse tempo o Conde recebeu da Espanha notícias da morte de um primo de sua falecida esposa, que tinha deixado grande herança, à qual ele tinha intenção de disputar com outro parente. Seu confidente aconselhou-o a ir pessoalmente acompanhar o andamento dos negócios. E o Conde decidiu seguir esse conselho.

Os preparativos para a partida foram rapidamente feitos. Mesmo na véspera o Conde enviou um recado a Diana, informando-a de estar partindo por alguns meses e solicitando lhe permitisse conversar com ela.

Ela o recebeu no gabinete contíguo ao dormitório. Magra e pálida, ela estava deitada no divã, amparada pelos travesseiros.

O Conde comportava-se com reserva e respeito. Informando-a sobre os negócios que o levavam àquela viagem, ele acrescentou, com contida emoção:

– Estarei fora por quase um ano, Diana, e levo comigo uma triste convicção de que minha ausência vai ser para você o melhor remédio. Você será a real proprietária do castelo; seus caprichos e ordens serão para todos a lei. Peço apenas a você: dê-me sua palavra de não tentar fugir; vai viver até minha volta no castelo e conservará a honra imaculada de meu nome. Isso me será suficiente: sua promessa. Eu acredito em sua nobreza como em Deus.

Leve rubor apareceu no rosto da jovem, recobrando o ânimo. Pelo visto a partida do marido lhe tirava um imenso peso!

Estendendo-lhe a mão que ele beijou, ela respondeu:

– Prometo-lhe que não deixarei o castelo de Saurmont e manterei minha honra, como até hoje o fiz.

Na manhã seguinte, Briand partiu. Contando com a promessa de Diana, ele, não obstante, tomou todas as medidas para que se tornasse impossível seu sequestro, pois não acreditava em René.

A liquidação da herança e o processo retiveram Saurmont mais de um ano na Espanha. Ele escrevia a Diana regularmente e, por meio de suas respostas, soube viver ela muito isoladamente, apenas visitando a Sra. Montfort de vez em quando no convento.

Finalmente todos os assuntos foram resolvidos.

Em sua volta, passando por Paris, Briand se apresentou ao Rei e, com a ajuda do Duque de Guise, recebeu nomeação na Corte.

Depois partiu para Angers.

Ele pretendia trazer Diana a Paris para apresentá-la à Corte como sua esposa.

DIANA NA 4ORTE

Os longos meses de calma e solidão tiveram um efeito benéfico sobre a saúde de Diana. Sua beleza havia retornado, mas a alma continuava doente. Seus pressentimentos quanto ao futuro a deixavam triste e amargurada. Era por fim o dia da chegada de Saurmont e Diana deveria se entregar a ele como prometera. Pensando nisso, começou a suar frio. A única consolação era a prece; diariamente, pedia a Deus que lhe concedesse forças suficientes para carregar sua cruz. Pouco depois da partida do Conde, René havia tentado encontrar-se com ela. Antônio Gilberto tentara entregar à jovem uma carta do Visconde, mas Diana não o recebera. Recusara com tanta firmeza qualquer tentativa de reconciliação, que Beauchamp, irado, amargurado, partira para Paris, levando Antônio com ele. Desde então, a moça não tivera mais nenhuma notícia de seu amigo de infância.

Já se haviam passado 15 meses desde a partida de Briand, e há mais de dois meses Diana não recebia nenhuma carta.

Certa noite, sentou-se na sacada para contemplar o pôr-do-sol e meditar, quando de repente passos rápidos a surpreenderam. Ao ver o marido, ela gritou, apavorada. Tendo-se aproximado com expressão alegre, Briand ficou pálido no mesmo instante, pois sabia perfeitamente qual era o motivo do susto. Sua presença continuava a inspirar medo e repulsa; todavia, armou-se, na medida do possível, com a indiferença necessária.

Depois de constatar, de coração pesaroso, o quão forte era

esse medo, o Conde se aproximou, expedito, e beijou a mão trêmula da jovem esposa.

Sentando-se ao lado dela, contou-lhe sobre o resultado da viagem e sobre sua designação na Corte, razão pela qual teria de se mudar para Paris. Diana suspirou fundo e, silenciosamente, deixou a cabeça tombar para frente, demonstrando seu desalento.

Passado um mês, o Conde e a Condessa de Saurmont chegaram a Paris e se instalaram no hotel de sua propriedade, decorado por Briand, com luxo digno de Rei.

Agora ele havia conseguido, depois de tanto esforço e de tantos crimes, o objetivo há muito sonhado: a mulher tão apaixonadamente desejada lhe pertencia... Mas não se sentia feliz. A forma como Diana se dirigia a ele era tal, que mais ainda aguçava e exasperava sua paixão, ao invés de serená-la.

Realmente a jovem se dirigia ao marido com frieza e indiferença. Nem uma única vez lhe sorria, não retribuía seus beijos e nada lhe pedia ou perguntava. Chegavam a passar uma hora inteira juntos, sem trocar uma só palavra. Parecia que, para Diana, ele não existia. Por vezes, no desespero, Briand tinha a ideia de se lançar sobre a mulher e tirá-la à força daquela passividade ultrajante. Quando, fora de si, odiando-a, aproximava-se dela com os punhos cerrados, sempre era detido pelo olhar severo, sedento de ódio da Condessa. Voltava então a seu lugar e, enclausurado em seus pensamentos, arquitetava planos de vingança. Ele se inclinava a fazê-la sentir com crueldade ser ele o senhor, mas a incurável paixão destruía todas as suas intenções e ele, como um cachorro espancado, novamente voltava a implorar perdão.

Diana havia mudado muito de caráter e de coração. Desde o casamento imposto à força, seu ódio e sua repulsa pelo Conde tinham-se agravado. Às vezes, parecia-lhe que o sacrifício de pertencer ao Conde superava suas forças. Quando pensava na traição vil, por meio da qual ele conseguira possui-la, quando lembrava de todo o mal causado por aquele homem, algo a oprimia por dentro e sentia uma fortíssima vontade de ofendê-lo e de lançar-lhe em rosto todo o desprezo que sentia por ele. Agora era mulher e sabia do poder de sua beleza, a qual usava constantemente para torturar Briand; divertia-se vendo o Conde irritado, mas sem forças para atingi-la, e essa era sua vingança, genuinamente feminina, sobre seu perseguidor.

Não obstante, os dois escondiam cuidadosamente do mundo sua triste vida familiar. Na sociedade, consideravam o Conde amado, amoroso e marido um pouco ciumento. A Condessa, por sua vez, era tida como mulher amável e atenciosa, gostando de provocar o marido, mas tão virtuosa e fiel, que não havia dúvida de seu amor para com ele. A reserva era um traço inerente no caráter dos dois.

Diana foi apresentada no palácio onde sua beleza ímpar causou profunda impressão. A admiração geral era acima de tudo uma lisonja ao amor-próprio de Briand, não poupando ele um vintém para os toaletes de Diana e ainda a cobrindo com as mais caras joias.

Para a grande festa de aniversário da Duquesa de Nevers o Conde trouxe para Diana uma caríssima joia de brilhantes e esmeraldas.

– Enfeite-se, Diana, e não se queixe de seu traje... – disse ele sorrindo. – Não se esqueça de que você ostenta o nome de Saurmont e me honra.

Diana estava em seu gabinete. Ainda não se encontrava vestida e, em silêncio, meditava como de costume. Sem dizer uma só palavra, abriu a caixa de joias e, com olhar de conhecedora, examinou as pedras caras. A seguir, olhou para o marido com ar zombeteiro e de desafio:

– Vou me esforçar em satisfazê-lo, apesar da dificuldade que me causa a duplicidade de sua personalidade... Para ser digna do Barão de Mailor, devo estar à altura de sua condição, mas o Conde de Saurmont se parece a tal ponto com Mailor que, por meio de sua generosidade, sempre aparece um pouquinho do assassino... Como fazer para ser suficientemente digna e bonita para tal marido?

O rosto dele se descorou e, irritado, Briand lhe voltou as costas e saiu.

Diana estava contente: tinha conseguido irritá-lo e estaria livre de sua presença por algumas horas. Mas, apesar disso, apareceu na festa vestida com majestade e tão maravilhosa como num sonho.

O coração do Conde batia de orgulho e satisfação quando entrou no salão, levando-a pela mão, e o olhar de todos, com surpresa não disfarçada, centrou-se em sua esposa.

Com calor e cansada pelas danças, Diana foi ao quarto de toalete da Duquesa para ajeitar o penteado. Voltando ao salão, inesperadamente deparou frente a frente com Beauchamp, com quem ainda não se tinha encontrado, desde que o Visconde partira de Paris. Em compensação, ela ouvira muito falar de seus duelos e aventuras amorosas.

Por um minuto a moça ficou parada, pálida; todo o sangue fluiu para o coração ao ver o homem que a traíra dando sua mão a Saurmont. René também empalideceu e, estático, olhou para ela. "Como está maravilhosa!", pensou ele.

– Diana! – gritou ele, indo rapidamente ao seu encontro. – Escute-me! Dê uma chance de me corrigir e receber seu perdão!

Ela recuou e mediu-o com olhar de indescritível desprezo:

– Nada tenho a desculpá-lo, Sr. Visconde. Pelo contrário, você me fez um favor me livrando de sua pessoa. O lugar onde você se deteve e o motivo que lá o prendeu são suficientes para me mostrar seus valores morais. Tranquilize-se! Casando-me com o Conde de Saurmont eu apenas saí ganhando com tal troca.

Não se dignando a dar a palavra ao seu interlocutor, que se via sem argumentos, Diana passou diante dele e estendeu a mão ao Conde Bussy d'Amboise[1], que a convidava para a próxima dança.

Surpreso e furioso, René os seguiu. Depois de parar próximo à janela, o Visconde começou a observar a graciosa e elegante dança enquanto refletia no acontecido.

---

[1] O comandante do Castelo de Angers, Bussy d'Amboise, tornou-se tristemente célebre por suas iniquidades, até o dia em que Carlos de Chambes, Conde de Monsoreau, tendo contra ele uma afronta particular, assassinou-o no Castelo de La Coutacière, em agosto de 1579. Era um ótimo espadachim, crendo-se até mesmo ter ele muita sorte para ser tão bom assim. *H. de F.*, p. 380. Em *Marguerite de Navarre*, consta ser ele um dos favoritos "mignons" de Henrique III. Na Noite de São Bartolomeu, aproveitando-se da situação, ele matou seu primo Antônio de Clermont, com o qual tinha um litígio. Viciado, não crente em Deus, ávido de querelas, desprovido de escrúpulos e de senso moral, cruel, a ninguém temia. Brigava com todos a propósito de nada – nota de revisão.

Que mudança ocorrera com sua alegre e meiga colega de infância, para ela responder assim ao seu humilde pedido de perdão e lhe dizer abertamente o quão ele era desprezível, preferindo Saurmont?

E, no entanto, será que dissera a verdade? A forte paixão do Conde teria conquistado o volúvel coração da moça? Haviam-lhe dito que, pelo visto, o casal vivia em harmonia. Diana se vestia com todo esmero e consequentemente queria agradar ao esposo.

Todos esses pensamentos surgiam como um relâmpago na mente de René. Rancor e ciúme tomaram o coração do Visconde, tendo ele um terrível desejo de vingança pela ofensa recebida.

"Perigosa e sedutora! Mas, custe o que custar, me pertencerá, ainda que para isso eu me veja obrigado a esperar dez anos e a fazer um caminho até você no meio das rochas!", disse ele para si mesmo, seguindo Diana com olhar de hostilidade e ao mesmo tempo de admiração.

A partir desse dia, o Visconde a seguia em toda parte. Em qualquer situação propícia ele lhe caía diante dos olhos e tentava lhe falar a sós. Apesar da frieza de gelo de Diana e do desprezo evidente com que o tratava, ele, com afinco e paciência, perseguia seu objetivo.

Passaram-se algumas semanas e a ocasião desejada não surgia... Mas eis que apareceu a oportunidade num dia de caça com a presença do Rei, no bosque de São Germano.

Beauchamp não deixava de observar Diana e percebeu que ela havia perdido o caminho e que se dirigia para a trilha que ia ter na mata densa... O Visconde a seguiu de longe, alcançando-a, por fim, numa clareira onde havia parado para seu cavalo descansar um pouco.

Nesse dia a jovem estava belíssima em seu traje de amazona de veludo azul. O ar puro fazia suas faces corarem levemente e os pequenos cachos louros caíam sob sua touca de penas, emoldurando o rosto como uma auréola dourada.

Ao ouvir o bater de cascos na trilha, Diana se virou. Reconhecendo René, franziu os cenhos e seus olhos azuis expressaram descontentamento. Ela já havia notado a perseguição insistente de René, mas sempre soubera se esquivar da conversa a sós com o rapaz, que lhe inspirava somente desprezo e desconfiança. Dessa vez fora surpreendida, e logo compreendeu que não se veria livre do Visconde com uma simples troca de palavras ásperas. A jovem se deu conta no mesmo instante de que não tinha como evitar a explicação dele, pois o rapaz desejava isso. Após fazer o cavalo dar meia-volta, ela se deteve, imóvel, encarando-o com ar frio e hostil.

Depois de se aproximar dela a dois passos, Beauchamp tirou o chapéu e respeitosamente se inclinou. Em seu rosto pálido também se podiam notar claramente nervosismo e intranquilidade interior. Mechas de seu cabelo negro se grudavam na testa úmida e seus grandes olhos fixavam Diana com expressão estranha e indecisa. Os lábios apertados e a prega formada entre as sobrancelhas diziam de suas vacilações.

– Diana! – disse ele, com voz trêmula. – Finalmente a surpreendendo a sós e, é claro, não deixarei escapar tal oportunidade.

– Peço que não se esqueça, senhor, de que está falando à Condessa de Saurmont – interrompeu-o, em tom frio, a moça. – A familiaridade à qual o senhor se permite se perdeu no passado, nas recordações de infância, e se apagou para sempre na noite em que o senhor se olvidou da amizade e da honra.

– Para mim, você se tornou minha esposa, segundo as leis morais. Pela sua própria vontade, inclinou-se diante do altar em amor e fidelidade a mim... – disse René, depois de corar. – Eu sou dignamente julgado. Pequei, disso eu sei, mas há perdão para o meu comportamento. Quando um cavalheiro se põe a prosear numa pousada com uma dançarina e lhe joga uma moeda, não comete nenhuma infidelidade visto tal criatura não ser uma mulher e não poder ser considerada uma rival. Naturalmente nunca teria ultrapassado o limite dos simples gracejos se não houvessem colocado uma droga em meu vinho. O autor desse ato desonesto foi o Conde de Saurmont. Ele comprou o taberneiro e trouxe a cigana. O próprio estalajadeiro me pôs a par disso e eu o matei como a um cachorro, ainda que ele não fosse o principal culpado. Seja justa e indulgente, Diana! Esqueça e desculpe aquela noite fatal! Voltemos a ser amigos! Nunca deixei de amá-la. Desde aquele momento, a consciência me castiga e o arrependimento me envenena a cada dia. Sofro, sabendo que você é infeliz. Não negue, Diana! – acrescentou ele rapidamente, vendo-a balançar a cabeça em negativa. – Você o detesta e quase o matou no mesmo dia em que se casou, apesar de aparecer com ele na sociedade e exibir suas pedras preciosas. Entre vocês só pode haver um acordo secreto. Eu a conheço muito bem! Você não se deteria nem por uma hora no castelo de Saurmont se algo não a segurasse.

Ele se inclinou a Diana e continuou, em voz baixa:

– Seu pai tomou parte na intriga que nos arruinou. Tal fidelidade aos interesses do Conde deve ter seus motivos, e com certeza são esses motivos que a prendem a Saurmont. Seja franca, Diana, diga a verdade. Talvez eu possa libertá-la, ou com o divórcio, ou ameaçando seu pai.

Ao ouvir as últimas palavras do Visconde, Diana ficou branca como um papel. Esquecendo o tom de frieza com que sempre se dirigia a René, ela respondeu, amargurada:

– Não se esforce em desvendar o segredo que obrigou a me tornar esposa de Saurmont, apesar do meu ódio, do meu desespero e da minha infelicidade. Naquela noite fatídica, você poderia ter me salvado duplamente. Teria me livrado do inferno e do sofrimento sobre-humano aos quais fui condenada. Não posso lhe restituir minha amizade, nem lhe confiar a verdade, pois não mais confio em você. Para que confiar num amor para o qual não está capacitado? Se realmente me amasse, não teria se acomodado confortavelmente na pousada, mas ficaria esperando, aflito, próximo ao fosso do castelo, o momento de agir. Depois me vem com um arrependimento tardio... de quê? Para você, essa intriga não custou, como a mim, a paz, o futuro e todos os direitos à felicidade, não lhe custou um cativeiro cruel...

A voz dela se rompeu e ela cobriu o rosto com as mãos.

René se calou. Somente nesse minuto compreendeu o quanto era culpado pelo sofrimento dela.

– Diana, cara Diana! Perdoe-me... – balbuciou um minuto depois, tomando a mão dela.

A jovem rapidamente se endireitou e tirou a mão da dele. A expressão de seu rosto mudou completamente. O desespero e a amargura mostrados há poucos minutos deram lugar a um ar de crueldade zombeteira. De maneira estranha, seu rosto corou, os grandes olhos brilharam e na voz havia um sarcasmo estranho. Foi quando respondeu:

– Você está tanto assim sedento de meu perdão? Deseja que eu o perdoe? Tomara Deus que, por minha causa, perca o apetite e o sono! A julgar pelo fato de ter acabado de se enrubescer, pelo brilho de seus olhos, pelo passeio forçado até aqui, ainda hoje continua a suportar um pesado remorso... Suas tão comentadas aventuras são conhecidas em todo o palácio e na cidade. Maravilhosa borboleta colhendo o suco de todas as flores. As lágrimas das mulheres enganadas e das moças seduzidas e abandonadas não o envelhecem prematuramente. Na verdade, para não ser reprimido pelo arrependimento, você sempre se reconforta com um novo adultério ou duelo. Continue! Continue, Visconde! Continue com sua vida de amores casuais, traições e satisfações... Tranquilize-se quanto a me haver entregado criminosamente a Saurmont: eu poderia ter caído em mãos ainda piores. O Conde tem suas qualidades e, apesar dos pesares, não duvido de seu amor.

René ficou completamente arrasado.

– Diana! Suas palavras são mais do que cruéis; são agudas como uma navalha. Isso eu não mereço!

Ela riu em voz alta.

– O que fazer? Agora tenho de voltar ao local da reunião. Está ouvindo a trombeta? Ao sentir minha falta, o Conde ficará preocupado e não quero colocar sua vida em perigo. Sr. Briand é terrivelmente ciumento...

Vermelho, e de olhar exaltado, René se colocou ao lado da Condessa e, tomando-lhe a mão, disse:

– Desejemos que ele tenha do que ter ciúme...

Diana puxou energicamente sua mão e, de forma provocante e escarnecendo dele, encarou-o:

– Visconde, Visconde! A vaidade é cega! Será você raposa tão esperta que considera a porta de todos os galinheiros estarem abertas a você? O fracasso lhe será proveitoso...

Sem aguardar resposta, Diana esporeou o cavalo. René a seguiu e eles, quase juntos, chegaram ao local de encontro onde se reunia numerosa comitiva de senhores e damas, entre os quais Saurmont também se encontrava.

Ele estava visivelmente preocupado, os cenhos franzidos. Ao ver Diana e René chegarem quase ao mesmo tempo, o Conde apertou o bigode e direcionou ao seu antigo adversário um olhar carrancudo e desconfiado.

Aproximou-se rapidamente da esposa para ajudá-la a descer do cavalo. Seu descontentamento momentâneo se transformou em alegria ao ver o inesperado carinho da Condessa, que aceitou a ajuda do marido sorrindo e lhe estendeu a mão com graciosa familiaridade, contrastando de maneira agradável com sua habitual frieza.

"Diabólica! Agora vejo que não é mais a mesma menina", disse para si mesmo Beauchamp, seguindo com os olhos Diana e o esposo. "Mas... espere! Eu irei tirar a máscara de tranquila indiferença que usa! Você é infeliz e odeia seu tirano. Preciso esperar apenas o minuto quando o ódio, a mágoa ou a fraqueza a joguem nos meus braços!", complementou o Visconde, em pensamento.

Apesar do desejo de Diana de conservar distância no relacionamento com René e de se dirigir a ele como a outro qualquer, a conversa no bosque quebrou o gelo. Além disso, o costume também afirma seus direitos. Graças a tudo isso e ao afinco do Visconde em não perder a oportunidade de encontrar a jovem, no relacionamento entre os dois reapareceu um pouco da antiga cordialidade. O mais forte aliado de René era o ciúme de

Saurmont, que seria transformado em fúria com os cortejos do Visconde. A partir do momento em que Diana percebia isso, mostrava-se amável para com o rapaz.

Quando Briand chegou ao ponto de, indevidamente, dizer-lhe: "Eu a proíbo de conversar com esse tolo!", a jovem convidou René ao seu hotel, o que Saurmont, então, negou-lhe insistentemente.

Em que pese a fúria desencadeada dentro de si, o Conde foi obrigado a consentir na amabilidade da dona da casa, já não tendo motivos sólidos para se relacionar mal com o amigo de infância da esposa, o qual fora tão sorrateiramente enganado por ele.

Mas, a partir do dia em que René atravessou a soleira de sua porta, Briand não conheceu mais sossego; delirava o tempo inteiro, certo de que ocorreria um rapto ou uma traição, e não perdia a Condessa de vista.

Sua inquietação e sua raiva atingiram o apogeu quando todo o palácio começou a se preparar para acompanhar o Rei e a Rainha na romaria empreendida por Suas Altezas, com a finalidade de agradecer aos céus o nascimento da delfina[2].

Briand sabia por experiência própria que semelhantes viagens eram muito favoráveis a aventuras amorosas. A ideia de Diana tomar parte na peregrinação o punha nervosíssimo. Ele, pelo seu cargo na Corte, tinha obrigação de acompanhar o Rei. Tendo amadurecido suas ideias, o Conde arquitetou um plano para conservar sua honra e recuperar a tranquilidade.

A algumas léguas de Paris ele comprou uma casa de campo, cercada por amplo jardim, e dotou-a de um novo pessoal de serviço. Depois, uma manhã, oito dias antes da peregrinação, convidou Diana a ir ver com ele uma pequena propriedade que tencionava comprar.

A Condessa, sem desconfiar de nada, aceitou o convite. O dia estava maravilhoso e o longo passeio a alegrou. O casal se dirigiu para lá acompanhado apenas de um empregado. Às portas da cidade o Conde se lembrou haver deixado de dar uma

---

[2] Na p. 206 de *H. de F.* há uma árvore genealógica dos "Valois" e ali diz que Henrique III, o Rei, nesta parte do livro, não teve herdeiros. Dado o fato de este livro de Rochester não ter tido, até agora, nenhum engano, nem de nomes, nem de datas, estranhamos o fato. Se houve uma delfina que durou apenas alguns dias ou meses, seria difícil pesquisar – nota de revisão.

ordem muito importante ao administrador e mandou o empregado de volta para que o fizesse.

E assim chegaram sozinhos à casa de campo.

A disposição de tudo na casa e, principalmente, o grande jardim agradaram muito a Diana. Contudo, imensa raiva e total perplexidade tomaram conta dela quando Briand lhe disse estar encantado e que, sendo assim, ela não sairia dali até ele retornar da romaria.

– Suas bravatas contra mim e os insolentes cortejos do maldito Beauchamp me obrigam a escondê-la dele até minha volta. Aos nossos conhecidos direi que está doente e não pode sair do quarto – terminou, seco, o Conde.

Diana saiu do sério. Esse golpe a levou quase à loucura! Ela estava habituada à sociedade e se aborrecia terrivelmente na nova casa, entre empregados desconhecidos, nos quais não confiava. Estava privada até da fiel Gabriela. O Conde a conservava ciumentamente fechada e aparecia sempre de surpresa. Aliás, ele logo se acalmou ao se convencer ter Beauchamp perdido a pista de sua linda esposa.

Diana se achava tão furiosa que havia decidido apunhalar o marido pela segunda vez. Mas Briand, parece, adivinhou-lhe os pensamentos, levando-a ao desespero com seu espírito gozador, porém sem maldade para com ela... Ele nunca esquecia de tirar seu punhal e o entregava a um criado antes de ir dormir.

Por fim ele partiu e Diana, possessa, ficou sozinha, imaginando mil planos para se vingar do marido.

A notícia da enfermidade de Diana a princípio aborreceu muito Beauchamp. No entanto, a tristeza se transformou em ira, quando soube, por Antônio Gilberto, que a jovem havia sumido do hotel e que ninguém, nem mesmo Gabriela, sabia o que lhe havia acontecido desde a manhã em que saíra com o marido. O choro da camareira levou o médico a reforçar suas suspeitas de ter Briand matado a esposa ou, na melhor das hipóteses, de mantê-la prisioneira em algum buraco. Se acontecesse alguma infelicidade a Diana, Gilberto teria falhado em sua promessa.

Considerando o ciúme do Conde, René considerou a vaga

desconfiança, bem fundamentada aliás, e saiu imediatamente à sua procura.

Em que pesem todas as preocupações de Briand, o Visconde logrou espioná-lo com tanta habilidade, que o seguiu até os limites da vila. O resto foi fácil. Com ajuda de dinheiro, logo René ficou sabendo tudo quanto queria e, além disso, conseguiu um aliado num velho jardineiro que lhe prometeu colaboração em caso de necessidade.

Para mascarar melhor suas intenções, Beauchamp espalhou entre seus empregados "uma notícia importantíssima" que o obrigava a ir para Anjou, onde passaria um mês. Com essa desculpa, ele declinou de participar da romaria do Rei.

No dia seguinte à partida de Saurmont, ao cair da noite, René, mascarado e de capa preta, dirigiu-se à vila. O jardineiro o recebeu e o acompanhou até a casa.

– Olhe, senhor, essa janela de onde sai a luz... – disse ele –, esse é o quarto.

– Muito bem, meu amigo! Mas como farei para chegar à janela, se está no segundo andar? – observou René, colocando uma moeda de ouro na mão do jardineiro.

– Previ isso e preparei uma escada. Agora a colocarei na sombra da sacada – respondeu o jardineiro rindo, contente consigo mesmo. – Mas, quando sair de lá, senhor, tenha a bondade de arrastar a escada até a grama fofa.

Sem perder tempo, o Visconde subiu à sacada e, curioso, espiou por dentro da janela, através das cortinas entreabertas. Viu um grande quarto no fundo do qual, num patamar, se encontrava uma grande cama de colunas. Junto à mesa servida, Diana mastigava distraidamente um pastel. Seu ar de apatia e a expressão carrancuda indicavam claramente seu estado de ânimo.

De súbito ela desistiu de um pedaço de bolo e, parece, mandou recolher a mesa, ao que dois criados às suas costas obedeceram prestamente e depois sumiram no quarto vizinho.

Ao ficar sozinha, a jovem se levantou da mesa e passou a andar pelo quarto. Sua ansiedade era óbvia. Seu rosto estava corado, os olhos brilhavam e as pequenas mãos revolviam nervosamente uma rede branca de seda. Por fim se sentou na cadeira e cobriu o rosto com as mãos.

René concluiu ser aquele o momento certo. Abriu a porta silenciosamente e com cuidado passou pelo quarto; lançando-se de joelhos junto ao espelho, abraçou a jovem, que deu um grito de espanto e pulou para trás.

Reconhecendo René, disse sem vontade:

– René! Aqui? Como penetrou em minha masmorra?

– O verdadeiro amor não conhece obstáculos... Se o seu desprezível marido a houvesse escondido sob a terra, ainda assim eu a teria encontrado. Saiba, porém, que o consegui com muitas dificuldades...

– Agradeço sua fidelidade, Visconde... – disse Diana levantando e afastando-o com um gesto decidido. – Apesar disso, peço que se retire. Se sua presença for notada, estará me comprometendo, sem me trazer nenhum proveito.

Mas os braços do Visconde continuavam a abraçá-la pela cintura e ele disse com voz trêmula:

– Você não se envergonha, Diana, de ter memória tão má? Até nesta hora de solidão e humilhação, privada da sociedade, você não pode perdoar seu amigo de infância? Eu a amo de todo o coração e meu único pensamento é corrigir o mal causado contra minha vontade!

A moça sentiu seu corpo inteiro tremer. Terrível sensação de completa solidão se apoderou dela, pois até seu próprio pai a tinha traído! A necessidade inata de se prender à primeira criatura mais próxima, a lembrança do passado, a familiaridade... tudo isso foi despertado. A raiva e a aversão sumiram. Largando a cabeça sobre os ombros do Visconde, ela desatou em pranto convulsivo.

René não tentou lhe conter as lágrimas. Apertou-a contra si, como a uma criança doente, e beijou suavemente seus cabelos sedosos, dizendo-lhe de quando em quando palavras carinhosas.

Por fim, após parar de chorar, Diana ergueu a cabeça e, afastando o Visconde, disse, cansada:

– Deixe-me, René! Seu amor já não pode mudar meu destino!

Hoje eu, sem ter segundas intenções, o perdoo do passado. Contudo, mesmo que quisesse, não tenho o direito de corresponder ao seu sentimento. Apesar de tudo, pertenço a Saurmont, e estamos unidos por um juramento.

René enrubesceu. Tomando a mão de Diana, gritou com voz entrecortada:

– Como pode negociar com sua consciência e fechar a porta da felicidade? Compreenda: um homem que é desonesto a ponto de prender a própria mulher com uma farsa, obrigando-a a pensar que estava se casando com o noivo escolhido, não tem o mínimo direito de lhe exigir fidelidade! Se ele prendeu seu corpo, sua alma continua livre. Prove-lhe que ele não pode proibi-la de amar quem deseja! Há dívidas que não se pagam...

– Deixe-me, René! A dívida não termina com o tempo... – balbuciou Diana bem baixinho.

– Mas sim a dívida da vingança! Você não pode ser tão orgulhosa que nunca tenha vindo à mente usar a terrível arma que tem nas mãos para golpear seu cruel inimigo... O ciúme é o único ponto fraco do Conde! E você vacila em golpeá-lo, vingando-se dele pelo suplício diário ao qual ele a submete, e pela hora em que ele quebrou sua obstinação!...

Ele falava e uma palidez mortal surgia no rosto da moça; os traços do rosto se modificando expressavam os mais diversos sentimentos. A ideia de se manchar com o adultério lhe era extremamente repugnante, porém, por outro lado, todo o amargor e todo o ódio acumulados em sua alma começaram a extravasar... Como um relâmpago, vieram-lhe à mente todos os sofrimentos suportados desde o momento em que, colocada fora de si em decorrência das ameaças de Briand, ela tentara matá-lo. Sob a pressão daquelas duras recordações, o sentimento de virtude e dever enfraqueceu, vencido e abatido pela fortíssima vontade de vingança, de pagar ferida com ferida.

Com o coração palpitando, o Visconde acompanhou a luta de sentimentos contraditórios sendo manifestada nas expressões desfiguradas. Os olhos dela ora ardiam, ora se apagavam. Mas, de repente, Diana o abraçou pelo pescoço e disse em soluços:

– Você tem razão. Provarei a ele não ser uma escrava! Eu o amo e me entregarei a você!

René vencera.

Já despontava o sol quando o Visconde resolveu por fim se despedir de sua maravilhosa amada.

A jovem o acompanhou até a sacada.

Ela estava pálida como um papel e apertava os lábios.

– Até logo, minha querida! Até amanhã! – disse o Visconde, apertando-a pela última vez num forte abraço. – Mas por que um rosto tão preocupado nesta noite divina na qual o amor eterno venceu? – acrescentou ele, em tom carinhoso.

Diana elevou os olhos, encarando-o de frente, com um brilho triste e amargo.

– Sim, é verdade... – respondeu ela, baixinho. – Algum pressentimento me diz que agi mal, que minha vingança é vil, uma faca de dois gumes... Na verdade, movendo o sentimento de maldade que você soube habilmente despertar, eu golpeei Briand no fundo do coração; mas em compensação também caí diante de meus próprios olhos. Eu me cobri com uma mácula permanente, entreguei-me a um homem que já me traiu uma vez, sem o menor pesar... Cuide-se, René! Se me trair pela segunda vez, você se sairá mal! Sem me lastimar eu o entregarei nas mãos vingativas do Conde e, sem pestanejar, verei seu sangue correr.

Um tremor desagradável percorreu o corpo de René.

O olhar da jovem se fez cruel, e no tom de sua voz ecoava uma ameaça velada. Contudo, a irreflexão e a vaidade inatas do Visconde atenuaram no mesmo instante essa desagradável impressão. Ele beijou Diana ardentemente e balbuciou com voz um tanto de gracejo, outro tanto sem vontade:

– Ai, minha querida... Suas palavras são más e fora de propósito. Meu amor vai durar enquanto eu viver! Além disso, minha meiga e pequena Diana é incapaz de uma decisão tão cruel! Você não mata nem uma mosca e vai se obrigar a derramar sangue de um ser humano! Queria ver isso!... – acrescentou ele, rindo.

A NOITE DE
SÃO BARTOLOMEU

A FEITIÇARIA

A partir desse encontro os amantes passaram a se ver quase diariamente. René estava perdidamente apaixonado e a perspectiva de retorno de Saurmont o punha desesperado. Por isso procurava algum meio de se livrar habilmente do Conde, se possível, para sempre. Aquele sujeito desprezível, o Conde, tinha uma intuição tão apurada, que se tivesse a menor suspeita seria capaz de levar a esposa ao castelo de São Germano, onde os amantes não poderiam continuar se encontrando.

Depois de pensar bem, arquitetou um plano que convinha e satisfaria tanto sua paixão, quanto seu antigo ódio.

O Visconde, apesar de seu ar despreocupado, era rancoroso e não havia esquecido a armadilha de Saurmont para com os ciganos. René achou ser boa ideia um troco bem dado, pagando-o com a mesma moeda.

Sem querer seduzi-lo com uma dançarina, achou conveniente explorar a paixão do Conde pelo jogo e sua conhecida irritação diante das derrotas. Assim, conversou com um gascão[1], aventureiro sem consciência, jogador e duelista profissional. Beauchamp prometeu-lhe uma grande quantia se conseguisse, sob um pretexto qualquer, puxar uma briga com Saurmont e matá-lo. O gascão acho isso naturalíssimo e, muito agradecido, recebeu de René um traje elegante e um excelente cavalo, e partiu no mesmo dia, calculando encontrar o Conde em um hotel no caminho real.

[1] Natural da Gasconha (França); fanfarrão, briguento – nota de revisão.

O aventureiro cumpriu sua palavra. Travou conhecimento com o Conde e depois provocou uma discussão, à qual se seguiu um duelo. Briand, todavia, esgrimiu tão bem que o "Bretteur"[2] não conseguiu matá-lo, ferindo-o perigosamente.

O Conde foi reconduzido a Paris em estado lastimável. Assim que voltou a si, chamou Diana, que cuidava dele, se bem que não com muito agrado. Em todo caso, ele, ao menos, não desconfiou de nada.

A febre de Briand e as longas horas passadas inconsciente deram a ela tempo suficiente para se encontrar com o amante.

A fiel Gabriela era uma das encarregadas dos contatos, mas a intriga se desenrolava com tanta sutileza e em tão completo segredo, que nem a jovem tinha a mínima suspeita.

Pouco a pouco, Diana superou seu peso de consciência. Ela experimentava por René um sentimento completamente novo e parecia que a paixão havia atingido seu apogeu. Os dois discutiam frequentemente a possibilidade de ela se separar de Saurmont. Essa ideia encantava Diana, mas, conhecendo seu marido, atormentava-se com o risco quase certo de que ele acabaria conseguindo encontrar um meio de segurá-la.

René, com paciência, tentava convencê-la de que a boa vontade e a força obrigariam o Conde a liberá-la.

Certa vez ele, muito contente, o Visconde contou a Diana que um de seus amigos lhe falara de um mago, fazedor de verdadeiros milagres.

– Ele é pouco conhecido, não faz do seu conhecimento um ofício e recebe os visitantes somente por recomendação de meu amigo Nevel, que conseguiu lhe prestar um serviço – contou René, entusiasmado. – Consegui de Nevel um bilhete nos permitindo entrar no laboratório do velho Said-Jano. Ele sabe que eu irei com uma dama, mas pensa ser a Sra. de Breil, a qual cortejo insistentemente para afastar qualquer suspeita. Como a bela Joana é alta, elegante e loira como você, nem mesmo o acaso poderá nos entregar.

– Mas esse sábio e desconhecido poderá nos ajudar realmente? – perguntou Diana, com leve desconfiança.

---

[2] Espadachim – nota de revisão.

– Ele lê o futuro como em um livro aberto e sabe todos os segredos da magia. Aliás, você mesma se convencerá disso. Hoje à noite iremos à casa do velho Said. Aproximadamente à meia-noite eu a estarei esperando na travessa. Agora fique com isto! – entregou a ela um pequeno frasco. – É um forte narcótico. Coloque algumas gotas na bebida de seu monstro e ele irá dormir até de manhã, como uma marmota... Não tema, isto não é veneno. O sono apenas restabelecerá as forças de seu querido maridinho... – completou, rindo, o Visconde.

Em uma das travessas escuras e estreitas havia uma velha casa de construção maciça. As paredes espessas, a forte porta chapeada com ferro, a ausência de cantos agudos como em uma cantoneira, a janela – todos esses detalhes mostravam ter aquela pequena fortaleza servido de residência a um senhor feudal. A antiga casa agora parecia abandonada; estava em silêncio absoluto e das janelas não escapava um só raio de luz, contrastando com as mansões dos nobres, de onde, em claro desrespeito à ordem de apagar os lampiões, se viam as luzes dos banquetes acesas até o raiar do sol.

O relógio da catedral marcou meia-noite. Mal cessaram os sons dos passos rítmicos dos guardas-noturnos, um cavaleiro e uma dama mascarados, ambos vestindo capa preta, saíram de uma travessa.

Após se aproximarem da velha casa, pararam. O homem desceu do cavalo e, com o punho da espada, bateu compassadamente à porta três vezes. Pouco depois, o postigo se abriu e um velho barbudo perguntou, em tom descontente, o que queriam a uma hora daquelas.

Sem nada responder, o homem lhe deu um bilhete lacrado. O velhinho o tomou e fechou o postigo. Minutos depois, ouvia-se o ranger do ferrolho se movendo. A porta foi aberta e o mesmo velhinho apareceu com uma lanterna nas mãos.

– Entre, senhor... – disse ele. – No final do corredor encontrará uma escada. No segundo andar, batam em uma porta à direita. Cuidarei de seus cavalos.

O homem respondeu apenas acenando a cabeça. Oferecendo a mão à sua dama, entrou na casa.

A porta se fechou atrás deles.

Uma tocha fumegante iluminava o longo corredor e a estreita escada em caracol; uma outra lâmpada se encontrava junto à porta revestida de ferro.

Depois de bater à porta os dois visitantes entraram em uma grande sala de teto abobadado. Uma lâmpada de ferro dependurada no teto iluminava fracamente o quarto. Sobre a mesa, coberta com um pano de veludo preto, velas de cera ardiam em candelabros de cobre. A luz delas caía diretamente sobre a face bronzeada do velho que, com uma expressão estranha, encarava o rosto da dama e de seu companheiro, os quais se detiveram, irresolutos.

– Seja bem-vindo, Visconde, bem como a bondosa Condessa de Saurmont! Tirem, sem nada temer, as máscaras e me digam o que desejam do velho Said-Jano... – disse o sábio, levantando-se e indicando amigavelmente aos visitantes se sentarem.

O casal se surpreendeu ao ouvir seus nomes.

– Queríamos lhe pedir, sábio Said, que nos revelasse o futuro que para o senhor não é segredo... – respondeu o Visconde, tirando a máscara.

A dama nem se moveu. Seu olhar mostrava nítida descrença e vagava, analisando a figura alta e magra do mago; o rosto peculiar de Jano parecia ainda mais misterioso debaixo do turbante branco.

– Os nomes poderiam ser facilmente adivinhados, senhor mago. Preciso de uma prova mais convincente de seu conhecimento... – disse ela, com voz rouca.

Said sorriu.

– Aproxime-se, Diana, e permita-me lhe dizer no ouvido o que a convencerá.

Mal pronunciou algumas palavras e a jovem gritou, pulando automaticamente para trás, caindo na cadeira. Não dispensando a ela mais atenção, o mago se dirigiu a René.

WERA KRIJANOWSKAIA ditado por *J.W. Rochester*

– Deseja vos revele o futuro, *monsieur*? Antes de responder, peço sua mão.

Tomou a mão esquerda de René e apertou a sua palma da mão direita contra a palma do Visconde. Em um minuto, Said empalideceu e seus olhos se dilataram. Sob o estranho olhar vítreo apontado para si, o Visconde começou a se sentir mal. Mas essa sensação desagradável logo desapareceu.

– O futuro, senhor, somente acontece como eco do passado – disse o mago, largando a mão de René. – Não o passado referente a esta vida atual, mas aquele constituído pela série de existências pelas quais passa qualquer criatura no seu lento caminho à perfeição.

– Como?! Nós já vivemos algumas vezes e eu já vivi antes nesta terra? Isso é possível? Por que não me lembro? – disse René em tom alto, profundamente interessado.

– Todos os estudiosos das ciências antigas, pessoas para as quais o invisível não guarda segredos, confirmam a lei das existências sucessivas. No que tange ao esquecimento do passado, essa é uma das condições indispensáveis para o progresso individual, podendo ser travado por recordações nem sempre agradáveis. Os antigos estudiosos sabiam se libertar da matéria carnal pesada. Tendo a visão espiritual ampliada, eles viam o passado das pessoas, aproximando-se delas. Eu recebi uma pequena parte desse maravilhoso conhecimento e, graças a isso, vejo o senhor e essa bondosa dama se encontrarem mais de uma vez em vidas passadas.

– Diana! Ouviu? Não é a primeira vez que nos amamos! – gritou o Conde, voltando-se para a moça.

Ela, pálida e emocionada, estava completamente absorta em seus pensamentos.

– Sim, ouvi! Mas, nesse caso, gostaria de saber mais. Diga-me, mago, onde e em que condição nós vivemos? O amor e a amizade sempre nos uniram?

Um sorriso misterioso surgiu nos lábios do egípcio. Durante alguns segundos suas pupilas brilhantes cresceram apontando fixas para o rosto de Diana. Levou a mão à testa e respondeu:

– Amor e ódio, crime e boas ações, eis no que consiste a vida humana. Vocês experimentaram tudo isso.

– O que nos conta? Entre mim e Diana sempre houve somente amor! Se for possível, vivamos juntos novamente. Gostaria que fosse assim. Se o seu conhecimento permitir que nos unamos, sábio hierofante, nos séculos vindouros, onde quer que nos encontremos, ricos ou pobres, poderosos ou miseráveis, estejamos sempre unidos! Jure, Diana, ser sempre fiel e me amar, assim como eu também juro! – disse René, segurando fortemente a mão de Diana.

– Claro que concordarei, se for do consentimento de Deus... – tartamudeou ela.

– Por que haveria Deus de não consentir? Será uma simpática piada para a senhorita de Saurmont, dada a sua perseverança; não é a primeira vez que se acha ao lado de seu adorador. Bem... E então, sábio, o senhor pode e quer realizar nosso desejo?

– Tentarei. A propósito, tal tentativa foi feita há alguns séculos por dois estudiosos e fracassaram. Vejamos o que acontecerá hoje.

– Teremos êxito, sábio! Mas, além de nos unir, o senhor não poderia nos dizer algo a respeito de nossa vida presente? – perguntou o Visconde.

– Tentarei fazer tanto uma coisa como outra. Tenham a bondade, *monsieur* e generosa senhora, de me dar uma gota de seu sangue, uma mecha de cabelos e unhas da mão direita.

– Eis, sábio! Corte, tire e faça tudo quanto precisa! – gritou René, estendendo ao sábio sua mão e a mão de Diana, a qual ele continuava segurando.

O mago trouxe uma lanceta, duas cubas de cristal, um pedaço de cera, um tripé e uma caixa contendo frascos pequenos, cheios de grama seca. Depois de colocar tudo sobre a mesa, ele fez os cortes nos jovens e colheu separadamente o sangue de cada um. A seguir, havendo cortado os cabelos e as unhas, ele lhes pediu que sentasse e ficasse em silêncio.

O sábio sentou e começou a fazer figuras de cera. Enquanto

o mago se achava concentrado nessa tarefa, René examinava o quarto. Logo se convenceu de que não se parecia nem um pouco com o laboratório de um alquimista, que certa ocasião tivera a oportunidade de conhecer. As paredes do quarto eram revestidas por uma substância escura.

Em uma das paredes estava pendurado um escrito em hieróglifos, com o desenho da esfinge abaixo do qual se via um disco alado. As elegantes cadeiras estavam dispostas em ordem. Somente algumas caixas de madeira com emblemas misteriosos e estantes com velhos papiros e pergaminhos indicavam se tratar da casa de um estudioso.

Quando o olhar do moço se voltou novamente para o mago, viu, surpreso, que as figuras já estavam prontas e que, graças a alguns pedaços de material, tinham o aspecto de homem e mulher, respectivamente. Ao lado delas, Said colocara um pequeno altar com uma cruz, duas pias batismais e dois pequenos ataúdes.

Após fazer tudo isso, o mago queimou as unhas e cabelos apanhados do casal, e colocou parte das cinzas na cabeça das figuras. Depois perfurou o "coração" do "homem" e em seguida o da "mulher", vertendo, nos orifícios formados, as gotas de sangue.

Os jovens observavam tudo em silêncio e curiosos, ainda que fortemente impressionados. Mas quando Diana viu Said batizar as figuras, dando-lhes os nomes de Diana e René, proferindo palavras sagradas de casamento, e por fim entoando uma antiga canção, acompanhada por hino de renovação espiritual, tudo isso misturado com palavras desconhecidas, e cânticos compassados, ela foi tomada pelo pavor.

– Pare! Pare! Vamos embora! Isto é um sacrilégio! – disse, exaltada, com voz entrecortada, tentando levar o Visconde.

Este, com um gesto brusco e rápido, fê-la sentar-se de novo:

– Sente-se e não atrapalhe com, exclamações tontas, as operações mágicas! – retrucou, irritado, René.

O estudioso, pelo visto, não prestou atenção ao caso. O olhar dele deslizava para Diana, como se estivesse se entretendo. Tudo isso se passou com a rapidez de um relâmpago.

Retomando mais uma vez a concentração, colocou as figuras uma de frente para a outra e apagou as velas. Agora só a chama trêmula de uma lâmpada suspensa iluminava o quarto. Um arrepio de medo correu pelo corpo dos jovens quando Said, com novo vigor, recomeçou sua estranha canção e passou a lidar no tripé de ervas. Ele derramou uma certa espécie de líquido de um frasco e acendeu o fogo. Antes disso, vertera num recipiente um pouco de vinho antigo, colocando também cinza dos cabelos e unhas, e despejara o sangue das duas taças. Essa mistura foi mantida no tripé, enquanto não entrava em ebulição. Ao mesmo tempo, à medida que a erva ardia, chamas de diversas cores espalhavam pelo quarto um odor ácido e cáustico. Continuando, Said colocou o recipiente na mesa, atrás das figuras, e elevou as mãos sobre elas. Dentro de um minuto as figuras humanizadas tremeram, depois começaram a se mover, aproximando-se. Primeiro se levantaram e depois se apartaram uma da outra. Nesse momento, Said colocou a mistura fumegante, em partes iguais, em duas taças que entregou ao Visconde e a Diana, dizendo, laconicamente:

– Bebam!

René não vacilou; tomou todo o conteúdo imediatamente. Pálida e abalada pelas cenas que a faziam tremer, Diana titubeou:

– Essa bebida me é repugnante! Eu prefiro obrigar Briand a bebê-la... – comentou, ironicamente.

René se irritou:

– Vamos, diga! Você já não tem medo de perdê-lo? Beba por si mesma! – gritou ele, apertando com força a taça de encontro aos lábios dela.

Mal o líquido tocou sua boca, Diana, assustada, pulou para trás. A violência do Visconde a tinha ofendido. Repentinamente, surgiu em sua mente a imagem de Raul. Por que em vez de estabelecer laços eternos com René não os ter com a criatura mais amada deste mundo? Se realmente fosse viver de novo nesta terra, então poderia se encontrar com Raul...

Com um gesto brusco e enérgico, atirou a taça ao chão, quebrando-a em vários pedaços.

– Não quero que nos unam laços inquebrantáveis! Deixemos o futuro livre. Quem sabe? Poderá vir o dia em que eu seja um peso para você... – disse ela, olhando-o duramente.

René, enfurecido, queria responder, mas Said colocou a mão no ombro dele e disse, apontando para a mesa:

– Acalme-se! O destino rompe pela segunda vez fetiches poderosos que poderiam uni-los... Agora veja...

Derrotado, René viu as figuras se separarem e cada uma delas se dirigir a um ataúde, dentro dos quais sofreram estranhas transformações. A imagem da mulher se cobriu com um longo véu preto e do seu peito gotejaram gotas vermelhas, manchando o caminho pelo qual ela passou. Depois a figura desceu à sepultura.

O homem se movia mais devagar e o "sangue" vertia abundantemente de seu peito. Deitando-se na sepultura, seu véu se cobriu de sangue.

– Vocês se unirão e depois se separarão, já que não estão deitados juntos na sepultura – disse Said. – A senhora involuntariamente comete crimes contra as leis de sua Igreja. No final da vida, será atirada à sombra. As gotas vermelhas significam os anos que lhe sobram por viver nesta terra. O senhor viverá mais e terá uma morte violenta.

Fez-se profundo silêncio.

Deprimidos e entibiados, René e Diana olhavam para a mesa. As más predições do mago caíram sobre eles como chumbo.

O Visconde foi o primeiro a voltar a si. Em breves e cordiais palavras, agradeceu ao mago e lhe pediu para ficar com o porta-moedas colocado em cima da mesa. Depois saiu com Diana – sempre calada.

Somente quando montaram a cavalo, os jovens voltaram a conversar, discutindo sobre o que haviam visto e ouvido. René estava furioso por Diana ter quebrado a taça. Ele a culpava pela futura separação dos dois e até pela morte violenta prevista pelo mago. Ela contestava dizendo que a maldade que poderia ocorrer a eles, por culpa dela, era uma questão discutível, já que o pecado voluntário e o crime contra a Igreja, dos quais falara Said, haviam sido cometidos por culpa dele.

A discussão se exacerbou, as palavras mordazes correram soltas e os jovens retornaram completamente brigados.

Discussões entre amantes não costumam ser longas: René e Diana se reconciliaram, mas no relacionamento entre eles ficou certa dissonância. Além do mais, o restabelecimento de Briand os obrigava a serem mais comedidos. E eles passaram a se encontrar com menos frequência.

O Conde de nada desconfiava. Via Beauchamp muito poucas vezes e este se apresentava como amante da Condessa de Breil. Além disso, o Visconde tomava participação ativa nas intrigas políticas que dilaceravam a França.

Briand também tomava parte nessa luta. Partidário fanático da Liga, militava abertamente no partido de Guise. Sua inteligência apurada, seu sangue-frio e sua determinação prestaram mais de um serviço ao "Balafré"[3], porém, ao mesmo tempo, fizeram-no odiado pelos partidários do Rei e do Duque d'Anjou.

Beauchamp, por sua vez, era partidário do Duque d'Anjou. Estava intimamente ligado a Bussy d'Amboise e repartia com o famoso duelista uma série de aventuras. Dessa forma ele foi envolvido em uma intriga terrível de Bussy, com dois amantes da Rainha Margot. Henrique III interveio a tempo e impediu o encontro. Contudo, ambos os lados, desde então, alimentavam o ódio e a exasperação, esperando apenas o momento propício para a vingança[4].

Um ódio forte, porém discreto, também existia entre os partidários de Guise e do Duque d'Anjou. Tanto uns como outros gostariam que seu líder carregasse a coroa da França. Francisco (o irmão de Henrique III) fundamentou sua pretensão criticando

---

[3] *Balafré* – a cicatriz. O Duque de Guise teve esse apelido por ter recebido uma cutilada no rosto, em 1575. *Le Siècle de la Renaissance*, p. 247 – nota de revisão.

[4] Em *H. de F.*, p. 380, sob o título de "Prodigalidades e Desordens – Os Mignons", consta: "Saint-Mégrin, o Duque de Joyeuse, o Marquês d'Ó, o Duque d'Epernon, Livarot, Queluz são os mais conhecidos cortesãos, cujos dois últimos eram os mais queridos de Henrique III; pereceram em um duelo célebre, contra os 'mignons' do Duque de Guise, em 27.04.1578, às 5 horas da manhã, atrás do parque de Courcelles. Queluz, Maugiron e Livarot se bateram contra Carlos de Balzac, Riberac e Schomberg. Somente Balzac e Livarot escaparam. Menos de dois meses depois, Saint-Megrin, que gozava da intimidade da Duquesa de Guise, foi assaltado e assassinado, numa tarde em que saía do Louvre" – nota de revisão.

o requinte afeminado de seu irmão, o qual considerava incapaz de reinar. Quanto a Henrique de Guise, suas pretensões não tinham limites (é comprovado pela História que toda família recebia dinheiro de Felipe II, Rei da Espanha, para que defendesse o catolicismo na França). Não teve receio de ir a Roma com um advogado, gozador de má fama em Paris, levando um memorando no qual expunha ser descendente de Carlos Magno. Guise deveria ocupar o trono usurpado pelos capetos[5]. Eles tinham se apartado de Deus, eram loucos, doentes ou depravados. A mensagem principal das linhas de Guise, segundo o próprio, era um apelo para pôr fim à expansão do protestantismo, bem como a proposta de o Duque d'Anjou assumir, da mesma forma que Don Carlos[6], e reinar depois de submeter a França à Roma.

Pode-se ver até que limite chegou o partido nessa triste época. A queda da autoridade real dava plena liberdade à violência pessoal da agressiva aristocracia e do povo acostumado à carnificina. Todos, do mais destacado nobre ao mais humilde empregado, tomavam posição por um partido. A violência e a agressividade eram ações corriqueiras.

Nessa época, René, necessitado de dinheiro, escreveu a seu administrador, pedindo que lhe mandasse o mais rápido possível os impostos arrecadados nas propriedades. Ao mandar essa ordem, com urgência, enviou juntamente a Marillac uma carta na qual contava as novidades do palácio e da cidade. Também falou sobre os encontros com Diana, rindo sem clemência de Briand e não poupando detalhes que provavam claramente a culpa da moça.

"Não posso olhar para Saurmont sem rir. Cego, como todos os maridos, ele nem desconfia que fera maravilhosa cacei em suas terras!" Escreveu terminando a carta: "Pobre cornudo, fonte interminável de piadas para mim e Bussy".

---

[5] Antiga dinastia de reis franceses – nota de revisão.
[6] Filho do Rei espanhol, Felipe II, e de sua primeira esposa, Maria de Portugal, nascido em 1545. Vítima de um acidente que lhe afetou a razão, esteve encarcerado no próprio palácio real, onde morreu, em 1568. Dic. *Aurélio*. Há notícias de que teria sido assassinado por seu próprio pai – nota de revisão.

Se o Visconde previsse as consequências de sua tagarelice imprudente, naturalmente, teria se contido em escrever e se gabar ante seu cunhado de suas vitórias amorosas. Todavia, não lhe ocorreu que a carta enviada por emissário especial pudesse cair em mãos outras. Aconteceu da seguinte forma: a distância de um dia de viagem de Paris, o mensageiro se encontrou em um hotel com pessoas do palácio, entre as quais havia empregados do Duque de Queluz, amante da Rainha[7] e inimigo de René e de Bussy. Reconheceram o empregado do Visconde e, sob um motivo qualquer, arrastaram-no a uma discussão, e pouco depois o mensageiro de Beauchamp caía desmaiado sob uma saraivada de golpes. Os vencedores não deixaram de revistá-lo, tiraram o dinheiro que levava consigo para a viagem e a carta foi apanhada pelo empregado de Queluz. Ao chegar a Paris, o criado entregou-a a seu senhor, lembrando-o de que vinha do mensageiro de Beauchamp. Evidentemente, Queluz não se acanhou em ler a carta do inimigo. E se surpreendeu. Nunca, nem por um instante, havia duvidado da bondosa Diana, cuja altiva discrição no relacionamento com seus numerosos admiradores era comentada nas conversas. Saboreando a incrível descoberta, percebeu que ela lhe dava uma arma que, com um único golpe, poderia liquidar com dois eficientes partidários dos inimigos do Rei. Naturalmente era suficiente comunicar a Saurmont sobre a infidelidade da esposa para provocar um duelo de morte entre o irritadiço partidário da Liga e o amigo de Bussy. Se nesse embate tombasse um ou outro, até mesmo ambos, então Guise e d'Anjou perderiam servos fiéis e dedicados. Como resultado de todos esses pensamentos, Queluz resolveu entregar a carta ao Rei, o qual também se entreteve com seu conteúdo.

Nessa mesma noite, o Rei mandou um empregado ao hotel de Saurmont com a ordem de que ele se apresentasse na manhã seguinte em audiência perante Sua Majestade.

[7] Louise de Lorraine, a Rainha, casada com Henrique III, não tem qualquer citação escandalosa a seu respeito, mesmo sendo esposa de um homem dificílimo como teria sido seu marido... No *H. de F.*, p. 378, consta: "Ele [Henrique III] foi indigno da afeição tocante e devotada desta princesa afável, simples, benfeitora e piedosa, da qual ele nunca fez caso algum" – nota de revisão.

Briand estranhou um pouco tanta urgência, mas julgou que o Rei queria lhe dar alguma tarefa especial.

Na hora marcada, apareceu no Louvre. Não teve de esperar muito, já que o empregado que o atendeu logo o conduziu ao aposento do Rei.

Henrique jogava bilboquê com alguns senhores da Corte. Ao ver Saurmont, o bobo correu para a cabeça do cervo pendurada na parede e começou a contar quantos ramos tinha o chifre do animal – seis ou dez. O Rei não deu a mínima atenção ao barulho provocado pelo bobo. Muito atencioso, recebeu Briand e conversou com ele sobre assuntos diversos. A seguir, adquirindo um ar grave, disse, direcionando ao Conde um olhar escrutador:

– Estou muito admirado, Conde, que até agora não tenha ouvido nada sobre uma explicação, via espadas, entre o senhor e o senhor Beauchamp, o qual tem lançado em suas costas piadas sarcásticas.

Sob esse inesperado ataque, Briand empalideceu, mas, contendo-se, respondeu, inclinando-se respeitosamente:

– Sire! Desconheço completamente o que Vossa Majestade deseja dizer. Mas os senhores tenham a bondade de me transmitir os rumores que circulam a meu respeito, relatando com franqueza esses comentários imprudentes.

– Não se aflija, caro Conde... – disse o Rei, em tom conciliador, dando-lhe um papel. – Lerá esta carta, escrita pelo Sr. Beauchamp, caída casualmente em outras mãos.

O Conde, nervoso, tomou a carta. À medida que lia, as linhas funestas provavam ser Diana traidora; em seu rosto avultava uma palidez mortal. Sentiu o mundo girar ao seu redor. Por um instante, todos pensaram que ele fosse cair. Fez-se silêncio absoluto.

Briand sentiu instintivamente o olhar dos presentes centrado nele e o quanto sua vergonha e sua emoção eram motivos de alegria para seus inimigos. Com esforço sobre-humano abafou a tempestade estourando dentro de si. Dando um passo na direção do Rei, disse, com voz alterada:

– Sire! Acredite: o impertinente logo deixará de profanar

nossa terra. Rogo a Vossa Majestade ceder-me esta carta por algumas horas. Quero mostrá-la à minha esposa.

– Leve! Leve, caro Conde! Esteja certo de que esse acontecimento me entristece muito, principalmente por você...

Benevolente, Henrique III estendeu a mão para ser beijada.

O próprio Briand não sabia como havia saído do Louvre. Tinha a impressão de ser seguido por todos os demônios do inferno...

Só quando subiu à sela, sua visão se clareou, mergulhando numa imensa sede de vingança.

A primavera estava mais florida do que nunca. Diana desta vez havia se mudado para a vila, por vontade própria, indo morar na casa muito agradável cercada de jardins.

No correr das horas, a caminho da vila, o Conde teve tempo suficiente para refletir na situação. Tudo dentro dele o oprimia, fazendo-o tremer, pois nos risos de todo o palácio, havia o título de marido traído. Ele bem sabia que aquela mulher possuía o direito de traí-lo e nenhuma lei moral prescrevia a ela fidelidade ao esposo! Mas ninguém além dele sabia disso. Agora o escândalo era público!

– Ah!... Você me pagará por estes momentos infernais! – murmurava ele, apertando com força o cabo do punhal e esporeando o animal, que relinchou e acelerou a marcha.

Mal desceu do animal, correu ao quarto da Condessa. Aproximando-se da porta, deteve-se por um minuto para reunir forças e adquirir aparência tranquila. Por fim, silenciosamente levantou o reposteiro e entrou no quarto de paredes esculpidas e de escura mobília forrada de veludo. Num penhoar de seda, Diana estava preguiçosamente semideitada num sofá grande, e parecia sonhar, brincando distraída com um gatinho em seu colo. O coração de Briand se apertou de ódio ao pensar que Beauchamp havia possuído aquele corpo tão belo e sedutor. Ela estava maravilhosa. Qual a melhor vingança para fazê-la pagar pela vergonha acabrunhante? Matá-la? Não! Isso significaria golpear a si próprio! Como iria depois viver sem ela?! Aquela mulher orgulhosa devia ser humilhada. Jogar-lhe-ia no rosto a traição com seu amante e se regozijaria com sua derrota,

A NOITE DE
SÃO BARTOLOMEU

quando ela soubesse – ela, a orgulhosa Diana – ser objeto de escárnio de toda a Corte! Isso, sim, iria machucá-la no fundo do coração!

Ao ouvir os passos do marido, Diana levantou a cabeça. Vendo seu rosto pálido e carrancudo, notando o esforço visível que ele fazia para falar, violou seu habitual silêncio e, surpresa, perguntou:

– Meu Deus! O que aconteceu? Você está com um aspecto terrível, Briand!

– Aconteceu, senhora, que eu ouvi coisas terríveis sobre as supostas virtudes da Condessa de Saurmont... Vim para exigir que você me preste contas de seu comportamento – respondeu ele, esforçando-se por manter a calma.

Por um momento Diana enrubesceu.

– O quê? – disse, levantando e desafiando o marido com olhar hostil. – Mesmo sendo verdade o que falam, quem teria o direito de exigir de mim satisfações? Eu não casei com você por vontade própria. Acaso quatro anos atrás entreguei meu amor e minha fidelidade a Briand de Saurmont? Não! Acreditava estar dedicando tais virtudes a René Beauchamp. Não foi você, Conde de Saurmont, traiçoeiro, acostumado a enganar a Igreja com nomes falsos, desonrado, que arrancou de mim o "sim" com uma armadilha inaudita, sim, pois de outra forma jamais o teria... Não é por sentimento de fidelidade que me tornei sua esposa, mas sim para salvar do cadafalso um ser desprezível como você!

À medida que ela falava, toda a mágoa e todo o ódio armazenados em sua alma ardiam e, como uma corrente de lava, fluíam para fora; seus olhos luziam e os lábios tremiam. Dando um passo na direção do marido, bem diante dele disse em tom baixo e entrecortado:

– Sim, Sr. de Saurmont! Eu o traí com satisfação! A situação me fez fraca, mas encontrei um meio de envergonhá-lo. Sua expressão abatida e desanimada prova o êxito de minha vingança. Desgraçado! Pensa que esta criatura infeliz, espoliada e fiel, que teve o destino pisoteado e que ainda por cima vive trancafiada, nunca procurou se vingar de você?! Sim, de forma indigna, mas talvez todos os meios sejam bons para perfurar essa couraça de crimes, invulnerável ao ódio e ao desprezo. O ponto fraco dessa couraça foi seu crime brutal... Consegui envergonhá-lo? Estou contente!

Depois ela emudeceu, ofegante de ódio; surpreso e ao mesmo tempo impressionado, pois nunca Diana estivera tão bela quanto naquele momento de explosão, Briand a olhava procurando uma objeção naquela declaração sem precedentes: ela o havia traído só para envergonhá-lo!

– Está bem! Está bem, senhora! – disse, por fim. – Seu cálculo é espetacular! Somente devo dizer que seu juramento de fidelidade não constrangeu nem um pouco o Sr. Beauchamp a empregar todos os seus esforços para espalhar por aí sua genial vingança.

Ele lhe estendeu a carta e ela quase a arrancou de suas mãos. À medida que lia, uma expressão indescritível parecia se solidificar em seu rosto lívido como mármore. Em seguida, a carta se lhe escapou das mãos trêmulas e caiu no chão. Por um minuto a moça ficou imóvel, de olhos arregalados. Depois passou a mão na testa e direcionou ao marido um estranho esgar de ódio.

– Recebi exatamente aquilo que merecia... Minha vingança foi baixa e indigna de uma mulher, mas não tinha outra arma para lutar contra inimigo tão desprezível... Não lamento o que fiz e o faria de novo, só para lhe provar não lhe pertencerem meu corpo e minha alma tal como você alardeia... – acrescentou ela, com voz alterada.

Briand não disse nada; ela tirou do corpete um bilhete e lhe entregou. Ele o abriu maquinalmente e, muito surpreso, leu: "Venha hoje à noite. Meu marido não estará".

– Que significa isto? Que devo fazer com este bilhete? – perguntou irresolutamente o Conde.

– Você o envia a seu destino e faça ao Sr. Beauchamp uma recepção decente quando ele aparecer... – respondeu Diana, exaltada.

O Conde se sobressaltou e, inclinando-se, rapidamente examinou o olhar de Diana: tinha um aspecto metálico. Nele se lia claramente a resolução firme da condenação inclemente ao traidor. Sem prestar atenção ao marido, Diana se aproximou da janela e deixou cair o corpo na poltrona. Briand a observava quase com curiosidade. Em seu rosto estático e pálido, como se fora uma máscara de cera, não se via o menor sofrimento ou amargor. Apenas o tremer dos lábios indicava sua comoção interior. Ele compreendeu que aquela mulher possuía um orgulho invulnerável, e que sua intenção de humilhá-la, lançando-lhe no rosto sua vergonha, não havia atingido seu objetivo.

– Agradeço, Diana, por você, afinal de contas, ter-me dado o direito de matá-lo, aliviando-me, assim, desse incômodo – disse ele, após um minuto de silêncio.

– Não seja por isso, Briand! Depois do que fez, Beauchamp deve morrer. É bom que essa tarefa lhe caiba, assim não há necessidade de contratar um matador. Aliás, reconheço não estar lhe fazendo um favor... – acrescentou ela, com ironia venenosa. – Não é a primeira vez que você prefere uma armadilha a uma luta honesta... O Sr. Beauchamp esgrima excelentemente, tão bem quanto Raul Montfort, a quem você assassinou à traição.

Briand tremeu de ódio. Entendeu a intenção de Diana acusando-o, valendo-se do bilhete para poder evitar o duelo honesto. Irritadíssimo, virou as costas e saiu do quarto.

Apesar disso, a raiva não impediu o Conde de tomar todos os cuidados para entregar corretamente o bilhete a René e lhe preparar uma morte certa.

Depois do almoço, Briand anunciou que ia a Paris e partiu. Ao cair da noite, voltou à vila, passou pela passagem secreta do jardim e se instalou no pequeno quartinho onde Diana costumava receber o amante. Após esconder atrás dos cortinados dois homens armados, o Conde colocou na janela uma vela acesa – era o sinal de estar Diana sozinha, esperando-o.

A própria Condessa explicou esses detalhes no bilhete, pois assim o Conde ficaria sabendo como proceder.

Ela passou o dia inteiro em seu quarto, sem sair para o almoço.

O Conde esperava impaciente ao extremo, pois duas horas já se haviam escoado em absoluto silêncio. Briand já começava a temer ter seu plano malogrado, quando um ruído debaixo da janela, um assobio baixo, anunciou a chegada do visitante.

"Ah... ele vai subir...", pensou o Conde.

E realmente, um pouco depois, na ameia da janela apareceu a cabeça de Beauchamp. Após escalar o peitoril, ele, ligeiro, saltou para dentro do quarto. No mesmo instante, um dos homens armados se colocou na frente da janela aberta, cortando o caminho de retirada. O segundo se postou próximo à porta e, por fim, o próprio Briand saiu de trás da parede onde se escondia.

– Pare, Visconde! – gritou ele. – Opa! Pelo visto você conhece bem este caminho... Sem um pingo de vergonha tem a audácia de vir à minha casa entrando pela janela! Esse caminho é um tanto perigoso para um cavalheiro tão conhecedor!

– Vejo que, para me recepcionar, colocou aqui todos estes criados, prudente Conde de Saurmont... – respondeu René, pálido por se ver cair numa armadilha.

– Claro que preferia ter encontrado a Condessa... Isso é compreensível! Todavia, ela adoeceu ao ler sua carta a Marillac, na qual você, com tanta graça, gaba-se da caçada em minhas terras. Ela mesma me encarregou de lhe dar esta recepção e ainda lhe assestar um bom golpe de punhal para parar sua língua comprida. A pouca honra que a dama conserva a fazia confiar em sua discrição.

René sentiu-se morrer. No entanto, não fora em vão que durante dois anos tinha sido amigo inseparável de Bussy d'Amboise. O Visconde aproveitara as lições e sempre imitava a presença de espírito do famoso esgrimista. Com um salto, colocou-se junto à parede e, com um forte empurrão de pernas, deslocou um sofá, tomando-o como defesa. Um dos criados quis impedi-lo, mas com um golpe de espada René lhe cortou o braço.

– Canalha! Tem medo de um duelo limpo? Você pensou que eu me permitiria morrer sem me defender? – gritou René, aparando o golpe de Briand.

Começou uma luta encarniçada, contudo eram três contra um, e, após duelo desesperado, René caiu atravessado por alguns golpes.

– Ele morreu, *monsieur*! – disse um dos empregados, inclinando-se sobre o corpo imóvel, estendido sobre o tapete.

– Nesse caso, jogue-o pela janela! Que saia pelo mesmo caminho de onde veio! – respondeu o Conde, limpando a lâmina da espada.

Como um dos empregados estivesse gravemente ferido no ombro, o próprio Briand ajudou-o a erguer o corpo e atirá-lo. Muito feliz, o Conde se dirigiu a seu quarto, lavou o rosto e as mãos manchadas de sangue e trocou de roupa. Daí foi ao encontro de Diana. Não a tendo encontrado no dormitório, o Conde levantou o reposteiro que fechava a entrada para a sala de orações e viu a jovem desmaiada no chão.

– Ah!... Ela põe muita esperança em suas forças! – murmurou ele, zombeteiramente.

Após chamar a camareira e lhe ordenar ajeitar a Condessa na cama, ele, muito satisfeito, voltou a pensar em seu feito. Não havia nenhum remorso a lhe pesar na consciência e a lhe perturbar o sono. O que podia significar o assassinato de um rival para um matador cruel da Noite de São Bartolomeu?

No dia seguinte, o Conde levantou cedo com a intenção de se dirigir ao Rei, mas antes disso queria se livrar do cadáver de René. Por um minuto pensou em obrigar Diana a fazer amor com o amante morto e desfigurado, mas quase imediatamente desistiu da ideia e mandou colocar o corpo em um buraco qualquer, enquanto não o levassem ao hotel do Visconde.

– Isso já está feito, senhor. Provavelmente o Sr. Visconde estava acompanhado de algum homem de confiança que o esperava a cavalo. Ao raiar do sol ele apareceu aqui e, sabendo do duelo, pediu para lhe entregar o corpo para levá-lo.

– Ótimo, Cláudio, acabe com todas as marcas da batalha e nem mais uma palavra sobre isso!

Chegando ao Louvre, o Conde mandou anunciá-lo ao Rei, pedindo a Sua Majestade uma audiência por motivo particular importantíssimo.

Henrique III ainda não tinha levantado, mas apesar disso o recebeu no mesmo instante. Briand se aproximou de seu leito.

Cumprimentando respeitosamente o Rei, colocou na roupa de cetim a carta de Beauchamp manchada de sangue.

O Rei se surpreendeu com o papel.

– "Pâques Dieu!", como dizia meu caro irmão, o falecido Carlos IX. Isso parece uma mancha de sangue! Andou tomando alguma atitude impensada, Conde? Seria muito lastimável! Meu irmão, o Duque d'Anjou, pode exigir satisfações pela morte de um dos seus melhores amigos e fiel servidor... A propósito: onde está o caro Beauchamp? O senhor o viu?

Briand se inclinou a Henrique e respondeu a meia voz:

– Nesse minuto Beauchamp está contando o conteúdo de sua carta picante ao seu anjo da guarda e ao próprio Deus...

– Certo! Certo! – disse, satisfeito, o Rei, estendendo-lhe a mão para ser beijada. – Se tem algum assunto a tratar com meu irmão Francisco e se não deseja tirar umas férias para restabelecer a saúde, eu o libero antecipadamente.

– Sire! Desejo que Vossa Majestade não se zangue por causa de um crime legítimo. Irei imediatamente ao encontro de *monsieur*.

O encontro com o Duque d'Anjou foi cheio de amargor, sem que isso tocasse Briand.

Voltou para casa deveras contente consigo mesmo. Pelo caminho resolveu que era melhor sair de Paris o quanto antes. O escândalo havia sido muito grande para Diana poder aparecer agora no palácio. Além disso, ela se queixava da falta de saúde e não saía do quarto. Assim, o Conde concluiu que se afastar dali naquele momento era o melhor meio de sustar todos os comentários e desestimular o assunto, e ordenou que preparassem a partida.

Pode-se imaginar o ódio e a perplexidade do Conde quando, três dias depois, soube que Beauchamp não havia morrido. O rapaz ainda vivia, apesar de se encontrar em estado grave. Fora de si de raiva, ele interrogou os empregados, mas ninguém sabia de nada: todos afirmavam que o Visconde havia morrido e que seu cadáver fora levado por um criado.

Mas na realidade não ocorrera assim. Depois de receber cinco ferimentos, sendo dois quase mortais, René perdera os sentidos e, inconsciente, não sentira sua queda mortal. Os arbustos e a grama haviam amortecido seu tombo. Certamente haveria morrido de hemorragia se houvesse ficado sem socorro até o amanhecer. O destino, contudo, enviara-lhe um salvador. O velho jardineiro se interessava pelo moço – claro que em vantagem própria, dado que as visitas noturnas lhe proporcionavam um bom rendimento. Casualmente vira o Conde, o qual pensava que se encontrava em Paris. Mas ele estava se escondendo no jardim! Um mau pressentimento lhe viera ao coração. Pensara em espreitar o Visconde para avisá-lo, mas o perdera de vista na escuridão e só o percebera quando já subia à janela. O velhinho se escondera nas sombras das árvores e ficara aguardando. Assim, pudera ver quando o corpo do jovem fora jogado pela janela.

Aflito, esperara todos irem embora, e depois penetrara no jardim para examinar o corpo. A princípio considerara o Visconde morto, mas depois percebera o coração ainda batendo. Então carregara René para sua casa. Tendo sido soldado na mocidade e possuindo alguns conhecimentos de cirurgia, fizera curativos nos ferimentos e depois entrara na mansão. Sua filha servia Diana, por isso pudera entrar no vestiário e avisar Gabriela. Esta já sabia do acontecido e, com lágrimas, lamentava a triste sorte de sua cara senhora e do amigo de infância dela.

Ao saber que René ainda respirava, recobrara a esperança e o ânimo. Dera o endereço do hotel de Beauchamp e pedira que alguém fosse em busca de Antônio Gilberto. Para não perder tempo, pedira ao mensageiro que fosse no cavalo do Visconde.

Passada uma hora, chegara o médico. Depois de examinar o ferido, resolvera levá-lo imediatamente ao hotel. Para eliminar qualquer suspeita René fora colocado novamente no mesmo lugar em que havia caído e depois, com o consentimento dos empregados, fora transferido para o hotel de Beauchamp. Lá, em segurança, fora prestada toda ajuda possível ao ferido.

A Fuga

Passados alguns meses Saurmont e a esposa voltaram ao Castelo de São Germano.

Diana procurava se isolar o mais que podia. Estava doente e insistia em não deixar o quarto.

Os cônjuges pouco se viam desde a noite fatídica; por tácita concordância, haviam-se separado. Briand não se esforçava em refazer as pazes; a lembrança da traição de Diana ainda doía muito; além disso, ele dava tempo a ela de repousar e se acalmar.

Para se distrair da vida triste e monótona do castelo, o Conde ia sempre a Angers, onde passava semanas se divertindo com d'Armi.

Este evitava aparecer em São Germano e experimentava indescritível angústia ante a possibilidade de se encontrar com a filha, mas sentia prazer na companhia do genro, divertindo-se tanto na capital como na província. Briand raramente aparecia no Castelo d'Armi e suas relações com Lourença estavam limitadas apenas ao dinheiro, já que a Baronesa estava muito ocupada com um novo favorito, esquecendo-se de todo o resto.

Um polonês chamado Stanislav Domskii era seu novo amante. Chegara ao castelo e implorara hospedagem por alguns dias para descansar da viagem. Perguntado sobre o que o havia trazido a Angers, respondera que queria visitar uma parenta que se casara com um importante senhor de Angers, o qual acompanhara Henrique III em visita oficial, quando este fora Rei polonês. Domskii fora então surpreendido por inúmeros dissabores: viera a saber que sua parenta havia morrido e o marido agora se encontrava em Paris, e, além disso, havia sido roubado. Domskii resolvera procurar o cavalheiro na capital e se apresentar ao Rei. Tivera a felicidade de ter estado próximo a Henrique quando este estivera como Rei da Polônia.

Briand ouvira essa história com ceticismo. Conhecia a parenta do tal Stanislav e sabia que ela nunca fora casada; seu exame atento do polonês convencera-o ser ele um malicioso e hábil trapaceiro. Mas, desde o dia em que ficara livre do amor de Lourença, o Conde se abstinha de qualquer referência negativa sobre o estrangeiro.

A Sra. d'Armi estava completamente seduzida pelo rapaz elegante, amável e obsequioso, que a tratava com verdadeira adoração. Ela convenceu Domskii de que o Castelo d'Armi era a segunda pátria dele e lhe propôs ficar o quanto quisesse. Arrumava-se para vê-lo e se relacionava com ele como se fosse com um filho querido. Em suas conversas intermináveis, ela falava de seu precário estado de saúde, das grandes dificuldades enfrentadas na administração das propriedades e do seu cansaço. Seu tema preferido era o descuido e as leviandades imperdoáveis de João; se a ele fosse dada liberdade, teria hipotecado o castelo com todos os seus moradores.

Tocado até as lágrimas, Domskii cobriu de beijos a mão de Lourença; por ela, jurou ele, estava disposto a recusar todas as honras que o aguardavam na Corte; ele iria livrá-la do pesado trabalho sobre-humano, chamando a si tal encargo.

Ao saber que Domskii havia-se tornado administrador e encarregado dos negócios, o Barão João ficou furioso e brigou iradamente com sua mulher:

– Onde já se viu conceder tanto poder a um aventureiro qualquer, ladrão, miserável? – resmungou d'Armi, dizendo em seguida uma série de palavrões sobre o polonês. Logicamente Lourença não ficou impassível e logo a altercação chegou às vias de fato. Agredido, coberto de golpes e com o rosto arranhado, o Barão correu dos bramidos selvagens de sua esposa.

A partir desse dia d'Armi procurou aparecer o menos possível em seu castelo, entretendo-se com Briand ou com os vizinhos. Ele colocava seu genro a par de tudo o que ocorria num raio de 20 léguas.

Por meio dele, Briand soube do restabelecimento completo de René e de estar ele no castelo de Beauchamp. Esse fato despertou nele novo interesse pela mulher e fez com que voltasse a observá-la. Ao ver Diana muito abatida, chamou o médico.

– E então, Sr. Lucca? O que me diz a respeito de minha esposa? – perguntou o Conde após o médico tê-la examinado.

Dr. Lucca sorriu.

– O senhor está de parabéns! Com a ajuda de Deus, em breve nascerá seu herdeiro. Quanto à saúde da Condessa, é plenamente satisfatória, sem descuidar da gravidez, é claro.

Ele se calou ao notar que Saurmont havia ficado branco como mármore naquele instante. Quando o Conde o liberou com um gesto rude, o doutor apressou a saída.

Ao ficar sozinho, Briand deu um soco na mesa e passou a andar de um lado para outro do quarto, como um leão na jaula. Dar seu nome e sua herança a um filho bastardo de Beauchamp? Nunca! Assim que viesse ao mundo iria sufocar o infeliz herdeiro com as próprias mãos. Vergonha de sua honra, com a qual seria obrigado a suportar a vingança diabólica de Diana! A ideia de que agora havia chegado sua vez de desforra o inquietava um pouco.

– Ah! Linda Diana! Você vai ajustar as contas sozinha! – disse ele. – Agora me pagará por aquela hora em que me desprezou, valendo-se de seu direito de me trair... Meu nome me pertence e um bebê bastardo jamais haverá de tê-lo!

Ele a encontrou, como sempre nos últimos meses, deitada no divã, vestindo um belo penhoar de seda.

Diana lia. Com a habitual frieza, respondia com acenos de cabeça às indagações do marido e voltava à leitura.

– Ouça-me, senhora! – disse Briand, após um minuto de silêncio. – Preciso lhe falar acerca de assunto importantíssimo, referente tanto ao passado quanto ao futuro.

Diana fechou o livro e respondeu, em tom seco:

– Diga, estou ouvindo.

— O doutor acaba de me congratular. Você sabe o que significa para mim, nessa situação, o nascimento de um bebê? Alguns meses atrás você me disse: "Vinguei-me de você e estou contente". Que assim seja! Sujou o nome de Saurmont, esquecendo que me pertence e posso não concordar em dar esse nome a uma criança de origem vergonhosa. Assim vim para dizer que o filho bastardo de Beauchamp nunca terá meu nome, tão desprezado por você. Não ficará uma única noite sob meu teto, compreendeu?

Ao ouvir as primeiras palavras do Conde, Diana ficou vermelha de raiva, e logo depois branca como um papel. Aflita, encarou o marido com um brilho febril nos olhos.

— Inconsciente, desalmado! Ousa fazer isso depois de todo o passado? Não tem o direito de negar o nome à criança! — gritou ela.

— Desculpe, senhora, tenho o direito e o utilizarei. O bebê haverá de sumir assim que venha ao mundo.

Diana cambaleou e levou as duas mãos à cabeça. Briand lembrou da condição dela e, pensando que fosse cair, fez um rápido movimento para segurá-la, mas a moça pulou para trás, como se houvesse encostado em uma serpente.

— Não me toque, carrasco da minha vida e da minha felicidade! Sua vontade será feita! Saia e me livre de sua presença desagradável! — gritou ela, com voz entrecortada. Erguendo os braços ao crucifixo acrescentou:

— Clamo a Deus, que é testemunha de minha vida arrasada! Ele haverá de fazer justiça!

— Ouça... — começou Briand.

A jovem, porém, tomada por um ataque de raiva, tirou da gaveta um punhal, daqueles que eram carregados pelas mulheres da nobreza, e gritou, lançando-se ao marido:

— Saia, desgraçado, ou hoje terminarei aquilo que outrora não consegui.

Vendo que estava fora de si, Briand saiu, julgando ser, naquele momento, impossível qualquer diálogo. A vingança não o contentou como desejava. Sem saber por quê, não se sentia satisfeito consigo mesmo e com o resto do mundo.

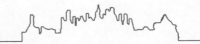

Caía a noite quando retornou ao castelo. O Conde se surpreendeu quando lhe comunicaram que havia chegado uma carta do convento onde Clemência era abadessa, mas não pudera ser entregue, pois a Condessa ordenara que em hipótese alguma, fosse qual fosse o motivo, deveriam incomodá-la. Tomou a carta e se dirigiu ao quarto da esposa, onde nada se ouvia.

– Diana! – chamou algumas vezes, sem, contudo, receber resposta. – Senhor! Será que ela se suicidou?! – murmurou o Conde, acendendo rapidamente uma vela de cera.

Quando constatou que ela não se encontrava no quarto e que havia trocado de roupa, pois o penhoar estava sobre a mesa, o pressentimento do Conde se transformou em certeza. Com voz alterada, chamou Gabriela e Manon, todavia elas de nada sabiam. A porta do banheiro estava trancada e não tinham entrado no aposento. Temiam incomodá-la, uma vez que haviam sido proibidas de procurá-la. Desesperado, Briand mandou revistar todo o castelo e o jardim, no entanto as buscas foram infrutíferas.

Muito mal-humorado, o Conde se trancou no dormitório. Acusava-se com amargura pela sua rudeza e por não haver previsto a fuga. Onde ela poderia estar? Que consequências poderia acarretar aquela fuga para uma mulher doente e delicada, perdida em algum lugar lá fora, naquela noite fria e cinzenta de setembro?

Na manhã imediata foi feita uma busca ainda mais acurada. Revistaram toda a redondeza, procuraram em Angers e até no convento, mas sem resultado. Ninguém vira Diana. A moça desaparecera.

É difícil descrever o estado de espírito de Briand nesses dias pesarosos, quando, com os nervos extenuados de cansaço, voltava ao seu castelo, que agora estava vazio para ele. Nem por um minuto encontrou sossego. Cada ruído, cada ranger de porta lhe chamava atenção. A consciência do Conde estava atormentada. Depois foi dominado pela raiva de si próprio, e se perguntava: por que se lastimar por uma mulher que sempre o desprezara e odiara? Porém, ao mesmo tempo, estava preso a ela, à imagem daquele rosto encantador que o acalmava. Precisava saber que ela estava com ele, em seu poder. Se estivesse viva, haveria de encontrá-la.

* * *

Cerca de dez dias depois dos acontecimentos descritos, por um sombrio caminho que conduzia ao castelo de Marillac movia-se um discreto grupo composto por três mulas e duas pessoas. Dois animais estavam sobrecarregados de bagagem e o terceiro levava uma mulher coberta por luxuosa capa. Um camponês era o guia.

A viajante era jovem e ainda bela, porém eram visíveis no rosto as marcas de uma vida desregrada. Não era fácil reconhecer a atraente e brilhante Viscondessa de Beauchamp, sobretudo nesse momento, quando estava imersa em maus pensamentos e com tristeza olhava para o caminho. Mas era ela. Com o coração angustiado, dirigia-se ao irmão para lhe rogar abrigo e proteção.

Uma desgraça havia ocorrido à bela Marion. Seu último amante, o Senhor de Novel, a mandara embora após saber que ela dividia sua benevolência entre ele e um gascão palaciano. Este era sustentado por Marion com os meios de Novel, dotando-o de roupas, armas e até cavalos. A separação se dera com escândalo e Marion não encontrara outro adorador para lhe satisfazer os gastos.

Sem saber o que fazer, vendera parte de suas joias e fora para Angers. Sabia que Aimé era rude com mulheres de seu gênero, mas, sendo a única irmã, pensou, não teria coragem de abandoná-la.

O Marquês havia retornado da caçada matinal e tinha acabado de tomar o café da manhã quando lhe anunciaram a chegada da irmã. Enrubesceu, mas, antes que pudesse responder algo, Marion entrou rapidamente. Após estender a bela mão ao irmão, disse, em tom suplicante:

– Perdoe-me, Aimé! Abrigue-me! Com o espírito infeliz e arrasado, regresso ao meu único parente...

O Marquês deu um passo para trás e franziu os cenhos.

– Não retorna um pouco tarde, senhora, à respeitável casa

que a viu nascer? Para uma *courtisane*[1] sem pudor, que envergonhou nosso antigo nome, não há lugar sob este teto.

– Aimé! Guardar rancor de sua única irmã? Se você me expulsar, vou morrer de fome e frio pelo caminho! – murmurou Marion, pálida.

– Não tenho irmã. Para mim, ela morreu no dia em que, por um bilhete covarde, pedia ao amante para matar o marido. Saia, senhora! Detesto mulheres de sua espécie e não tenho a menor pena. Ande, ande! E se utilize novamente do ofício que lhe deu de comer até agora... – respondeu o Marquês, em tom de rude caçoada, apontando-lhe a porta.

A Viscondessa se retirou a passos cambaleantes, montou na mula e deixou o castelo. Em um ponto do bosque onde o caminho bifurcava, sentou-se sob um carvalho e começou a chorar. Não sabia o que fazer. Suas reservas estavam no fim e, além de umas poucas roupas, nada mais possuía. Poderia subsistir ainda algumas semanas com aquele triste resto de riqueza?

De repente se lembrou de seu marido René, que se restabelecia de ferimento e havia retornado ao castelo em Anjou. Ele seria caridoso para com ela? Talvez, doente e fraco como estava, ele pudesse não só perdoá-la, mas também lhe dar refúgio e um lugar de enfermeira...

Animada pela esperança, subiu na montaria rapidamente e adentrou o bosque. No entanto, antes de encontrar o marido, resolveu visitar o guarda da floresta, cuja esposa era sua irmã de leite. Ali ela descansaria e ficaria sabendo tudo o que desejava.

Segundo havia previsto, a boa Madalena recebeu de braços abertos sua irmã de leite e antiga senhora. A bondosa mulher acreditou em tudo o que Marion lhe disse. Lamentou a imerecida sorte da Viscondessa e não duvidou de que, assim que se esclarecesse o "mal-entendido" que fizera René se separar da esposa, ele a receberia de volta. Só que Madalena de nada sabia do que acontecia no castelo. Não obstante, o irmão caçula de seu esposo viria visitá-los e, como trabalhava com René, na

---

[1] Cortesã: mulher de costumes libertinos, devassos e de vida geralmente luxuosa – nota de revisão.

função de ajudante de roupeiro, provavelmente poderia colocá-los a par das novidades.

Quando seu cunhado chegou, Madalena apresentou-o à visita. Embaraçado com a altiva empáfia de Marion, o moço, titubeando um pouco, contou que no castelo havia uma hóspede que era escondida de todos. A hóspede era a Condessa de Saurmont. Quinze dias antes, o Marquês de Marillac a apanhara desmaiada na estrada e a levara ao castelo, enrolada em sua capa. A moça fora colocada no quarto que, alguns anos atrás, havia sido arrumado para o casamento que não se realizara. Antônio Gilberto cuidava dela, já que, segundo diziam, estava gravemente enferma. René proibira com ênfase a todos do castelo que falassem a quem quer que fosse sobre a presença de Diana, cujo marido procurava por ela por todo o país como um louco.

Após receber essas inesperadas notícias, Marion franziu a testa. Sabia do relacionamento amoroso entre René e Diana e do escândalo terminado com a tentativa de assassinato do indiscreto amante, caso comentado por toda a cidade. Uma vez que a Condessa se encontrava com seu amante, Marion não tinha a menor chance de ser recebida e de novo a rua a esperava.

A Viscondessa chorou a noite toda, sem conseguir dormir. Mas, de súbito, um plano surgiu em seu cérebro inventivo. Saurmont procurava a mulher por todo lugar... É claro que seria agradecido a quem lhe indicasse onde ela se encontrava... E, quem sabe, talvez o marido abandonado se consolasse com um novo amor, o qual já havia pensado antes em lhe ofertar...

Resolveu tentar. Vestiu um traje de amazona e dissimulou, sob o ruge, as pequenas insuficiências de sua beleza, marcas da vida tumultuada que levava. Assim preparada, dirigiu-se ao castelo de Saurmont. Chegou irritada por ser obrigada a utilizar uma modesta mula em vez de um soberbo cavalo, mas era preciso se resignar.

Retornando de busca inútil, Briand, emburrado e preocupado, andava pelo quarto quando lhe comunicaram que uma certa dama desejava conversar urgentemente sobre importante assunto. Surpreso, o Conde mandou que a recebessem. Maior foi sua surpresa quando viu a Sra. Beauchamp. Esta, após se inclinar em reverência, pediu uma audiência a sós, pois queria dar uma importante informação.

Briand conduziu-a a seu gabinete. Dizendo com cortesia que se sentasse, perguntou o que a havia trazido. O Conde era perscrutador ao extremo para não adivinhar quais eram as lamentáveis circunstâncias que traziam a Viscondessa a Angers. Contudo, esqueceu suas razões e irreverências, quando soube estar Diana escondida no castelo de Beauchamp.

Ao pensar que sua esposa se encontrava em poder do amante, o Conde se enfureceu, transformando sua paixão em ódio. Na hora teve ganas de ir ao castelo de Beauchamp e apunhalar os dois. Mas, pouco depois, começou a raciocinar. Era arriscado atravessar a soleira do homem que ele havia tentado matar e que podia facilmente empregar a força para se vingar. Arriscar a vida por uma traidora mal-agradecida era uma insanidade. Encontraria outra maneira de ajustar contas...

O Conde passou a mão no queixo e se endireitou. Nesse minuto seu olhar se fixou em Marion. Esta, discretamente e em silêncio, observava-o com terna simpatia. Imediatamente, o Conde teve a ideia de se separar e se consolar com aquela mulher provocante, se possível com muita propaganda. Marillac e René ficariam irritadíssimos por serem envergonhados publicamente por uma parenta tão próxima. Reprimindo sua raiva, ele agradeceu amavelmente e, de maneira gentil, fez-lhe várias perguntas. Condenando profundamente a crueldade do Marquês, o Conde propôs a Marion que se hospedasse no castelo pelo tempo que quisesse. Ela, com gratidão, aceitou o convite, chorando amargurada seu infeliz destino. E nessa mesma noite se instalou no castelo de Saurmont, no quarto de Diana.

Nem é preciso dizer que os corações ofendidos das duas vítimas da infidelidade conjugal logo se uniram. Marion, triunfante, fez-se abertamente a dona da casa, deleitando-se com o luxo e a ordem e aparecendo com o Conde por onde fosse.

Quando a notícia dessa união chegou a Marillac, este ficou

furibundo. Ainda que o Marquês houvesse renegado a irmã, o relacionamento dela na própria província o desgostava muitíssimo. Maus pensamentos começaram a surgir na mente do cruel Marquês.

O entusiasmo de Briand não durou muito; a ideia de que Diana estivesse com Beauchamp o torturava, envenenando qualquer alegria que pudesse ter. Cada vez com mais frequência tratava mal Marion, pensando em rever a esposa.

O Barão d'Armi passava quase todo o tempo com o Conde, mas nem pensava em ir atrás da filha. Certa vez, contou a Saurmont que havia visto seu antigo criado, Henrique. Pelo visto se encontrava em má situação, já que ele e seu acompanhante estavam em farrapos, autênticos mendigos.

Essa notícia eletrizou o Conde. Henrique era exatamente o que precisava. Para se conciliar com ele e ter certeza de sua colaboração, era necessário apenas dinheiro.

No dia imediato Briand se dirigiu a Angers. Em uma pensão mantida por ciganos e gente suspeita, veio a saber que Henrique estava usando o pseudônimo de "Vampiro". Comandava a tribo que naquele momento estava acampada no bosque do Visconde de Beauchamp.

O acerto foi muito difícil no início, porém, como o Conde não regateava, rapidamente chegaram a um acordo. O cigano prometeu raptar Diana antes de 15 dias. Passados dez dias, Henrique, radiante, comunicou que o mais difícil fora feito: conseguira travar conhecimento com alguns servidores do castelo e ficara sabendo qual era o quarto de Diana. Agora faltava apenas fazer o plano do rapto e os últimos preparativos. O cigano considerava a captura coisa fácil, visto que o quarto da moça ficava na lateral e dava para o fosso.

Na noite do rapto, Briand não conseguiu pegar no sono. Logo cedo ele dispensou a presença de Marion e sentou à janela, esperando, angustiado, o sinal que deveria anunciar o sucesso de seu ousado plano.

Horas se passaram e o sinal tão impacientemente aguardado não foi ouvido. Tudo era silêncio. Despontava a aurora, quando Briand, quebrado pelo cansaço e pelo nervosismo, estirou-se na cama para descansar um pouco. Mas o Conde não pôde fechar os olhos. Os mais diversos pensamentos lhe vinham à cabeça. Por que Henrique não havia voltado? Ele próprio dissera que avisaria rapidamente se ocorresse algum contratempo.

Não estando em condições de superar sua impaciência, ordenou preparar o cavalo e a toda brida correu para o acampamento cigano – talvez lá soubesse algo.

Chegando à clareira, onde ainda no dia anterior havia cabanas e tendas armadas, o Conde viu que o acampamento se preparava para partir. As fogueiras estavam sendo apagadas, os furgões encontravam-se carregados e atrelados, e as pessoas, em silêncio, iam e vinham ao redor dos carros, esperando algo com visível intranquilidade.

– Nem os líderes, nem os outros integrantes da expedição retornaram do Castelo Beauchamp. Não temos nenhuma notícia deles... – respondeu, com má vontade, um dos chefes.

O Conde desceu do cavalo e sentou num tronco de árvore, depois de resolver esperar. Mais de uma hora se passou em silêncio. De repente, alguém apareceu correndo na clareira. Estava muitíssimo cansado, ofegante, as pernas cambaleantes e o rosto com péssima expressão. Caminhou vacilante na direção do carro e caiu. Pessoas se reuniram em torno do recém-chegado e molharam seu peito e sua cabeça com água fria. Em poucos minutos voltou a si e levantou.

– Corram! Corram! – gritou ele, com voz rouca e olhar desnorteado. – Vampiro e os outros foram capturados... Sou o único que conseguiu fugir...

Como se fosse atingido por um forte golpe, Briand começou a oscilar e ficou pálido, tendo que se apoiar na árvore. Se Henrique havia sido preso, então para ele estava tudo acabado. Que desgraça! Sendo um ladrão tão hábil, como deixara que o apanhassem? Precisava saber detalhes. Com sua habitual obstinação, aproximou-se do velho cigano e disse, colocando na mão dele valiosas moedas:

– Quero saber desse homem os pormenores da captura de Vampiro e seus companheiros.

– Diga, Djalil! Conte rapidamente tudo o que você sabe! – ordenou o velho cigano.

– Aconteceu assim: no início, tudo corria bem. Vampiro e Gara entraram pela janela e nós já os ouvíamos retornando. Logo Gara deu o sinal. De repente, ouviu-se um tiro, depois outro. Vimos Gara sair pela janela e começar a descer pela corda, quando de súbito esta se rompeu – ou foi cortada – e ele caiu no fosso. Dois dos nossos correram para ajudá-lo, mas todo o castelo estava de pé. Tínhamos de fugir. Depois de apanhar Gara e outros dois, atiraram em nós, e Geraldo e Tonia tombaram feridos. Sozinho, cheguei à floresta e subi em uma árvore. Fiquei lá até que a situação se acalmasse; queria saber o que aconteceu com Vampiro e os nossos, e se haveria uma forma de libertá-los. Assim, antes do raiar do sol, desci e me infiltrei entre as pessoas. Fiz um sinal e a pequena Suzana, amiga de Gara, veio até mim. Com lágrimas nos olhos, contou-me que Gara, ao cair, quebrou a mão e a perna. Todos haviam sido capturados, uns menos, outros mais feridos, com gravidade. Estando de serviço no quarto vizinho ao da moça, o médico surpreendeu Henrique no momento em que se preparava para descer com ela pela janela. Depois, contou a pequena, ele foi levado ao sacerdote, que casualmente se encontrava no castelo. Na presença do padre, do Sr. Beauchamp e do Sr. Marillac, Vampiro fez um longo e substancial relato. O que disse? Ele não sabia, mas ouviu que logo ao amanhecer o próprio Marquês iria à Promotoria Real em Angers entregar os prisioneiros.

O cigano silenciou, mas Briand já sabia o bastante. Sem perder um minuto, subiu no cavalo e a toda velocidade regressou ao castelo. Seu coração palpitava com profunda ansiedade. Mil pensamentos contraditórios lhe passavam pela mente, e logo começou a suar frio. Dessa vez Nêmesis o acertara. O crime do passado, que havia sido tão bem escondido, agora reaparecia para se vingar por Diana e lhe dar a inexorável sentença da Lei. Um furor desesperado tomou o orgulhoso senhor ao pensar que o esperavam a vergonha e a degradação. O sentido inato de autoconservação despertou seu ardor obstinado para procurar uma forma de se salvar. A própria dimensão do perigo elevou a capacidade de raciocínio do Conde. Subitamente, em meio ao caos, surgiu uma ideia de salvação. O plano era ousado em demasia, no entanto, o que fazer? Ele podia arriscar, jogar as cartas; não tinha nada a perder, pois a morte o aguardava. Apesar de tudo, a esperança de se livrar deu a Saurmont um pouco de calma e ânimo. Além duma ligeira palidez, nada indicava seu nervosismo quando, tranquilo e altivo, desceu do cavalo.

Trancando-se em seu quarto, ele rapidamente preparou todo o indispensável para a realização do seu perigoso plano. Colocou no porta-joias ouro e algumas pedras preciosas muito valiosas e escondeu-os no armário secreto. Feito isso, de um outro esconderijo ele carregou um grande cofre com sacos de ouro, num valor aproximado de 50 mil escudos. Por fim, tirou do armário, e colocou no bolso, dois pequenos frascos, um com rolha dourada, outro com rolha prateada. Terminando esses preparativos, o Conde foi ao quarto de d'Armi.

O Barão havia acabado de levantar e fazia o desjejum com gosto. Ao olhar para Briand, imediatamente compreendeu que alguma coisa muito importante havia acontecido. Quando soube da infelicidade que ocorrera, o garfo e a faca caíram de suas mãos.

– Meu Deus! Irão matá-lo, Briand! – murmurou ele, tremendo.

– Ainda não, se me ajudar e for fiel! – respondeu o Conde, em tom sério. – Agora me ouça, já que não podemos perder tempo. Considero desnecessário dizer que o recompensarei generosamente. Se não quero ser decapitado, devo morrer e morrerei, só que aparentemente. Tenho uma substância narcótica – tirou do bolso um dos frascos – que por 48 horas me dará o aspecto de um homem morto. Algumas gotas vertidas no vinho farão com que todos pensem estar eu morto. Quando o Procurador-Geral chegar e encontrar um cadáver, a acusação não encontrará réu, e o antigo nome de Saurmont continuará imaculado, visto não se poder processar um morto. Assim você poderá me enterrar com todas as honras no jazigo de minha família. Debaixo da almofada, dentro do caixão, você irá colocar o porta-joias de madeira preta com incrustações que se encontra no armário secreto em meu gabinete. Seu apego e seu pesar serão tão grandes que você deixará meu corpo somente quando fecharem meu ataúde à chave. À noite, você virá abrir o caixão em segredo e trará consigo uma batina de monge e uma barba grisalha postiça. Depois de me trocar, fugirei diretamente para o Sul, até uma aldeia nos Pirineus, onde vive um pobre e necessitado representante do nome de Saurmont. Ele é descendente do irmão caçula de meu avô. As circunstâncias do destino, que são complicadas para ser narradas agora, obrigaram-no a se instalar nesse país. A esse homem doente e tolo me dirigirei. Por uma soma conveniente, comprarei seu nome e seus documentos. Sem desconfiar da herança que estará perdendo, ele trocará com prazer seus documentos sem utilidade por uma discreta abastança. Então voltarei como Eustáquio Felipe Saurmont e exigirei meu direito à herança de meu falecido primo Briand, afastando todas as pretensões de Diana e seu filho, em vista do escandaloso adultério da Condessa. Deu para compreender?

– Claro, claro, meu caro Briand! Você é simplesmente genial! Cumprirei fielmente as instruções! – disse, em voz alta e com satisfação, d'Armi.

– Não poupe esforços. Deixando o túmulo, eu lhe darei uma boa soma. Quando regressar para exigir a herança, meu notário apresentará testamento determinando aos herdeiros do Conde Briand que deem ao Barão d'Armi 50 mil escudos. Como vê, é de seu interesse que eu me salve. E agora, até a vista! O tempo voa!

Voltando a seu quarto, o Conde verteu no copo de vinho a quantidade necessária de narcótico, que o fez estremecer ao tomá-lo. A seguir, no que sobrou colocou veneno e escondeu os dois frascos no armário secreto.

Uma hora depois, um criado entrou no gabinete do Conde e viu seu senhor estendido, frio e imóvel no chão.

Todo o castelo ficou em completa polvorosa. D'Armi chegou correndo. Nenhuma das tentativas para fazer o Conde voltar a si deu resultado e o deram como morto. O Barão, mostrando o mais profundo desespero, parecia desnorteado. D'Armi molhou um pedaço de pão no copo que estava ao lado do cadáver e o deu a um dos cachorros de Briand. Em poucos minutos o animal levantou, nervoso, e começou a girar, pouco depois caindo morto. Ao ver isso, o Barão passou a discutir se seu genro havia se suicidado ou sido assassinado.

Outra pessoa no castelo tinha sentido muito a morte de Saurmont: era Marion. O luxo e a boa vida, que ela considerava garantidos por muitos anos, inesperadamente haviam-se acabado. Além disso, os herdeiros do Conde poderiam exigir dela a entrega das joias das quais ela dispunha como se fossem suas.

Assim que essa ameaça veio à mente da Viscondessa, enxugou as lágrimas, foi ao seu quarto e rapidamente começou a se preparar para fugir. Roupas caras, às quais juntou os melhores vestidos do guarda-roupa de Diana e valiosíssimas joias com o brasão de Saurmont, foram colocadas na bagagem. Também levou dois excelentes cavalos – um para si e outro para seu criado. Ela já descia as escadas para partir quando, no pátio do castelo, adentrou numerosa cavalaria. À frente do grupo de soldados vinha o Marquês de Marillac e o preboste[2] de Angers.

Ao ver o irmão, Marion parou como se fosse paralisada. Nesse instante, o Marquês pulou no chão e, admirado, viu os animais carregados que se punham a caminho; notou a irmã e seu rosto ficou vermelho, contraindo-se de pudor.

– Ah!... criatura desprezível! Você fugindo daqui... Vou mandá-la para o inferno! Juro por Deus que você não espalhará mais tanta vergonha! Morra, desonra de nosso nome!

Antes que alguém pudesse adivinhar sua intenção, o Marquês se atirou sobre a Viscondessa e cravou o punhal no peito dela.

Marion deu um grito horrível e caiu, banhada em sangue. Rolou por uns momentos pela laje de pedra, estendeu um braço e depois ficou imóvel.

– Senhor! O que fez, *monsieur*?! – gritou, assustado, o preboste.

[2] Designação comum a diversos antigos funcionários reais e senhoriais. Dic. *Aurélio* – nota de revisão.

A NOITE DE
SÃO BARTOLOMEU

– Somente aquilo a que tinha direito e que era meu dever – respondeu, com arrogância, Aimé. – Como chefe da Casa dos Marillac e guardião de sua honra, julguei e condenei um membro indigno, que manchou dois nomes ilustres. Para tranquilizar sua consciência de juiz, eu lhe provarei que essa mulher tentou assassinar o esposo. Só a alma grandiosa de meu cunhado a livrou da Praça de Grève.

O preboste nada respondeu. A justiça selvagem daquela época habituara as pessoas aos desenlaces sangrentos. O poder do chefe de família nos problemas de honra era indiscutível. Aliás, o fim trágico de Marion foi esquecido quando o magistrado soube da morte de Briand.

O veneno encontrado confirmou a suspeita de que, durante a volta matinal, o Conde ficara sabendo da captura de Henrique. Ao compreender que para ele havia chegado a hora da justiça, o próprio Saurmont colocara um ponto final em sua vida criminosa.

– Sr. preboste! Será que vai levar adiante um processo contra um morto? – perguntou, pálido e desanimado, d'Armi. – Culpado ou não, ele mesmo se julgou. O cigano, conhecido bandido, e sua mulher grávida foram seus acusadores. Será que não existe possibilidade de livrar da humilhação um nome tão digno e que por tanto tempo serviu ao bem de nossa província?

O preboste olhou indeciso para o Marquês que, com olhar carrancudo e pensativo, examinava o corpo de Briand estendido sobre um banco.

– Desta vez concordo com o Sr. Barão... – respondeu ele. – A justiça foi feita e o criminoso se encontra diante do Juiz dos juízes. Apareci aqui para presenciar a captura de um miserável que infelizmente ostenta um antigo nome, que impecavelmente leva tanta gente. Acho que devemos ir e deixar o Barão d'Armi enterrar seu genro.

Após breve entendimento, o preboste colocou o sinete nos armários e no caixão do falecido e retornou à cidade.

D'Armi assumiu a responsabilidade pela direção dos negócios e pela conservação do patrimônio de Briand, até que aparecesse algum herdeiro.

Na manhã seguinte, rapidamente e sem qualquer pompa, foi realizado o enterro do Conde. Seu ataúde foi colocado no jazigo da família.

Algum tempo depois, cuja duração não podemos determinar, Briand despertou. No primeiro minuto não adivinhou que lugar escuro e de ar pesado era aquele onde estava. Maquinalmente levantou a mão e encontrou um obstáculo. Depois quis se levantar, mas não conseguiu. Repentinamente lembrou estar em um caixão. Começou a suar frio. Se d'Armi tivesse esquecido suas instruções, se tivesse despertado muito antes da hora de ser solto, ou se o Barão, por um motivo qualquer, resolvesse se livrar dele... morreria!

Ao pensar nisso sentiu que o ar lhe faltou. Reuniu todas as forças das quais eram capazes seus membros desesperados e, com a ajuda dos braços e do ombro, tentou erguer a tampa do caixão. Para grande alívio a tampa cedeu a seu esforço. O ar fresco e úmido do jazigo lhe veio ao rosto. Com cuidado para não derrubar a tampa e fazer barulho, o Conde saiu do ataúde e desceu pelos degraus de pedra do catafalco. Percebeu que o jazigo não estava completamente escuro como pensara inicialmente. A lâmpada que ainda ardia diante do crucifixo do altar de pedra iluminava tanto que podia examinar o local ao redor.

Deu alguns passos cambaleantes e sentiu terrível fraqueza – suas pernas fraquejaram. Tremendo muito de frio, soltou o corpo nos degraus do altar. Sentiu o coração oprimido. Naquela casa de mortos, ele era o único vivo. Por todos os lados, nos cantos mais escondidos e fundos, via somente as tumbas de seus antepassados; sob suntuosos enfeites, mármores e lápides de bronze, silenciosamente dormiam o sono profundo. Sozinho, tremia na sua elegante roupa que não era capaz de abrigá-lo do frio penetrante daquela noite de outubro.

Briand com esforço levantou-se e começou a andar para se aquecer, mas, em virtude da fraqueza, caiu de joelhos, amparado pela abóbada.

– Como d'Armi está demorando! – pensou ele, impaciente,

A NOITE DE
SÃO BARTOLOMEU

enquanto seu olhar, confuso e irresoluto, dirigia-se ao escuro espaço daquele lugar tenebroso onde tinha de permanecer.

Maus pensamentos o assediaram. Com uma clareza que o torturava, lembrou passo a passo a situação que o forçara a recorrer a tal meio para escapar à justiça dos homens.

Agora estava morto, riscado do mundo dos vivos, e, voluntariamente, havia aberto mão de todos os direitos pertencentes a Briand de Saurmont! Havia deixado a riqueza, os conhecidos e até a esposa... A recordação de Diana o queimou como um fogo em brasa! Sua morte a fizera livre e, é claro, a uma mulher bonita e atraente não faltariam pretendentes... Um suspiro saiu do fundo de seu peito e ele, com as duas mãos, segurou a cabeça. Sentia como se fosse morrer sufocado de ciúmes. Era a segunda vez que o destino fatídico o obrigava a conceder a liberdade da viuvez à mulher que tão apaixonadamente queria.

Nesse momento, um forte estalo fez o Conde se levantar. Seu olhar amedrontado sondou as trevas – que barulho era aquele? Algum antepassado seu havia se levantado para julgar seu descendente indigno, um assassino?...

Todos os representantes do nome da família haviam deixado lembrança sem nódoa. E ele? Nunca havia sentido tão amargamente seu passado criminoso!

"Estou doente... Minha imaginação está sob o efeito da fome e do cansaço", pensou ele, passando a mão na testa e tentando reprimir o assédio de suas estranhas sensações. Parecia que uma bruma sufocante, aguda e sulfurosa tirava-lhe a respiração, enquanto um frio gelado estremecia cada fibra de seu corpo. De repente, diante de seus olhos aterrorizados, do fundo do jazigo surgiu uma trêmula luz verde. Ampliando-se pouco a pouco, iluminou com nitidez uma alta figura e as armas cintilantes de um cavaleiro agrilhoado numa armadura. A viseira levantada permitia ver o nobre e sério rosto e sua barba grisalha. O Conde o reconheceu no mesmo instante: era o cavaleiro do quadro original que estava no salão de seus antepassados, retrato do primeiro Conde de Saurmont. Atrás dele, iluminado pela luz verde, em carne e osso, caminhava um cortejo composto de pessoas vestidas em ricos trajes. Eram roupas características de cada período do reinado francês, iniciando com o reino de Ludovico, o Iluminado, e terminando com o de Henrique II. Eram todos conhecidos do Conde pela galeria de retratos, representantes da família em épocas passadas. Briand ficou petrificado e permaneceu em pé, imóvel. Não conseguia tirar os olhos daqueles estranhos e impressionantes personagens. Então, de súbito, em seus ouvidos, como um trovão distante, ecoou a voz do velho cavaleiro:

– Assassino! Impostor! Indignamente ostentas um nome irrepreensível, legado pelos antepassados!

As mãos do "fantasma" estenderam-se até a corrente de ouro pendente no pescoço de Briand.

Aquela corrente havia sido usada por cada membro da família e era uma herança de alto valor, conferida por Ludovico, o Iluminado.

– Devolve a corrente! Não és digno de carregá-la! – prosseguiu, com voz estridente, o "fantasma".

Briand sentiu forte abalo; depois sentiu no rosto o contato das luvas de ferro geladas e uma forte dor na cabeça. Tudo ao seu redor tremia, assobiava e parecia estar prestes a ruir sob grande força. A cabeça do Conde começou a girar e ele, aturdido, desmaiou sobre as lajes de pedra.

Fortes dores e uma voz falando alto acordaram Saurmont. Abriu os olhos e viu d'Armi, segurando na mão um lampião, cuja luz incidia diretamente em seu rosto.

O Barão sacudiu-o energicamente, gritando e dizendo impropérios como um pagão.

– "Sacrebleu"! Finalmente você voltou a si! – disse ele, soltando o braço de Briand. Por mil trovões e demônios! Com quem esteve se esfolando, meu caro amigo? Não com os antepassados, espero eu... Ou você caiu? Está todo ensanguentado e sua corrente quebrada... Que significa isso?

Briand levantou-se com dificuldade. A forte dor na cabeça e os pedaços da corrente espalhados pelo chão o fizeram lembrar a estranha e apavorante visão. Ele estremeceu e fechou os olhos.

– Ora! Não desmaie de novo! Tome este lenço úmido e limpe seu rosto manchado de sangue.

– O que há no meu rosto? – perguntou, preocupado, o Conde.

– Huuum... Agora, depois que você limpou, vejo que não há ferimento algum, mas o nariz está quebrado. Também na bochecha há uma mancha bem evidente, como se houvesse sido carimbada por dedos bem grandes. Ha! Ha! Ha! – rindo, o Barão interrompeu a si mesmo. – Espero que Lourença não tenha estado aqui! Briand, com essas marcas no rosto, você não poderá viajar. Um homem da Igreja com essas marcas irá despertar a desconfiança das pessoas.

– O que farei se não posso aparecer em lugar nenhum? – murmurou Briand.

– Não precisa ficar desesperado por causa disso. Venha comigo. Vou escondê-lo até essa mancha sumir. Agora coloque a máscara, a capa e vamos nos pôr a caminho. Atrás do muro há dois cavalos. A noite está escura e o seu pessoal celebra, com um jantar, a memória do falecido... Assim sendo, podemos sair sem qualquer problema.

Angustiado, com o coração deprimido, Briand desceu do jazigo. Em silêncio passaram pelo jardim e, por uma portinhola escondida, saíram no matagal onde se encontravam os cavalos.

Passadas duas horas, Briand, sem que ninguém percebesse, entrou no quarto da Sra. d'Armi, vindo por uma escada secreta. Ela o recebeu amavelmente, procurando confortá-lo. Mais tarde, depois do jantar, instalaram o Conde no antigo quarto de Diana.

Com o corpo e a alma extenuados, Briand adormeceu num pesado e febril sono.

PRISIONEIRO ANSIOSO 7

De péssimo humor e tomado por rancor, ira e impaciência, Briand vivia cativo no Castelo d'Armi.

A princípio não conseguiu remover a estranha e forte marca no rosto com nenhum tipo de tratamento. A imobilidade à qual estava condenado e o ciúme que o torturava quando pensava em Diana pioravam seu estado de saúde. Debalde atormentou o Barão exigindo que fosse ao castelo de Beauchamp se encontrar com a filha. D'Armi, no entanto, negou-se teimosamente. Além disso, o Barão torcera o pé enquanto caçava e procurava não sair de casa.

Briand, porém, era insistente e conhecia a maneira de quebrar a teimosia do Barão. Uma gorda quantia sempre acabava com qualquer peso de consciência.

Numa manhã maravilhosa, reclamando e amaldiçoando, d'Armi acabou indo ao castelo de Beauchamp. Quando voltou, seu aspecto abatido e triste imediatamente fez o Conde compreender que ele vinha trazendo notícias desagradáveis. Mas Briand ficou paralisado quando d'Armi lhe contou sua visita. Após uma solene comunicação de que era o pai da Condessa de Saurmont, haviam-no conduzido à sala do andar inferior e o deixado sozinho. Depois de muito esperar, aparecera por fim um criado que comunicara, em nome do Visconde, ser impossível permitir que visse sua esposa, já que a Condessa ainda não havia se recuperado do parto. Além disso, René pedira ao criado que dissesse a d'Armi que não mais retornasse, pois a Viscondessa não desejava vê-lo. Por meio desse mesmo criado o Barão ficara sabendo que Diana tivera um filho, batizado com o nome do Visconde.

A notícia de que Diana se casara golpeou Briand como um raio e lhe despertou tamanho acesso de desespero e ódio, que seu organismo debilitado não pôde resistir à comoção. O Conde adoeceu gravemente e durante seis semanas sua vida esteve por um fio. Ao final o corpo moço e forte venceu a doença e gradativamente começou a se restabelecer. Passaram-se alguns meses e as forças do Conde retornaram, mas enquanto isso ele não tinha podido partir. D'Armi e a esposa, movidos pelo ávido desejo de possuir o porta-joias cheio de pedras preciosas que Briand havia escondido, tentavam por todos os meios achá-lo. Não obstante, era extremamente importante o Conde aparecer na qualidade de herdeiro, já que dois parentes distantes haviam estado na propriedade e tinham conseguido, por intermédio do juiz, apresentar seus direitos à rica herança.

Briand compreendeu a urgência de sua partida, mas o desejo incontrolável de ver Diana levou-o ao castelo. Esforçou-se um bom tempo para achar um meio de chegar até a jovem, que vivia sozinha e pouco saía de casa. Morando em casa de d'Armi, sob os cuidados do Barão, ele, por algumas vezes, rodeara o castelo de Beauchamp na esperança de encontrar Diana, mas sem obter sucesso.

Depois de muito refletir, arquitetou um plano que, pensava ele, tinha grande chance de ser bem-sucedido. Com o auxílio do Barão João, o Conde conseguiu roupa de um mercador ambulante e uma cesta cheia de tecidos de seda e peças de valor.

Assim, disfarçado de tal forma que não poderiam reconhecê-lo, curvado sob o peso da cesta e apoiado numa bengala, Briand dirigiu-se certa manhã ao castelo de Beauchamp.

A primavera iniciava, no entanto o tempo ainda era frio e chuvoso. As estradas estavam alagadas e o ar era úmido. A humilhante e estafante caminhada obrigou o nobre cavalheiro a tremer de raiva e cansaço. Suando muito em virtude do esforço que fazia, chegou finalmente à entrada do castelo, onde alguns homens armados o levaram ao pátio. A esses soldados também se juntaram os pajens e os criados. Todos examinaram as mercadorias e, após terem comprado algumas quinquilharias, deixaram o comerciante. Furioso e desanimado, Briand se preparava para partir, quando de repente os criados respeitosamente deram passagem a um homem alto que se aproximou com um chicote na mão e assobiou uma música de caçador. Era René. O coração do Conde bateu forte quando o Visconde parou e perguntou:

– Quem é esse homem? O que tem no cesto?

– *Monsieur*, é um judeu errante. Ele vende maravilhosos tecidos de seda e objetos de valor.

René pensou por um minuto, passando a mão no bigode. A seguir, preparando-se para entrar no vestíbulo, disse:

– Loran! Conduza-o ao aposento da Viscondessa. Quero sugerir a ela que compre alguma coisa.

O coração de Briand batia como nunca. Dentro de alguns minutos ele poderia ver Diana pessoalmente – sentiria se ela era feliz e como se tratavam ela e seu novo marido.

Seguindo o criado, subiu as escadas, passou por vários quartos e corredores e se deteve, por fim, diante de uma porta. Atrás desta se ouvia a voz do Visconde.

– Chega! Não seja preguiçosa e veja as mercadorias. Isso a distrairá.

Passado um minuto, Briand entrou no grande e ricamente mobiliado quarto. Ao fundo, numa elevação, estava a cama. Próxima à lareira, sentada em um divã, encontrava-se Diana, trajando um vestido de veludo lilás.

O Visconde sentou-se ao lado da esposa. Abraçou-a pela cintura e lhe dirigiu o olhar do mais carinhoso e atento esposo. Briand parou, de chofre. Sentiu tamanha dor no coração que por pouco não levou a mão ao peito; por uns instantes esqueceu completamente seu papel. Superando a dor com esforço sobre-humano, ficou de joelhos e começou a desamarrar os artigos da cesta. Espalhou maquinalmente os tecidos de seda e começou a mostrar as pedras. Seus pensamentos estavam longe.

O Visconde examinou tudo de boa vontade, comentando com Diana, que permanecia indiferente sobre o valor e o preço das mercadorias. Alguns objetos graciosos foram colocados de lado, mas, quando a moça disse que gostava de uma peça e um enfeite de turquesa, René fingiu que não ouviu. Diana não insistiu e os adornos não foram comprados.

Quando o dinheiro foi pago e Briand reuniu as mercadorias, René ordenou que o conduzissem ao quarto de criados e lhe dessem de comer. O Conde se inclinou e agradeceu. Ao sair do quarto, disse não estar com fome e, a passos rápidos, dirigiu-se à saída. Já se aproximava da porta quando um cavalheiro o alcançou correndo e lhe pediu para entrar no gabinete mais próximo e aguardar. Apesar da ira, Briand devia acatar se queria representar seu papel até o fim. Mas qual não foi sua surpresa quando o Visconde veio e comprou o tecido e a peça indicados por Diana. Na verdade, ele queria lhe fazer uma surpresa, pensou o Conde. Mas no mesmo instante sua suposição foi desfeita, pois Beauchamp embrulhou a compra, e, enquanto o falso comerciante arrumava sua trouxa, chamou um jovem cavaleiro a quem ordenou que levasse imediatamente aquele pacote ao Hotel Silari, em Angers. Briand se sobressaltou. A reputação de Helena era bem conhecida para se deduzir que o presente era destinado exatamente a ela. A própria escolha dos enfeites fora uma afronta a Diana. Que significava aquilo?

Com a cabeça zonza, fervendo de ciúmes e desespero, dilacerado por mil sentimentos contraditórios, Saurmont deixou o castelo. Tinha sido suficiente aquele pouco para se convencer de que Diana não era feliz. Tal expressão de sofrimento e amargura, ele não tinha visto nela, nem mesmo na pior época de sua vida conjugal... O presente enviado à Sra. Silari lançava uma luz sobre a vida íntima do casal e explicava a tristeza da moça. Mas como aquela orgulhosa mulher concordara num casamento tão apressado? Como ela superara a humilhação ocasionada pela infidelidade do marido? E ele, Briand, estava morto! Não podia, assim, exigir o que lhe pertencia, arrancar sua esposa daquela companhia indigna! Em essência, não tinha direito algum

sobre ela! Oh! Como ele se acusava naquele momento por sua maldade e até mesmo sua crueldade! Se houvesse sido bom e tivesse aceitado o filho de Diana, continuaria sendo o senhor da situação – o Conde Saurmont! – e não um fugitivo sem nome, que só o túmulo pudera salvar da forca...

Ocupado com seus pensamentos e mergulhado na tempestade de suas emoções, o Conde não prestou atenção ao caminho e adentrou o bosque.

Escondeu sua carga e continuou mata adentro, instintivamente, só voltando a si quando se percebeu dentro de um fosso, com água até a cintura. Com grande dificuldade saiu daquele desagradável banho. Contudo estava perdido e durante a noite não conseguiu se orientar.

Somente ao nascer do sol, tremendo de frio, voltou ao Castelo d'Armi e logo foi dormir.

Apesar da forte comoção, Briand logo se recuperou. Ele mesmo tinha pressa em ir embora e resolveu se pôr a caminho, assim que voltasse com d'Armi do passeio secreto a São Germano.

O Conde pretendia entrar no castelo por uma entrada subterrânea, sua conhecida, e pegar no armário secreto alguns papéis que haviam sido largados às pressas e que lhe eram indispensáveis.

..*

No Castelo Beauchamp a vida seguia seu curso, sem trazer mudanças. René ia perdendo o pudor; suas ausências se prolongavam e ele, cada vez menos, encobria, com sua delicadeza fingida, a rudeza deslavada no tratamento da esposa. A própria Diana o evitava, já que ele se tornara repugnante para ela. Suas melhores horas eram quando sonhava com o passado e via a imagem de Raul. Este sim, verdadeiro cavalheiro, tanto de alma quanto de origem, passara por sua vida como uma cativante e efêmera cena...

Certa vez, no fim de maio, uns dois meses após a visita do comerciante errante, Diana se encontrava sob forte influência das recordações do passado. Recebera pela manhã uma carta da Sra. de Montfort, que dizia ser seu estado precário. A antiga doença havia minado sua saúde e, repentinamente, tinha-se agravado. Ela pedia a Diana que a visitasse, acrescentando, se possível, vir dentro de uma semana, dado que teria a felicidade de ver seu antigo confessor, o pai de Gabriela, que se havia tornado bispo em Angers. Percorrendo sua diocese, ele visitaria a Abadia de Santa Úrsula e descansaria ali por dois dias.

Diana resolveu ir e comunicar a viagem ao marido naquela mesma noite. O Visconde se encontrava por acaso no castelo. Ao amanhecer saiu, mas logo depois regressou. Após o café da manhã, ele se deitou e ainda ressonava, próximo mesmo da hora do jantar.

Diana estava triste com a doença de Clemência. Queria se aconselhar com Antônio e lhe pedir que fosse com ela à Abadia. Com essa ideia, a moça foi à biblioteca, onde o médico costumava trabalhar nas horas livres. A biblioteca ocupava grande cômodo, com numerosa coleção de manuscritos e diversos livros reunidos pelo bisavô de René. O velho gostava de estudar e se interessava pelas ciências ocultas. Antônio Gilberto, amante, como a maioria de seus contemporâneos, desses assuntos, tratava de classificar e colocar em ordem a coleção.

O cirurgião não estava lá. Decidida a esperá-lo, Diana entrou na antecâmara da janela, que formava uma espécie de gabinete, e desceu a pesada cortina. Daquele ângulo, o panorama era maravilhoso – podia-se ver toda a colina –, e por isso Diana frequentemente corria para lá, onde permanecia por muitas horas, sonhando... Nesse dia ela também contemplava, prazerosa, o pôr-do-sol. À medida que o crepúsculo vespertino crescia, ela mergulhava mais e mais em seus sonhos e, por fim, estava tão compenetrada neles, que não ouviu quando Antônio chegou, acendeu a luz e se sentou à mesa. A voz bem conhecida de René trouxe-a de volta.

– Ah! Você está aí, Antônio? Eu o procurava. Quero falar com você.

Diana não se moveu do lugar. Depois de sonhos tão belos

dos quais despertava, não tinha a mínima vontade de falar com o marido.

– Estou a seu dispor, *monsieur*.

Afastando a cadeira, o Visconde explicou:

– O problema é o seguinte: Parto amanhã, em virtude de um negócio muito importante, e ficarei ausente três ou quatro semanas. Por isso gostaria que você cuidasse do corte dos carvalhos no bosque enquanto eu estiver fora. Ademais, confio-lhe Diana e a criança. Ficaria tranquilo, eu sei, se você estivesse tomando conta deles.

Antônio empalideceu.

– Sr. René! O senhor vai fazer novamente uma longa viagem e deixar a Viscondessa sozinha?

– Aos diabos! Não posso deixar os negócios para me entreter com a Viscondessa! – gritou René, batendo com o punho na mesa. – O Conde Silari me ofereceu uma grande extensão de terra, que está à venda por preço irrisório em decorrência da morte do proprietário, seu parente. Antes de comprar essa propriedade tenho de vê-la, e, se o negócio se realizar, terei de fazer todos os trâmites. Será que devo perder o negócio para bancar o enfermeiro aqui? Essa pasmaceira não está em meus planos!

O Visconde falou alto e firme, mas seu olhar irado evitou encarar o médico.

– Sr. René! O senhor sempre me tratou bem e com sinceridade me chama de amigo. Em nome dessa amizade e dessa benevolência, desculpe-me pelo que lhe direi... – disse, com receio, o facultativo. – O senhor se porta mal com Diana. De boa vontade se casou e ela tem o direito ao seu amor e aos seus cuidados. Fique com sua maravilhosa e virtuosa esposa, em vez de abandoná-la e condená-la a uma eterna solidão. Muitos falam, Sr. René, sobre suas relações amorosas com a nora do Conde Silari e de suas aventuras com esse senhor depravado, o qual não é respeitado por um único homem probo.

O Visconde enrubesceu, levantou rápido e começou a andar pelo quarto. Depois, parando diante do médico, disse, com voz alterada.

– Peço que se abstenha de reprovar meus amigos, julgamento para o qual não é competente. No que se refere a mim, perdoo suas ousadas palavras. No mais, admito que seja verdade e que me comporto mal. Mas por outro lado serei franco e você me compreenderá. Casei-me com Diana não por amor, longe disso. Pensei que a honra determinava que eu limpasse o nome dela, comprometido por minha culpa, e legitimasse nosso filho. Porém, logo vi que, ao me casar, havia cometido um erro colossal! Em minha vida, esse sacrifício supera minhas forças. Respiro nessa atmosfera de virtude e de fria reserva ao lado dessa mulher idiota, incompetente até nas verdadeiras delícias do amor. Ela não se interessa por mim, não me agrada e até já não mais é bonita... E esse fantasma pálido e magro ainda tem a pretensão de me tratar com desprezo, querendo que eu banque o marido amoroso! Pode ser que Raul de Montfort fosse tão imbecil quanto ela e visse beatitude na solidão sem fim. Tenho outro temperamento. Devo respirar em outra atmosfera e conviver na sociedade com mulheres inteligentes e atraentes. Não tenha dúvida de que escondo de Diana tudo o que lhe estou dizendo. Não quero que ela perceba o quanto me é difícil esse sacrifício, mas não posso sair por aí com ela. O que pensarão de mim? Que tenho mau gosto? O que dirão sobre a minha escolha quando virem aquela tonta ao "meu" lado? Justamente eu, que enlouqueço as mulheres mais lindas... – arrematou ele, rindo.

Seguiu-se um silêncio de morte. Antônio fora derrotado pelo cinismo crasso e cruel de seu senhor. O que poderia responder àquele homem desonrado, que ofendia e insultava a mulher só para se livrar de qualquer obrigação para com ela? O que dizer àquele homem covarde, que se vingava de uma criatura indefesa por não mais suportar seu estranho "sacrifício"? E tudo isso porque ela não era pervertida para satisfazer seus gostos...

Antônio não disse uma única palavra, mas talvez a incorruptível voz da consciência tenha sussurrado a René o que dele pensava o médico, pois o Visconde se virou e saiu. Já na porta, voltou-se novamente.

– Diga à minha esposa que irei jantar com ela e peça-lhe que me espere. Quero passear um pouco.

Com essas palavras, ele assobiou chamando seus cachorros.

Quando não mais se ouvia o som de seus passos, o cirurgião levou as duas mãos à cabeça e exclamou:

– Senhor! Como fui tão cego todos estes anos? – e abandonou a biblioteca rapidamente.

Assim que Antônio saiu, Diana deixou seu refúgio e, sem que ninguém percebesse, foi a seu quarto. Ela havia escutado tudo, em sua apurada audição. Não se movera ao ouvir o julgamento impiedoso e injusto daquele que devia ser seu amigo e defensor. Arrasada, sentou-se diante da lareira onde o fogo ardia. Com as espessas paredes úmidas, sempre fazia frio. Ela olhava fixamente para as chamas e, apertando com força os lábios, meditava. Quanto mais mergulhava em seus pensamentos, mais seus traços finos e infantis adquiriam uma expressão de severa resolução. Gabriela observava intranquilamente a sofrida e revoltada expressão de sua senhora. Imaginou que o vestido pesado e o corpete apertado a incomodavam e começou a trocá-la. Diana fez sinal que concordava e permitiu que a camareira lhe colocasse um vestido branco de seda e soltasse seus cabelos bonitos. Esse vestido extraordinariamente luxuoso era de seu antigo guarda-roupa; Briand, apesar de sua sovinice, nunca colocara obstáculo em que ela tivesse verdadeiramente tudo bonito e de valor. Gabriela trouxera esse vestido com outras coisas do castelo de Saurmont e gostava de vesti-lo em sua patroa.

Diana tornou a ocupar seu lugar diante da lareira e, indiferente, via como dois pajens colocavam na mesa frutas, carne fria e vinho, quando no quarto entrou René.

A perspectiva de deixar o castelo por algumas semanas lhe havia dado um ótimo estado de humor, e ele resolvera ser bondoso e gentil para com a esposa durante aquela noite, dedicando-se a ela.

Se ele fosse bom observador, teria notado o estranho olhar que Diana lhe dirigia, bem como o tremor que percorria o corpo da moça, quando ele lhe beijou a mão. Aliás, ele entendeu aquela comoção de maneira bem diversa; julgou que a Viscondessa o adorava e somente por orgulho e ciúme se dirigia a ele com o desprezo e a reserva que tanto o irritavam.

Ele havia colocado em sua mente a ideia de fazer curvar Diana e rebaixá-la, obrigando-a a implorar seu amor; ela não devia julgá-lo, mas sim adorá-lo e, com gratidão, receber qualquer demonstração de seu carinho. Mas, se tais maneiras davam resultado com mulheres desregradas e sensuais, bajuladas pelo Visconde e perseguidas pela sua paixão, com Diana elas não tinham sucesso. Nela havia orgulho suficiente para não implorar amor de quem quer que fosse, ainda mais de alguém a quem, dentro de seu senso de retidão e pureza de alma, não mais podia respeitar.

Sob o peso de tais sentimentos, sumiu dela qualquer fraqueza íntima. Ela respondeu inclinando levemente a cabeça à chegada do marido. Com exceção da proverbial polidez e do brilho febril dos olhos, nada indicava a tensão emocional suportada.

Ele comeu com grande apetite, observando a esposa de soslaio. No rico traje de quarto, coberta com uma capa e com seus cabelos dourados soltos, ela parecia a ele encantadora. Quando seus olhares se encontraram, René baixou o seu – os grandes olhos azuis da jovem tinham um matiz metálico surgindo sempre em minutos de tensão. Aqueles olhos claros e cintilantes pareciam penetrar a couraça de hipocrisia que mascarava o Visconde e chegar ao fundo de sua alma.

Quando se levantaram da mesa, René sentou no divã e chamou Diana para se pôr ao seu lado de joelhos. Ela não objetou, e seus longos cílios se abaixaram escondendo o ódio e o desprezo, enquanto ele cobria de beijos seus lábios, olhos e cabelos. Diana devia esconder seus sentimentos para não ter que dar qualquer explicação. Desejava que ele fosse embora e lhe desse a oportunidade de deixar o castelo para sempre. Não mais seria um estorvo para ele e nunca mais o encontraria em seu caminho.

– Por que você está tão triste e apática, minha querida? – perguntou ele, carinhoso.

– Estou cansada e a cabeça me dói muito... – respondeu Diana, afastando-se um pouco.

René fechou o rosto e começou a morder o bigode. Apesar da cortesia, o gesto da moça levantou no mesmo instante uma barreira invisível entre eles, intransponível, sempre fazendo o Visconde sentir que quanto mais possuísse o corpo de Diana menos teria a alma dela.

No dia seguinte, o Visconde saiu após o café da manhã. Mal o pequeno grupo de cavaleiros transpôs o portão, a Viscondessa chamou Gabriela, ordenando que lhe arrumasse a mala com o indispensável para viajar e se preparasse para ir com ela.

Colocando em ordem as joias que pertenciam a René, ela vestiu luto e mandou chamar Antônio Gilberto. Em curtas e amigáveis palavras, comunicou ao jovem médico estar deixando o castelo. Encarregava-o de todas as chaves e pedia olhasse o nenê.

– A senhora partirá sem o nenê, Viscondessa? Quando volta? – perguntou o cirurgião, preocupado.

– Nunca, Antônio! – respondeu Diana, secamente. – A você, meu irmão de leite e amigo, eu direi a verdade e pedirei que conte ao Visconde que ontem eu estava na biblioteca quando ele se confessou. Sentada na antecâmara da janela, eu ouvi tudo. Ele mesmo compreenderá que, depois do que foi dito, não tenho mais lugar nesta casa. Retiro-me para o convento e não levarei nada pertencente a Beauchamp. Mande preparar meu cavalo e a mula para Gabriela. O velho Germano me acompanhará e tomará conta da bagagem. Dentro de uma hora tudo deverá estar preparado. Não chore... – acrescentou ela, vendo as lágrimas rolarem pela face de Antônio.

Ela o puxou para si e beijou-o como na infância.

– Você não sabe como me alivia sua afeição profunda e sincera. Quando eu pressentir a morte próxima, chamá-lo-ei e você irá cuidar de mim. Espero que seja em breve, já que sinto aquilo previsto por você; parece como sinal de um fim próximo.

Quando Antônio saiu, fortemente impressionado, Diana foi ao quarto da criança, pediu à ama-de-leite que se retirasse e, sentando-se ao lado do berço, olhou o nenê tranquilamente dormindo. Ele era o retrato do pai. Um súbito sentimento, agora cheio de mágoa, tomou conta de seu coração. Ela se separava do filho para sempre, experimentando tristeza e angústia, e, ao mesmo tempo, parecia-lhe que uma mãe deveria se sentir de outra maneira.

– Por que não o amo como queria? – murmurou ela, inclinando-se sobre o nenê, ao mesmo tempo em que lágrimas amargas escorriam em seu rosto. – Talvez porque você seja a recordação da felicidade, lembrança daquele momento em que todos os sentimentos estavam entregues ao homem amado. Seu nascimento é a indestrutível corrente de amor recíproco. E você, pobrezinho, é o fruto de uma vingança indigna. Seu pai, em vez de amor, encheu minha alma de amargura. Será um mau pai, eu o sinto, assim como foi um mau marido. Não obstante, não posso me humilhar e ficar, mesmo sendo para defendê-lo...

Diana ergueu o nenê e convulsivamente o apertou contra o peito.

– Jesus Salvador! Santa Virgem Maria! Mande-lhe a morte quando for envenenado pelo sangue que corre em suas veias.

De repente os braços dela afrouxaram. Soltou o pequeno no berço separando-o de seu peito.

Diana sentiu uma dor fortíssima. O coração parecia se apertar com as batidas pesadas e irregulares, quase cessando. Um estranho tremor abalava cada fibra de seu ser. – Ah! É a morte que chega... – balbuciou ela, respirando com dificuldade. Tirou do bolso um medalhão com corrente de ouro no qual prendeu um cacho de seus cabelos e colocou-o no pescoço do nenê.

– Até a vista... – balbuciou, com voz trêmula. – Quando eu morrer, chamá-lo-ei. Com todas as minhas forças, eu o levarei para minha tumba, para que de nós não reste o menor sinal, que envenenaria o ar deste castelo.

Uma hora depois, Diana deixou o castelo. Com a cabeça coberta e de coração pesaroso, ela se pôs a caminho do Convento de Santa Úrsula.

Ao cair da noite, ela chegou a uma pousada, situada no meio de um bosque fechado nas terras de Saurmont. O velho Germano sugeriu que pernoitassem ali, mas Diana estava tão apressada e a noite, tão quente e agradável que decidiu continuar até que os cavalos tivessem de descansar. O quarto enfumaçado da pousada também não tinha agradado a Diana. Depois de ver diante da porta, sob um carvalho, um banco e uma mesa simples, ela mandou que o pão e o leite fossem servidos ali.

Terminara sua simples janta quando dois cavaleiros se aproximaram da pousada e a dois passos dela desceram do cavalo; um deles era velho, ligeiramente curvado e tinha uma longa barba grisalha. Para Diana, um desconhecido completo. Mas... reconheceu, apavorada, ser o outro o Barão d'Armi. A jovem ficou tão desconcertada com o encontro que por instantes perdeu qualquer presença de espírito. Ainda assim, para se esconder na sombra do carvalho, ela levantou do lugar. Apesar do crepúsculo era fácil ver seu rosto pálido sob o capuz escuro.

O grito de espanto chamou a atenção dos dois cavaleiros e o velho deu um pulo e se pôs ao lado da Viscondessa. Segurando-a pelo braço, ele gritou, com voz trêmula:

– Diana! Finalmente a revejo!

Ao som daquela voz metálica bem conhecida, a moça se sobressaltou. Um olhar foi suficiente para ela reconhecer os olhos do Conde. Sem acreditar no que via, ela gritou:

– Você?! Você está vivo?? Monstro! E eu me casei com outro!

Antes mesmo que Briand, assustado pelo arrebatamento imprudente dela, pudesse dizer alguma coisa, d'Armi correu e, sem cerimônia, tomou a filha em seus braços.

O contato tirou Diana do estupor. As mãos que tapavam o

rosto se soltaram. Rapidamente deu um salto para trás e encarou o pai com olhar brilhante.

D'Armi empalideceu e recuou.

– Essa deve ser a vontade de Deus para eu encontrar meu desonesto e mau pai... – disse Diana, rispidamente. – Para você, não há nada sagrado neste mundo. A única criatura que você devia amar, você lesou e traiu. Sua filha sempre foi para você artigo de vergonhoso comércio! Você me vendeu ao amante de sua mulher, a um homem que me condenou a morrer de fome. Para me obrigar a silenciar e me entregar a esse ladrão e assassino, você confessou – claro, por dinheiro! – todos os seus delitos e me fez suportar uma injustiça inaudita, para salvar a cabeça da forca. Agora estão juntos novamente. Você foi o cúmplice dos crimes graças aos quais eu cometi um sacrilégio...

Por um minuto ela parou e, ofegante, apertou a mão contra o peito. Depois recomeçou, cada vez mais e mais inflamada:

– Você me privou de todos os direitos e me perseguiu como um animal! Sempre fui brinquedo em suas mãos e vocês mataram minha alma e meu corpo. Que Lei Divina ou Humana lhes deu o direito de proceder assim? Será por vocês me terem roubado a paz, a honra e por terem assassinado o homem que eu amava? Por Deus ter colocado em suas mãos uma criatura indefesa? Por todos esses crimes eu o amaldiçoo! Diante do trono do Senhor eu repetirei estas acusações e mais uma vez o amaldiçoarei!!

A voz de Diana cessou.

O gordo d'Armi, farto de tanto comer e beber, mudou a expressão do rosto diversas vezes durante a fala de Diana. No início, uma palidez de defunto cobriu-lhe as faces, depois enrubesceu. Sufocava... Nunca ninguém o havia tocado tão fundo, mas nesse instante algo diferente lhe aconteceu.

– Diana... – murmurou, com voz alterada.

Mas nesse minuto começou a cambalear e caiu no chão acometido de um ataque apoplético.

A jovem tremia, nervosa, mas não fez o mínimo movimento para ajudar o pai. Por um minuto olhou, sombria, para o corpo

estendido no chão, depois se virou, saindo apressada. Sem a perder de vista, Briand, frouxamente, fez um gesto para detê-la.

– Não me toque ou chamarei as pessoas e direi onde se encontra o falecido Conde de Saurmont! – disse Diana, fixando em Briand o olhar cheio de ódio.

O Conde deu um passo para trás e a jovem voltou para a pousada correndo.

Alguns minutos depois, Diana sentou em seu cavalo e, sem ao menos olhar para Briand e d'Armi, pôs-se a galope. O abatido Conde chamou o taberneiro.

O Barão foi assistido e logo abriu os olhos. Mas metade de seu corpo estava paralisada e ele foi levado em uma maca ao Castelo d'Armi.

Lourença, visivelmente contrariada, recebeu o triste cortejo e disse ser esse o castigo merecido, vindo em consequência da vida desregrada. Mas os efeitos, no entanto, sempre caíam nos ombros dos inocentes. Como sempre, ela terminou recaindo na sua habitual dissimulação.

Depois de instalar o Barão, disse que cuidaria do seu "querido João", já que ela entendia mais de medicina do que o "velho e louco" Dr. Lucca.

Mas sua assistência ao Barão se limitava a intermináveis discursos sobre conhecimentos de medicina e tratamentos milagrosos.

Enquanto isso, d'Armi ficava abandonado e frequentemente faminto. Se Briand não o tivesse cuidado e visitado amiúde, o Barão poderia ter morrido de fome e sede.

O Conde não o deixou; não podia abandonar seu antigo companheiro de crimes, com quem se ligava fortemente e cujo fim próximo muito o entristecia.

Certa vez, Lourença, muito a contragosto, vestiu o marido. Furioso com a visível má vontade da esposa, o Barão, aos gritos, exigiu vinho e guloseimas. Sentindo-se ofendida com tais pretensões, a Baronesa deu no doente alguns bofetões e gritou:

– Desgraçado! Perdulário que me leva à ruína! Tirar de mim para lhe dar pratos refinados? Dê dinheiro você mesmo, se quiser encher sua pança. Maldito! Eu o alimento com carinho e você ainda ousa me ofender...

Dando as costas ao doente deitado na cama, ela saiu, triunfante.

Depois dessa cena, a condição do Barão piorou imediatamente. Quando Briand o vestiu no dia seguinte, notou, preocupado, que o rosto de João estava emagrecido com uma tonalidade ferrosa, seus olhos estavam se apagando e a inquietação da febre não lhe dava paz nem por um minuto.

O Conde sentou-se ao lado dele na cama e, com o coração oprimido, observou a terrível agonia de seu cúmplice.

Ao cair da noite, d'Armi começou a delirar. Pensava estar vendo a filha. Ora com palavras carinhosas, ora com ameaças, exigia que ela retirasse as maldições. Em seguida, foi assediado pelas visões da Noite de São Bartolomeu. Sua mão suada agarrou o braço do Conde e, com expressão de louco estampada no rosto, ora gritava, ora murmurava:

– Vê? Lá... lá ele se defende! Ele caiu e está derramando seu sangue sobre mim! Deus de Misericórdia! O Rei me agarrou! O Rei e aquele outro querem me matar!... Para trás, *monsieur*, não me toque!... Briand, me salve!

As palavras do Barão, com a nitidez de detalhes proporcionada por seu delírio, traziam à mente de Saurmont as cenas sangrentas da noite de 23 de agosto. A triste situação aumentou ainda mais sua má impressão sobre o doente. No grande quarto mal iluminado pela lâmpada de cabeceira, o doente segurou seu braço fortemente, parecendo querer levar Briand junto com ele ao tribunal de Deus.

Tudo isso agia duramente sobre Saurmont. Sua imaginação despertada também começou a ressuscitar cenas terríveis. Debalde o Conde enxugava o suor que escorria pelo seu rosto; ele fechava os olhos, mas os quadros terríveis e assustadores não desapareciam...

Dentro da escuridão do quarto, havia a nítida impressão de uma multidão de criaturas ensanguentadas, deformadas e esfarrapadas, debatendo-se e dando gritos de desespero... Elas se lançavam sobre d'Armi e depois sumiam...

O Conde pensou ver Carlos IX entre os vingadores das trevas. Submerso em sangue, ele se debatia em vão entre o intransponível círculo de suas vítimas!

Saurmont foi cercado pela massa repugnante que pairava sobre ele e o cobria de recriminações, maldizendo-o. Apavorado, com os cabelos em pé, esquecendo o doente, soltou a mão que o agarrava e saiu voando do quarto. Só parou de correr em frente ao quarto do polonês.

Naquele momento seu aspecto era assustador. Tremendo de pavor, ele queria ver um rosto humano, mas Domskii não estava no aposento. Cambaleando, o Conde deu alguns passos na direção da poltrona, mas não conseguiu chegar até lá – as vertigens o fizeram desmaiar.

Era dia quando voltou a si. No primeiro instante não conseguiu compreender como tinha chegado ao quarto de Domskii, mas logo lembrou das visões da noite anterior. Agora, sob a luz do sol, sentia-se ridículo por ter debandado do quarto do doente.

O polonês ainda não tinha voltado. A cama permanecia feita e a lâmpada da cabeceira ainda ardia.

Briand se levantou, bebeu um copo de vinho para se refazer e saiu do quarto.

No castelo ainda todos dormiam. Passando diante do aposento de Lourença, ele viu a porta aberta e, supondo que ela já se levantara, entrou para falar sobre d'Armi. Não havia ninguém no quarto e o silêncio era quase total, violado apenas pelo ruído que chegava dos aposentos vizinhos. O Conde levantou o reposteiro e, com repulsa e zombaria, olhou o quadro: no meio de toda aquela confusão estava a mesa com os restos da ceia farta da noite anterior. Talheres e pratos, roupas e rolhas jogadas das garrafas se misturavam pelos móveis e pelo chão. Na cama de colunas, Domskii dormia e ao lado dele Lourença ressonava em traje matinal, não muito discreto a uma Baronesa... Um misto de comiseração tristonha e ódio tomou o coração do Conde – por que não acabar com aquela criatura repugnante, aquele gênio do mal que o tinha levado a tantos delitos com conselhos pérfidos, fazendo-o cruel para com Diana? Cheio de repulsa e amargura, saiu dali e se dirigiu ao quarto do Barão. Tinha a consciência pesada por haver deixado um doente tão grave assim sozinho... Nervoso, aproximou-se do leito e imediatamente se convenceu de tudo estar terminado... O Barão estava estendido, rosto escurecido sobre os travesseiros amarrotados e rasgados pelas mordidas... A velha manta estava em farrapos. Os olhos vítreos do cadáver ainda expressavam imenso pavor. Seus últimos momentos deviam ter sido terríveis...

O moribundo, sem consciência, fora possivelmente assediado pela sede, e o copo que seu braço enfraquecido não pudera levar aos lábios estava no chão, com o conteúdo esparramado.

Arrasado, com o coração palpitante, Saurmont deixou aquele quarto.

– O Barão se foi... – disse, laconicamente, desanimado, ao empregado que encontrou no corredor. Depois, sem responder às tímidas perguntas do servidor, entrou no seu quarto e largou o corpo extenuado sobre a poltrona.

– Morto! D'Armi está morto... – balbuciou, maquinalmente. Sim, seu companheiro de tantos anos estava morto. Havia terminado sua vida suja e depravada. Honra, consciência, amor paterno... – tudo aquele homem havia trocado por ouro, mas o leito de morte tinha sido alcançado por Nêmesis! Morrera abandonado, sozinho, com sua consciência pesada, enquanto a esposa, a depravada que por tantos anos se cobrira com seu nome, entregava-se a orgias... É... é assim que a justiça traz a derrota, por fim, ao culpado, obrigando-o cruelmente a pagar, nos momentos derradeiros, todos os delitos e os crimes impunes.

Passaram-se horas.

O Conde, semideitado na poltrona, estava mergulhado em seus tristes pensamentos tumultuados, quando o barulho da porta se abrindo fê-lo sobressaltar-se. Ergueu a cabeça e viu Lourença.

Seu aspecto era tão cômico que ele teria rido se não estivesse tão mal de espírito. Ela vestia uma camisa e uma velha saia; um gorrinho preto com um longo véu, igual ao que Diana trazia nos dias de luto por Raul, destacava-se em sua cabeça. Seus velhos sapatos vermelhos e gastos nunca haviam sido limpos!

– Carlos! – gritou, com voz chorosa, erguendo as mãos. Ela assim o chamava desde sua morte oficial. – João morreu e você fica aí sentado, enquanto eu vigio? – questionou, com acento de maldade. – Oh! Que horas terríveis suportei! Pobre João! Ele me ofendeu e traiu muito, mas eu tudo esqueci e perdoei na hora da agonia. Estou arrasada por não ter dormido a noite inteira... Os últimos minutos do Barão foram tristonhos, porém ele, com lágrimas nos olhos, me agradeceu... Somente nos derradeiros momentos se convenceu – quando todos o deixaram – de ser eu sua abnegada esposa, e não tê-lo deixado.

Ela se pôs a chorar, avaliando que a vida inteira havia cumprido seus deveres, sem ver o quanto pesados eram.

Briand emudeceu, paralisado pelo descaramento e pelo cinismo da Baronesa. Mas no momento não tinha a mínima vontade de discutir com aquela criatura repugnante. Interrompendo sua arenga a respeito de suas supostas virtudes, perguntou, rispidamente:

– No que posso ser útil?

Sentando-se, ela suspirou.

– É preciso sepultar João e isso sai caro.

– Sem dúvida! Mas uma viúva tão devotada naturalmente não poupará recursos para o enterro digno do marido... – respondeu ele secamente, dando a entender que não a compreendia.

Ela suspirou de novo.

– Sim, sim! "Nós" – e ela ressaltou bem esta última palavra – não pouparemos nada para ele, não é verdade? O pobre João gostava muito do luxo. Ele me desfalcou e lesou para alegrar a si próprio.

Vendo que o Conde nada respondia, ela prosseguiu, com voz afetada:

– Veja, caro Carlos! Eu vim pedir que desse a soma necessária para o enterro de João. Você deve fazer isso por ele, já que o traiu toda a vida. Quando eu saí por um minuto de manhã, você, segundo dizem, veio visitar o falecido. Não há dúvida de que ele findou enquanto você estava lá. João não tinha o aspecto de um homem acometido por morte violenta. Você mesmo sabe como as pessoas são más. Elas podem vir a difamá-lo, a você, um pobre desconhecido que estava de passagem por aqui... Pode imaginar o que aconteceria se ao preboste ocorresse a ideia de conhecê-lo mais de perto? Sendo assim, meu querido, dê o dinheiro! É preciso se prevenir dos amores excessivos e fechar a boca dos tagarelas. Isso é necessário para sua própria tranquilidade, meu caro. Confie em mim, pois olho por você como uma mãe olha por seu filhinho...

Briand era todo nojo e ódio. Compreendera a ameaça de entregá-lo ao preboste e naquele instante não restava outra alternativa senão concordar.

– Está bem. Receberá o que quer para o enterro. Dentro de algumas horas lhe trarei a quantia. Agora saia e me deixe em paz! – disse ele, secamente.

Lourença não fez qualquer observação e saiu mandando um beijo a ele.

Briand havia escondido seu porta-joias debaixo do banco de musgo, próximo à "célebre" brecha onde vira pela primeira vez René aparecer para visitar Diana.

Acautelando-se constantemente de um ataque qualquer, ele não quisera guardá-lo em casa. Além disso, dividira uma grande quantidade de ouro em diversas partes e espalhara em muitos ocos de árvores. Ao cair da noite, dirigiu-se em segredo a um desses lugares, pegou o ouro e, com muito cuidado, retornou. Assim que chegou foi ter com Lourença e a encontrou escolhendo tecido preto para fazer o luto.

Após ter entregado a ela uma boa soma, Briand lhe comunicou que deixaria o castelo na noite seguinte.

Lourença não fez objeção, nem pediu que ele permanecesse.

No dia seguinte, ela mesma o ajudou a arrumar a bagagem e à noite foi levar o jantar em seu quarto.

– A última vez, antes da separação... – disse ela, com lágrimas nos olhos.

Após o jantar, Briand se sentiu cansado. Suas pernas estavam pesadas e um sono invencível tomava conta dele.

– Durma um pouco e adquira forças antes da longa viagem... – observou Lourença, com um doce sorriso. – Eu o acordo à uma hora da madrugada, quando todos já estiverem dormindo – acrescentou ela.

O Conde achou o conselho sensato; além disso, estava certo de que, após quatro horas de sono, despertaria por si mesmo. Por isso despediu Lourença e foi dormir.

Quando abriu os olhos, sentiu o corpo pesado. A cabeça doía e ele tentava em vão colocar as ideias no lugar para poder explicar como se encontrava em um quarto desconhecido. Ele se achava em um cômodo escuro, pobremente mobiliado; a janela era uma grade de ferro; estava sentado na poltrona a dois passos da mesa junto à parede, na qual havia uma caneca e alguns pedaços de pão.

Furioso e assustado, Briand quis se levantar, mas no mesmo instante caiu na poltrona. Suas pernas estavam fracas e pesadas como chumbo, não aguentando seu peso. Logo compreendeu ter perdido a capacidade de dominá-las. Um medo muito grande o invadiu. Não havia dúvidas de que Lourença quisera roubá-lo! Na última refeição, provavelmente ela misturara um narcótico e algum veneno no que ele ingerira.

Fraco e oficialmente morto para o mundo, encontrava-se ali, à mercê dela...

Enquanto estava imobilizado na poltrona, com toda certeza os dois estariam procurando seus valores.

Louco de raiva e desespero, Briand começou a gritar e a chamar, mas em vão, pois o silêncio era absoluto.

Um dia e uma noite se passaram.

A fome e a sede o incomodavam, mas ninguém aparecia. Durante essas horas infernais, lembrou o tempo inteiro da pequena Diana, quando ele a abandonara sozinha no bosque... Ela certamente sofrera o mesmo que ele sofria agora.

Afinal, no dia seguinte pela manhã, a porta foi aberta e Stanislav Domskii entrou com uma carta nas mãos. Lançou um olhar zombeteiro ao Conde, mas, temendo se aproximar da mão que ele possivelmente mantinha saudável e forte, jogou-lhe a carta, cujo conteúdo em nada o tranquilizava: com seu habitual descaramento, a Baronesa contava que, apesar das buscas incessantes, eles não haviam conseguido encontrar os valores de Saurmont. Por isso lhe propunha que, se quisesse se livrar do martírio, entregasse de boa vontade as riquezas escondidas. Ao final acrescentava agir assim para castigá-lo por ter se casado com Diana, uma vez que, apesar de seu amor apaixonado por Domskii, detestava traidores.

O Conde conhecia muito bem Lourença para saber que, após ter empregado tal violência e feito aquelas ameaças, ela acabaria com a vida dele tão logo colocasse as mãos no ouro e nas joias. Se ele ainda estava vivo, era só porque ela nada havia encontrado.

Respirando pesadamente, ele fechou a carta.

Uma coisa Lourença não poderia lhe tomar: era sua vontade férrea. Ele decidiu imediatamente que era melhor suportar o que desse e viesse, do que revelar o segredo. Então comunicou a Domskii que se negava a colaborar e que preferiria morrer a dar o ouro àquela dupla canalha.

O polonês saiu.

A dupla pérfida havia resolvido quebrar o Conde pela fome, pois durante três dias ninguém apareceu para vê-lo.

É difícil descrever o quanto sofreu o infeliz. Somente o desejo de desforra o sustentava.

No terceiro dia, depois das 12 horas, Briand, totalmente exausto pela fome, adormeceu em sono febril. Teve um estranho sonho: D'Armi lhe dizia: – Procure na chaminé; lá há vinho e comida escondidos!

Sua cabeça estava vazia e seu estado era como o de um embriagado, dadas as privações por que estava passando. Mas o sonho era tão claro e tão vivo que seus olhos se cravaram na grande lareira. Como um náufrago agarrando-se a uma palha, ele resolveu conferir a visão do sonho. Conseguiu sair da poltrona e arrastar-se com as mãos e os joelhos. A distância era enorme para ele, mas, mesmo extenuado, conseguiu alcançar o objetivo. Descansou um pouco e começou a revirar os tocos queimados de mobília velha e outros trastes que quase completamente barravam a entrada da grande lareira, dentro da qual podiam ser acomodados folgadamente três ou quatro homens. Por fim conseguiu entrar e começou a busca com mãos trêmulas. Ele sabia que o Barão sempre ocultava uma provisão para épocas desfavoráveis, quando Lourença o condenava ao jejum, mas ignorava totalmente onde era o esconderijo. Naquela época não lhe veio à mente que ele mesmo experimentaria aquele tipo de provação.

Pode-se imaginar a alegria do Conde quando suas mãos apalparam as garrafas... Tirou uma garrafa coberta de pó e fungo, sacou logo a rolha e começou a beber.

Era um excelente vinho antigo que o fortificou. Então, já tranquilo, começou a revistar melhor seu tesouro. Encontrou cerca de 20 garrafas, jarras, taças de madeira, carne defumada, frios, potes de geleia e frutas secas. Saciou sua fome e sua sede. Depois, de alma e corpo aliviados, voltou ao seu lugar.

"Bom d'Armi...", pensou ele, sentando-se com dificuldade. "Até morto você aparece para me ajudar, na verdade, para que eu possa me vingar por nós dois. Espere um pouco mais, meu velho amigo! Lourença pagará por mim e por você".

Somente no quarto dia a porta se abriu e a própria Lourença entrou.

– Olá, caro Conde! – disse ela, em tom trocista. – Espero que o jejum tenha aclarado sua memória e que você tenha-se lembrado onde se encontra a caixa de joias! Preciso dela!

– Nunca esqueci... Só que prefiro morrer de fome a entregá-la a uma criatura desprezível, responsável por minhas infelicidades.

Ao ouvir essa resposta fria e resoluta, a expressão de doçura e bondade maternal desapareceu do rosto da Baronesa, transformando-se em crueldade selvagem.

– Ah! – gritou ela, encarando o Conde com um olhar de serpente. – Vejo que ainda está muito gordo e a fome somente o irritou. Esperemos até que se acalme. Agora vai ficar mais faminto, pois somente voltarei dentro de três dias.

Zombeteiramente, colocou perto do Conde um copo de água e um pedaço de pão. Saiu desejando a Briand "bom apetite".

Alguns dias depois, Lourença voltou e ficou muito surpresa com o silêncio e a teimosia de Briand. Falou com ele longamente, tentando persuadi-lo e por fim o ameaçando, possessa de raiva, mesmo o agredindo.

Ele permaneceu inabalável, sem nada dizer.

Ela, então, decidiu deixá-lo sem comer por mais uns dias, mas Saurmont tinha agora sua própria provisão. O velho vinho fazia diminuir pouco a pouco a paralisia de suas pernas, o que fortalecia ainda mais sua firmeza.

Ele temia o perigo que corria quando sua reserva acabasse; seu sofrimento seria muito maior e...

Certa vez, passadas duas semanas desde seu encarceramento, o Conde entrou na lareira para conferir o que havia sobrado. Quando revolvia o fundo da lareira, sentiu repentinamente uma corrente de ar frio vindo de uma fenda entre dois grandes blocos na parede posterior. Intrigado, seguiu atentamente a fenda e bem em cima encontrou um grande pino que provavelmente podia servir a um dispositivo. Ansioso, apertou o pino e, no mesmo instante, uma das pedras se deslocou e abriu passagem para um estreito corredor. Briand entrou nele sem vacilar; alguns minutos depois, viu uma luz e deduziu que o corredor ia ter na parte oposta à fachada do castelo. Contentíssimo, retornou para sua escuridão.

A partir desse dia passou a cuidar de sua saúde com esmero; algumas vezes durante o dia friccionava as pernas, esforçando-se em andar para desentorpecê-las. Logo, para sua grande alegria, verificou a volta de sua saúde.

Mas quando Stanislav e Lourença apareciam, sentava-se em silêncio e imóvel na poltrona, fingindo-se de muito fraco.

Imaginando que o fim do Conde estava próximo, os dois perversos estavam desesperados; dirigiam-se a Briand com mais rudeza para o obrigar a revelar seu segredo antes de morrer.

Às vezes, caindo em sua dissimulada amabilidade, Lourença chorava e implorava ao Conde que não a privasse do valioso porta-joias com tanta teimosia.

Certa noite, quando a traiçoeira dupla saiu com a ameaça de mais três dias de fome, Saurmont resolveu fugir. Entre a montanha de objetos e ferros empilhados no canto do quarto, ele encontrou um velho punhal e o afiou em uma pedra. Colocou sua arma na cintura, cobriu-se com velha capa e saiu rapidamente, tendo o cuidado de fechar atrás de si a pedra que dava passagem para o corredor secreto.

Sem perda de tempo, Briand se lançou ao banco de musgo e abriu a terra com o punhal. Logo sentiu debaixo dos dedos as incrustações de pedras preciosas do porta-joias. Respirou fundo após tê-lo arrancado da terra. Agora estava certo de sua vingança: deixaria a cova aberta para que Lourença visse onde estivera o tesouro. Saiu do jardim através da brecha e, correndo, dirigiu-se ao bosque. O ar puro da noite o refrescou e revigorou.

Pelo caminho, pôs-se a refletir sobre sua condição: sim, estava livre e tinha riqueza, mas estava longe de se sentir salvo. Sua roupa gasta era suspeita; se alguém o visse com o porta-joias, na certa o tomaria por ladrão. Era de fato uma situação crítica, mas onde arranjar outra roupa?

Deveras desanimado, Briand chegou ao raiar do sol à borda do bosque. A madrugada dificultava a orientação, mas graças ao luar e ao conhecimento que tinha do caminho, prosseguiu andando adiante com cuidado. Viu um jovem padre debaixo de uma árvore, dormindo profundamente com a cabeça apoiada num espesso saco de linho.

Pulou de alegria – aquele encontro era para ele uma verdadeira felicidade. Sem vacilar, num minuto o Conde se aproximou do rapaz sorrateiramente e sufocou-o, sem lhe dar tempo de acordar. Depois, arrastou o corpo até o matagal, onde, após despi-lo, o ocultou sob folhas secas.

Tudo isso terminado, disfarçou-se de padre. No bolso da batina achou um pergaminho assinado pelo abade, pelo qual ficou sabendo ter o padre o nome de Irmão Félix e pertencer à

A NOITE DE
SÃO BARTOLOMEU

Ordem de São Bernardo. Agora sim, estava a salvo. O porta-joias foi acomodado no saco de esmolas, onde ninguém suspeitaria de sua presença. Podia viajar sem temer até retomar a condição de cavaleiro, na primeira oportunidade que surgisse, dirigindo-se rapidamente aos Pirineus.

A Vingança de Briand

Como se tivesse saído de um pesadelo, com o coração vazio e a cabeça pesada, Diana chegou ao convento.

Sob a influência da calorosa acolhida dada por Clemência, seu pesar e sua inflexibilidade desapareceram e as lágrimas copiosas aliviaram sua alma doente. Chorando, contou pouco a pouco à sua amiga os acontecimentos, sua decisão de nunca mais ver René e a terrível descoberta de estar Saurmont vivo.

– É claro que, estando Saurmont vivo, meu segundo casamento não tem valor... – concluiu ela. – Mas, para prová-lo, devo denunciar o Conde e pôr a descoberto toda essa trama vergonhosa, todo esse escândalo... – ela acrescentou, em tom de desespero.

– Esqueça tudo isso e se retire do mundo... – observou a Sra. Montfort após breve silêncio. – Em minha opinião, os laços estão mesmo terminados; fique no convento. Aqui, sob o manto do Salvador, você estará a salvo, tanto de René quanto de Saurmont. Além disso, quem aqui fica logo morre e isso é uma grande felicidade para aqueles cuja vida, como as nossas, está particularmente marcada pelos fardos – acrescentou ela, com leve sorriso.

– Você me aconselha a tomar o hábito e eu mesma já pensei em fazê-lo. Vivendo perto de você, ainda poderei encontrar um pouco de felicidade... – murmurou Diana, olhando com tristeza o pálido rosto de sua amiga, com sinais anunciadores de morte próxima.

Clemência não era nem sombra da soberba e brilhante mulher de outrora.

– Não precisará cuidar de mim por muito tempo. Mas veja o que lhe proponho. Quando meu lugar de abadessa vagar, você será minha substituta. Graças aos meus contatos e à ajuda do bispo, isso será fácil de conseguir. Hoje à noite mesmo, conversarei com monsenhor Gabriel.

Na manhã seguinte, após uma longa conversa com o bispo e depois da confissão, Diana vestiu a roupa preta.

A boa Gabriela, com lágrimas nos olhos, comunicou que também ela iria tomar o hábito para não se separar de sua senhora e, como antes, continuar servindo-a.

Durante as seis semanas seguintes a Sra. de Montfort teve sua fraqueza acentuada.

Dois dias antes de seu fim, chegou um decreto real destinando como sua sucessora a Sra. Beauchamp. O documento havia sido trazido pela Duquesa de Nevers, a qual desejava ver Clemência pela última vez. A amiga e protetora de Diana, a Duquesa, exprimiu seu desejo de participar da cerimônia de ingresso no convento.

* * *

Uma noite antes da admissão de Diana, René chegou ao castelo de Beauchamp. Estivera ausente por dois meses, viajando por Tupeni com Helena e o Conde Silari.

Durante esse tempo, haviam-se divertido à vontade.

A palidez do Visconde, seu aspecto cansado e as olheiras mostravam a que excessos se entregara durante a viagem.

Antônio o recebeu. Ele também estava pálido e abatido, mas em virtude de tristeza e preocupação.

Ao saber da decisão de Diana de tornar-se freira, o fiel criado tinha-se posto em desespero. Tal saída, ele considerava insensata. Antônio nunca deixara de ter esperança de que um dia os jovens se uniriam, mas para isso não poderia se levantar entre eles nenhuma barreira intransponível. E essa barreira surgira – o convento.

Antônio queria que o Visconde tomasse conhecimento logo da decisão de Diana. Daí – quem sabe? – talvez o perigo de perdê-la o despertasse e ele empregasse todo seu potencial em trazê-la de volta. Mas, para sua infelicidade, Antônio não conseguira encontrá-lo em parte nenhuma. O Visconde partira sem dizer aonde ia, e não dera notícias durante esse tempo todo.

Em Angers, o médico apenas ficara sabendo da partida de René com o Conde Silari e a nora. Mas para onde tinham ido e quando voltariam, isso ninguém sabia.

Após cumprimentar seu senhor, Antônio o seguiu em silêncio até o quarto do menino, o primeiro lugar ao qual Beauchamp se dirigiu. Beijou o filho carinhosamente e perguntou ao médico:

– Diana está bem? Se não a incomodo, gostaria de vê-la... – acrescentou ele, sem prestar atenção à estranha expressão da ama-de-leite.

– A Viscondessa não se encontra no castelo. Peço-lhe, *monsieur*, que me acompanhe para lhe transmitir o recado deixado por ela – respondeu Antônio, tomando uma vela e conduzindo René ao dormitório, cuja porta estava cuidadosamente trancada.

– O que significa todo esse segredo? Diga sem rodeios onde está minha esposa e quando voltará! – exigiu René, franzindo as sobrancelhas e sentando-se, impaciente, na poltrona.

– A Viscondessa não voltará mais. Ela está no Convento Santa Úrsula e amanhã receberá o hábito – respondeu Antônio, em voz baixa e com lágrimas nos olhos.

René deu um pulo, ficou vermelho e tomou Antônio pelo braço:

– Você enlouqueceu? Diana no convento! Freira!? Que significa isso?

– *Monsieur* René! Uma hora após sua partida a Viscondessa mandou me chamar. Comunicou sua partida e pediu para lhe dizer que se encontrava na biblioteca durante nossa última conversa. Com certeza o senhor compreenderá que, depois de ouvir tudo aquilo, já não havia mais lugar para ela neste castelo.

– Você deveria detê-la! – gritou René empalidecendo.

– Com que direito? Naturalmente eu o teria avisado do que ocorria, se houvesse deixado indicação de seu paradeiro. Agora é muito tarde! Oh, Sr. René! O que o senhor fez! – gritou Antônio, desfazendo-se em pranto. Depois, tapando o rosto com as mãos, saiu do quarto, agora tão vazio e silencioso.

Tudo ali a René falava de Diana. A cama falava-lhe do casamento... Como se ela estivesse presente, surgia-lhe a imagem de seu rostinho envolto nos cabelos louros sobre o travesseiro. Num canto, encontrava-se o espelho, diante do qual ela adorava ficar. Lá estavam os frascos dela, seus bordados e vários objetos de seu uso pessoal. Ela havia deixado tudo, incluindo o próprio filho!

Ele tinha-se livrado completamente da esposa incômoda... A ela se ligara por uma fantasia pecadora; vê-la irritava-o sobremaneira e conscientemente a traía. Agora nenhuma obrigação, nem imaginária, iria mais envergonhá-lo. Ele podia se entregar livremente à vida desregrada, divertir-se com amigos e dedicar-se a Helena de Silari, a quem dera preferência aberta, em detrimento de Diana.

Por que não se alegrava nem um pouco por estar livre? Por que uma tristeza profunda o oprimia e as lágrimas lhe sufocavam a garganta ao pensar que nunca mais veria aquela amiga, sempre paciente, delicada e reservada? Seus grandes olhos azuis não mais lançariam aquele olhar profundo e perscrutador... Ele não amava Diana. Como uma sombra passageira ela havia passado por aquelas paredes e, entretanto, o ódio e o desespero se debatiam nele nesse instante.

René se levantou quase sem forças e lágrimas amargas brotaram de seus olhos. O Visconde, porém, possuía um caráter demasiadamente leviano e orgulhoso para se entregar ao desespero e a recriminações próprias. Logo o sentimento de ira superou todos os demais. Diana o tinha largado sem se lastimar e nem ao menos tentara tocar seu coração. René sentiu desejo de vê-la novamente para agredi-la. Apesar de tudo, queria colocá-la a seus pés, submissa e amável – aquela mulher orgulhosa e teimosa, que preferia a solidão do convento a ele.

Totalmente corrompido pelas mulheres sem pudor que sempre o rodeavam, René acreditava piamente ser irresistível. Ao constatar que Diana não estava cega pela beleza dele, mas sim via e condenava sua nulidade de caráter, sentia-se indignado. Tremendo de emoção, pôs-se a andar de um lado para outro no quarto. Mil planos passavam em sua mente agitada.

– Tenho de evitar essa ridícula admissão ao convento! Farei com que meus direitos sejam respeitados! Eles estão acima de tudo! – dizia René, furioso. – Provarei que ela não pode ousar proceder assim. Preciso apenas chegar a tempo, e esse maldito convento fica longe...

Saiu correndo do dormitório e dirigiu-se ao aposento de Antônio Gilberto que, admirado, lhe abriu a porta.

– Vista-se rapidamente, enquanto mando preparar os cavalos. Iremos ao convento de Santa Úrsula! – gritou René.

– Deus! O que deseja fazer, *monsieur*?

– Impedir uma loucura! Tenho direitos sobre essa mulher, pelos diabos! Eu lhe mostrarei! Eu a trarei de volta. Ela deve me amar. Vai me pagar por esta hora! Ensiná-la-ei como deixar o lar sem a autorização do marido...

Antônio balançou a cabeça:

– Vai ser tarde para evitar. Quando conseguirmos chegar, tudo estará terminado, e, mesmo que assim não seja, qualquer escândalo será inútil, pois o bispo de Angers se encontra lá. Ele saberá defender a alma que se entrega a Deus.

– Sem discussão! Irei e lá verei o que fazer – replicou René, batendo o pé.

Uma hora depois, o Visconde deixava o castelo na companhia de Antônio Gilberto e dois criados.

Era aproximadamente uma hora da tarde quando chegaram ao convento, imponente edifício se erguendo sobre uma colina na floresta.

Tanto os cavaleiros quanto os cavalos estavam cansadíssimos; cobertos de suor e pó, subiram a colina quase passo a passo.

Uma multidão compacta ocupava o pátio. Pelas portas abertas se ouvia o som dos órgãos e das cativantes canções religiosas.

Pálido e nervoso, René desceu do cavalo e, junto com Antônio, entrou na longa galeria que unia a igreja ao interior do convento.

Nesse momento a multidão abriu alas, empurrando para frente o Visconde, que, a contragosto, foi parar na primeira fileira.

Seus grandes olhos se fixaram no cortejo que saía da igreja.

Inicialmente apareceram senhores e damas entre as quais se encontrava a Duquesa de Nevers; depois vinha o bispo, em vestimenta sacerdotal, rodeado por todo o clero e, por fim, surgia uma nova abadessa à frente dos demais.

O olhar de pavor do Visconde se fixou na figura alta e delgada de sua mulher. Diana também viu Beauchamp; por um minuto ela se deteve e o encarou com muito ódio. A seguir, continuou caminhando. René, contudo, nem percebeu o cortejo que passava à sua frente – sua cabeça começou a girar e ele teria caído se alguns senhores a seu lado não o tivessem segurado.

O Visconde acordou em uma cela destinada a visitantes do mosteiro, com Antônio e alguns conhecidos seus cercando-o de cuidados. Os nervos extenuados do Visconde não haviam sido capazes de suportar a tensão: ora chorava, ora caía em desespero, exigindo, com insistência, uma entrevista com Diana.

– Basta, Beauchamp! Fique calmo e se recomponha! – disse-lhe um velho senhor, parente do Visconde, com firmeza e serenamente. – Se gosta tanto de sua esposa não deveria tê-la deixado sozinha por vários meses. Tentarei conseguir com Mãe Clemência uma entrevista. Você, porém, terá de se esforçar em reunir suas energias para se portar dignamente.

Diana, agora Mãe Clemência, recebeu o bom velho sem qualquer empecilho. Ela já se havia instalado em seu novo recinto de onde a Duquesa e o bispo tinham acabado de sair.

A jovem recebeu amavelmente o senhor e gentilmente perguntou o que desejava.

– Venho com um pedido, na qualidade de enviado. O senhor Beauchamp lhe pede, o mais breve possível, uma entrevista.

– Para quê? – perguntou a moça, surpreendida. – Ele está livre... O que mais quer? Na verdade, não temos nada a dizer um ao outro...

– Generosa dama! Em sua nova posição, é louvável perdoar as ofensas. Quem poderá ter mais direito à indulgência do que seu ex-marido? – notou o velho senhor.

Diana meneou a cabeça:

– Não, Conde! Não me tornei irmã de caridade para isso, para dizer palavras hipócritas de perdão. Não empregarei, com o homem que me levou a tomar o hábito, palavras evangélicas! Apesar de tudo, respeitando sua solicitação, receberei o Visconde, se é que ele tem coragem de aparecer diante da mulher que tanto ofendeu! Comunique-lhe, *monsieur*, que hoje, após as orações do fim da tarde, estarei esperando por ele aqui. Mas, ao cair da noite, ele deve deixar este lugar. Se está doente, nestes arredores não há falta de pousadas e castelos. Não poderá permanecer no convento. Aqui seria apertado para ele...

– Agradeço, Mãe Clemência, por ter considerado meu pedido. Pedirei a Deus que Ele cure as feridas de sua alma e derrame sobre a senhora a paz e a tranquilidade... – respondeu o velho senhor, respeitosamente.

Quando o Visconde soube que lhe davam um prazo para deixar o convento, ficou com o orgulho ferido. No primeiro momento queria sair imediatamente, mas o desejo irresistível de ver Diana e lhe falar pela última vez o prendeu. O próprio René não sabia o que queria lhe falar e o que desejava, mas a tristeza, a angústia e a consciência pesada o levavam a proceder assim.

Coração batendo fortemente, dilacerado em mil sentimentos contraditórios, René apareceu no aposento da abadessa na hora marcada. Uma irmã o conduziu à sala de recepção, pequeno cômodo arqueado, mobiliado com austero luxo.

Junto à janela gótica de vitrais coloridos, Diana estava sentada em uma poltrona entalhada. Ao entrar o Visconde, ela lhe dirigiu um olhar frio. Trajando larga roupa preta e usando longo véu, ela ainda parecia mais alta.

– Diana, Diana... Por que fez isso? Por que me deixou e a nosso filho? Apesar de tudo, eu a amo... – disse René, aproximando-se rapidamente dela.

A voz do Visconde se entrecortou. A angústia e a raiva lutavam dentro dele. Mas a última venceu:

– Não se rompem laços sagrados e se foge do lar, do matrimônio, deixando todas as suas obrigações. Como ousou fazer isso? Responda!

Com olhar flamejante, ele se aproximou dela e tomou-a pelo braço. Diana, no entanto, com um gesto brusco, repeliu o Visconde. Em seus olhos cintilavam faíscas de ódio.

– Não esqueça, senhor Beauchamp, com quem está falando! Mas como você veio aqui para esclarecer nossas contas, ouça minha resposta. Por que eu fiz isso? Porque ouvi sua grosseira conversa com Antônio Gilberto! No mesmo momento morreu qualquer sentimento por você! Será que pensou ser eu cega e indiferente, não compreendendo que estava sozinha em nossa casa, onde vegetava esquecida, abandonada e desprezada? Queixou-se de que o casamento comigo o obrigava a enorme sacrifício... Mas você me perguntou uma vez sequer se eu queria seu sacrifício e se o aceitava? Agora eu, por minha vez, lhe pergunto: Com que direito fez isso? Homem sem honra! Zombou de um compromisso sagrado e das obrigações que lhe cabiam; vingou-se de uma mulher inocente por ela não bajular sua vaidade e não poder rivalizar em cinismo com suas cortesãs... Eu fui doente, tola e a tal ponto má companheira, que lhe era vergonhoso aparecer onde quer que fosse comigo, respirando a atmosfera de virtude que me cercava. O que é isso? Eu o livrei de mim mesma! Depois de avaliar o quão baixos eram seu caráter, sua vaidade mesquinha, seu egoísmo cruel, seu coração, eu o deixei e preferi a cela do mosteiro. Agora vá embora! Está livre para procurar a mulher que lhe seja mais afim, que saiba apreciar melhor do que eu sua beleza e seus vícios.

À medida que falava, Diana ia enrubescendo; seus olhos brilhavam. Nesse instante toda a encantadora beleza da moça voltara. Em sua voz soava uma cruel satisfação: ter a possibilidade de finalmente jogar em rosto todo o desprezo sentido pelo marido, aquele que a magoara profundamente.

René recuou como se houvesse levado uma bofetada. Nunca havia ouvido antes um julgamento a tal ponto inclemente de suas atitudes. A voz incorruptível da consciência subitamente despertada e lhe murmurava: "Ela está certa! Nada você pode contestar a ela!".

– Tem razão, Diana, sou culpado – balbuciou o Visconde –, mas você também me trata sem a menor piedade e misericórdia!

– Que Deus nos julgue quando nos apresentarmos diante d'Ele.

Com desespero na voz, o Visconde, tocado no fundo da alma, gritou:

– Perdoe-me!

Diana olhou por um minuto seu rosto pálido e aflito. Depois, respirando fundamente, disse, em tom baixo e secamente:

– No dia de hoje fui riscada do mundo dos vivos. Entre nós está tudo terminado. Mas crie juízo e abandone a vida desregrada; viva para seu filho e livre a jovem alma dele do seu pernicioso exemplo. Diga adeus para sempre à vida que leva...

Diana se retirou, fazendo um sinal de adeus com a mão.

O Visconde, como um embriagado, sem se despedir de ninguém, foi apressadamente ao pátio, montou a cavalo e, na companhia de Antônio, deixou o convento.

Seu coração estava a ponto de estourar e algumas lágrimas caíram sobre a crina do animal. Tinha adquirido a tão almejada liberdade, mas ela não o contentava... O castelo ao qual se dirigia em silêncio e onde ninguém o esperava mais lhe parecia agora vazio e sombrio.

* * *

Briand, sem enfrentar maiores dificuldades, atingiu os objetivos de sua viagem; teve de gastar apenas alguns dias de procura para encontrar seu primo, cuja localização não conhecia muito bem.

O pobre rebento da família, entregue ao alcoolismo, ficou muito surpreso com a proposta do desconhecido, de comprar, por uma sólida quantia, seus documentos de família, para ele de nenhum valor. De início, graças a uma ponta de orgulho, recusou, mas ao ver o ouro mostrado por Briand, ficou subjugado. Sem desconfiar de que estava abrindo mão de enorme herança, o pobre concordou, preferindo a discreta quantia aos documentos empoeirados.

A transação foi concluída. Após o festim, no qual o pobre primo bebeu até cair, Briand, satisfeito, voltou correndo para Paris, com os valiosos papéis. Por uma feliz coincidência, havia apenas um ano de diferença entre o Conde de Saurmont e o homem agora representado por ele.

Por isso, quando apareceu perante as autoridades, estas se surpreenderam somente com o tipo físico comum a todos os daquela família. Esse Saurmont, o novo pretendente, com exceção dos cabelos ruivos e o sotaque espanhol, era um retrato vivo do falecido Conde. Não houve suspeitas. Todos acreditaram na história inventada a respeito de seu passado e de como soubera da morte do primo. E, uma vez que seus documentos não foram contestados, o então Eustáquio Felipe de Saurmont foi considerado como o herdeiro por direito do defunto Conde Briand.

Após acertar todos os negócios, Briand, de acordo com a etiqueta, apresentou-se ao Rei.

Tão cego quanto sua comitiva, Henrique III também não desconfiou de nada. Ele amavelmente estendeu a mão ao novo Conde para que a beijasse, deu-lhe os parabéns pela esplêndida herança recebida e acrescentou:

– Fico muito contente em saber que o antigo e glorioso nome de Saurmont não se tenha extinguido. No que se refere a seu primo, que tão cedo abandonou o mundo, chegaram até nós detalhes desagradáveis de sua vida íntima. Mas, não julguemos os mortos...

Briand se inclinou até o chão, respondendo ter ele esperanças de que o nome manchado e violado por seu primo não o seria por ele, o mais fiel e humilde súdito de Sua Majestade!

O encontro com os Duques d'Anjou e de Guise fez com que Briand soubesse a opinião deles sobre o falecido Conde: um grande canalha, tão grande, que todos haviam ficado felizes por se verem livres dele. Isso incutiu em Saurmont estranhas ideias e não melhorou em nada sua opinião sobre o palácio e os palacianos. Assim, apressou-se em terminar os negócios em Paris e ir a Anjou. Dois anos e três meses se haviam passado desde sua fuga do Castelo d'Armi.

Entrou em São Germano triunfante e readquiriu a posse de suas propriedades.

Após se instalar no castelo, Briand imediatamente começou a tomar informações sobre as pessoas que lhe interessavam.

A notícia de que Diana havia tomado o hábito deixou-o contente: assim ela não pertenceria a ninguém... Beauchamp estava ausente havia alguns meses e Antônio Gilberto cuidava de seu filho.

Quanto a Lourença, ficou sabendo do golpe sofrido; Stanislav Domskii fugira, levando consigo uma grande soma e todas as joias da Baronesa que, desesperada, quase se suicidara.

Então Briand achou haver chegado a hora de se vingar. Todos os seus inimigos e cúmplices estavam mortos; restava apenas Lourença, que, sozinha, poderia explorá-lo e arruiná-lo de vez. A Baronesa tinha de morrer, sendo morta pelas suas próprias mãos. Até aquela data o Conde sempre sentira seu orgulho ferido por ela.

Certa noite, pediu que lhe preparassem o cavalo e, bem armado, dirigiu-se sozinho ao Castelo d'Armi. Muitas recordações o assediaram. Seu terrível passado se erguia... Viu-se novamente aos 20 anos, indo pela primeira vez por aquele caminho, sob um nome falso. O Barão Mailor estava morto, o Conde Briand de Saurmont também e ele novamente seguia aquele caminho com um nome falso! Mas não queria temer mais e acabar sendo descoberto... A última hora da megera havia soado...

Perto da brecha, ele desceu do cavalo. O muro, mais arruinado que antes, permitiu-lhe passar sem dificuldade e logo avistou o velho e grande castelo sombriamente delineado no azul-escuro do céu. Toda sua fachada estava às escuras. Só de uma grande janela partia fraca e trêmula luz.

Era noite de lua cheia. A pálida luz do luar era refletida nos vidros das janelas góticas e dava à paisagem um aspecto triste e tétrico. Por todo canto sentiam-se o abandono e a negligência. As raízes haviam invadido os caminhos, as estátuas estavam quebradas e derrubadas, o lago parecia um pântano e a velha moradia senhorial estava em silêncio, parecendo desabitada.

Um sentimento desconhecido, de profunda tristeza, tomou conta de Briand. Enquanto ele subia pela escada até o terraço na calada da noite, ecoava o som de suas esporas e um estremecimento lhe percorreu o corpo. Naquele mesmo terraço havia visto pela primeira vez René e Diana...

Afugentando lembranças inoportunas, bateu na porta fechada. O ferrolho não estava trancado e logo a porta cedeu ao seu esforço.

A lua iluminava o quarto vazio. Sem vacilar, Briand tomou o bem conhecido caminho para o quarto de Lourença. A luz na janela lhe havia mostrado onde ela se achava. Ao redor era tudo silêncio e ele não encontrou uma única criatura viva.

A porta estava entreaberta; Briand abriu-a e parou na soleira de onde começou a examinar o quarto. Por todo lado reinava a desordem inacreditável que sempre cercava Lourença. Sobre a mesa, restos do jantar grosseiro. Ela mesma, suja e despenteada, dormia na cama roncando alto de boca aberta.

O Conde sentiu uma enorme repulsa e ficou olhando para ela, como que hipnotizado. Como havia sido tão louco para, ao longo de tantos anos, permitir àquela criatura repugnante dominá-lo e, por ela, chegar a fazer Diana sofrer? Deveria ter matado a megera na primeira vez em que ela pronunciara o nome "Mailor" para o explorar e fazê-lo matar.

Ele fechou a porta e escondeu a chave no bolso. A seguir, depois de se certificar de que Lourença não tinha arma alguma ao alcance da mão, sacou o punhal e se aproximou da cama. Por um minuto olhou para ela, pensando em que morte lhe dar a fim de que ela sofresse mais.

Há tempos havia resolvido envená-la, agora, porém, lhe surgia a ideia de também queimá-la viva. Dessa forma, faria com que ela sentisse a morte duplamente e o fogo liquidaria o corpo repugnante que naquele momento lhe castigava a visão.

Dando um passo para trás, bateu com força o pé no chão e gritou:

– Acorde, Baronesa!

Lourença deu um pulo, esfregou os olhos e, assustada, o viu.

– O diabo a carregue! Como pode dormir tranquila, esque-cendo-se do amigo que condenou a morrer de fome? – pergun-tou ele. – Vim para rever uma mulher tão gentil como você...

Uma expressão de alegria imediatamente surgiu no rosto obeso de Lourença.

– Briand! – gritou ela, pulando ao chão e se preparando para se lançar ao pescoço do Conde.

Briand empurrou-a com força e ela de novo caiu na cama.

– Você se engana, Baronesa d'Armi! – disse ele, sério. – Não vim para lhe abrir novamente a mina de ouro. Não! Vim para castigá-la e me vingar de todos os ultrajes com os quais me cobriu. Pensa que deixarei que me domine por saber que Briand de Saurmont está vivo? Como é cega... Você não sai daqui viva!

Pelo olhar dele Lourença viu que seu poder sobre Briand havia acabado. Ajoelhou-se e, aos brados, pediu-lhe inutilmente perdão. Ele conhecia muito bem aquela víbora... Sabia que, se quisesse viver, ela teria de morrer!

Empurrou-a com a perna com tal força que as esporas cor-taram o rosto dela; tirou do bolso um pequeno pacote e colocou seu conteúdo num copo.

– Este é um excelente veneno italiano... – disse ele, em tom de zombaria. – Aliás, não se aflija se por causa dele suas pernas ficarem paralisadas. Não sofrerá por muito tempo, já que vou pôr fogo em todos esses trapos para aquecer seus últimos minutos. A propósito, entregue-me todas as suas economias e tudo o que você conseguiu salvar de Domskii... Esse dinheiro será usado na construção de um grandioso mausoléu para você, ficando ao lado de seu marido, o Barão.

Enlouquecida de pavor, Lourença rolava pelo chão, mas, decididamente, se recusava a responder.

– O diabo a carregue! Que tonta! – disse Briand, dando uma risada com maldade. – Vejo, Baronesa, que serei obrigado a desenrolar sua língua, empregando os mesmos métodos que me ensinou! Sempre foi uma mulher engenhosa e não vou me esquecer de seus ensinamentos... É uma pena eu não poder deixá-la viver, mas sua lembrança sempre me será cara!

Ao falar isso, sacou do cinto o chicote e começou a golpear as costas da megera.

Ela gritou e logo revelou onde escondia as joias e o dinheiro.

– Tinha que começar assim... Agora, minha cara Lourença, seja boazinha e beba este copo de vinho.

Com o copo na mão, o Conde se aproximou da Baronesa.

O medo a tornara ainda mais repugnante: terrivelmente pálida, manchada de sangue, olhos saltados; as mãos, com as quais procurava se defender, pareciam garras.

Com um pulo o Conde se pôs ao lado de Lourença, derrubou-a e colocou o joelho sobre o peito dela. Depois, segurando o copo em uma das mãos, com a outra a agarrou pela nuca e puxou para trás a cabeça. Ela se debatia furiosamente. Briand, porém, segurava-a com firmeza e, gole a gole, obrigou-a a beber o líquido mortal.

Quando o conteúdo já tinha sido engolido, ele a deixou. Furiosa e apavorada, Lourença quis se lançar sobre Briand, mas ele sacou seu afiado punhal.

Então ela, espumando pela boca, recuou e começou a rolar na cama.

Briand, contudo, deu um forte golpe e obrigou-a a ir para

o chão. De pé, entre ela e a cama, o Conde acendeu a tocha e tranquilamente esperou o veneno agir.

Pouco a pouco o rosto de Lourença foi se alterando e ela passou a se contorcer, gritando como um animal ferido. Mas ainda não era a agonia...

Quando esse ataque passou, ela se acalmou e permaneceu estendida, imóvel. A seguir, lançou a seu algoz um olhar viperino.

Briand resolveu aproveitar o momento. Ateou fogo a um monte de trapos e papéis velhos amontoados ao lado da cama.

Ela queria se levantar, mas o veneno impedia que movimentasse as pernas; assim, dando um gemido lúgubre, ela caiu de joelhos.

Briand saiu, andando de costas, e ficou no quarto ao lado, observando a expressão de desespero de Lourença, diante do suplício da vingança dupla.

Logo as chamas e a fumaça tomaram todo o quarto.

A desprezível mulher rolava pelo chão como uma possessa, sufocada pela fumaça. Por fim o fogo chegou à sua roupa e aos seus cabelos, que inflamaram.

Agora tudo estava acabado.

Trancando a pesada porta, o Conde abandonou o castelo.

Cinco minutos depois, Briand subia para a cela e corria a toda brida para São Germano.

Justiça fora feita e estava livre para sempre. Nenhuma alma viva sabia do seu segredo!

Alguns dias depois, Briand ficou sabendo que Lourença realmente havia morrido e seu cadáver carbonizado tinha sido encontrado entre os escombros.

O fogo havia destruído apenas um telhado do casarão, já que as espessas paredes tinham evitado que se espalhasse.

O incêndio foi atribuído por todos ao conhecido relaxamento de Lourença.

Finalmente livre de todos os seus inimigos, Saurmont poderia viver feliz, se não o perseguisse e lhe tirasse a tranquilidade a lembrança de Diana. Nem o tempo, nem o ódio que ela sentia por ele haviam posto fim àquela paixão incurável.

A NOITE DE
SÃO BARTOLOMEU

Nas longas noites de inverno, quando se sentava sozinho diante da lareira, mergulhado na contemplação de suas miniaturas, lamentava-se amargamente por haver ele mesmo expulsado Diana de casa.

Para se distrair, visitava os castelos vizinhos, participando de caçadas e tomando parte em jogos...

Assim correu sua vida: por fora, brilhante e invejável, mas por dentro, vazia e triste.

A Nêmesis celestial aparentemente não o derrotou como a seus cúmplices, mas ficou à sua cabeceira incomodando-o em seus deleites, já que ele não conseguia esquecer seus crimes.

..*

Numa escura e chuvosa noite de novembro, René de Beauchamp, soturno e pensativo, estava sentado em seu aposento diante da lareira, ora olhando o fogo, ora seguindo, preocupado, seu filho de quatro anos, que brincava no tapete com o velho cão de caça. A chama avermelhada iluminava o rosto do Visconde, agora bem mudado e emagrecido. As olheiras e a palidez doentia haviam tirado sua cor saudável de antes. Toda sua figura assinalava tédio e cansaço; rugas prematuras haviam surgido em sua testa. Os últimos três anos e meio haviam-no envelhecido dez anos.

Após seu último encontro com Diana, René, a princípio, trancara-se em seu castelo. A reclusão e o arrependimento, contudo, não tinham durado muito.

Convencido de que tal vida não levava a nada e o acabaria deixando louco, mudara-se para Paris.

Lá o Visconde irrefletidamente se atirara loucamente a aventuras amorosas e intrigas políticas. Nenhuma das duas, entretanto, dera-lhe satisfação.

Sua saúde não suportara tal vida, cheia de excessos e abusos. Doente, desanimado e cansado de tudo, o Visconde retornara, depois de alguns meses, para descansar no castelo de Beauchamp.

O encontro com o filho, quase esquecido durante aqueles anos de aventuras, causara uma estranha reação na mente de René. Ele imediatamente se sentira preso àquela criança desprezada por tanto tempo.

Em algumas semanas, amadurecera a decisão de ficar definitivamente no castelo de Beauchamp e de se encarregar da educação de seu herdeiro.

A propósito, o pequeno René justificava todo o amor e o orgulho sentido por seu pai. Era um menino encantador, esperto e muito inteligente. Fisicamente se parecia muito com o pai. De Diana herdara os espessos cabelos dourados, que lhe caíam em cachos, e o olhar claro e profundo, que em momentos de emoção se tornava penetrante e cruel.

Alguns dias antes, sem motivo aparente o menino adoecera, deixando o Visconde muito preocupado. O menino sempre tivera a saúde delicada, mas nunca alguém pensara ter ele um acesso tão forte como agora.

Em meio às brincadeiras mais animadas o pequeno subitamente empalidecia e um tremor percorria todo seu corpo. Ele caía em estado de torpor, desfalecendo, do qual voltava fraco e extenuado. Se o pai lhe perguntava alguma coisa, ele respondia não sentir nenhuma dor e achava que tinha estado dormindo.

Para infelicidade do Visconde, Antônio Gilberto se encontrava, então naquela ocasião, ausente; havia ido visitar um velho parente acamado.

Enviado um mensageiro à sua busca, este não regressou nem mandou notícias.

René, cada vez mais preocupado, acabou por fim chamando o Dr. Lucca, mas o velho médico confessou honestamente não conhecer a doença do pequeno Visconde e em apenas alguns dias o pequeno piorou.

O grave suspiro do menino tirou René de seus pensamentos e o pai logo percebeu estar sozinho para acudi-lo no acesso que se aproximava.

O belo rostinho da criança ficou imensamente branco, seus

olhos semicerrados tinham um brilho vítreo, e seu corpinho se debatia em convulsões. O cão que se encontrava na sala levantou as patas dianteiras, ficou de pêlos eriçados e se escondeu num canto de onde começou a uivar e gemer assustado.

O Visconde foi tomado por um vago temor, enquanto um arrepio lhe percorria do ombro aos braços.

Reprimindo esse mal-estar, René correu a seu filho e tomou-o nos braços. A cabecinha da criança pendeu e ela parou de respirar. Desesperado, o Visconde levou o filho para cama e empregou tudo o quanto de outras vezes tinha dado bom efeito.

Seu esforço foi válido. O menino voltou a si, abriu os olhos, mas seu olhar era sem vida; permanecia estendido e imóvel.

O pai colocou-o em uma cama menor e sentou-se à sua cabeceira. Já em pânico e impaciente, mandou um mensageiro a cavalo buscar o Dr. Lucca; apesar da impotência do médico, admitida pelo próprio, René o esperava angustiado – se não podia curar o menino, que ao menos tentasse aliviá-lo.

Recostado na poltrona, o Visconde seguia temeroso cada movimento do filho. A sibilante e descontínua respiração era o único ruído a soar na sala.

René se sentia mal; os membros pesavam como chumbo, sentia arrepios e tremores, e uma sensação vaga e indefinida de medo pairava em seu coração. Aflito por ficar sozinho, ele deixou a ama-seca vigiando o menino.

Um estranho ruído, acompanhado de pequenos estalos nas paredes e nos móveis, chamou sua atenção; então se levantou e lançou ao derredor um olhar suspeitoso e intranquilo. Seus olhos se concentraram em um ponto luminoso que pouco a pouco foi aumentando. Subitamente, da escuridão saiu um ofuscante feixe de luz a iluminar uma mulher alta e magra, vestida de branco. A mulher se aproximou dele. Completamente apavorado, René reconheceu Diana. Dela partia suave e alva luz que iluminava seu belo rosto, os cabelos dourados e sua roupa. Ela pairava sobre o chão e logo em seguida uma luminosidade aclarou a caminha do menino.

Passando diante do Visconde sem nem ao menos olhar para ele, Diana, ou sua sombra, deslizou sobre a criança e lhe tomou a mão.

Paralisado, René a tudo assistia em silêncio. Nunca havia visto mulher tão bela como naquele instante estava Diana. O olhar dela, fixo e cintilante olhando o menino, fez seus cabelos ficarem de pé. E, apesar disso, ele não pôde deixar de olhar o impressionante espectro. E agora os dois, um alvo par, ora como um raio, ora como uma tocha, pouco a pouco se erguiam do leito. Depois ocorreu estranha metamorfose: pontos luminosos se concentraram, formando uma nuvem que se distendeu e tomou a forma do menino.

Ele, sorridente, radiante mesmo, estendeu a mãozinha, e então Diana o pegou nos braços e se voltou. Por um instante os dois pairaram diante de René e, ao que pareceu, olhando para ele.

E então subiram, apagaram-se e sumiram no ar...

O Visconde soltou um grito e, fechando os olhos, abateu-se na poltrona.

O ruído de passos, vozes inquietas e a luz o trouxeram de volta.

– Como *monsieur* se sente? – perguntou Lucca, segurando um frasco que mantinha próximo ao nariz do Visconde.

– Eu?! Eu me sinto muito bem. Mas como está o menino? – perguntou René, passando a mão sobre a testa fria e úmida.

O médico se persignou.

– A inocente alma do pequeno Visconde retornou à sua morada celeste. Coragem, *monsieur*, e se incline perante a vontade do Senhor do Universo! – respondeu, em tom baixo, o médico, olhando com compaixão o rosto desalentado do jovem.

Não descreveremos o estado de espírito do Visconde, mergulhado em profunda apatia. Não se ocupou de mais nada após ter terminado os preparativos do sepultamento.

Depois do almoço, chegou Antônio Gilberto, indo diretamente ao encontro do Visconde. Ao vê-lo, René perguntou, de modo irritado:

A NOITE DE
SÃO BARTOLOMEU

– Onde se meteu durante tantos dias, apesar de minhas ordens? O menino morreu em sua ausência! Talvez seus conhecimentos o tivessem salvado... – disse, rispidamente.

– Não me considero culpado, *monsieur*, pois acabo de vir de outro leito de morte... Ela, que sozinha definhou no convento de Santa Úrsula, tinha mais direitos aos meus cuidados... – respondeu, seriamente, Antônio.

– Oh! Diana morreu?! Agora não duvido que ela veio buscar a criança! – exclamou René, muito pálido.

– Diana morreu em decorrência de doença cardíaca com a qual muito sofria. Na verdade, antes de morrer, eu a ouvi frequentemente pronunciando o nome de René... Mas quem pode dizer a quem ela se referia?

– É claro que ao filho... – respondeu, com amargura, o Visconde. – Quando aconteceu que uma mulher, mesmo no seu leito de morte, tenha perdoado ao homem que a traiu!?...

René passou a noite na sala onde se velava o corpo da criança. Pondo-se de joelhos ao lado dele, o Visconde, com olhos úmidos, contemplou o rostinho doce e beijou a mãozinha fria do filho. Um triste sentimento de vazio, de solidão, oprimia-lhe o peito.

Como num pesadelo, passavam-lhe pela mente as cenas de sua tumultuada vida. Que lhe tinha dado a vida? O que restara? Nada! Nem satisfação, nem felicidade. Ofuscado por escândalos, vinhos e jogos, abandonara o lar e desprezara a pura felicidade familiar. Agora a visão do pequeno caixão lhe dizia na consciência: "Você haverá de mudar para a Casa Eterna onde reina a Justiça Inexorável...".

O pequeno ataúde foi colocado no jazigo da família, seguindo todo o ritual para a ocasião.

Mas, para o Visconde e Antônio, o castelo parecia uma tumba sombria de ambiente difícil de suportar...

– Vou partir, Antônio. Não posso mais viver aqui e me esforçarei em achar atividade para esquecer... – disse René, quebrando o longo silêncio que havia entre os dois.

– Também decidi abandonar o castelo, *monsieur*.

– Nesse caso, venha comigo. Vou ingressar no partido do Duque de Guise. Se os partidários da Liga vão continuar a falar em vez de agir, oferecerei meus serviços ao Duque de Parma.

– Não, *monsieur*, não o seguirei. Resolvi ingressar no mosteiro... – respondeu o jovem médico, em tom sombrio. – Estou farto da vida e das pessoas. Todos os que eu amava já morreram... Não estou em condições de servi-los; irei orar por eles. Ao senhor, o mundo e o barulho dos deleites; a mim, a paz e o silêncio entre os monges.

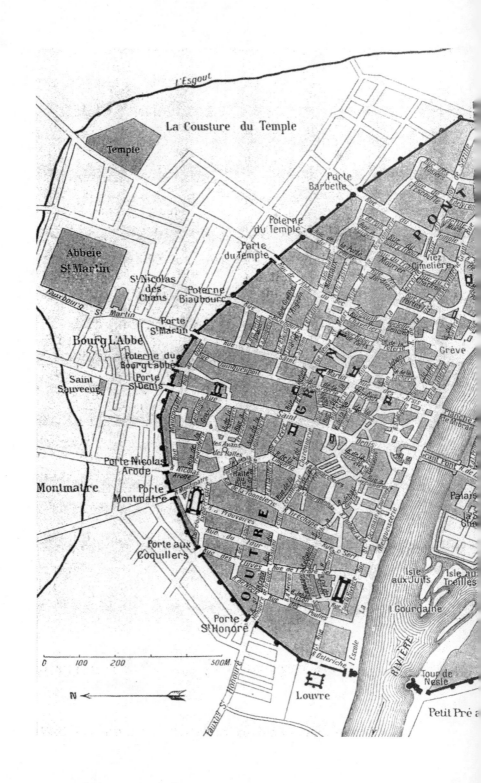

WERA KRIJANOWSKAIA DITADO POR *J.W. Rochester*

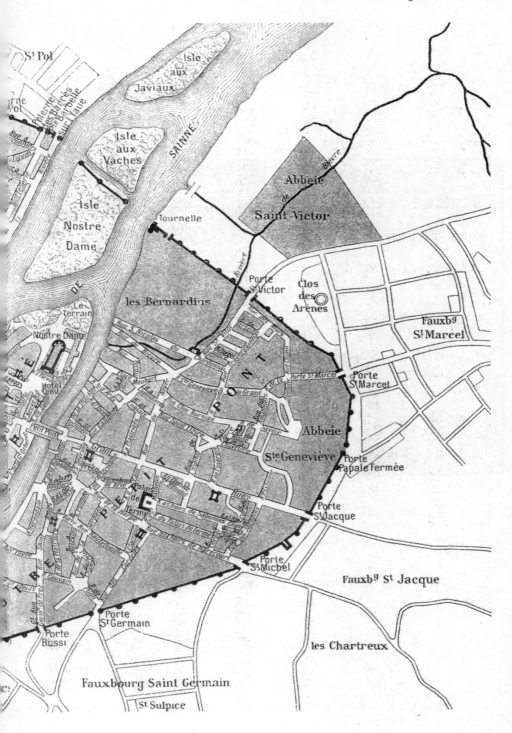

425

MARGARIDA, HENRIQUE IV
E FRANCISCO.

CATARINA DE MÉDICIS E SEUS
FILHOS FRANCISCO,
CARLOS IX, MARGARIDA E
HENRIQUE III EM 1561.

DIANA DE POITIERS
(1500-1566)
AMANTE DE HENRIQUE II

MARIA STUART
(1542-1587)
ESPOSA DE FRANCISCO II

LOUISE DE LORRAINE
(1553-1601)
ESPOSA DE HENRIQUE III

ELISABETH DA ÁUSTRIA
(1554-1592)
ESPOSA DE CARLOS IX

FRANCISCO DE LORENA
(1519-1563)
II DUQUE DE GUISE

GASPAR DE CHANTILLÓN
(1519-1572)
CONDE DE COLIGNY

AMBROISE PARÉ

HENRI DE DAMVILLE

WERA KRIJANOWSKAIA ditado por J.W. Rochester

BUSSY D'AMBOISE
(LOUIS DE CLERMONT
D'AMBOISE)

HENRIQUE I DE LORENA
(1550-1588)
III DUQUE DE GUISE

DUQUE DE ALBA

FELIPE II DA ESPANHA
(1527-1598)
MARIDO DE ELISABETH
DA FRANÇA

ANTONIO DE BOURBON
(1518-1562)
MARIDO DE JOANA
D'ALBRET

LOUIS I DE BOURBON
(PRÍNCIPE DE CONDÉ)

HENRIQUE III E O DUQUE DE GUISE NO CASTELO DE BLOIS

CARLOS IX

HENRIQUE II

HENRIQUE IV

CATARINA DE MÉDICIS

FELIPE II

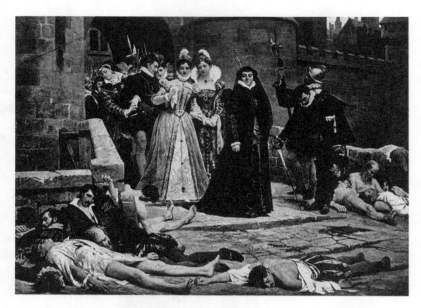

CATARINA DE MÉDICIS EM UMA DAS PORTAS DO LOUVRE
NO DIA DE SÃO BARTOLOMEU

ASSASSINATO DO DUQUE DE GUISE